문화와
역사를
담 다
036

천재 혁명사상가, 실학자

허균평전

許筠評傳

한영우

민속원

허균시비
1983년에 시가비건립동호회가 문중의 도움을 받아 허균의 생가인 애일당 근처에 세운 비석으로 앞면에는 애일당을 노래한
<누실명(陋室銘)>을 싣고, 뒷면에는 소재명이 쓴 허균약전을 정양완이 글씨를 썼다. 강릉시청 제공

한글본 『홍길동전』
서울대학교 규장각 한국학연구원 소장

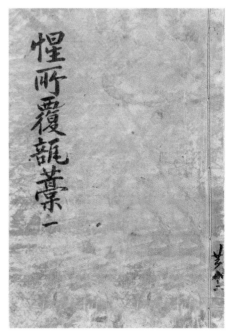

『성소부부고』
서울대학교 규장각 한국학연구원 소장

초당 본가
초당 허엽이 강릉부사 시절에 살았던 집, 강릉시청 제공

허균·허난설헌 기념관 강릉시 초당동 475-3번지 소재, 강릉시청 제공
허균·허난설헌 기념관 시비 강릉시청 제공

허균·허난설헌 기념관 전경 강릉시청 제공
허균·허난설헌 기념관 난설헌 동상 강릉시청 제공

조선왕조 최대의 국난인 임진왜란을 전후한 시기는 이른바 중쇠기中衰期로 일컬어지는 난세이다. 이미 임진왜란 이전부터 깨어 있는 선비들은 머지않아 나라가 망할 것이라는 위기감을 느끼고 먼저 임금이 주도하는 위로부터의 개혁을 요구하고 나섰다. 그것이 경장更張이다. 율곡栗谷 이이李珥(1536~1584)는 그 가운데서도 가장 적극적인 경장론자였다.

율곡은 그 시대를 중쇠기로 부르면서, 고질병에 걸린 중늙은이와 집이 오래되어 허물어지기 직전의 집에 비유했다. 용한 의사가 와서 병을 치료하거나, 뛰어난 목수가 와서 대대적으로 집을 수리하지 않으면, 머지않아 사람은 죽고, 집은 붕괴된다고 임금 선조에게 잇달아 경고했다. 그러나 고식에 빠진 식자들이나 당색이 다른 선비들은 평지풍파로 몰아붙이고, 임금도 경장은 반드시 시끄러운 부작용을 가져 온다고 하면서 손을 쓰지 않았다.

율곡은 나라가 10년 안에 큰 위기가 온다고 예견했다. 불행하게도 율곡의 예언은 그가 죽은 지 8년 뒤에 증험되었다. 임진왜란이다. 왜란보다도 더 서글픈 일은 왜란 후에도 여전히 각성하지 못하고 선비들이 두 당으로 갈려 치열한 당파싸움을 계속 벌인 일이다.

여기에 설상가상으로 영창대군永昌大君이 뒤늦게 태어나면서 왕위계승문제가 더욱 정쟁을 부추겼다. 실증법상 정통성을 지닌 광해군과 명분상의 정통성을 지닌 영창을 각기 옹호하는 두 파가 생사를 걸고 싸웠다. 광해군이 영창을 죽이지 않고, 인목대비를 폐위시켜 죽이려고 하지 않고, 유폐시킨 상태에서 우대했다면 인조반정仁祖反正은 일어나지 않았을 것이다. 그러나 과격파인 대북이 무리하게 강경대응하여 무고한 선비들이 떼죽음을 당하고 개혁 정치도 좌절되고 말았다.

인조반정의 주도세력인 영창대군파 지지파가 권력을 장악하고 유신維新을 내걸었으나, 권력 다툼으로 경장을 실천하지 못한 가운데 두 차례 호란胡亂을 또 만났다. 그래도 청나라와 평화적인 국교가 열리고, 일본에서도 침략을 포기한 도쿠가와 막부가 들어선 덕으로 300년의 평화가 유지되었다.

조선왕조 중기는 위로부터의 경장으로 새로운 에너지를 충전하거나, 아래로부터의 혁명革命이 성공하여 새 왕조가 들어서야 하는 역사의 갈림길에 서 있었다. 선조 초년에 율곡을 대표로 하는 경장파가 등장했으나 실패하고 나서 왜란까지 경험하자, 그 뒤로는 혁명파가 등장했다. 혁명파의 선구자는 왜란 3년 전인 선조 22년(1589)에 일어난 정여립鄭汝立(1546~1589)의 모반이었다. 정여립은 율곡 이이와 우계牛溪 성혼成渾 등 서인 학자의 문인으로 활동하다가 동인으로 변신하고, 마침내는 반역까지 도모했으니, 도덕적으로는 패륜아에 틀림없다. 하지만 그는 소외계층을 대변하는 새로운 질서, 보다 평등한 사회를 만들고자 하는 꿈과 이상이 없지 않았다. 권력을 탐하는 무식한 무신들의 반역과는 성격이 달랐다. 정여립 배후에는 최영경崔永慶이나 정개청鄭介淸 같은 재야 급진사상가들이 있었다.

그런데 정여립에 뒤이어 더 성숙된 혁명파가 왜란 후에 등장했다. 공부를 더 많이 하여 새로운 국가의 이상형을 그려내고, 더 많은 동지들을 모아들이고, 조정에서 벼슬하면서도 온몸으로 기성질서와 부딪치면서 새로운 질서를 향해 몸부림친 혁명사상가가 나타났다. 선조 후반기의 교산蛟山 허균許筠(1569~1618)이다. 정여립보다 23세 연하다. 광해군 10년에 비록 반역을 하다가 형장의 이슬로 사라졌지만, 그가 남기고 간 꿈과 이상은 매우 신선한 것이었다.

관찬역사인《실록》을 보면 허균의 문학적인 재능은 당대 최고였으나, 그가 벼슬아치로서 보여준 행실은 주자학적 기준에서 보면 모범적인 선비상과는 거리가 먼 말썽꾸러기였다. 그래서 수도 없이 의금부에 갇히고, 파직당하고, 귀양 가기를 밥먹듯 했다.

허균의 일상적인 죄목을 보면 여러 가지가 있다. 예를 들어보자. 수령을 하면서 불쌍한 서출庶出 심복들을 불러들여 먹이고, 가까운 시우詩友들을 불러들여 시회詩會를 갖고, 승려들을 데려다가 먹이고, 기생들과 친하고 어려움에 처한 기생을 도와주고, 과거시험의 시관試官이 되어 친족과 친구를 부당하게 급제시키고, 중국에 사행使行을 가면서 여비를 빼돌려 책을 사오거나 심복을 키우는데 쓰고, 집에 있는 책을 중국으로 가지고 가서 사온 것처럼 거짓말하고, 불쌍하게 살다가 요절한 누님 난설헌蘭雪軒 허초희許楚姬(1563~1589)를 위해 많은 시를 지어 《난설헌시집蘭雪軒詩集》을 만들어 중국과 일본에서 한류바람을 일으키게 하고, 특히 광해군 때에는 거짓으로 이이첨과 손잡고 인목대비를 폐위시키는 일에 가담한 것 등이다.

허균의 부정과 일탈을 찬찬히 생각해보면 자기 자신이나 가족들의 치부致富를 위한 부정과 일탈은 한 가지도 없었다. 허균은 남에게서 무언가를 빼앗아서 가진 것이 없다. 벼슬아치들이 흔히 저지르는 장죄贓罪가 없다. 허균이 일평생 가난하게 산 것이 이를 증명한다. 그의 일탈은 한결같이 불쌍한 사람들을 위해서 무언가를 베풀고 도와주다가 불법으로 처벌받은 것뿐이다. 불법은 분명하지만 그 죄가 그다지 밉게 보이지 않는 이유가 여기에 있다.

마치 《홍길동전洪吉同傳》의 홍길동이 관청 재물을 도둑질한 도적이지만, 홍길동을 미워하는 사람이 없는 것과 비슷하다. 홍길동은 자신을 위해서 도둑질한 것이 아니고 불쌍한 사람을 위해서 도둑질한 것이고, 궁극에 가서는 율도국에 가서 백성을 위한 이상국가를 만들고 돌아왔으니, 어찌 홍길동을 미워할 수가 있는가? 바로 홍길동의 자리에 허균을 집어넣으면 허균의 정체성이 드러난다.

현행법과 도덕규범을 기준으로 허균을 바라보면, 방종과 일탈을 일삼는 허균은 모범적인 선비상이 아니다. 그러나 그 현행법과 규범이 나라를 망치고 백성을 괴롭혀 정의롭지 못하다는 것을 인정하는 경우에는 평가가 달라질 수도 있다. 그 일탈과 방종이 새로운 정의를 위한 도전과 저항으로 보이기 때문이다.

그러니, 현행법과 규범을 지키려는 주자학자 출신들이 쓴 《실록》에 그의 행실이 나쁘게 기술된 것은 어쩌면 당연하다. 만약 허균이 자신의 꿈과 이상을 기록한 저술들이 없었다면, 허균은 분명히 불량한 선비의 상징으로 끝나고 말았을 것이다.

그러나 허균은 머리가 영특한 천재였고, 무서운 독서광이자 저술가였다. 그가 50년이라는 비교적 짧은 생애를 보내면서 남긴 글들은 놀라울만큼 많고, 주제도 다양하고, 그 내용이 예지로 빛나고 있다. 대체로 저명한 선비들의 문집을 보면, 그 내용은 친구들 사이에 사교적으로 주고받는 시, 편지, 행장, 제문, 상소문, 그리고 상투적인 유교적 교훈의 말 등이 대부분이다.

그들이 올린 상소문은 천편일률적으로 똑같다. 임금이 성학聖學에 힘써 마음을 다스리고, 검약하고, 좋은 인재를 등용하고, 언로를 열라는 것이다. 구구절절 옳은 말이지만, 그 이상 국리민복을 위한 실용적 대안이 빈약하다. 말하자면 도덕성을 높이는 것이 거의 전부이다. 그러나 그 시대는 실용적 대안도 절실히 필요했다. 도덕과 실용이 병립되지 않으면 안 되는 그런 시대였다.

허균의 문집을 보면 그런 상투적인 말이 거의 없다. 대부분 사회성을 띤 시, 논설, 편지, 소외당한 은자隱者들의 행적, 속세를 등진 신선神仙 이야기, 시사詩史에 관한 것, 치농治農에 관한 것, 음식에 관한 것들이다. 임금에게 올린 상소문도 단 한 건도 없다. 상소를 해도 아무 소용이 없다고 본 것이다.

허균이 평생 가장 가까이 지낸 사람들은 모두가 소외되고 고통받는 사람들뿐이다. 울분에 쌓인 서얼들, 시를 좋아하는 몰락한 양반 선비들, 세속을 등진 승려들, 재야의 도인道人들, 고통받는 기생들, 그리고 가난한 농민들이다.

허균이 가장 비판적으로 바라본 것은 좋은 선비들을 배척하는 당쟁黨爭, 입만 살아서 도덕을 떠들다가 막상 정치를 맡기면 실무를 전혀 모르는 선비들, 집안 좋은 문벌들, 권세를 휘두르는 권신들, 신분에 따른 인재차별, 농민의 처절한 가난, 전쟁의 참화, 불교나 도교를 이단으로 바라보는 사람들이다. 따라서 이런 나쁜 것들을 없애고자 하는 것이 그의 꿈이자 이상이었다.

허균의 글을 읽어보면《실록》에 보이는 그의 인간상과는 정반대이다. 어쩌면 그의 상반된 두 얼굴에 당혹스러움을 느낀다. 무엇이 허균의 진정한 정체인지 판단이 쉽지 않다. 그러나 그의 글에 보이는 꿈과 이상을 바탕으로 그의 행실을 거꾸로 추적해

보면, 그의 두 얼굴이 하나로 합쳐진다. 자신의 꿈과 이상 때문에 현실의 법과 규범에 거침없이 온몸으로 거부하고 저항하면서 산 것이다.

허균은 수시로 그의 시 속에서 외쳤다. "너희는 너희들의 길을 가라. 나는 나의 길을 간다", "나는 나다", "허균은 허균이다"라고 선언했다. 그것이 바로 허균의 정체성이다. 다시 말해 억압과 차별의 반대인 자유와 평등을 지향하는 자유분방한 행동, 그것을 끝까지 지키고 살겠다는 것이 그의 신조였다. 그리고 그것이 바로 그를 〈나쁜 사람〉으로 비치게 만든 이유이다.

허균의 글이 어찌보면 허황되기도 하고, 음풍영월吟風詠月처럼 보이기도 하지만, 그 사이 사이에 송곳처럼 날카로운 말이 튀어나온다. 그 가운데 가장 무서운 글은 12개 항목의 〈논論〉이라는 글이다. 그 논 가운데 가장 무서운 귀절이 몇 개 있다. 하나는 "백성이 호랑이나 표범보다도 무섭다"는 것이다. 이 말은 백성이 얼마든지 권력을 무너뜨릴 수 있는 힘과 권리를 가지고 있다는 뜻이 숨어 있다. 또 하나는, 호민豪民이 들고 일어나서 선동하면, 무사안일하던 항민恒民과 원한이 뼈에 사무친 원민怨民들이 무기를 들고 일어나 호응한다는 대목이다. 이는 혁명의 주체가 호민, 항민, 원민임을 선언한 것이다. 앞에서 "백성이 호랑이나 표범보다도 더 무섭다"고 한 말을 구체적으로 설명한 말이기도 하다.

허균 시대에 누구도 이렇게 백성과 호민을 혁명의 주체로 당당하게 내건 선비가 없었다. 당시 명성을 크게 떨친 삼당시인三唐詩人을 비롯한 시인詩人들의 시를 보면 차가운 머리로 쓴 것이 아니라 뜨거운 가슴으로 쓴 시들이다. 본래 송시宋詩는 머리로 쓰고, 당시唐詩는 가슴으로 쓰는 것이 특징인데, 그 뜨거운 가슴 속에 대자연과 하나가 되려는 낙천樂天이 들어 있고, 낙천 속에 한恨이 들어 있다.

실제로 낙천樂天과 한恨은 반대개념이 아니다. 낙천은 〈변화〉를 품고 있는 대자연의 법칙을 사랑하는 것이고, 그 〈변화〉를 믿고 바라는 마음이 곧 〈낙천〉이다. 그리고 〈변화〉는 곧 〈한〉을 풀어주는 〈기틀〉이다. 무속에서 춤추고 노래하면서 한을 푸는 이유도 여기에 있다. 그래서 〈낙천〉과 〈한〉이 그 시대 시문학의 풍조였고, 그 속에 변화를 바라는 저항적인 민중심리가 깃들어 있었다.

허균의 시도 마찬가지이고, 허균을 따르는 동아리들도 마찬가지였다. 그래서 허균의 시는 낙천과 한이 함께 어우러져 있다. 서정시抒情詩 같기도 하고 서사시敍事詩와 저항시抵抗詩 같기도 하다. 단순한 음풍영월이 아니다. 그런 점에서 허균의 시문학은 예리한 정치사상과 별개로 떨어져 있는 것이 아니다.

허균의 시는 속세에서 밀려난 은둔자隱遁者나 신선神仙에 대한 주제가 매우 많다. 사상적으로 보면 도교道敎와 매우 친근하다. 그러나 속세를 떠나려는 마음은 새로운 속세로 다시 돌아오려는 마음과 같다. 허균이 진정으로 속세를 영원히 떠나려는 마음이었다면 도인道人이 되거나 승려僧侶가 되었을 것이다. 그러나 허균은 그 길을 단호히 거절했다. 허균의 은둔사상과 신선사상은 사욕私慾을 추구하는 마음을 다스리면서 새로운 속세로 돌아오기 위해 심신心身의 에너지를 재충전하는 수단으로 보인다.

그동안 우리 학계에서 주로 국문학자가 허균을 연구해 왔다. 허균이 소설《홍길동전》의 저자이고, 뛰어난 시인이기 때문에 이런 추세는 당연한 일이다. 그러나 문학은 허균의 일부이지 전체는 아니다. 이제는 혁명사상가로서의 허균과 실학자로서의 허균을 넓고 깊게 관찰할 때가 되었다고 본다.

허균의 사상적 뿌리, 그가 살았던 시대환경, 그의 주변에 모여든 수많은 인맥, 그의 정치활동 등을 한층 심층적으로 종합적으로 고찰해야 하고, 그가 접한 주자학, 불교, 도교 등에 대한 상호관계, 그의 인성과 재능, 교육과정, 가족상황 등을 넓게 조명할 필요가 있다.

또 허균이 왜 반역으로 죽었는가에 대한 정확한 해석이 있어야 한다. 그 반역을 억울하게 뒤집어 쓴 모함으로 굳이 변명할 필요가 없다. 허균의 일생 행적을 종합적으로 판단해보면, 그는 반역을 위해 살아왔다고 해도 과언이 아니다. 그 반역이 권력을 탐하는 데서 그친 반역이 아니고 세상을 바꾸려는 반역이라면 이는 곧 혁명이다. 그래서 허균의 위상을 차라리 혁명사상가로 자리매김하는 것이 그의 정체성에 가까울 것이다.

거시적이고 통합적인 시각에서 허균을 바라보면, 허균은 아버지 허엽許曄으로부터 시작된 화담학파花潭學派의 일원이다. 허엽은 서경덕徐敬德의 3대 수제자 중 한 사람이다. 이복 백형 허성許筬, 중형 허봉許篈, 누님 허난설헌許蘭雪軒도 마찬가지로 화담학파의 일원이다.

화담학파의 특징은 주자학이 아니라 상수역학象數易學이다. 주자학은 우주질서를 관념적이고 종교적인 개념인 이理 곧 도덕율을 중심에 두고 이해하고, 물질세계인 기氣는 하위개념으로 이해한다. 하지만 상수역학은 정반대다. 우주의 본질을 물질세계인 기氣로 바라보고, 기의 변화를 상象과 수數로서 설명한다. 상象은《주역周易》에서 음양의 기氣를 긴 막대와 짧은 막대卦로 그리면서, 그 변화하는 모습을 숫자로 표시한다. 상수역학은 우주의 물질적 본질과 그 변화 속에서 생명의 탄생과 쇠락이 무한대로 반복한다는 이치를 탐구하는 학문이다. 다시 말해 음지陰地는 반드시 양지陽地로 바뀐다는 희망을 제시하는 자연철학이다.

상수역학은 근대 물리학에서 최소물질인 미립자微粒子와 수학數學을 이용하여 우주의 원리를 해석하는 방법과 비슷한 점이 있다. 자연과학은 우주를 도덕적 관점에서 보지 않는다. 자연과학은 기술학을 낳고, 기술학은 이용후생에 필요한 실용實用을 가져왔다. 마찬가지로 상수역학은 기술학으로 이어지고, 기술학은 이용후생利用厚生의 실학實學으로 이어졌다.

조선중기 이후로 이른바 새로운 실학이 발생하기 시작한 것은 전적으로 화담학파의 영향이다. 잘 알려진 이지함李之菡의 상업실천, 한백겸韓百謙의 역사지리학, 이수광李睟光의 백과전서학, 유몽인柳夢寅의 유통경제사상, 한효순韓孝純의 새로운 병법서兵法書 간행 등이 모두 화담학파에서 발생했다. 율곡 이이의 이기일체설理氣一體說과 경제중심의 경세관經世觀도 기본적으로 화담학파의 영향과 무관하지 않다.

화담학파의 후손인 허균도 크게 보면 실학자의 범주에 넣을 수 있다. 정치개혁, 신분개혁을 주장하여 자유롭고 평등한 세상을 지향했을 뿐 아니라, 농업과 음식문화에도 일가를 이루었다. 〈치농治農〉에 보이는 그의 농업관은 단순한 식량자급자족을 넘어서서, 목축, 채소, 양어, 식목, 양잠 등 다양한 분야의 생산활동을 통해 부를 축적하는 집약적이면서도 다원화된 기업농 육성에 목표를 두고 있다.

〈도문대작屠門大嚼〉에 보이는 그의 식문화食文化도 얼핏 보면 전국의 산해진미 메뉴를 소개하는 데서 머문 것처럼 보이지만, 이것이 〈치농〉과 연결되면 기업화하는 길이 열린다.

또 허균이 지은 시학사詩學史나 《한정록閑情錄》, 〈신선전神仙傳〉, 〈제자백가열전〉 등에 보이는 은둔자, 신선, 제자백가의 열전 등은 문화사와 사상사의 지평을 넓게 열어줌으로써 정주程朱의 말이나 앵무새처럼 되풀이하는 주자학 일변도의 좁은 인문학에서 넓고 새로운 인문학을 열어주는 길잡이가 되었다. 일종의 학문백과사전이라고도 볼 수 있다. 그의 사상에는 유불선儒佛仙이 함께 하나로 합쳐져 있다.

불교佛敎와 선교仙敎는 비록 정주학자의 버림을 받았지만 백성의 절대다수는 불교와 선교를 이미 몸에 밴 풍속과 체질로 만들어 살아가고 있었다. 그것이 때로는 경제적 낭비나 미신으로 흐르기도 했지만 공동체의 상부상조와 협동정신을 길러주는 순기능이 매우 높았다. 따라서 진보적인 임금이나 사상가들은 한결같이 유불선을 모두 끌어안았다. 세종은 그 대표적인 임금이다. 훈민정음을 비롯한 위대한 세종문화가 유불선의 통합에서 이루어졌다.

이상과 같은 관점에서 보면, 허균을 조선중기 최고의 혁명사상가이자, 실학의 선구자 대열에 자리매김하는 것이 옳다고 본다. 허균이 지은 가장 큰 죄는 시대를 너무 앞서간 것이다.

2022년 2월
어지러운 병마 속, 관악산 호산재에서
한영우 쓰다

차
례

|화|보| 4
|머|리|말| 10

01
16세기
화담학파의
등장과
그 배경   ······ 21

02
허균의
가학家學
부친 허엽과
네 남매들

1. 아버지 허엽許曄(1517~1580)   ······ 30
2. 허균의 큰 형 허성許筬   ······ 48
3. 허균의 둘째형 하곡荷谷 허봉許篈(1551~1588)   ······ 66
4. 허균의 누이 허난설헌許蘭雪軒(1563~1589)   ······ 76

03
허균의
파란만장한
일생

1. 허균의 가계와 형제들 86
2. 허균의 생장과 교육과정 87
3. 유소년 시절의 추억: 이단에 빠지다 90
4. 왜란 때 아내와 아들을 잃고 강릉으로 돌아오다 92
5. 문과에 급제하고 벼슬길에 나가다 96
6. 강릉 낙가사洛伽寺에서 억기시憶記詩를 쓰다 97
7. 정유재란 후 다시 벼슬길에 나가다: 종사관, 황해도 도사 101
8. 선조 34년: 호남 향시 시관試官과 조운판관으로 가다 110
9. 선조 35년: 원접사 종사관, 병조정랑 111
10. 선조 36년: 사복시정 파직, 금강산 유람 113
11. 선조 37년: 성균관 전적, 수안군수 117
12. 수안군수에서 파직되다 120
13. 선조 39~40년: 주지번朱之蕃과 교유, 삼척부사 파직되다 121
14. 선조 40~41년: 내자시정內資寺正, 공주목사 124
15. 광해군 즉위년: 공주목사 파직 후 부안으로 가다 128
16. 부안생활: 택당 이식을 만나다. 역모 혐의를 받다 133
17. 광해군 원년: 서울로 올라와 벼슬을 받다 137
18. 부안 매창의 노래사건, 10년을 사귀다 139
19. 광해군 1년: 원접사 이상의 종사관, 첨지중추부사 145
20. 광해군 2년: 천추사를 거절하고 감옥에 갇히다 146
21. 〈병한잡술〉에 실린 시들 148
22. 《한정록閑情錄》 편찬 151
23. 광해군 2~3년: 문과 고시관 부정으로 함열로 귀양 가다 153
24. 함열에서 〈식소록〉, 〈성수시화〉, 〈도문대작〉, 〈화백시〉, 〈화사영시〉를 쓰다 157
25. 광해군 4년: 허성이 죽고, 주청사 문제로 태인으로 귀양 가다 161
26. 광해군 5년: 칠서지옥 후 이이첨과 밀착하다 162
27. 계축옥사로 영창과 김제남이 제거되다 164
28. 광해군 6~7년: 두 차례 명나라에 가서 서적을 구입하다 166
29. 광해군 7~8년: 신경희 사건, 해주옥사 사건 169
30. 광해군 9년: 경운궁 흉서투척 사건 171

31. 광해군 9~10년: 폐비를 위한 여론조작과 백관회의 ⸱⸱⸱⸱⸱⸱ 172
32. 광해군 10년: 기준격이 허균의 반역을 고발하다 ⸱⸱⸱⸱⸱⸱ 175
33. 광해군 10년 8월: 반역으로 처형되다 ⸱⸱⸱⸱⸱⸱ 179

04
**허균의
반체제적인
학문과
사상**

1. 16세기 후반 주자성리학의 후퇴와 화담학파의 실학 ⸱⸱⸱⸱⸱⸱ 186
2. 허균의 학문관과 정치사상 ⸱⸱⸱⸱⸱⸱ 189
3. 국방개혁 사상: 〈서변비로고西邊備虜考〉 ⸱⸱⸱⸱⸱⸱ 215
4. 부국강병사상: 제자백가 평론 ⸱⸱⸱⸱⸱⸱ 219
5. 〈성옹식소록惺翁識小錄〉과 〈성수시화惺叟詩話〉 ⸱⸱⸱⸱⸱⸱ 223
6. 농업경영론: 《한정록》의 치농治農 ⸱⸱⸱⸱⸱⸱ 224
7. 음식문화론: 《도문대작》 ⸱⸱⸱⸱⸱⸱ 240
8. 은둔사상: 《한정록》 ⸱⸱⸱⸱⸱⸱ 250
9. 도교와 신선神仙에 대한 생각 ⸱⸱⸱⸱⸱⸱ 273
10. 허균과 《홍길동전》 ⸱⸱⸱⸱⸱⸱ 280

나가면서
허균이 본
허균

⸱⸱⸱⸱⸱⸱ 287

허균연보 ⸱⸱⸱⸱ **291**
참고문헌 ⸱⸱⸱⸱ **306**
찾아보기 ⸱⸱⸱⸱ **307**

16세기 화담학파의
등장과 그 배경

01

16세기 화담학파의 등장과 그 배경

16세기 중엽에 개성에서 혜성처럼 나타난 평민 학자가 있었다. 화담花潭 서경덕徐敬德(1489~1546)이다. 남의 땅을 빌려 수확의 반을 나누면서 가난하게 살던 병작농민幷作農民의 손자다. 뒤이어 성리학의 종장宗匠으로 혜성처럼 나타난 인물이 또 있었다. 파주의 율곡栗谷 이이李珥(1536~1584)와 우계牛溪 성혼成渾, 안동의 퇴계退溪 이황李滉(1501~1570), 진주[산청]의 남명南冥 조식曺植(1501~1572)이다. 임진강변에서 2명, 낙동강 하류와 지류에서 2명이 나타났다.

이들은 모두 성리학의 기치를 들고 나왔지만 빛깔이 서로 달랐다. 서경덕은 자연과학에 가까운 주기설主氣說과 상수역학象數易學을 발전시키고, 이황은 주자학에 가까운 주리설主理說과 윤리철학을 전파하고, 조식은 노장학老莊學에 가까운 심학心學을 발전시켰다. 이이는 주기설과 주리설을 절충하는 경세학經世學을 발전시켰다.

서울과 그 인근의 선비들은 서경덕과 이이 및 성혼 문하에 모여들고, 경상좌도[북도]의 선비들은 이황 문하에 모여들고, 경상우도[남도]의 선비들은

조식 문하에 운집하여 각기 화담학파, 율곡학파[우율학파], 퇴계학파, 남명학파를 형성했다. 정신력에서는 남명학파가 가장 강하고, 도덕수양에서는 퇴계학파가 가장 열렬하

고, 경세론에서는 율곡학파가 가장 앞서고, 자연과학과 기술학에서는 화담학파가 가장 강세를 보였는데, 율곡학파와 화담학파는 지역의 근접성으로 인하여 서로 합류하는 모습을 보였다.

16세기 이후 이렇게 다양한 학파가 등장한 것에는 그럴만한 역사적 배경이 있었다. 14세기말에 조선왕조가 건국되어 15세기말 성종대에 이르자 귀족적 성향의 고려왕조 체제를 극복하여 민본적인 조선왕체제가 확립되었다. 국력도 강화되고 민생도 크게 안정된 것이 사실이었다.

그러나 역사는 대체로 100년을 주기로 호흡하면서 변화한다. 100년간 번창하면 그 다음 100년은 쇠퇴한다. 기득권이 대체로 3대에 걸쳐 이어지기 때문이다. 그 다음에 는 기득권을 갖지 못한 신진세력이 기득권세력에 도전하면서 양자간에 권력투쟁이 일어난다. 기득권층은 권력을 이용하여 권력과 부를 더욱 강화하면서 방어력을 키우 고, 신진세력은 도당을 형성하여 공격력을 키운다. 그 와중에 피해를 보는 것은 백성들 이다. 15세기 100년이 번영기였다면, 연산군의 학정虐政이 시작된 16세기는 쇠퇴기의 전환점이 되었다.

조선시대 정치이념은 성리학性理學이었다. 성리학은 불교보다 한층 진화된 진보적 정치이념으로 채택되었다. 그러나 이를 운영하는 형태가 시대마다 달랐다. 이념 자체 가 바뀐 것이 아니라 그것을 운영하는 방법이 시대마다 달랐다. 15세기에는 성리학 하나만으로 국가를 운영한 것이 아니라 유불선을 통합하고, 전통적 유불선문화 속에 내포된 실용적 기술학實用的技術學[10학]에 무게를 두고 운영되어 국리민복國利民福 증진 에 큰 도움을 주었다. 세종 전후하여 10학十學이 권장된 것이 바로 그것을 보여준다. 10학이란 유학儒學, 무학武學, 이학吏學(외교학), 역학譯學, 음양풍수학陰陽風水學(천문, 지 리, 의학, 농학 등), 산학算學(수학), 율학律學(법률), 화학畫學(그림), 악학樂學(음악), 자학字學 (문자학) 등을 말한다. 유학은 10학의 하나일 뿐이고 나머지는 모두 기술학이었다.

문자학까지 국가에서 권장했으니, 새로운 국문자가 창제되는 데 도움이 된 것이 사실이다. 15세기 각종 과학기술의 발전이 그래서 가능했던 것이다. 다시 말해 15세

성리학은 실학을 중심에 둔 성리학이었다.

그러나 16세기의 성리학은 실용보다는 출세의 도구로 이용되었다. 고관이 되려면 문과에 급제하는 것이 급선무인데, 문과에는 실용학이 필요 없었다. 실용학은 중인층中人層의 전업專業으로 밀려나고, 중인층은 높은 벼슬이 억제되었다. 기술학의 후퇴는 민생의 약화로 연결되었다.

신진세력도 정치이념은 성리학이었으나, 초점은 도덕성에 무게를 두어 임금과 기득권층의 부도덕성을 비판하는 무기로 삼았다. 그래서 조광조趙光祖의 왕도정치와 퇴계의 윤리학, 남명의 심학이 일어난 것이다. 그러나 위정자의 마음을 다스리는 것은 개혁의 출발점은 될 수 있었으나, 국리민복을 위한 적극적인 대안이 될 수는 없었다.

16세기 중엽의 중종은 조광조의 왕도정치를 따르려고 했으나, 지나치게 관념에 치우치고 기득권층인 반정공신反正功臣을 비판하고 공격하는 데만 몰두하여 뒤에는 싫증을 느꼈다. 당시의 국제정세는 북로北虜와 남왜南倭가 힘을 키우면서 변경을 위협하고 있어서 실용적인 정책이 필요한 시기였으나, 이를 밀어주는 학문이 미약했다.

중종 때 과학기술문화의 선구자로 등장한 것이 바로 개성의 서경덕이었다. 그가 발전시킨 상수역학象數易學은 북송대 성리학자인 장재張載(橫渠)의 주기론主氣論과 소옹邵雍(康節)의 상수역학을 독창적으로 발전시킨 것이지만, 달리 보면 동이족東夷族의 복희역伏羲易을 부활시킨 것이 소옹이고, 복희역을 고조선부터 계승해온 것이 또한 우리나라이다.

특히 개성은 고려문화의 중심지로서 복희역을 비롯한 유불선통합문화의 중심지였고, 조선초기의 왕실문화 속에 뿌리를 내리고 있었다. 태조, 태종, 세종, 세조 등 초기 역대 임금은 유불선을 통합한 실용적 성리학시대를 열었다.

16세기 이후로 부패한 권신정치가 등장하면서 성리학의 성격이 도덕지상의 왕도주의王道主義로 흐르면서 실용적 성리학이 후퇴하고, 국력과 민생이 악화되어 중쇠기의 모습을 보이자, 이에 대한 반발로 실용적 성리학을 부활시킨 것이 바로 서경덕이다.

주기론과 상수역학은 우주자연의 본질을 도덕적으로 해석하는 학문이 아니고 기氣라는 물질과 그 물질의 변화과정을 수학적으로 해석하려는 실학적인 학문이다. 따라서 현대적으로 해석한다면 자연과학 및 기술학에 매우 가깝다.

　서경덕의 학문은 16세기 후반기에 이르러 국방력 강화와 민생안정이라는 시대적 과제를 푸는데, 그 어느 다른 성리학보다도 매력을 끌기 시작하여 서울 근교의 젊고 영리한 선비들이 구름처럼 모여들어 화담학파를 형성했다. 화담학파는 제1세대 화담학파와 제2세대 화담학파로 나누어 볼 수 있는데, 이들 화담학파의 구성원을 보면, 사회적으로 소외된 서얼층, 권신과 싸우다가 밀려난 중소 양반층, 평민층, 상인층, 노비층으로 구성되어 있는 점이 특이했다. 서경덕의 학문 성격뿐 아니라 그의 출신기반이 한미하다는 것이 오히려 심리적인 공감대를 넓혀주었다.

　이제 신분별로 제1세대 화담학파와 그들이 길러낸 제2세대 화담학파를 소개하면 다음과 같다.

〈서얼 출신〉

　(1) 수암守庵 박지화朴枝華(1513~1592)

　(2) 연방蓮坊 이구李球(1494~1573)

　(3) 강문우姜文祐(1520전후~1592경)

　　　그의 문인: 심희수沈喜壽

　(4) 이소재履素齋 이중호李仲虎(1512~1554)

　　　그의 문인: 윤희손尹喜孫, 손자 윤휴尹鑴, 이인李訒, 박응남朴應男, 박점朴漸,

　　　　　김근공金謹恭

　(5) 척약재惕若齋 김근공金謹恭(1526~1668)

　　　그의 문인: 한효순韓孝純, 이발李潑

〈중소양반 출신〉

　(1) 행촌杏村 민순閔純(1519~1591)

　　　그의 문인: 홍가신洪可臣, 한백겸韓百謙, 홍치상洪致祥, 윤효선尹孝先, 이발李潑,

우복룡禹伏龍

(2) 사암 박순思庵 朴淳(1523~1589)

　　그 아비: 박우朴祐, 그의 문인: 정개청鄭介淸

(3) 초당 허엽草堂 許曄(1517~1580)

　　그의 자녀: 허성許筬, 허봉許篈, 허난설헌許蘭雪軒, 허균許筠

(4) 슬한재瑟僩齋 박민헌朴民獻(1516~1586)

　　그의 문인: 한효윤韓孝胤, 그 아들 한백겸韓百謙, 한준겸韓浚謙,

　　　　한백겸 아들 한흥일韓興一

(5) 박여헌朴汝獻 : 박민헌의 아우

(6) 토정土亭 이지함李之菡(1517~1578)

　　그의 문인: 서기徐起, 조헌趙憲, 서치무徐致武, 한준겸, 이항복李恒福

(7) 치재恥齋 홍인우洪仁祐(1515~1554)

(8) 김혜손金惠孫(1512~1585)

(9) 최력崔櫟(1522~?)

(10) 신혁申湙(1521~?)

　　그 아비: 기재企齋 신광한申光漢

(11) 이재頤齋 차식車軾(1517~1575)

　　그의 아들: 차운로車雲輅, 차천로車天輅 등

(12) 남봉南峰 정지연鄭芝衍(1525~1583)

(13) 윤담수尹聃壽(1513?~?)

　　그의 아들 윤현尹睍, 윤현의 사위 이상의李尙毅, 이상의 증손자 이익李瀷

(14) 소재穌齋 노수신盧守愼(1515~1590)

　　그의 문인: 심희수沈喜壽

(15) 관물재觀物齋 민기閔箕(1504~1568)

(16) 운곡雲谷 우남양禹南陽

(17) 고경허高景虛

(18) 동강東岡 남언경南彦經(1528~1594)

　　　그의 문인: 촌은村隱 유희경劉希慶

(19) 유희경의 시우詩友: 침류대학사枕流臺學士

(20) 침류대학사 명단:

　　　이수광李晬光, 유몽인柳夢寅, 한백겸, 한준겸, 차천로車天輅, 이달李達,

　　　심희수沈喜壽, 신흠申欽, 이호민李好閔, 김현성金玄成, 임숙영任叔英, 허균許筠,

　　　이식李植, 이정구李廷龜, 민인백閔仁伯, 조경趙絅, 정구鄭逑, 정온鄭蘊, 장유張維,

　　　정백창鄭百昌, 유근柳根, 권필權韠, 이준李埈, 이안눌李安訥, 신익성申翊聖,

　　　이상의李尙毅, 홍천민洪天民, 홍성민洪聖民, 홍서봉洪瑞鳳, 정경세鄭經世,

　　　남이공南以恭, 유영길柳永吉, 이민구李敏求, 김상헌金尙憲 등

〈평민 출신〉

(1) 마희경馬羲慶(1525~1580): 개성 평민

(2) 최자양崔自陽(?~1583): 개성 평민

　　　그의 아들: 최립崔岦

(3) 김한걸金漢傑(1526~1583): 개성 평민

(4) 장가순張可順(1493~1549): 결성結城 평민

(5) 김한걸金漢傑(1526~1583): 개성 평민

(6) 이균李均: 개성 상인

(8) 황원손黃元孫: 개성 상인

(9) 서기徐起(1523~1591)

(10) 정개청鄭介淸(1529~1590)

위 제1세대 화담학파의 행적을 보면 고급 벼슬아치로 오른 인물, 평생 처사로 살면서

후학을 가르친 인물, 주기철학이나 양명학에 경도된 인물 등 다양하다. 정2품 이상의 고관에 오른 인물은 영의정을 지낸 박순朴淳, 노수신盧守愼, 정지연鄭芝衍, 2품에 오른 허엽許曄, 박민헌朴民獻 등이다.

평생 처사로 살면서 수많은 후학을 기른 인물은 이중호李仲虎, 김근공金謹恭, 장가순張可順, 서기徐起, 정개청鄭介淸 등이며, 중간급 벼슬을 하면서 많은 후학을 키운 인물은 민순閔純, 이지함李之菡, 남언경南彦經이다. 이들의 노력으로 기라성 같은 제2세대 화담학파가 탄생된 것이다.

또 화담학파 가운데 그 학문이 가학家學으로 전승된 대표적인 집안은 허엽집안과 한효순, 한효윤, 한백겸, 한준겸 집안, 그리고 윤담수의 외손인 여주이씨 이익집안이다.

02

허균의 가학家學

부친 허엽과 네 남매들

허균의 가학家學
부친 허엽과 네 남매들

1. 아버지 허엽許曄(1517~1580)

1) 허엽의 가계

허균의 부친 허엽許曄은 박순朴淳과 더불어 서경덕 문인 가운데 정치적으로 가장 고관의 지위에 오른 인물 가운데 하나이다. 박순은 선조 때 영의정(정1품)에 오르고, 허엽은 대제학(정2품)에 올랐다. 또 허엽은 일평생 스승 서경덕을 배신하지 않고 존경했으며, 서경덕이 죽은 뒤에 증직贈職과 증시贈諡에 누구보다도 적극적이었다. 이런 점이 고려되어 그가 죽은 뒤에 서경덕을 제사하는 개성의 화곡서원花谷書院에 박순 및 민순閔純과 더불어 배향되는 인물이 되었다. 그러니까 서경덕 문인 가운데 수제자 3인의 한 사람으로 평가된 것이다.

그러면 허엽의 가계부터 알아보자. 본관이 양천陽川이고, 아호는 초당草堂이다. 박순보다 6세 연상이다. 허씨의 뿌리는 가야국 김수로왕의 왕비였던 허황후許皇后의 후손인 김해허씨金海許氏로서, 여기서 양천허씨陽川許氏, 하양허씨河陽許氏 등이 분파된 것이다.

정구鄭逑가 지은 허엽의 행장行狀을 보면, 그의 가계는 다음과 같다. 고조는 충무위

절충장군 섭호군攝護軍(종4품) 허추許樞로서 세종 때 무관으로 추천받아 벼슬했다. 증조는 예종 때 문과에 급제하여 성균관 전적典籍(정6품)을 지낸 허창許菖, 조부는 용양위 사용司勇(정9품)을 지낸 무인 허담許聃,[1] 아버지는 군자감 부봉사(정9품)를 지낸 허한許澣이다. 허한은 호랑이 그림을 잘 기르고, 당시唐詩를 잘했다고 한다.

고조에서 부친에 이르는 4대조는 모두 생몰년을 알 수 없고, 벼슬도 매우 낮아 현달하지 못한 하급 양반이다.

그러나 허엽의 가계를 더 거슬러서 올라가보면 고려시대에는 대대로 큰 벼슬아치가 나온 당당한 귀족가문의 하나였다. 특히 충렬왕 때 수문전修文殿 대학사로서 《고금록古今錄》이라는 역사책을 짓고 충렬왕의 묘정廟庭에 배향된 허공許珙(1233~1291)이 가장 유명하다. 허공의 아들 허관許冠(좌랑), 손자 허백許伯(양천군), 증손자 허경許絅(지신사), 고손자 허금許錦(1340~1388)도 대대로 높은 벼슬을 했다.

허금은 고려말기 전리판서典理判書에까지 올랐는데, 그 아들이 허기許愭다. 판삼사사判三司事 전보문全普門의 아내 송씨가 후사가 없어서 허기를 양자로 삼았는데, 양모가 죽자 많은 노비를 물려받았다. 그런데 태종 4년에 노비변정사업奴婢辨正事業을 할 때 국가에서 이를 불법으로 받았다고 하여 모두 몰수하여 공노비公奴婢를 만들었다.[2] 이렇게 많은 노비를 소유했다면 토지도 매우 많았다는 뜻인데, 전제개혁으로 대부분 속공屬公되었을 것으로 보인다.

허기의 아들이 바로 위에 언급한 허추許樞로서, 그도 세종 때 장죄贓罪를 받아 처벌받았으므로 재산이 또 없어진 것을 알 수 있다. 이렇게 본다면 허씨 일가는 조선왕조 건국과정에 전제개혁으로 몰락하고, 건국 후에는 노비변정사업으로 노비까지 잃어버려 경제적으로 크게 몰락한 집안이었음을 알 수 있다. 뒷날 허균이 조선왕조 건국을

---

1 정구가 지은 〈허엽행장〉에는 허담의 벼슬이 금화사(禁火司) 별제(別提; 종6품)로 되어 있으나, 이 벼슬은 허엽이 고관에 오른 뒤에 증직된 것으로 보인다.
2 《태종실록》 태종 4년 1월 12일 및 4년 8월 11일조.

매우 부정적으로 보는 시각이 여기서 비롯된 것으로 보인다.

한편, 허엽 집안은 고려시대부터 한효윤韓孝胤(1536~1580),[3] 한효순韓孝純(1543~1621)[4] 형제, 한백겸韓百謙(1552~1615),[5] 한준겸韓浚謙(1557~1627)[6] 형제 집안과 혼사를 맺고 있어서 혈연적으로 매우 가까웠다. 증조 허창의 누이의 딸이 한사무韓士武에게 시집갔는데, 한사무의 증손자가 한효윤과 한효순이고, 한효윤의 두 아들이 한백겸과 한준겸이다.

그런데 두 집안을 더욱 혈연적으로 가깝게 만든 것은 허엽의 첫째 부인이 또 한씨라는 사실이다. 한씨부인은 바로 세종 때 명신이던 한확韓確(1400~1456)[7]의 고손녀이다. 한확의 두 누이는 명나라 황제의 후궁後宮이 되고, 또 한확의 딸은 성종을 낳은 인수대비仁粹大妃이다. 한씨는 매우 착한 여인으로 그가 죽은 뒤에 시어머니는 며느리 이야기를 할 때마다 눈물을 흘렸다고 한다.

한씨부인은 딸 둘을 먼저 출산하고 뒤에 허성을 낳았다. 첫째 딸은 박순원朴舜元[8]에게 시집가고, 둘째 딸은 퇴계문인 우성전禹性傳(1542~1593)[9]에게 출가했다. 그러니까 박순원과 우성전은 허엽의 사위다.

허엽집안은 혈연적으로 한씨 집안과 가까웠을 뿐 아니라, 두 집안의 가학家學이 바로 화담학파에 속했다. 허엽과 그 아들들인 허성許筬(1548~1612), 허봉許篈(1551~1588),

---

3 한효윤은 서경덕 문인 박민헌(朴民獻)의 제자로서, 역학(易學)에 밝고, 벼슬이 판관에 이르렀다. 한백겸과 한준겸이 그의 아들이다.

4 한효순은 한효윤의 아우로, 서경덕 문인 김근공(金謹恭)의 제자이다. 임진왜란 때 삼도도체찰부사로 큰 공을 세워 선무공신에 책록되고 광해군 때 좌의정에 올랐다. 병법서인 《신기비결(神器秘訣)》과 《진설(陣說)》을 써서 새로운 병법을 발전시킨 실학자이다. 한영우, 《나라에 사람이 있구나: 월탄 한효순이야기》, 지식산업사, 1916 참고.

5 한백겸은 벼슬이 목사에 이르고 《동국지리지(東國地理志)》를 편찬한 실학자이다.

6 한준겸은 한백겸의 아우로 벼슬이 여러 판서직을 역임하고, 영창대군의 보호를 부탁받은 유교칠신(遺敎七臣)의 한 사람이다. 딸이 인조의 왕비가 되어 인조 때 부원군에 올랐다.

7 첫째 부인 한씨의 가계는 다음과 같다. 한확[좌의정] - 한치례(韓致禮; 좌리공신) - 한익(韓翊; 정랑) - 한숙창(韓叔昌; 정국공신) - 딸 한씨[허엽부인]

8 박순원은 본관이 밀양이고 음보로 벼슬길에 나가 군수를 역임하다가 선조 때 이몽학의 난을 진압하는데 공을 세워 청난공신에 오르고 죽은 뒤에 승지에 추증되었다.

9 우성전은 왜란 때 의병을 일으키고 벼슬이 대사성에 올랐다. 당색은 동인 - 남인이다.

허균許筠(1569~1618)도 화담학파에 속하지만, 한효윤, 한효순 형제와 한백겸, 한효윤의 아들인 한백겸, 한준겸 형제도 정통적인 화담학파였다. 두 집안은 학문적으로도 이렇게 서로 가까웠다.

허엽은 첫째 부인 한씨가 허성을 낳은 뒤에 바로 세상을 떠나자 강릉김씨 예조판서 김광철金光轍(1493~1550)의 딸을 두 번째 부인으로 맞이하여 허봉許篈(1551~1588), 허초희 許楚姬(1563~1589), 허균을 낳았다. 이들은 모두 강릉 외가에서 출생했다.

3남1녀의 나이를 비교해보면, 허봉은 허성보다 3세 아래이고, 허초희는 허봉보다 12세 아래이고, 허균은 허초희보다 6세 아래다. 그러니까 허균은 큰 형보다 21세 연하이고, 둘째형보다 18세 연하이다. 이런 나이 차이를 고려하면 허균의 두 형들은 아버지 뻘이 되는 셈이다. 허균이 얼마나 어린 막내로서 귀여움을 받고 자랐는지를 짐작할 수 있다.

허엽은 벼슬이 선조 때 대사성, 부제학, 관찰사에 이르고, 동인과 서인이 분당할 때 동인으로 활동하다가 선조 13년에 64세로 세상을 떠났다. 큰 형 허성은 벼슬이 이조판서에 이르고, 선조가 세상을 떠날 때 영창대군의 보호를 부탁받은 일곱 신하 곧 〈유교칠신遺敎七臣〉의 한 사람이었다.

허성의 막내딸이 광해군의 이복동생인 의창군義昌君 이광李珖에게 시집가서 왕실의 인척이 되었기 때문에 선조가 영창대군의 보호를 부탁한 것이다. 그러나 이 일로 광해군 때 일시 곤란에 처했으나 임해군臨海君의 반역을 고발한 공으로 공신이 되고 지중추부사에 올랐다가 광해군 4년에 65세로 세상을 떠났다. 그러나 인조반정 후 광해군에 협력한 죄로 관작이 삭탈당했다.

허봉은 재주가 뛰어나 22세에 형보다 11년이나 먼저 문과에 급제하여 벼슬길에 올랐는데, 동인 과격파에 속하여 34세 되던 선조 17년(1584)에 율곡 이이李珥를 탄핵하다가 미움을 받아 함경도로 귀양을 갔다가 돌아왔으나, 도성안 출입을 금지당하여 어머니를 만나보지도 못하고 성 밖을 전전하다가 38세로 객사했다. 시인으로서 명성이 높았다. 아호가 난설헌蘭雪軒인 허초희도 재주가 뛰어나서 시인으로 명성을 떨쳤으나,

김성립金誠立에 시집간 뒤로 가정생활이 순탄하지 못하다가 27세로 요절했다.

허균은 형제 중에서 가장 영특하여 가족들의 사랑을 받고 자랐으나 12세에 아버지를 여의고, 엄한 교육을 받지 못하여 방종한 소년으로 자랐다. 왜란 중인 선조 27년에 26세로 문과에 급제하여 벼슬길에 올랐으나 문장력은 뛰어나지만 행실이 문제가 되어 청요직에는 한 번도 오르지 못하고 공주목사(정3품)를 하다가 파직되어 부안扶安으로 낙향한 가운데 광해군 시대를 맞이했다.

허균은 허성을 따라 영창대군을 따르는 소북파에 속했다가 소북이 망하자 근경 남인과 손잡고 끝까지 광해군을 몰아내는 반역을 시도했다. 그러다가 칠서지옥七庶之獄이 일어나 신변의 위협을 느끼자 대북파 이이첨李爾瞻의 휘하로 들어가 폐비운동을 도와주는 척했으나 끝내는 반역을 일으켜 광해군 10년에 형장의 이슬로 사라졌다. 향년 50세로 파란만장한 생애를 마감했다.

허엽 일가의 일생을 총괄하면 허엽과 그의 3남 1녀가 모두 높은 벼슬을 하고 시인으로서 혹은 사상가로서 명성을 떨쳐 명문가로 부상했지만, 허균을 끝으로 급속도로 몰락한 집안이 되었다. 그러나 허엽 일가가 남기고 간 족적, 특히 허균이 남기고 간 족적은 조선중기 사상사와 문학사에 중요한 획을 긋는 사건으로 주목할 필요가 있다.

2) 허엽의 학업: 서경덕의 수제자

허엽은 15세에 아버지를 여의고, 그 뒤 조광조 문인이던 나식羅湜(1498~1546)[10]에게 역학易學을 배우다가, 나식이 진천鎭川에 사는 이색의 후손으로 김안국 문인이던 이여李畬(1503~1542)를 추천하여 그에게 가서 다시 역학을 배웠다. 그러나 이들에게 배운 것은 주자가 만든 《역학계몽易學啓蒙》을 읽는 정도의 초보적인 수준이었다. 그러다가 서경덕

---

10 나식은 본관이 나주로 사마시에 급제하여 참봉이 되었으나, 명종조 을사사화 때 대윤파로 몰려 귀양 가서 사사되었다.

의 역학이 한층 고명하다는 것을 알고 다시 서경덕 문하로 들어간 것이다.

허엽이 서경덕을 만난 것은 20세 되던 해 서울에서였다. 서경덕이 43세에 생원이 되어 성균관에 입학하여 관학유생으로 있을 때 그가 역학에 밝다는 소문이 퍼지자 역학을 공부하던 나식羅湜이 서경덕을 만나고 싶어 하다가 중종 31년(1536) 가을에 서경덕이 서울의 강원姜源[11]의 집에서 우거寓居하고 있다는 소식을 듣고 그 집으로 찾아가서 밤새도록 역학을 토론한 일이 있었다.[12] 이때 나식의 제자인 허엽도 그 자리에 동참하고 있었는데 서경덕의 역학이 나식보다 높은 것을 알고, 다음해 서경덕이 다시 서울에 과거시험을 치르기 위해 오자 두 번이나 그의 숙소를 찾아가서 두 번 절하고 간절하게 가르침을 청했다.[13] 이때 허엽은 21세였다. 허엽을 만난 서경덕은 도道에 나아가는 방법을 가르쳐 주었는데 처음에는 그 뜻을 이해하지 못하고 있다가 3~4년 뒤에 비로소 깨우쳤다고 한다.

그 뒤 서경덕이 개성에 화담서재를 짓고 후학을 가르치기 시작하자 나식의 학우였던 효령대군 후손 종성령鐘城令 이구李球(1494~1573)와 민기閔箕(1504~1568)도 함께 갔다. 나이로 보면 이구가 서경덕보다 5세 연하이고, 민기는 15세 연하이므로 거의 동료나 다름없었지만 학문적으로는 서경덕의 제자가 되었다.

허엽은 24세 진사가 되고 다시 문과를 준비하고 있었는데 27세 되던 중종 38년(1543) 3월에 존장尊長을 모시고 관서지방에 갔다가 서울로 돌아오는 길에 개성에 들러 서경덕을 다시 알현하고 왔다. 이때 서경덕은 55세였는데 마침 말에서 떨어져 다리를 다쳤다고 한다.

이때 서경덕은 "지난번에 서울에서 두 번이나 만나 이야기를 나누었는데, 나는 아직도 잊지 않고 있소. 격조한 지가 오래 되었구려. 그동안 얻은 것이 무엇이요?" 하고

---

11 강원은 서경덕 문인 강문우(姜文祐)의 아버지다. 강문우는 강원의 서자이다.
12 《초당집》 가운데 허엽이 쓴 스승 이여(李畬)의 행장인 〈이문학선생행장(李文學先生行狀)〉 참고.
13 《초당집》 가운데 허엽이 친구 노수신(盧守愼)에게 보낸 글인 〈송노과회서(送盧寡悔序)〉 참고.

물었다. 허엽은 "예" 하고 대답한 뒤에 명덕明德에 관하여 묻고, 또 "격물치지格物致知의 방법은 모두 《대학大學》의 〈혹문或問〉 가운데 있는데, 주자朱子가 정자程子의 말을 가지고 설명했습니다. 선생께서는 견해가 높으시므로 독자적인 견해를 가지셨을 것입니다. 꼭 선유先儒의 설을 인용하는 것은 말을 꾸미고 규범에 아첨하려는 뜻이 아니겠습니까?" 하면서 질문했다. 그러자 서경덕이 이렇게 말했다.

> 세상의 영재들이 도를 찾으려는 자가 적지 않지만, 배움이 부족하다가 나이가 많아지면 고개를 숙이고 세속에 빠지는 자가 적지 않소. 그래서 도를 아는 맛을 알지 못하니, 내가 격물치지의 방도를 말하는 이유가 여기에 있소. 세상에 학자라는 사람은 다른 것은 극복하는 사람이 많지만, 여색女色에 있어서는 초탈하는 사람이 적소. 학문의 근본은 혼자 있을 때 삼가는 것이오. 학문의 근본이 없으면 학문을 해도 자신을 속이는 일에 빠지는 것이 심하다오. …… 나는 17세에 비로소 인간세상에 남녀의 일이 있다는 것을 알았는데, 마을에서 여자를 희롱하는 사람이 많은 것을 보고 사람들에게 "그런 일이 옳으냐 그르냐"를 물어보았더니, 모두 "크게 옳지 않다"고 말했소. 이때부터 나는 여색을 끊었는데, 50에 이르도록 처음과 똑같소.

서경덕은 격물치지格物致知라는 것이 대단한 것이 아니라 세속의 욕망에 빠지지 않는 것이라고 말하면서, 특히 여색에 빠지면 모든 것이 무너진다고 강조했다. 그러면서 혼자 있을 때 삼가는 태도가 중요하다고 일러주었다.

서경덕은 여색과 관련하여 자신이 경험한 이야기를 또 들려주었다. "예전에 해주海州 관청으로 놀러간 일이 있었는데, 수령이 관례대로 기생을 보내주었소. 내가 가라고 말했으나 기생은 가지 않고 내 옆에서 옷을 입은채 잠을 잤소. 이때 내 마음을 돌아보니 마치 죽어서 재가 된 듯 편안했소."

허엽은 이해 3월에 서경덕에게서 들은 이상과 같은 말을 학우 소재蘇齋 노수신盧守愼 (1515~1590)[14]에게 편지로 전해주면서 다음과 같은 말을 덧붙였다.

내가 우러러 악惡을 제거하는 용맹함을 생각해 보니 악을 제거하는 정성을 선생처럼 용맹하게 한다면 천하의 선善을 어찌 다 하지 못함이 있겠소. 이런 마음으로 도道에 나아간다면 어찌 그 도道의 맛을 모를 이치가 있겠소. 옛날의 군자君子는 중용中庸에 의거하여 세속을 떠나 숨어 살아도 고민하지 않았으며, 남이 알아주지 않아도 후회하지 않았으니, 이것이야말로 천하의 선善을 다하고, 지극한 도道의 맛을 즐기는 것이 아니겠소.

당시 노수신은 정성定省(부모에 대한 효도)을 위해 강원도로 떠나려고 했었는데, 허엽이 위와 같은 편지를 보내면서 송별사를 대신한다고 말했다. 청년시절 허엽의 순수한 마음이 엿보인다.

또 정확한 시기는 알 수 없으나, 허엽이 개성 화담을 찾아갔을 때의 일화가 허엽의 아들 허균許筠이 쓴 글에 보인다. 이를 옮겨보면 이렇다.

나의 선친께서는 화담선생에게서 가장 오래 배웠다. 한번은 7월에 선생댁을 찾아갔더니 화담으로 떠나신 지 이미 엿새가 되었다고 했다. 즉시 화담별서花潭別墅로 찾아가는데 가을 장마에 물이 불어나서 개울을 건널 수가 없었다. 날이 저물어서야 여울물이 조금 줄었으므로 겨우 건너서 화담에 이르니 선생은 거문고를 타며 큰 소리로 읊조리고 있었다. 선친께서 저녁밥을 짓기를 청하니, 선생은 "나도 먹지 않았으니 내 몫까지 함께 짓는 것이 좋겠다"고 했다. 하인이 부엌에 들어가 보니 이끼가 솥 안에 가득했다. 선친이 이상히 여기고 그 까닭을 묻자 선생이, "물이 막혀서 엿새 동안 집사람이 오지 못했기 때문에 내가 오랫동안 식사를 못했소. 그러니 분명 이끼가 끼었을 것이오" 하므로, 허엽이 스승의 얼굴을 바라보니, 조금도 굶주린 기색이 없었다. 이것은 증

---

14   노수신은 본관이 광주(光州)로 서경덕 문인이다. 명종 때 소윤파의 미움을 받아 진도 등지로 귀양 가서 19년 간 귀양살이를 하다가 풀려나서 선조 때 벼슬이 영의정에 올랐으나 정여립 사건 때 파직되었다.

자曾子가 7일을 굶고서도 상송商頌을 읊조리는데, 그 소리가 금석金石이 울리는 듯했다
는 것과 무엇이 다르겠는가.

이 글에서 몇 가지 사실이 발견된다. 화담서재와 화담의 가족이 사는 집은 따로
있었다는 것, 본가와 별장 사이에 개울이 있었다는 것, 그리고 6일 동안 굶고서도
서경덕이 편안하게 거문고를 타고 있었다는 것, 또 이런 모습에 허엽이 감동을 받았다
는 것 등이다.

허엽이 이때 화담을 찾아간 시기는 확실하지 않지만 첫 만남은 물론 아니었다.
분명한 것은 이때 허엽이 개성에 살고 있었던 것은 아니었다. 그러기에 서경덕이 6일간
굶고 있는 것도 모르고 있었던 것이 아닌가? 허엽은 서울에 살면서 때때로 서경덕을
방문하여 학문을 배운 것으로 보인다.

허엽은 서경덕이 죽음에 임박하여 철학서를 쓸 때 〈원이기原理氣〉 등 4편을 구점口占
하여 기록했다. 서경덕의 말을 받아서 적었다는 뜻이다. 그만큼 서경덕의 신임을 크게
받고 있었다는 것을 알 수 있다. 허엽이 끝까지 스승을 배반하지 않고, 스승에게 우의정
을 추증하고 시호를 받도록 노력한 것도 이런 깊은 사제관계 때문이었을 것이다.

3) 명종대의 벼슬

허엽은 서경덕 문하에서 역학을 공부하면서 24세인 중종 35년(1540)에 진사가 되고,
30세 되던 명종 1년(1546)에 문과 갑과에 급제했다. 성적이 우수했다. 다음해인 명종
2년(1547)에는 가까운 친구인 해남출신 유희춘柳希春(1513~1577)[15]이 양재역 벽서사건良

---

15 유희춘은 본관이 선산(善山)으로 아호는 미암(眉巖)이며 전라도 해남 출신이다. 《세종실록》지리지를
    보면 유씨는 임금이 성씨를 내려준 사성(賜姓)으로 되어 있어서 고려시대에 귀화한 집안으로 보인다.
    유희춘의 직계조상 3대조는 벼슬이 없다가 유희춘이 출세하자 증직(贈職)되었다. 외조부는 《표해록(漂海
    錄)》을 지은 유명한 최보(崔溥)이다. 유희춘은 김안국 문인으로 선조 33년(1538)에 문과에 급제한 뒤에

才驛壁書事件으로 함경도 종성鍾城으로 귀양 가자 그에게 여러 차례 따뜻한 옷을 보내주었다. 어려울 때 친구가 진정한 친구라는 사실을 허엽은 보여주었다.

허엽은 두 아들 허성과 허봉 등에게 "어려운 사람에게는 반드시 인휼仁恤을 베풀어야한다"고 훈계했다고 한다. 그러면서 두 아들을 유희춘에게 보내 학문을 배우도록 했다. 이런 끈끈한 두 사람의 우정이 계속 이어져서 뒷날 유희춘은 자신이 지은 《유선록儒先錄》에 서경덕을 넣었고, 서경덕이 증직과 시호를 받는데 도움을 주었다.

허엽은 32세 되던 명종 3년(1548)에 사간원 정언正言(정6품)이 되었는데, 소윤파 윤춘년尹春年(1514~1567)과 사이가 매우 좋았다. 그는 대윤파 숙청에 앞장섰기 때문에 도덕적으로는 비난을 많이 받았으나, 학문적으로는 주자학에만 매이지 않고 유불도儒佛道를 통합하는 학문을 했다. 윤원형尹元衡이 자기 첩을 처로 만든 뒤에 그 서자를 출세시키기 위해 서얼허통庶孼許通을 법으로 만들어 비난을 받았으나, 윤춘년은 이 법이 서얼 전체에 도움이 된다고 여겨 반대하지 않았다. 또 민생의 가장 큰 폐단이었던 공납제도의 개혁을 강력하게 요구하는 등 개혁성향이 강한 인물이었다.

서경덕이 명종 즉위년에 세상을 떠난 뒤에 일부 문인들이 의지할 곳을 찾지 못하고 있다가 윤춘년을 만나자 마치 성인聖人을 만난 듯이 그를 따랐다. 주자학자들은 인종仁宗의 외가인 대윤파를 지지했으나, 개혁성향의 비주자학자들은 명종 외척인 소윤파에 더 가까웠다. 허엽 뿐 아니라 서경덕 문인 박민헌朴民獻과 그밖에 김계휘金繼輝(1526~1582),[16] 김홍도金弘度(1524~1557) 등 깨끗한 선비들도 그를 따랐다.

허엽은 윤춘년과 가까우면서도 권신으로 횡포를 부리던 윤원형이나 이량李樑 등과는 가까이하지 않았다. 대윤파 및 권신들로부터 견제를 받기 시작했으나 서경덕의 문인이

벼슬길에 올랐는데, 명종 2년 양재역에 문정왕후와 권신 이기 등을 비난하면서 나라가 곧 망할 것이라는 익명벽보가 붙자 이에 연루되어 제주도에 유배되었다가 곧 함경도 종성에 안치되어 19년간 귀양살이를 하면서 학문에 전념했다. 선조가 즉위한 뒤에 벼슬길에 다시 들어서서 이조참판에까지 올랐다가 선조 13년에 향년 65세로 세상을 떠났다. 저서로 《미암일기》, 《국조유선록(國朝儒先錄)》 등이 있다.

16 김계휘는 본관이 광산(光山)으로 벼슬이 예조참판에 올랐다. 예론학자 사계(沙溪) 김장생(金長生)의 부친이다.

라는 후광을 업고 있을 뿐 아니라 품행이 조신하여 벼슬길은 순탄한 편이었다.

33세 되던 명종 4년(1549)에는 인사권을 가진 이조좌랑(정6품)에 오르고, 2년 뒤에는 홍문관 부교리(종5품)를 거쳐 이조정랑(정5품)에 올라 청현직 반열에 들어갔다.

36세 되던 명종 7년(1452)에는 의정부 검상檢詳(정5품)이 되어 세 의정議政의 합의된 사안을 임금에 보고하는 일을 맡았다. 37세에는 성균관 사예司藝(정4품)와 사헌부 장령掌令(정4품)을 거쳐 홍문관 교리校理(정5품)에 올랐는데, 사람됨이 편안하고 사람들과 담소할 때에는 화기和氣를 불러낸다는 평을 받았다.

38세 되던 명종 9년(1554)에는 다음해 3월에 윤달이 없는 것을 이상하게 여겨 천문학에 밝은 허엽에게 물어보았더니 허엽이 그 이유를 명쾌하게 설명했다. 그 뒤 집 재산을 털어서 부모의 제사를 위한 가묘家廟를 세웠는데, 관청비용을 가져다가 지었다고 탄핵을 받아 파직당했다. 이 사건은 그가 재물을 탐냈다는 이유로 두고두고 그의 약점으로 발목을 잡았다. 그러나 허엽은 가재家財로 지은 것이라고 변명했다.

허엽은 파직당한 뒤에 강릉으로 내려가서 처가 부근에서 살았는데, 지금 고택이 다시 건설되어 남아 있다. 그곳이 바로 지금 강릉시 초당동이다.

허엽이 41세 되던 명종 12년(1557)에 명신名臣 김안국金安國의 아들로서 허엽의 아랫 동서인 김여부金汝孚가 사간원 사간이 되자 허엽과 가까웠던 김홍도金弘度와 심한 갈등을 벌였다. 김여부는 권신 윤원형에 아부하면서 탐욕을 부려 아버지의 명성을 더럽히고 있어서 허엽이 김여부를 나무라자 김여부가 분노하여 김홍도를 갑산으로 귀양 보냈다. 이곳에서 명종 12년에 34세의 나이로 세상을 떠났다.

그런데 김홍도의 손자가 바로 김성립金誠立이고, 허엽의 딸 허난설헌이 김성립에게 시집간 것이다. 그래서 두 사람은 사돈관계를 맺었지만, 김홍도는 혼사가 이루어지기 훨씬 전에 세상을 떠났다.

허엽도 황해도 배천군수白川郡守(종4품)로 좌천되어 나갔다. 허균은 뒷날 자신이 배천 군수를 추천받았을 때 가지 않겠다고 거부했는데, 아버지의 나쁜 추억이 있었기 때문이었다.

명종 14년(1559)에 황해도에서 임꺽정 도적패가 일어나 수령을 무인으로 바꾸자 허엽이 체직되어 서울로 올라와 세자시강원 필선弼善을 거쳐 사헌부 집의執義(종3품)에 임명되었다. 이때 세자는 순회세자였는데 아깝게도 13세에 요절하여, 명종의 뒤를 잇지 못하고 후궁 소생 선조가 뒤를 이은 것이다.

44세 되던 명종 15년(1560)에는 공조참의(정3품 당상관)를 거쳐 성균관 최고책임자인 대사성(정3품 당상관)에 올랐다. 2년 뒤에는 예조참의를 거쳐 동부승지에 임명되었는데, 경연에 참석하여 조광조趙光祖의 신원을 청하여 파란을 일으켰다. 중종이 내린 처사를 뒤집는 일이기 때문이었다. 임금은 언관의 탄핵을 받아들여 허엽을 파직시켰다.

그러나 44세 되던 명종 17년(1562)에는 여러 6조의 참의參議(정3품 당상관)와 성균관 대사성大司成(정3품 당상관)을 거쳐 승지에 올랐다. 이 무렵부터 그는 조광조의 신원과 임금의 내탕인 내수사內需司 개혁, 그리고 이황, 조식, 이항 등 재야 선비들을 조정에 불러들여 벼슬을 내릴 것을 건의했다.

47세 되던 명종 18년(1563)에 삼척부사(종3품)로 내려 보냈으나 두 달만에 언관의 반대로 또 파직되었다. 권신 이양李樑에 밉보인 것이 원인이었다.

다음해 명종 19년(1564)에는 경주부윤(종2품)으로 내려갔다가 2년 뒤에 성균관 대사성으로 다시 돌아왔다.

4) 선조 때의 벼슬: 동인으로 활동

51세 되던 해 명종이 승하하고 선조가 즉위하자 선비를 존중하는 정책을 폈다. 대사성 허엽은 퇴계 이황李滉을 스승으로 초빙하여 모시자고 건의하여 임금의 재가를 받았다. 선조는 그를 승지(정3품 당상관)로 삼았다.

52세 되던 선조 1년(1568)에 명나라에서 황태자를 책봉하자 이를 축하하는 진하부사進賀副使로 명나라에 다녀왔다. 다음해 다시 승지와 홍문관 부제학(정3품 당상관)에 임명되었는데, 아직도 남아 있는 이양李樑 등 명종 때의 권신들을 처벌하고, 유학을 진흥시킬 것을 임금에게 권고했다.

2년 뒤인 선조 4년(1571)에 이조참의(정3품 당상관)를 거쳐 사간원 대사간(종2품)에 올랐으나 병으로 사직했다. 선조 5년에는 중종 때 조광조가 시행하려다가 실패한 향약鄕約을 다시 실시하자고 건의하자 임금이 오활하다고 하면서 거절했다.[17] 이해 성균관 대사성과 대사간에 다시 취임했다가 홍문관 부제학을 다시 맡았다.

선조 6년(1573)에 부제학 허엽은 임금에게 듣기 싫은 정책을 건의했다. 임금의 재물[내수사]은 《주례周禮》를 따라서 유사攸司(호조)가 그 출납을 관리하도록 하자고 건의하자 임금이 화를 내면서 거절했다. 《주례》에는 임금의 사유재산을 금지하고 왕실에 필요한 재물은 총재冢宰가 관리하도록 되어 있었다. 임금의 사유재산인 내수사內需司의 폐단은 뜻있는 선비들이 누누이 그 개혁을 주장해 왔으나 임금은 번번이 받아들이지 않았는데, 허엽의 건의도 수포로 돌아갔다.

선조 7년(1574)에 향약 문제를 놓고 허엽과 이이가 논쟁을 벌였는데, 이이가 또 반대했다. 이이는 허엽에게 "집에서 향약으로 다스리고 있느냐"고 묻자 허엽은 "임금의 명이 없어서 못하고 있다"고 하자, 이이는 다시 "가정을 다스리는 것도 임금의 명령이 있어야 하느냐"고 힐난했다. 이이는 향약이 비록 좋은 제도이지만 선부후교先富後教를 내세워 백성이 경제적으로 안정되어야 교화가 이루어질 수 있다는 입장을 견지했다. 맹자가, "백성은 항산恒産이 없으면 항심恒心이 생기지 않는다. 의식衣食이 풍족해야 예의를 안다"는 말을 옳게 여겼다. 이이의 주장이 현실적으로 맞는 견해였다.

선조 8년(1575)에 허엽은 대사성을 하고 있었는데, 이해 허엽과 박순朴淳이 힘을 합하여 강력하게 추진한 결과 서경덕에게 우의정이 추증되고, 문간文簡이라는 시호가 내려졌다. 임금은 처음에는 서경덕의 학문이 수학數學에 빠져 있고, 수신修身에 관한 이론이 없다고 하면서 미흡하게 여겼다.

---

17 이 기록은 《선조수정실록》에 의거한 것이다. 그러나 《선조실록》에는 선조 6년에 향약 사행을 건의한 것으로 되어 있어 혼란스럽다.

허균평전

그러나 서경덕 제자인 박순은 "소옹邵雍(康節)도 수학을 했지만 주돈이周敦頤와 정자程子 다음으로 인정받았다."고 하면서 변호하고 나섰다. 허엽도 "서경덕의 학문은 기자箕子의 학통을 이은 것이다. 그의 학문은 소옹邵雍, 장재張載(橫渠), 정자程子, 주자朱子의 학문을 겸했다"는 요지로 서경덕 학문을 비호했다. 허엽의 주장에 대해 선조는 지나치다는 평을 내렸다.

한편 이이李珥는 "서경덕 학문의 옳고 그름은 잘 모르겠지만, 이황의 학문이 의양지미依樣之味가 있는데 비하여 서경덕의 학문은 자득지묘自得之妙가 있다"고 하자 드디어 임금이 허락한 것이다. 다시 말해 이황의 학문은 주자朱子를 모방한 것이고, 서경덕의 학문은 독창성이 있다는 뜻이다. 실제로 이이가 이기설理氣說에서 이理와 기氣가 하나라고 말한 것은 서경덕의 영향이 컸다.

허엽은 친구 유희춘柳希春에게 그가 지은 《유선록儒先錄》에 서경덕을 넣어달라고 부탁했다. 유희춘도 이를 따라서 배후에서 서경덕 추증을 도와주었다. 다만 이황은 서경덕의 주기설主氣說을 맹렬히 비난했다. 주리설을 찬성하는 이황의 처지로서는 당연한 일이지만, 화담학파와 가장 호흡이 맞지 않은 학파가 퇴계학파였다.

결과적으로 서경덕 문인 가운데 서경덕을 끝까지 배신하지 않고 지켜준 사람은 박순과 허엽이었다. 두 사람은 뒤에 당파가 서인西人과 동인東人으로 갈렸지만 서경덕을 높이는 데는 힘을 합쳤다.

5) 동서분당 이후의 벼슬과 행적

선조 8년(1575) 무렵부터 신진선비들이 동인東人, 기성선비들이 서인西人으로 갈라져 나둠이 일어났다. 당쟁이 이때부터 시작된 것이다. 명종 때까지 권신과 선비가 싸우면서 사화士禍가 일어났는데, 동서분당 이후로는 선비들이 온건개혁파와 급진개혁파로 갈리면서 당쟁이 시작된 것이다. 기성 선비들은 급진적 개혁을 반대하고, 신진선비들은 적극적인 개혁을 지지하고 나섰다. 서인은 주로 주자학자들이 많이 참여했으나,

동인에는 서경덕 문인, 조식문인, 그리고 이황 문인들이 속했는데, 서경덕 문인이 동인의 주류를 이루고 있었다.

그러나 선조말년에 영창대군이 출생하면서 선조의 후계자를 둘러싸고 동인들 가운데 조식 문인은 광해군을 따르는 대북大北으로, 서경덕 문인과 이황 문인은 영창대군을 따르는 소북小北으로 갈렸다.

영창대군을 옹호하는 데에는 서인도 가세하자, 사면초가에 몰린 대북은 고립을 탈피하여 광해군정권을 옹호하기 위해 무리수를 쓰다가 결국 인조반정에 의해 몰락했다. 인조반정 후 대북은 완전히 몰락하고, 소북은 근경남인으로 편입되어, 당파는 서인과 남인으로 재편성되었다.

선조 8년 이후로 서인과 동인이 분파되었을 때 박순朴淳은 서인에 속하여 율곡 이이 등과 가까웠으며, 허엽은 나이로 보면 신진선비가 아니었으나 우연한 일로 동인에 가담하여 그 영수가 되었다. 박순은 뿌리가 충주였으나 처가妻家가 있는 나주羅州로 이주하여 호남 학자로 활동했다. 중종 때 목사를 지내고, 시인詩人으로 명성을 떨친 박상朴祥은 그의 형이다. 성품이 온화하고 율곡과 절친했으며, 호남선비 정개청鄭介淸을 서경덕에게 소개하여 그 문도로 만들었다. 그러나 정개청은 동인 정여립鄭汝立 사건에 연루되어 죽임을 당했다. 이때 충격을 받은 박순도 이해 세상을 떠났다.

박순과 허엽이 당을 달리하게 된 직접적인 사유가 있었다. 황해도 재령지방의 어느 노비가 주인을 죽인 사건이 일어났는데, 당시 대사간으로 있던 허엽은 그 주인과 족당族黨 사이로서 노비의 처벌을 원했다. 그러나 검시관檢屍官들이 뚜렷한 증거를 찾아내지 못하자 재판을 맡았던 좌의정 박순이 할 수 없이 이를 따르고 임금이 죄인을 풀어주었다. 이 사건으로 두 사람 사이가 불편해졌다.

그밖에 허엽이 동인의 영수가 된 것은 또다른 이유가 있었다. 김효원金孝元(1542~1590)과 심의겸沈義謙(1535~1587)이 이조 전랑銓郎 자리를 놓고 갈등이 생길 때, 허엽은 김효원 편을 들었다. 그 이유는 몇 가지가 있었다. 심의겸이 먼저 김효원을 윤원형尹元衡의 문객이라고 비난했는데, 실은 과거시험을 보러 와서 잠시 윤원형 집에 묵은 것일 뿐 문객은 아니었다. 심의겸은 또 명종비 인순왕후仁順王后 심씨의 동생이기도 하여 척신戚臣에 속해 있었다. 물론 심의겸도 조신한 선비로서 명종 때 권신을 내쳐서 선비들의 존경을 받았고, 이이와도 가까운 사이였다. 다만 척신이라는 이유로 동인의 공격을 받게 된 것이다.

그 뒤 김효원이 이조전랑으로 추천되었을 때 심의겸이 그를 배척했다가, 다시 다른 사람이 추천하여 그 자리에 가게 되었는데, 김효원이 물러날 때 심의겸의 아우 심충겸沈忠謙이 그 후임자로 추천되었으나 김효원이 그를 물리쳐 심의겸에게 보복하고, 그대신 이발李潑(1544~1589)을 추천했다. 이발은 서경덕 문인이던 민순閔純과 김근공金謹恭의 문인이어서 허엽으로서는 이발이 된 것을 환영했다. 더욱이 김효원은 이황과 조식의 문인으로 행동이 조신한 인물이었다. 이런 이유로 허엽은 김효원 편을 들었던 것이다.

위와 같은 몇 가지 요인이 복합되어 허엽은 동인이 되었는데, 김효원이 비록 동인이지만 아직 나이가 어려 지도자가 되기 어려웠기 때문에 원로 대신의 지위에 있던 허엽이 영수의 지위를 얻게 된 것이다.

선조는 동인과 서인이 갈등을 벌이고 있을 때 서인편을 들었다. 동인들의 과격성과 급진성을 싫어했기 때문이다. 특히 왕실 사유재산인 내수사 혁파를 주장하고, 향약시행을 주장하는 것 등을 싫어했다. 임금은 허엽을 오활한 사람이라고 평가했다. 이렇게 선조가 이이李珥를 적극 신임하고, 서인편을 옹호하면서 허엽과 동인들은 주로 언관직을 차지하고 있으면서 서인을 맹공하기 시작했다. 호남 선비 이발李潑이 특히 강경했다. 좌의정 박순도 동인의 비판을 이기지 못하고 선조 9년에 스스로 병을 핑계로 관직을 물러났다.

허엽은 결국 관직에서 물러났다. 선조 9년 이후로 허엽의 벼슬에 관한 기록이 보이지 않는다. 그러다가 63세 되던 해인 선조 12년(1579)에 허엽은 경상도관찰사에 임명되었다. 이때 임금은 서인에게도 실망하여 허엽을 다시 중용하려고 생각하여 그를 경상감사에 임명한 것이다. 허엽은 김정국金正國이 만든 《경민편警閔編》과 《삼강오륜행실》을 간행하여 널리 보급하고, 소송사건을 잘 처리하는 등 풍속교화에 힘썼다. 그러나 건강이 좋지 않아 큰 치적을 내지 못하고 있다가 다음해 서울로 소환되었는데, 올라오는 도중에 상주尚州 객사에서 세상을 떠났다. 향년 64세였다. 《선조수정실록》[18]에는 그의 졸기卒記가 다음과 같이 기록되었다.

> …… 젊어서 서경덕을 따라 배웠고 노수신盧守愼과 벗했으므로 사류士流로 이름이 드러났다. …… 그는 마음속으로 선류善流를 보호하려고 하여 일에 따라 구제한 점은 칭찬할 만했다. 금상今上(선조)의 조정에서는 …… 직언을 잘했지만 일의 실정에는 절실하지 못하여 임금이 그를 중하게 여기지 않았다. 관질을 올려 경상감사를 삼았다가 즉시 판서判書 자리에 천망하여 장차 크게 쓰려고 했다. 그런데 허엽은 말년에 창기倡妓를 가까이하고, 독한 약을 복용하다가 병을 얻은 뒤로는 성질이 편벽되고 조급해져서 …… 선비와 백성들이 괴이하게 여겼다. 결국 병으로 인하여 해직되어 오다가 상주 객관에서 졸했다.

또 위 졸기에는 허엽의 학문과 당색에 대해서 다음과 같이 평했다.

> 허엽이 이황과 더불어 학문을 논의할 때 고집스럽고 구차한 논란을 많이 하자 이황이 말하기를, "태휘太輝(허엽의 자)가 학문을 하지 않았더라면 참으로 착한 사람이었을 것이다" 했다. 그러나 경서의 가르침을 독실하게 좋아하여 늙도록 게을리 하지 않았으므로 세상에서 이를 훌륭하게 여겼다.
>
> 동서의 당이 갈라진 뒤로 허엽은 동인의 종주宗主가 되어 의논이 가장 엄격했다. 박순과는 동문에서 수학한 친한 벗이었는데, 만년에는 색목이 달라서 공박하는 일을 서슴치 않았다. …… 세 아들인 성筬, 봉篈 균筠과 사위인 우성전禹性傳, 김성립金誠立은

---

18 선조 13년 2월 1일자. 그러나 노수신이 쓴 《허엽신도비명》에는 2월 4일로 되어 있다. 이것이 맞는다.

모두 문사로 조정에 올라 서로의 수준을 높였기 때문에 세상에서 일컫기를 "허씨가 당파의 가문 중에서 가장 치성하다"고 했다. [허균이 패역悖逆으로 주멸당하자 문호가 침체되었다.]

6) 허엽을 추모한 사람들

허엽이 죽은 뒤에 〈신도비명神道碑銘〉은 학우인 소재蘇齋 노수신盧守愼(1515~1590)이 쓰고, 그의 행장은 한강寒岡 정구鄭逑(1543~1620)가 지었다. 두 사람 모두 근경 남인들이다. 뒤에 허적許積과 동강 김우옹金宇顒 등 근경 남인이 시호를 요청하여 숙종 때 남인이 집권할 때 시호가 내려졌다.

허엽의 문집으로 《전언왕행록前言往行錄》과 《초당집草堂集》을 남겼으며, 죽은 뒤에 개성 화곡서원花谷書院에 배향되었다. 박순과 더불어 서경덕이 죽은 뒤에도 스승을 배신하지 않고 끝까지 옹호하여 우의정을 추증하는데 기여했다.

이황은 말하기를, "차라리 학문을 하지 않았으면 착한 사람이 되었을 것이다"고 말했는데, 이는 허엽이 서경덕의 주기설을 따른 것을 비판한 것이다. 한편 율곡은 "이론에 모순된 점이 많고, 글의 뜻이 잘 통달되지 않는다"고 아쉬워했다. 허엽은 벼슬살이를 오래 했기 때문에 학자로서의 공로는 크지 않았다.

허균과 허난설헌은 외가인 강릉에서 출생하여, 지금 강릉시에는 이를 기념하여 허엽의 호를 따서 초당동草堂洞을 만들고 허균과 허난설헌기념관을 세웠으며, 허엽이 즐겨 먹던 두부를 만들어 '초당두부'로 부르게 되었다.

2. 허균의 큰 형 허성許筬

1) 허성의 가족관계와 학업

허성許筬(1548~1612)은 아호가 악록岳麓이며, 허엽의 첫째 부인 한씨 소생이다. 한씨는 성종의 모친 인수대비仁粹大妃의 증손녀로서 두 딸을 먼저 출산하고 그 다음에 허성을 낳은 다음 곧 세상을 떠났음은 앞에서 설명한 바와 같다. 출생지는 서울 남부 건천동乾川洞이었다. 지금의 중구 필동筆洞이다.

모친 한씨가 세상을 떠난 뒤에 부친 허엽이 후취로 강릉김씨江陵金氏를 맞이하여 허봉, 허초희, 허균을 낳았다. 그러니까 이복동생 셋을 거느린 장남이 되었다. 허성은 계모 강릉김씨 손에서 자란 것으로 보인다.

젊어서 아버지 허엽의 권유를 따라 허엽과 절친한 친구이자 학자인 전라도 해남海南 출신 명유名儒인 미암眉庵 유희춘柳希春(1513~1577)[19]의 문하생이 되었다. 유희춘이 명종 때 소윤파의 미움을 받아 19년간 귀양살이를 하다가 명종 20년(1565)에 풀려났는데, 이때 허성은 18세였으므로 이 무렵부터 가르침을 받은 것으로 보인다.

허성은 21세 되던 선조 1년(1568)에 생원이 되고, 27세 되던 선조 7년(1574)에는 홍이상洪履祥(초명은 洪麟祥; 1549~1615),[20] 이순경李順卿, 우복룡禹伏龍(1547~1613),[21] 석함石涵(1538~?),[22] 서기徐起(1523~1591),[23] 유희경劉希慶(1545~1636)[24] 등과 함께 북한산 승가사僧伽

---

19 유희춘은 본관이 선산(善山)으로 전라도 해남(海南) 출신이다. 증조 유양수(柳陽秀), 조부 유공준(柳公濬), 부친 유계린(柳桂隣) 모두 벼슬이 없다. 그러나 외조부는 최보(崔溥)이고, 며느리는 김인후(金麟厚)의 딸이다. 중종 33년(1538)에 문과에 급제하여 청요직을 지내다가 명종 2년(1547)에 양재역벽서사건에 연루되어 제주도, 함경도 종성으로 귀양 가서 19년간 귀양살이를 하다가 선조 때 풀려나서 벼슬이 대사성, 부제학, 관찰사에 이르렀다가 선조 10년(1577)에 세상을 떠났다. 어려서 김안국에게 배우고, 선조를 임금이 되기 전에 가르쳤다. 저서로 《미암일기》, 《국조유선록》 등이 있다.
20 홍이상은 본관이 풍산(豊山)으로 선조 12년에 문과에 급제하여 벼슬이 대사헌에 올랐다.
21 우복룡은 본관이 단양으로 서경덕 문인 민순(閔純)의 제자로 진사를 거쳐 학행으로 천거되어 벼슬이 목사에 이르렀다.

寺에 가서 20여 일 동안 《성리대전性理大全》을 읽고, 독서하는 여가에 서로 시를 주고받으면서 지내기도 했다. 한 사람이 10여 수를 지었는데, 이를 모아 〈갑술승가사수창집甲戌僧伽寺酬唱集〉으로 불러 승가사 승려에게 맡겼다.[25]

위 6인 가운데 이순경은 정체를 알 수 없고, 홍이상은 26세, 우복룡은 28세, 석함은 37세, 서기는 52세, 유희경은 30세이다. 홍이상은 집안이 좋은 편이며, 문과에 급제한 뒤에 벼슬이 대사헌에 올랐고, 우복룡은 서경덕 문인 민순閔純의 제자로 진사를 거쳐 학행으로 벼슬이 목사(정3품)에 이르렀다. 석함은 집안이 한미한 의관醫官의 자제로서 문과를 거쳐 벼슬이 현감(종6품)에 이르고, 광주석씨廣州石氏 시조가 되었다.

서기는 신분이 미천한 사람으로 이지함李之菡의 제자였다가 지리산과 계룡산에 들어가 후학을 길러 고청선생孤靑先生으로 불리는 큰 학자가 되었다. 유희경은 천얼賤孽로서 서경덕 문인 남언경南彦經의 제자로, 뒷날 창덕궁 왼편에 침류대枕流臺를 짓고 수많은 장안의 명사들과 시사詩社를 만든 명사이다. 이들을 당시 〈성시산림城市山林〉으로 부르기도 하고, 〈침류대학사枕流臺學士〉로도 불렸다. 그 인원이 수십 명에 이른다. 허균도 그 일원이었다.

이들 가운데 신분이 낮아 출세가 막힌 유희경과 서기 등이 함께 참가한 것을 보면 과거시험 준비를 위한 공부가 아니라, 순수한 학문을 배우면서 친교를 다지기 위한 시사모임의 성격이 큰 것으로 보인다. 요즘말로 하자면 신분을 초월한 동아리모임이라

---

22 석함은 선조 12년에 문과에 급제하여 벼슬이 현감에 이르렀다. 충주석씨에서 분파한 광주석씨(廣州石氏)의 시조가 되었다. 아버지 석수도(石守道)가 전의감 첨정(종4품)을 지낸 것으로 보아 의관(醫官) 집안으로 보인다.

23 서기는 충청도 남포 출신으로 본관은 이천(利川)인데, 신분이 미천하다. 이지함에게서 학문을 배우고, 서경덕과 이중호를 사사했다. 평생 홍주, 지리산, 계룡산 등지에서 학문과 후학양성에 전념했다. 문집으로 《고청유고(孤靑遺稿)》가 있다.

24 유희경은 본관이 강화도로 서출이다. 아버지는 시전상인으로 보인다. 서경덕 제자 남언경의 문인으로 시인으로 명성을 떨치고 선조말년 - 광해군초에는 창덕궁 옆에 침류대(枕流臺)를 짓고 장안의 명사들과 교유하면서 시를 수창했다. 침류대에 모인 인사들을 성시산림(城市山林) 또는 〈침류대학사〉로 불렀는데 그 인원이 수십 명에 이르렀다. 인조 때까지 장수하여 92세에 타계했다.

25 허성의 《악록집》 〈척유(摭遺)〉의 〈갑술승가사수창집(甲戌僧伽寺酬唱集)〉

고 할 수 있다.

2) 선조 때 벼슬길에 오르다

허성은 36세 되던 선조 16년(1583) 8월 28일에 문과에 급제하여 벼슬길에 올랐다. 아우 허봉許篈보다 11년이나 늦었다. 허봉은 22세이던 선조 5년(1572)에 문과에 급제했다. 그런데 그가 급제하던 바로 그날 허봉許篈이 율곡 이이를 공격하다가 선조의 미움을 받아 33세의 젊은 나이에 함경도 갑산甲山으로 귀양을 갔다. 형제의 명암이 이렇게 같은 날 엇갈린 것은 참으로 묘한 일이다. 이날 임금은 허성의 급제방及第榜을 먼저 발표하고 나서 허봉을 유배 보냈다고 한다. 허봉은 형이 급제한 사실을 알고 떠난 것이다.

재주가 뛰어난 허봉은 동인에 속하여 송응개, 박근원 등 과격파와 함께 율곡 이이李珥를 탄핵하는데 참여했다가 임금의 미움을 받아 귀양 갔는데, 2년 뒤에 풀려났다. 그러나 도성 안으로 들어오지 못하고 도성 밖에서 3년 동안 유랑생활을 보내다가 38세로 세상을 떠났다. 동생의 변고를 본 허성도 당색은 동인에 속했지만 서인과 날카롭게 대립하지 않으려고 노력했다.

그 뒤 21세 연하인 허균許筠이 허봉이 죽은 지 6년 뒤인 선조 27년(1594)에 26세로 문과에 급제하여 벼슬길에 올랐다. 그래서 허균은 중형 허봉과는 함께 벼슬하지 못하고, 백형 허성과 함께 18년간 벼슬하다가 광해군 4년(1612)에 허성이 세상을 떠난 뒤로는 홀로 벼슬길에 남아 있었다. 그러다가 6년 뒤에 반역으로 참혹한 죽음을 만났다.

허성은 향년 65세, 허봉은 향년 38세, 시인으로 명성을 떨친 누이 허난설헌은 향년 27세, 허균은 향년 50세로 각각 생을 마감했다.

3) 일본에 종사관으로 다녀오다

선조 22년(1589) 6월에 대마도 객인客人 25명이 와서 말 1필과 공작새 한쌍을 바치면서 일본 정부와의 통신을 요청했다. 우두머리는 중 현소玄蘇이고, 둘째 우두머리는 대마도 도주의 아들인 평의지平義智였다.

당시 일본은 전국시대를 통일한 풍신수길豐臣秀吉이 관백關白으로 실권을 장악하고 조선침략을 준비하고 있을 때였다. 그러나 조선은 풍신수길이 어떤 인물인지를 모르고 있었으며, 그밖의 일본 사정을 잘 모르고 있으면서 혹시 있을지도 모르는 침략에 대한 준비를 의논하고 있었다.

그런 시기에 대마도 객인이 와서 통신하기를 요청했는데, 가지고 온 물건이 매우 빈약하여 장사 때문에 온 것이 아닌 것이 확실했다. 대마도는 오랫동안 경제적으로는 전적으로 조선의 도움으로 살아갔지만, 정치적으로는 일본 막부 산하에 있었기 때문에, 조선과 일본의 중간지대에서 양국관계를 조정하는 역할을 자임했다.

그런 대마도가 객인을 보내 통신을 요청한 것은 풍신수길의 야심을 알고 사전에 양국관계를 조정하려는 뜻이 있었다. 그러나 선조는 풍신수길이 그가 제 임금 직전신 장織田信長[오다 노부나가]을 죽인 역적이기 때문에 통신이 어렵다고 생각했으나, 신하들은 통신을 찬성하는 이가 없지 않았다.

이해 8월에 선조는 경연에서 이 문제를 논의했는데, 경연관으로 참석한 허성에게도 의견을 물었다. 그러자 허성은 다음과 같이 대답했다.

> [풍신수길이 임금을 죽인 역적이라는] 전하의 말씀은 만세토록 바꿀 수 없는 정론定論이므로 윤리를 세우려는 뜻이 지극하십니다. 다만, 전쟁이 일어나서 변방이 불안할까 염려되니 생령生靈을 위한 계획을 세우지 않아서는 안됩니다. 저들의 악행[역적]이 우리에게 무슨 상관이겠습니까? 신의 생각으로는 그들과 교빙交聘하는 것이 괜찮다고 여깁니다.

허성은 풍신수길이 임금을 죽인 역적이라는 점을 크게 문제삼지 말고 일본과의 교빙을 청하자 임금은, "이 계획은 옳지 않은 듯하다"고 다시 반대했다. 그러자 허성이

다시 통신의 편리함을 적극 말했다. 선조는 풍신수길을 도덕적인 기준에서만 바라보고 있었으나, 허성은 국가의 실리를 중요시하여 통신을 찬성했던 것이다. 허성의 판단이 옳았다.

이해 11월에 임금은 허성 및 신하들의 요청을 받아들여 일본에 통신사를 보내기로 결정하고, 정사에 서인 황윤길黃允吉(1536~?), 부사에 동인 김성일金誠一(1538~1593)을 정하고, 종사관從事官으로 허성을 선발했다. 종사관은 지위는 낮아도 실무를 담당하는 자리였다. 당시 허성은 성균관 전적典籍(정6품)을 맡고 있었다.

다음해인 선조 23년(1590) 3월에 드디어 통신사 일행이 출발하여 다음해 2월에 귀국했다. 이때 정사 황윤길과 부사 김성일 사이에 일본의 정세에 대한 보고가 서로 달라 큰 혼선이 일어난 것은 잘 알려진 사실이다. 허성은 황윤길과 마찬가지로 풍신수길이 반드시 쳐들어올 것이라고 사람들에게 말했으나, 지위가 낮은 처지에 두 사신의 어느 편을 들기가 어려워 공식적으로는 임금에게 말하지 않았다.

통신사가 일본에 갔을 때 에피소드가 있었다. 김성일은 일본의 관백關白인 풍신수길이 일본의 국왕인 줄 알고 갔으나, 천황天皇의 신하임을 처음으로 알고 뜰에서 절하는 것을 거절하고 당堂에 올라가서 기둥 밖에서 절하는 것으로 바꾸도록 만들었는데, 이것이 영구한 법이 되었다. 그러나 허성은 우리나라에서 관백을 국왕과 대등한 지위로 인정하고 있으니, 뜰에서 절해도 무방하다고 말했다.

또 김성일은 처음에 일본에 도착했을 때 장군將軍들이 기악伎樂을 보여주려고 하자 국서國書를 전하기도 전에 구경할 수 없다고 거절했고, 또 관백이 천궁天宮에 들어가니 가서 구경하라고 권하자 그것도 거절했다. 국서를 바치기 전에는 구경할 수 없다고 했다. 이렇게 예절을 따져 존경을 받기도 했으나, 결과적으로는 일본의 사정을 두루 구경할 기회를 모두 잃어버리고 돌아왔다. 그러나 허성은 천궁도 구경하고 왔다.

사신을 안내했던 대마도주 평의지平義智는 말하기를, "김성일은 지나치게 절의節義만을 따져서 사단事端을 일으킨다"고 불평했다. 김성일이 귀국한 뒤에 일본이 침략하지 않을 것이라고 보고한 이유도 일본을 도덕적인 관점에서만 바라보고, 일본 사정을 제대로 보지 않고 돌아온 데에도 있는 듯하다. 허성과 김성일은 개인적으로는 같은 동인으로서 가까운 사이였으나, 허성은 김성일의 주장을 따르지 않고 진실을 말했다. 김성일은 퇴계 문인다운 고고한 명분만을 고집하고, 일본 사정을 심층적으로 알려고 노력하지 않다가 돌아온 것이다. 그러나 허성은 화담학파답게 실리적인 측면에서 일본을 바라보고 있었다.

4) 임진왜란 후의 벼슬

허성이 45세 되던 선조 25년(1592) 4월에 드디어 임진왜란이 일어났다. 허성은 5월에 이조좌랑(정6품)으로서 강원도 순무어사巡撫御史로 나가 지역사정을 살폈다. 그러다가 군대를 모으는 소모관召募官을 자청하여 지방으로 내려갔는데, 우선 가족의 안위가 걱정이 되어 가족이 있는 곳으로 가서 머무르고 임금을 따라가지 않았다.

이해 6월 21일에 영의정 최흥원崔興源이 임금에게 보고한 내용을 보면, 비단 허성뿐 아니라 선조가 북쪽으로 피난할 때 따라간 신하는 수십 명에 불과하고, 나머지 신하들은 도중에 모두 도망갔고, 세자를 따라간 사람도 10여 명에 불과하다고 했다. 당시 신하들이나 민심이 얼마나 이반했는지를 알 수 있다. 또 국가의 안위도 중요하지만 가족의 안위도 중요하기 때문에 이런 현상이 나타난 것이다. 임금이 갑자기 비오는 야밤에 도망가듯이 피난했는데, 이를 모르고 있던 신하들이 어떻게 가족을 다 버리고 임금을 따라갈 수가 있겠는가?

허성은 이해 8월에 홍문관 교리校理(정5품)로 승진하고, 이어 이조정랑으로 옮겼다. 다음해에는 의정부 사인舍人(정4품)으로 승진하고, 홍문관 응교(정4품)를 거쳐 사헌부 집의(종3품)에 올랐는데 세자시강원 보덕輔德을 겸했다. 그러니까 세자 광해군을 가르치는 스승이 된 것이다. 그런데 뒷날 영창대군의 보필을 부탁받은 〈유교칠신遺敎七臣〉의 한 사람이 되었으니, 허성으로서는 누구 편을 들어야 할지 참으로 진퇴양난에 빠진 것이다.

47세 되던 선조 27년(1594) 2월에는 왜군이 우리와 화친을 요구한다는 정보를 중국에 알리기 위해 허성을 진주사陳奏使로 지명했으나, 중국에서 총독이 오자 접반사接伴使로 급히 나갔는데, 이때 26세 된 아우 허균이 이해 2월에 문과에 급제하여 예문관 검열檢閱(정9품)에 임명되었는데, 글을 잘하는 그를 함께 데리고 갔다. 이해 이조참의吏曹參議로 승진하여 처음으로 당상관에 올랐다.

49세 되던 선조 29년(1596)에는 승지가 되어 임금을 최측근에서 보좌했다. 허성은 화친和親을 반대하고 군대를 동원하려는 임금에게 점을 쳐보는 것이 좋다고 말하자 임금도 "나도 그런 생각을 했다"고 화답했다. 점치는 것은 무당을 찾아가서 물어본다는 뜻이 아니고, 바로 《주역》을 가지고 미래를 예측하는 것이었다. 선조는 허성의 말을 따라 이해부터 거의 매일 신하들과 경연에서 《주역》을 읽으면서 토론했다. 주자학을 따르는 신하들은 이에 불만을 품고 차라리 도덕에 관한 책을 읽기를 바랐으나 임금이 고집스럽게 《주역》을 읽었다.

선조 30년(1597) 1월에 임금은 "중국 사신이 '풍신수길은 나이가 많고 잔인하다'고 말했으니, 전에 듣던 바와는 다르다"고 하자, 허성은 "신이 본 바로는 키는 보통이나 눈빛이 사람을 압도했습니다."고 답했다. 그러니까 풍신수길을 표독한 인물로 본 것이다. 이해 4월에는 다시 이조참의를 거쳐 병조참지로 자리를 바꾸었다.

당시 조정의 여론이 화친파和親派와 화친 반대파로 갈렸다. 허성은 화친파를 따랐다. 대부분의 신하들은 중국에만 의존하는 전쟁에 한계를 느끼고 화친을 찬성했으나, 선조는 화친을 반대하고 명나라가 좀더 많은 군대를 보내 싸워야 한다고 주장했다. 결과는 명나라와 일본이 화친을 진행하는 가운데 정유재란이 일어나고 풍신수길이 죽자 전쟁이 끝났다.

51세 되던 선조 31년(1598)에 허성은 사간원 대사간과 성균관 대사성, 승지를 역임했는데, 서인 윤두수尹斗壽가 영의정이 되어 서인 집권하자 화친和親을 주장한 동인들을 간사한 무리로 몰았다. 허성도 선조 32년(1599)에 영흥부사(종3품)로 좌천되었다가 선조 34년(1601)에는 전라도관찰사(종2품)로 나갔다.

선조 35년(1602)에는 실권이 없는 동지중추부사를 거쳐 경연특진관으로 임명되어 경연에 참석하다가, 선조 36년(1603)에는 홍문관 부제학(정3품 당상관)을 거쳐 이조참판(종2품)에 올랐다. 이때 나이 56세가 되었다.

5) 《주역》 교정사업에 참여하다

선조는 임진왜란 중인 선조 27년부터 갑자기 《주역周易》에 심취하여 거의 매일 같이 신하들과 더불어 경연에서 《주역》을 강론하기 시작했음은 앞에서 이미 말했다. 선조가 《주역》에 심취한 이유는 전쟁의 미래를 예측하고 이에 대응하는 방법을 《주역》에서 찾아보고자 하는 뜻에서였다. 이제는 유교의 도덕교과서만 가지고는 전쟁에 대응하기가 어렵다고 판단한 것이다.

주자학을 신봉하는 신하들은 선조의 이런 태도를 못마땅하게 여겼으나 마지못해 따랐다. 그러나 당시 《주역》을 제대로 설명해주는 신하가 없어서 전문가를 찾은 결과 화담학파의 정통파에 속하는 한효순韓孝純(1543~1621)과 한효윤韓孝胤(1536~1580) 형제, 그리고 한효윤의 두 아들인 한백겸韓百謙과 한준겸韓浚謙 등이 천거되었다. 그러나 한효윤은 이미 세상을 떠났고, 나머지 3인은 모두 전쟁 중에 다른 중책을 맡고 있어서 경연에 거의 참석하지 못했다.

선조는 《주역》을 강론하면서 전문적 지식을 가진 신하가 없을 뿐 아니라 또 《주역》의 교본이 산만하여 제대로 된 서적이 없다고 판단하여 선조 34년부터 주역교정청周易校正廳을 세우고 2년에 걸쳐 60여 명의 학자를 동원하여 《주역》의 교본을 교정하고 우리말로 토를 붙이고 언해하는 일을 했다.

이때 참여한 60여 명의 명단이 허성의 문집인 《악록집岳麓集》의 〈주역교정청선온도좌목周易校正廳宣醞圖座目〉에 실려 있다.[26] 주역교정사업에 참여한 신하들에게 임금이 음식을 내리고, 그 장면을 그림으로 그리게 하고, 그 명단을 기록해 놓은 것이다. 이 명단을 보면 당대 내로라하는 유신들은 거의 다 망라되어 있다.

그런데 그 명단을 자세히 살펴보면 상당수가 화담학파에 속하거나 그들과 친밀한 인사들이다. 예를 들면, 윤근수尹根壽,[27] 홍진洪進,[28] 심희수沈喜壽,[29] 정창연鄭昌衍,[30] 최립崔岦,[31] 홍가신洪可臣,[32] 허성許筬, 이감李墈,[33] 정구鄭逑, 이상의李尙毅,[34] 이상신李尙信,[35] 이지완李志完,[36] 신흠申欽, 이수광李睟光, 한백겸韓百謙, 유몽인柳夢寅, 윤효선尹孝先[37] 등이 그렇다. 허성도 들어 있었다.

허성은 선조 35년에 한직인 동지중추부사에 오르고, 선조 36년에는 홍문관 부제학과 잠시 이조참판(종2품)에 있었으나, 대부분 경연특진관으로 있으면서 주역교정청 일을 하고 있었던 것이다. 상수역학象數易學의 대가인 서경덕 문인이던 아버지 허엽의 영향을 받아 허성도 역학에 대한 조예가 깊었음을 알 수 있다.

---

26 위 〈주역교정청선온도좌목〉에 실려 있는 60여 명의 명단은 다음과 같다. 윤근수(尹根壽), 홍진(洪進), 심희수(沈喜壽), 김수(金睟), 정창연(鄭昌衍), 이호민(李好閔), 유근(柳根), 성승(成丞), 이정구(李廷龜), 송언신(宋彦愼), 기자헌(奇自獻), 박홍로(朴弘老), 김우옹(金宇顒), 최립(崔岦), 홍가신(洪可臣), 정광속(鄭光續), 허성(許筬), 신식(申湜), 정구(鄭逑), 윤돈(尹暾), 이상의(李尙毅), 신흠(申欽), 황섬(黃暹), 이수광(李睟光), 이상신(李尙信), 홍경신(洪慶臣), 김순명(金順命), 한백겸(韓百謙), 유몽인(柳夢寅), 강첨(康籤), 김대래(金大來), 정곡(鄭穀), 송응순(宋應洵), 구의강(具義剛), 윤의립(尹義立), 정협(鄭浹), 조정립(趙正立), 이감(李墈), 유희분(柳希奮), 강류, 강복성(康復誠), 김광수(金光晬), 이선복(李善復), 유간(柳澗), 박진원(朴震元), 이정겸(李廷謙), 조탁(曺倬), 이광윤(李光胤), 권태일(權泰一), 이지완(李志完), 목장흠(睦長欽), 정호선(丁好善), 윤효선(尹孝先), 장현광(張顯光), 이덕윤(李德胤), 윤광계(尹光啓), 민경기(閔慶基), 송석조(宋錫祚), 금개(琴愷) 등이다.
27 윤근수는 서경덕 문인 윤담수의 아우로 중국 사신에게 서경덕을 우수한 수학자라고 추천한 일이 있었다.
28 홍진은 서경덕 문인 홍인우(洪仁祐)의 아들이다.
29 심희수는 서경덕의 상수역학을 더욱 발전시켜 〈선천규관(先天窺管)〉이라는 글을 지었다.
30 정창연은 서경덕 문인 정지연(鄭芝衍)의 사촌형제이다.
31 최립은 개성 출신으로 서경덕 문인 최자양(崔自陽)의 아들이다.
32 홍가신은 서경덕 문인 민순(閔純)의 제자이다.
33 이감은 서경덕과 생원시험 동문으로 성균관에서 만나 서경덕의 상수역학을 따르던 사람이었다.
34~36 이상의는 이상신(李尙信)의 형이며 이지완(李之完)은 아들로서 모두 서경덕 학파에 속한 근경남인이며 그의 증손자가 성호 이익(李瀷)이다.
37 윤효선은 서경덕 문인 민순의 제자이고, 윤휴(尹鑴)의 아버지다.

6) 딸이 의창군과 결혼하다

56세가 되던 선조 36년(1603) 이후로 허성의 일생에 중대한 전환점이 되는 일이 두 가지 일어났다. 하나는 선조가 3년 전에 세상을 떠난 의인왕후懿仁王后 박씨의 뒤를 이어 김제남金悌男의 딸 인목왕후仁穆王后 김씨를 계비로 맞이했는데, 3년 뒤에 영창대군 永昌大君을 출산한 일이고, 다른 하나는 선조 36년에 허성의 딸이 선조와 후궁 인빈김씨 仁嬪金氏 사이에 태어난 왕자 의창군義昌君 이광李珖에게 시집을 간 일이다. 선조가 허성 을 신뢰하여 그의 딸을 왕자의 며느리로 선택한 것이다. 허성은 이제 선조와 사돈이 된 것이다. 그러나 정실왕자의 며느리가 아니었기에 권세를 누리는 사돈은 아니었다.

그러나 위 두 사건은 허성과 허균의 미래에 큰 변수로 작용했다. 허성의 딸을 며느리 로 삼고 싶어했던 친우 이홍로李弘老가 허성이 권력에 아첨했다고 비판하기 시작했다. 그 비판이 허균에게도 영향을 주었다. 또 뒤에 허균은 조카 사위인 의창군을 임금으로 추대하려고 했다는 혐의를 받고 처형되었다.

또 하나는 선조가 세상을 떠날 때 가장 믿을 만한 인척姻戚 대신 7명에게 영창대군의 보호를 부탁하는 유언을 남겼기 때문이다. 이 유언을 받은 7명의 신하들을 〈유교칠신遺 敎七臣〉으로 불렸는데, 그 가운데 허성이 들어 있었다. 이 두 사건은 광해군 때 허성의 처신을 매우 어렵게 만들었다. 뒤에 다시 살펴겠다.

허성은 선조 37년(1604)에 예조참판을 거쳐 예조판서(정2품)에 오르고, 다음해에는 병조판서에 올랐다. 요직을 맡은 것이다. 그 다음해인 선조 39년(1606)에는 일본에 새로 등장한 덕천막부德川幕府[도쿠가와막부] 정권이 대마도주를 통해 조선과 외교관계를 트기를 바라는 뜻을 요청해 오자 임금이 이 문제를 놓고 2품 이상의 대신들과 논의했 다. 이때 국교를 반대한 강경론자도 없지 않았으나, 허성은 병조판서로서 다음과 같이 말했다.

섬오랑캐들이 감히 독기毒氣를 부리지 않으면 다행이지만, 그렇지 않고 훗날 독기를 부리며 날뛴 뒤에 어쩔 수 없이 강화를 허락한다면 굴복하는 치욕을 면키 어렵습니다. 이번에 그들이 와서 요구하는데 말이 패역하지 않고, 일 또한 순리적이니 차라리 이번 기회에 쾌히 허락하는 것이 좋지 않겠습니까?

덕천정권은 풍신수길과 달리 매우 평화를 사랑하고 예의를 갖추어 통교를 요청해 왔기 때문에 이를 받아들이자는 것이 허성의 의견이었다. 옛날에 일본을 직접 다녀오기도 했던 허성은 일본과 등지고 사는 것이 우리에게 좋을 것이 없다고 판단했다.

이때 지경연사 한효순韓孝純과 그 조카 호조판서 한준겸韓浚謙은 원칙적으로 통교에 찬성하면서도 단서를 붙였다. 대마도의 말만 듣고 통교를 허락하기는 어려우므로, 우선 명나라의 허락을 받고, 동시에 도쿠가와가 대마도주를 통하지 않고 직접 서신을 보내온다면 통교를 허락하자고 주장했다. 결국 한효순과 한준겸의 말을 받아들여 통교의 길이 트이게 되었는데, 허성의 주장도 한몫을 한 것이다.

선조 39년 4월에 허성은 한직인 동지중추부사로 있다가 5월에는 인사권을 가진 이조판서의 중책을 맡았다. 허성은 당색 때문에 인재를 고르기가 매우 어렵다고 하면서 체직을 요청했으나 임금이 허락하지 않았다. 허성은 동인에 속해 있었지만 인사에 강한 당색을 투영하지는 않았다.

7) 한백겸에게 〈기전도설〉 후어를 써주다

60세 되던 선조 40년(1607)에는 이조판서를 그만두고 다시 한직인 동지중추부사로 물러나 있었는데, 이때 친구 한백겸이 쓴 〈기전도설箕田圖說〉에 대한 후어後語를 써주었다.

한백겸은 평양 서문 밖에 있는 기자정전箕子井田 유지遺址로 알려진 땅을 직접 측량하여 70무畝를 1구區로 정하고, 4구가 모인 280무를 1전田을 만드는 전자형田字形의 은殷나라식 정전제임을 밝혀내는 논문을 발표했다. 다만 70무 가운데 7무는 공전公田으로 만들어 세금으로 바쳤는데, 그 가운데 3무는 주택을 지었다고 보고, 나머지 63무는 사전私田으로 개인이 소유했다고 해석했다. 다시 말해 주나라 정전제는 100무를 단위로 하는 정자형井字形이지만 은나라는 그와 다른 정전제를 시행했는데, 기자가 조선에 와서 은나라식 정전제를 시행했다고 주장했다.

한백겸은 여기서 더 나아가, 은나라 정전제의 모습은 마치 역서易書에 보이는 〈선천방도先天方圖〉와 비슷하다고 말하고, 8구는 8괘八卦의 모습을 닮았다고도 해석했다. 역시 상수역학의 전문가다운 해석이다.

허성은 한백겸의 논문을 높이 평가하면서 부족한 부분을 보완하는 글을 써서 보냈다. 허성은, 2개의 전田을 합치면 8구區(560무)가 되는데, 그 가운데 1구70무를 공전公田으로 삼고, 나머지 7구490무를 7가구가 사전私田으로 가졌을 것으로 해석했다. 그렇게 되면 1가구당 사전은 70무가 된다. 그런데 7가구의 농민이 살 가옥이 가구당 3무씩, 모두 21무가 필요한데, 이를 공전에다 모아서 지었을 것으로 보았다. 이런 추측은 주나라 정전의 경우, 8가의 주거는 20무 크기의 가옥을 공전公田에다 지었다는 것을 참고한 것이다.

한편, 허성의 친구 유근柳根도 한백겸의 학설을 보완하는 글을 써주었다. 한백겸의 아우 한준겸의 부탁을 받아 쓴 〈기전도설발箕田圖說跋〉이 그것이다. 그밖에 택당澤堂 이식李植도 이때 〈기전도설〉에 대한 후서後序를 써주었다고 하나 그 글은 남아 있지 않다.

한백겸의 논문을 둘러싸고 허성, 유근, 이식 등이 서로 의견을 나누는 모습에서 이들이 모두 상수역학에 밝은 서경덕학파라는 것을 알 수 있다. 뒤에 이식은 주자학자로 전향했지만 위 글을 쓴 것은 21세 때였는데, 그때만 해도 이식은 화담학파에 빠져 있었다.

허성은 이해 한백겸과 그 아우 한준겸의 부탁을 받아 문천군수를 지낸 조부 한여필韓汝弼(1505~1571)의 묘지명墓誌銘을 써주기도 했다. 특히 한여필은 군수를 그만두고 강원도 원주原州 노수촌盧藪村에 은거하고 있었는데, 그 근방에 허성의 모친 한씨 묘塋가 있어서 그곳에 성묘를 하면서 지역 사람으로부터 한여필에 대한 아름다운 이야기를 많이 들었다. 이런 것이 인연이 되어 묘지명을 써준 것이다. 그 묘지명에는 한씨 일가의 내력이 매우 자세하게 기록되어 있다. 허성이 한씨 일가와 얼마나 가까운 사이인지를 알 수 있다.

8) 영창대군 보호를 부탁받다

선조 41년(1608) 2월에 선조임금이 세상을 떠났다. 이때 허성은 예조판서로 있었다. 선조의 죽음에 임박하여 인목왕후는 내관內官(환관)을 시켜 선조의 유언을 언문으로 적게 하여 일곱 대신들에게 전했다. 그 내용은 세 살 된 어린 왕자 영창대군永昌大君을 보호해 달라는 것이었다.

위 유언을 받은 7명의 대신들을 〈유교칠신遺敎七臣〉으로 부르는데, 그 인적상황은 다음과 같다.

(1) 유영경柳永慶: 영의정으로 선조의 신임을 가장 크게 받았으며, 아들 유정량柳廷亮이 선조의 딸에게 장가들었다. 선조와 사돈간이다.

(2) 한응인韓應寅: 성종의 모친이던 인수대비仁粹大妃의 후손으로 우의정을 지냈다. 또 그의 손녀가 선조의 왕자에게 시집갔다. 역시 선조와 사돈간이다.

(3) 박동량朴東亮: 죽은 선조비 의인왕후懿仁王后 박씨의 후손이자 금계군에 올랐다. 또 그의 아들 박미朴瀰는 임금의 사위가 되었다. 역시 선조와 사돈간이다.

(4) 신흠申欽: 아들 신익성申翊聖이 선조의 부마사위가 되고, 본인도 예조판서와 관찰사를 지냈다. 역시 선조와 사돈간이다.

(5) 한준겸韓浚謙: 딸이 선조의 손자며느리가 되었다가 뒤에 인조의 왕비에 올랐으며, 본인도 대사헌과 관찰사에 올랐다. 역시 임금과 사돈간이다.

(6) 서성徐渻: 아들 서경주徐景霌가 옹주에게 장가들고, 그의 딸은 김제남의 아들

김규金珪에게 시집갔다. 본인도 도승지와 관찰사를 지냈다. 선조와 사돈간이고, 김제남과도 사돈간이다.

(7) 허성: 앞에서 말한 것처럼 딸이 의창군 이광李珖의 아내가 되어 선조와 사돈 사이다.

유교칠신은 모두가 왕실의 인척姻戚일 뿐 아니라 정치적으로도 영향력이 강한 인물로서 영창대군을 보호할 가능성이 큰 인물로 평가하여 유언을 전달한 것이다. 일설에는 이 유언이 선조가 내린 것이 아니고, 인목왕후가 스스로 만들어 임금의 유훈인 것처럼 조작했다는 설도 있으나 확실치 않다. 중요한 것은 이런 유훈을 받은 일곱 신하들이 광해군이 임금이 된 뒤에 큰 곤란에 빠졌다는 사실이다.

영창대군을 보호해 달라는 것은 그를 장차 임금으로 만들어 달라는 암시가 담겨 있는 것이다. 그러므로 이미 세자로 책봉받고 왜란 때에는 분조分朝를 이끌고 왜적과 싸워 큰 업적을 남긴 뒤에 임금에 오른 광해군의 처지에서 본다면 반역으로 받아들일 수도 있는 문제였다. 선조의 유언은 말하자면 일곱 신하들에게 올가미를 씌운 일이었다.

아무리 선조의 유언을 받았다 하더라도 유교칠신들의 생각은 개인에 따라 차이가 있었다. 영창대군을 적극적으로 임금으로 만들려고 생각한 신하는 유영경柳永慶 뿐이었는데, 광해군을 따르는 대북파에 의해서 가장 먼저 제거되었다.

그 나머지 신하들은 꼭 영창을 임금으로 만들려고 하지는 않았다. 대부분 세자시절의 광해군을 가르친 사이이기도 했으므로 광해군을 배척할 뚜렷한 명분이 없었다. 혈통상으로 본다면 영창이 유일한 왕비 소생이라는 정통성이 있지만 3세밖에 되지 않은 어린이가 임금이 되기에는 나이가 너무 어릴 뿐 아니라, 광해군도 이미 합법적으로 세자에 책봉되어 임금이 된 처지에 군이 그를 거부할 이유가 없었다.

그래서 광해군과 대북파가 영창을 죽이고 인목왕후를 폐위시키는 것은 반대했지만 반역을 도모하지는 않았다. 하지만 그 일로 인하여 광해군 시절에는 처신하기가 매우 불편한 처지에 놓이고 귀양을 가거나 화를 당했다.

9) 광해군 때의 벼슬과 좌절

광해군의 세자시절에 세자시강원 보덕輔德을 맡았던 허성은 광해군 1년(1609)에 유교칠신이라는 이유로 예조판서에서 파직되고 무반산직인 용양위 사직司直(정5품)을 받았다. 실권이 없고 그저 약간의 녹봉을 받는 자리로 좌천된 것이다. 허성은 이미 62세의 노인이 되었다.

허성은 먼저 자의가 아니라 타의이긴 해도 유교칠신이란 명에를 일단 벗기 위해 광해군에 대하여 사과할 필요를 느꼈다. 그러던 차에 마침 광해군 1년(1609) 4월에 조정에서 명나라 사신이 선조의 위패에 제사를 올리기 위해 온다는 연락을 받고 그 위패를 진짜로 만들 것인가, 아니면 가짜로 만들 것인가를 놓고 조정의 논의가 분분해졌다.

위패에는 선조의 묘호廟號를 써야 하는데, 명나라의 묘호 인정을 아직 받지 않은 상태에서 진짜 위패를 만들어 쓰게 되면, 명나라에서 트집을 받을 우려가 있고, 반대로 가짜로 임시 위패를 만들어 쓰게 되면 그것도 예의에 어긋나는 일이었다. 신하들의 의견은 둘로 갈라졌다.

이때 허성은 가짜 위패를 쓰는 것이 권도權道로서 불가피하다는 뜻을 담은 상소를 하면서, 서두에서 자신의 미안함을 다음과 같이 개진했다.

> 삼가 신이 병으로 폐기된 이래 궁벽한 마을에 엎드려 살며 세상과 서로 결별함으로써 스스로 천지간에 하나의 버린 물건이 되었다고 생각했습니다. 그러나 이 심장에 남아 있는 충심은 아직 꺼지지 않아 진실로 국가의 대사를 들을 때에는 또한 감히 우둔함으로 자처하고 그만두지 못하고 있습니다. 전에도 성상을 어지럽힌 일이 또한 이미 많았으니, 한갓 분수에 맞지 않았다는 꾸지람을 더할 뿐입니다.

위 상소에는 광해군에 대한 충심이 있다는 것, 앞으로 국정을 도와줄 용의가 있다는 점, 그리고 지난 날의 죄를 용서해 달라는 내용이 담겼다. 임금은 허성의 상소를 받아 예조에 내려 검토해 보라고 명했다. 결국 그의 의견대로 결정되었다.

광해군 2년(1610)에 들어서자 허성은 광해군의 세 처남 가운데 막내인 유희량柳希亮과 가까이 지내기 시작했다. 광해군의 다섯 처남 가운데 유희분柳希奮(1564~1623), 유희발柳希發(1568~1623), 유희량柳希亮(1575~1628) 등 세 처남이 모두 높은 벼슬아치가 되었는데, 그 가운데 유희분의 권세가 가장 커서 처음에는 이이첨과 손잡고 광해군 정권을 도와주었으나 뒤에는 이이첨의 권력이 너무 커지고 지나친 무리수를 쓰는 것을 보고 차츰 이이첨을 견제하면서 권력투쟁을 벌이고 있었다.

허성은 위 세 사람 가운데 유희량만은 권세를 부리지 않는 깨끗한 선비로 간주하여 〈청척리淸戚里〉로 부르면서 가까이 지냈다. 그런 처신이 효과를 보았는지 광해군 2년 3월에 허성은 지돈녕부사知敦寧府事(정2품)에 올랐다. 돈녕부는 왕실의 외척을 관리하는 기관이다. 비록 실권이 있는 자리는 아니지만 지위는 매우 높았다.

그런데 이때 광해군이 생모인 공빈김씨恭嬪金氏를 공성왕후恭聖王后로 추존하는 운동을 벌이기 시작했다. 공빈은 선조의 후궁으로 임해군과 광해군을 출산하고 산후병으로 25세에 세상을 떠난 가련한 여인이었지만, 후궁을 왕후로 추존하는 일은 예법에 맞지 않는 일이었기에 뜻있는 선비들이 반대운동을 맹렬히 벌였다. 허성도 반대하는 상소를 올리면서 사직상소도 함께 올렸다.

허성이 비록 광해군 정권에 협조하기는 해도 도리에 맞지 않는 일은 소신대로 반대하는 태도를 저버리지 않자 광해군은 그를 의심하기 시작했다.

광해군 4년(1612) 2월에 접어들자 반역사건이 터졌다. 김직재金直哉의 아들 김백함金百緘이 9세 된 진릉군晉陵君 이태경李泰慶(1594~1612)[38]을 임금으로 추대하려는 반역사건이 일어나 김직재 부자가 귀양 가서 처형되었다. 진릉군도 죽임을 당했다. 이 사건을

---

38 진릉군은 선조의 백형인 하원군(河源君)의 손자이다.

계기로 대북파는 의심스러운 세력을 견제하는 일에 나섰다.

이해 3월에 임금은 지난날 공빈을 추숭하는 논의를 할 때 허성의 상소문 가운데 사특한 말이 있었다고 말하고, 4월에 관직을 삭탈한 후 도성 밖으로 축출했다. 그러나 녹봉만은 받도록 행호군行護軍(정4품)의 무관산직을 내렸다.

그런데 교외로 축출당한 두 달 뒤인 광해군 4년 6월에 뜻하지 않은 일이 일어났다. 광해군 즉위년에 광해군의 친형 임해군臨海君이 반역을 계획하다가 처형당한 일이 있었는데, 이 사건에 공이 있는 신하들에게 공신功臣 훈작을 내렸는데, 허성이 1등 공신 5명 안에 들어 있었다. 그때 임해군의 반역을 다스리도록 요청한 최유원崔有源이 임금에게 상소하여 당시 허성이 먼저 임해군의 위험을 말했다고 아뢰었기 때문이었다.

그러나 허성은 녹훈에서 이름을 빼달라고 요청했다. 직접 임해군의 반역을 고발한 일이 없었는데도 훈작을 받는 것은 떳떳하지 못하다고 여겼다. 언관들은 반대로 허성이 그런 위험을 알고서도 직접 고발하지 않은 것을 탓하여 녹훈을 삭제하라고 요청했다. 이렇게 녹훈을 두고 옥신각신하던 이해 8월에 향년 65세로 세상을 떠났다.

허성이 세상을 떠나고 난 뒤인 광해군 5년(1613)에 계축옥사癸丑獄事가 일어나 영창대군과 인목왕후 부친 김제남이 귀양을 간 뒤 처형되었다. 그런데 이 옥사에 관한 죄인들을 공초하는 가운데, 허성을 비롯한 유교칠신들이 이미 죽은 유영경과 한패이고, 또 김제남의 심복으로서 그의 집에 드나들면서 날마다 상의했다는 말이 나왔다. 이 일로 허성의 모든 관작이 삭탈되었다.

죽은 자는 말이 없어 변명을 하지 못했지만, 대북파가 유교칠신을 모두 제거하기 위해 거짓으로 꾸며낸 말인지도 모른다. 그는 두 마음을 가지고 살았다는 것이 대북파가 본 허성의 정체성이었다. 이렇게 광해군 정권에서 시달리다가 세상을 떠나고, 죽은 뒤에 관작이 또 삭탈당했다.

10) 허성과 허균의 관계

허성이 고통받은 것은 자신의 일만이 아니었다. 아래 아우들의 불행한 일들이 맏형 허성의 마음을 항상 불안하게 만들었다. 바로 아랫 아우인 허봉許篈(1551~1588)이 선조 21년(1588)에 38세의 나이로 먼저 세상을 떠났다. 성격이 지나치게 급하고 강직한 것이 화를 당하는 원인이 되었다. 비록 이복 아우이지만 형으로서 어찌 마음이 아프지 않았겠는가? 설상가상으로 21세 연하 아우인 허균許筠이 선비사회에서 버림받고 사는 것이 또 맏형의 마음을 아프게 했다.

허균은 26세에 문과에 급제한 뒤로 벼슬길에 들어섰으나 선조 32년(1599)에는 황해도 도사都事를 지내다가 파직되고, 선조 37년(1604)에는 수안군수遂安郡守를 하다가 두 번째로 파직되고, 선조 40년(1607) 5월에는 삼척부사三陟府使로 있다가 세 번째로 파직되고, 이해 12월에는 공주목사公州牧使에 임명되었으나, 광해군 즉위년(1608) 8월에 네 번째로 또 파직되자, 전라도 부안扶安으로 내려가서 평생 은퇴할 집과 터전을 마련했다.

이렇게 벼슬길에 나가기만 하면 파직되고 선비사회에서 따돌림을 당하고 있는 막내 아우 허균의 처신이 어찌 불안하지 않겠는가? 허균이 부안으로 갔을 때 허성은 어떻게 지내는지가 궁금하여 편지를 보내 안부를 묻기도 했다. 허균은 잘 있다고 답장을 써 보냈지만 그래도 안심이 되었겠는가?

허균의 실수는 여기서 그치지 않고, 광해군 2년(1610) 10월에는 문과 시험의 시관試官으로 참여했다가 친구이자 환속한 승려 변헌卞獻을 급제시키고, 이어 11월의 문과시험에서 시관으로 참여하여 조카許성의 아들 허부와 허성의 사위 박홍도朴弘道를 불법으로 급제시켰다고 하여 파직되어 전라도 함열咸悅로 귀양 갔다. 이번 일은 형을 위한 일을 하다가 귀양 간 것이다. 허성이 그런 부탁을 허균에게 하지는 않았을 것이다. 그러니 허성의 마음이 또 어떻겠는가? 그래도 광해군 4년에 세상을 떠났기에 6년 뒤에 일어난 허균의 비참한 최후는 보지 않았다.

《광해군일기》의 허성 졸기卒記에는 다음과 같은 실록편찬자의 사론史論이 실려 있다.

허성은 허엽의 아들이다. 그의 이복동생인 허봉과 허균이 모두 함께 이름이 났었는데, 허성은 이학理學으로 자칭했다. 그러나 성질이 고집스럽고 꽉 막혔으며, 당론黨論을 좋아하여 자기와 의견이 다른 자를 공격했는데, 늙어서는 더욱 심했다. 이때에 이르러 임해군을 고발하여 원훈元勳이 되어 다시 임금의 은총을 받다가 얼마 뒤에 죽었다. 반정후 관작을 삭탈당했다.

이 사론은 인조대 집권층인 서인들이 지은 것이므로 좋게 쓰지 않았다. 허성은 실제로 당색이 강한 인물이 아니었다. 또 임해군을 고발하여 훈록을 받았다는 것도 본인이 극구 사양했음은 앞에서 설명한 바와 같다. 허씨 일가가 모두 동인을 거쳐 남인으로 자정한 집안이고, 학문적으로도 주자학자들이 아니고 서경덕학파에 속했기 때문에 더욱이 서인들로부터 좋은 평가를 받지 못한 것이다. 광해군 때에는 대북파에 버림받고, 인조 때에는 서인파에 버림받은 것이다.

그러나 허씨 형제들이 남기고 간 정신문화는 결코 작은 것이 아니었다.

허성의 문집 《악록집岳麓集》이 남아 있어 그의 시문과 친교관계를 엿볼 수 있다. 그가 세상을 떠난 뒤에 묘갈명墓碣銘을 지어준 이는 김세렴金世濂(1593~1646)인데, 그는 바로 실학자 반계 유형원磻溪 柳馨遠의 고모부이기도 하다. 제문祭文을 써준 이는 심희수沈喜壽, 이호민李好閔, 이수광李睟光, 윤근수尹根壽 등으로 모두가 화담학파 인사들이다.

3. 허균의 둘째형 하곡荷谷 허봉許篈(1551~1588)

1) 동서분당 이전의 허봉

허봉許篈(1551~1588)은 허성의 3세 연하 아우이자 허균의 18세 연상 형이다. 그 사이에 누이 허난설헌許蘭雪軒(1563~1589)이 있다. 아호는 하곡荷谷이다.

허봉도 허성과 마찬가지로 아버지의 권유를 따라 미암 유희춘柳希春에게서 학문을 배웠다. 유희춘이 오랜 귀양살이에서 풀려난 것이 명종 20년(1565)이므로 이 무렵에 허봉과 함께 약 3년 동안 그의 문하에 드나든 것으로 보인다. 대략 15~18세 무렵일 것이다. 유희춘이 선조 10년(1577)에 세상을 떠나자 허봉은 스승을 위해 제문祭文을 썼다.

두뇌가 영특했던 허봉은 명종 5년(1551)에 강릉에서 출생했는데, 18세에 생원시험에 급제하고, 22세 되던 선조 5년(1572)에 문과에 급제했다. 상당히 빠른 편이다. 형 허성보다 3세나 연하이면서도 11년이나 앞서서 벼슬길에 나갔다. 그러나 바로 그 점이 허봉의 일생을 불행하게 만든 요인이 되었다. 지나친 자신감이 남의 장점을 인정하지 않고 작은 약점을 잡는 데로 쏠렸다.

허봉은 급제한 직후 승문원 권지부정자權知副正字(종9품)를 거쳐 바로 예문관 검열(정9품)로 승진했다. 이 자리는 사초史草를 작성하는 사관史官이었다.

23세 되던 선조 6년(1573) 2월에는 홍문록弘文錄 후보자에 올랐으나 점수가 부족하여 탈락했다. 홍문록은 홍문관에 들어갈 수 있는 후보자 명단을 말한다. 홍문관 부제학 이하 8명[39]이 모여 12명의 후보자를 놓고 동그라미를 매겨 6점 이상의 점수를 받은 사람 9인을 선발했는데, 허봉은 5점을 받아 탈락했다. 아마도 나이가 어린 것이 중요한 이유인 듯했다. 당시 허엽은 홍문관 부제학으로 있었으나, 허봉의 홍문록 결정에 참여할 수 없어서 상피하여 임시로 무산직武散職을 주었다.

허봉은 이해 4월에 경회루에서 치른 문신 시험에서 장원하고, 6월에는 의정부에서 다시 홍문록에 들어갈 사람을 시험을 치러 14인을 뽑았는데, 허봉이 좋은 점수를 받아 들어갔다. 이해 9월에는 예문관 봉교奉敎(정7품)로 승진하고 11월에는 독서당讀書堂에

---

39 당시 홍문관 관원 8명은 부제학 유희춘, 직제학 구봉령, 교리 정언지와 유도, 부교리 정지연과 홍성민, 부수찬 우성전과 이성중이었다. 그 가운데 유희춘은 허엽의 친구이고, 정지연은 서경덕 문인이고, 우성전은 허엽의 사위이자 허봉의 매형이었다.

간택되어 휴가를 받아 독서를 했다.

24세 되던 선조 7년(1574)에 8월 17일에 생일을 맞이하는 황제를 축하하는 성절사聖節使의 서장관書狀官으로 발탁되어 북경에 다녀왔다. 24세의 약관으로 서장관이 된 것은 매우 파격적이다. 정사는 박효립朴孝立이고 질정관質正官[40]은 조헌趙憲(1544~592)이 맡아 함께 다녀왔다. 일행이 서울을 출발한 것은 5월 11일이고, 6월 중순에 압록강을 건너 8월 중순에 황제를 알현하고, 10월 10일에 의주에 도착했다.

허봉은 귀국한 뒤에 〈조천기朝天記〉를 써서 그동안 보고 들은 이야기들을 일기체로 기록했다. 그리고 후서後序를 써서 사행의 소감을 적었는데, 그동안 명나라가 달라진 점을 지적했다. 처음에는 중국이 개방적이고도 예의를 지켜 천하를 일시동인一視同仁하여 똑같이 어질게 대하고, 어린아이 돌보듯이 했으나, 지금은 그렇지 않고 문을 첩첩이 막아 출입을 막아 마치 도적을 대하듯 한다고 했다. 그래서 학자들과 만나 학문을 토론하고 풍속을 순방하던 일이 모두 없어져서 마치 귀머거리와 벙어리처럼 있다가 돌아왔다고 했다.

그런데 〈조천기〉를 보면, 5월 13일에 파주에 은거하고 있던 39세의 율곡을 만나 이기설理氣說, 사단칠정설四端七情說 등을 토론하고, 율곡이 아직 미완성된 《성학집요聖學輯要》 초본을 허봉에게 보여준 일까지 적고 있다. 이 책은 다음해 완성되어 임금에게 바쳤다. 이때만 해도 동서분당이 생기기 이전이었으므로 허봉과 율곡의 사이가 매우 좋았던 것을 알 수 있다.

또 개성에 가서는 서경덕의 첩자妾子인 서응봉徐應鳳과 개성의 평민 선비 안경창安慶昌을 만난 일과 시정 장사꾼인 지영희라는 사람이 《중용》을 읽으면서 도를 닦고 있어 감동을 받았다는 등의 이야기를 적었다.

또 어느 날짜 일기에는 꿈에 율곡을 만나 음식을 먹으면서 흡족한 대화를 나누었다

---

40 질정관은 특수한 사안에 대하여 중국에 문의하거나 해명하는 일을 맡은 관원이다.

는 이야기도 보인다. 꿈에서까지 율곡을 만날 정도이면 허봉이 율곡을 얼마나 존경하고 있었는지를 알 수 있다.

중국에 다녀온 뒤 허봉은 이해 7월에 홍문관 부수찬(종6품)을 거쳐 11월에는 이조좌랑(정6품)에 임명되었다.

2) 동서분당 이후의 허봉

25세 되던 선조 8년(1575) 9월에 허봉은 김효원金孝元(1542~1590)과 가깝다는 이유로 언관의 탄핵을 받고 이조좌랑에서 파직되었다. 이보다 앞서 선조 7년에 이조전랑(좌랑과 정랑) 자리를 놓고 심의겸沈義謙과 김효원이 갈등을 일으켜서 동서분당이 시작되었음은 잘 알려진 사실이다. 참판직을 지내던 김계휘金繼輝(1526~1582)[41]가 심의겸에게 김효원을 전랑 자리에 추천했는데, 심의겸이 반대하고 나서면서 김효원과 갈등이 일어나기 시작한 것이다.

그 뒤에 이조전랑 자리에 심의겸이 아우 심충겸沈忠謙을 추천하자 이번에는 김효원이 반대하고 나섰다. 심의겸이 왕실의 외척이라는 점을 약점으로 공격한 곳이다. 이렇게 두 사람 사이에 갈등이 커지면서 각기 두 사람을 따르는 선비들이 두 파로 나뉘어 싸움이 커진 것이다.

심의겸이 김효원을 미워한 이유가 있었다. 명종 때 심의겸이 무슨 일로 권신 윤원형尹元衡의 집에 갔다가 그 집에 이황 문인으로 깨끗한 인물로 알려진 김효원이 식객으로 있는 것을 보고, 그가 권신에게 아첨하는 속물로 생각했다. 사실은 과거 시험을 보기 위해 잠시 그 집에 우거하고 있었는데 이를 오해한 것이다. 그런데 김계휘는 명종 때 허엽과 가까이 지낸 인물이어서 허봉도 김계휘를 따르는 김효원과 가까이 지냈던

---

41   김계휘는 본관이 광산(光山)으로 예론학자 사계(沙溪) 김장생(金長生)의 부친이다.

것이다.

　허봉은 이렇게 김효원과 가깝다는 이유로 서인 언관들의 탄핵을 받고 이조좌랑에서 파직되었다. 하지만 이 무렵 부친 허엽이 김효원을 따르는 동인의 영수가 되어 박순이나 서인 거인들과 갈등을 벌이고 있었던 것이 더 큰 문제였다. 같은 서경덕 문인이었던 박순과는 동문이면서도 이 무렵 노비가 주인을 죽인 사건 때문에 사이가 나빠졌다. 노비의 주인이 허엽과 매우 가까운 친속인데, 박순이 노비의 살인혐의를 찾지 못하고 풀어준 것이 허엽을 반발하게 만들었다. 허엽은 이이와는 향약을 둘러싸고 의견차이가 있었지만, 그다지 나쁜 사이는 아니었다. 오히려 허엽과 박순의 스승인 서경덕의 증직을 도와준 것이 바로 이이였다.

　그래도 허봉은 선조 8년에 승문원 교검(정6품)에 임명되었다가 다시 사간원 정언(정6품)에 제수되고, 다음해인 선조 9년(1576)에는 홍문관 부교리(종5품)와 사헌부 지평(정5품)을 거쳐 다시 홍문관 교리(정5품)로 승진했다. 청요직을 두루 거쳤다.

　27세 되던 선조 10년(1577) 2월에는 홍문관 교리(정5품)로서 평안도와 황해도지역에 전염병이 창궐하자 황해도 순무어사로 다녀오고, 그 뒤로 의정부 검상檢詳(정5품), 의정부 사인舍人(정4품), 사헌부 장령掌令(정4품), 홍문관 및 예문관 응교應敎(정4품)에 거듭 임명되었다.

　이해 5월에는 경연관으로 참석하여 《서경》〈군아편君牙篇〉을 강론하는 자리에서 진언하기를, "이 편의 내용은 먼저 백성을 잘 기르고 나서 가르침이 있어야 한다는 뜻입니다. 의식衣食이 부족하면 어떻게 예의를 알 수 있겠습니까?"라고 말했다. 이 말은 율곡이 평소에 강조하던 말이기도 했다. 향약 실시를 주장했던 부친 허엽의 생각과는 다른 것을 알 수 있다.

　또 이날 경연에서 허봉은 임금이 생부인 덕흥대원군의 사당을 가묘家廟라고 부르고, 생부의 모친인 창빈안씨중종의 후궁를 "나의 할머니"라고 부르는 것은 잘못이라고 지적했다. 개인적으로는 그렇게 부를 수 있지만 임금이 그렇게 부르는 것은 잘못이라고 했다. 특히 안빈安嬪(창빈안씨)은 첩모妾母이므로 그 집안에서 제사하는 것은 합당하지만, 종묘에는 들어갈 수 없다고 했다. 임금이 공사를 구별하지 못하고 있는 것을 올바르게 지적한 것이다.

28세 되던 선조 11년(1578) 2월에는 순무어사巡撫御史로 함경도에 파견되었다. 함경도의 문제점을 현지 조사하기 위함이었다. 그는 귀경하여 안변부安邊府의 문제점으로 찧은 쌀을 반이나 백성들에게 나누어주고 또 군기軍器가 정비되지 못한 것을 보고하여 부사를 파직하라고 청했다.

다음해인 선조 12년(1579)에는 사헌부 장령, 의정부 사인, 홍문관 응교를 번갈아 하여 2년 전의 벼슬에 머물러 있었다.

30세 되던 선조 13년(1580) 2월에 부친 허엽이 향년 64세로 세상을 떠났다. 이해와 다음해까지 허봉은 벼슬이 없이 부친 3년상을 지내면서 보냈다. 다만 이해 5월에 천문의기天文儀器인 간의대簡儀臺 수보가 끝나자, 낭청으로 일한 허봉에게 임금이 반숙마半熟馬(반쯤 자란 말) 1필을 상으로 하사했다. 허봉이 천문에도 지식이 높았음을 알 수 있다.

선조 14년(1581) 11월에 토정 이지함李之菡의 둘째형 이지무李之茂의 아들 이산보李山甫(1539~1594)[42]가 홍문관 전한典翰(종3품)에서 직제학(정3품 당하관)으로 승진하자 허봉이 말하기를, "이산보는 하나의 똥덩어리다"라고 하니, 사람들이 "허봉은 제명에 죽지 못할 것을 알았다"는 기사가 《선조수정실록》에만 보인다. 《선조실록》에는 그런 기록이 없다. 인조 때 서인들이 《선조실록》을 수정하면서 허봉을 깎아내리기 위해 집어넣은 말이다.

32세 되던 선조 15년(1582)에 이르러 3년상이 모두 끝나자 다시 관직에 복귀했는데,[43]

---

42 이산보는 이색의 7대손으로 숙부 이지함으로부터 학문을 배웠다. 선조 때 영의정을 지낸 아계(鵝溪) 이산해(李山海)의 형이다.

43 허균이 작성한 〈허봉연보〉를 보면, 선조 15년에 사복시정(정3품 당하관), 홍문관 응교(정4품), 사간원 사간(종3품), 사헌부 집의(종3품) 등에 제수되었으나 모두 받지 않았다고 되어 있다. 그러나 《선조실록》을 보면, 이이가 이조판서로 있으면서 허봉을 삼사(三司; 홍문관, 사헌부, 사간원)에 취직하는 것을 막았다고 동인들은 주장했다. 이 기사도 《선조실록》을 편찬한 동인들의 일방적인 주장으로 보인다.

이이가 이해 9월에 명나라에서 황태자 탄생을 알리는 사신이 오자 이를 맞이하는 원접사로 가게 되었는데, 좌통례 황정욱黃廷彧, 응교 허봉, 그리고 서산군수 고경명高敬命을 종사관으로 데리고 가게 해달라고 임금에게 청하여 허락을 받았다. 율곡은 허봉의 문장력을 믿고 그를 종사관의 한 사람으로 데리고 간 것이다. 이때도 율곡과 허봉의 사이가 나쁘지 않았음을 알 수 있다.

이때 중국 사신들은 허봉이 시를 잘한다는 소문을 듣고 부채에다 시를 써달라고 부탁하자, 허봉이 일필휘지로 써주었더니 사신들이 놀라서 "이 사람이 중국에 태어났다면 옥서玉署에서 당연히 금으로 장식한 말 1필을 받을 만하다"고 칭송했다고 한다.

3) 함경도 갑산으로 귀양 가다

33세 되던 선조 16년(1583)은 허봉의 인생이 크게 바뀌는 해였다. 이해 윤2월에는 경기도 순무어사로 내려가서 군기軍器를 점검하고 왔다. 허봉은 수원水原의 군기가 가장 불량하다고 하면서 수원부사를 파직시키라고 청했다.

그런데 이해 6월에 병조판서로 있던 율곡 이이가 함경도지역에서 니탕개泥湯介의 침략이 급박해지자 임금의 동의를 받지 않고 말을 바치는 자에게 북방 수비를 면제해주는 조치를 취했다. 말의 필요성이 절실하여 취한 비상수단이었다. 그러나 임금이 국방에 대한 책임을 전적으로 율곡에게 맡기고 있었기 때문에 큰 문제는 아니었다.

일부 동인 과격파는 이 사건을 이이가 〈무군무국無君無國〉의 죄를 지었다고 격렬하게 비판하기 시작했다. 임금도 무시하고 나라도 무시하는 행위라는 것이다.

7월에 이르러 대사간 송응개宋應漑(1536~1588)가 동인을 대표하여 이이를 비판하는 상소를 올렸는데, 그 내용이 근거없는 인신공격으로 일관했다. 예를 들어, 젊어서 중이 되어 임금과 어버이를 저버렸다는 것, 환속한 뒤에는 권문(심통원)에 의탁하여 살았다는 것, 향리에 내려가서는 여러 읍에서 뇌물을 받고, 해택海澤의 이득과 관선官船의 세稅까지도 받아먹었다는 것, 남의 토지를 빼앗았다는 것 등이었다.

하지만 이이가 한 때 승려가 되었던 것은 사실이지만, 그밖에 저질렀다는 여러 가지 부정행위는 사실은 이이의 중형仲兄이 한 일이었다. 이이의 중형 이번李璠은 벼슬도 하지 못하고 머리도 아둔하여 매사를 아우 이이에게 의지하여 살았는데, 아우의 이름을 팔아 좋지 않은 일을 수시로 저질렀다. 아우의 이름을 팔았기 때문에 모르는 사람들은 이것이 모두 이이가 저지른 일로 알고 있었다.

송응개의 상소문이 올라가자 이이를 따르는 전국의 유생들이 들고 일어나서 이이를 비호하면서 동인들을 극렬하게 비판했다. 이이는 그 충격을 이기지 못하고 다음해 1월에 향년 49세로 세상을 떠났다.

선조는 이 상소를 보고 격노하면서, "네 말이 비록 맞는다 해도 이제 와서 말하는 것은 불충하다. 송응개의 보직을 체차하라"고 명했다. 송응개를 배후에서 움직인 것은 허봉으로 알려졌다.⁴⁴ 그러나 허봉이 이이를 공격했다는 뚜렷한 증거는 없다. 허봉이 3년간 부친상을 마치고 벼슬길로 돌아오려고 할 때 이이가 이조판서로 있으면서 막았다는 기록도 있으나, 이이가 허봉의 벼슬을 막았다는 확실한 근거도 없다. 만약 이이가 허봉의 벼슬을 막은 것이 사실이었다면 뒷날 허균이 이이를 그토록 존경한 것이 이해되지 않는다. 이이와 허봉은 서로 아껴주고 존경하던 사이였다는 것은 앞에서 이미 말했다.

허봉을 미워한 것은 이이가 아니라 선조 임금과 서인들이었다. 특히 정철이 허봉을 싫어했다. 임금은 이날 즉시 송응개를 파직하고, 허봉은 창원부사昌原府使(종3품)로 내려보냈다. 허봉을 파직시키지는 않았다.

이이에 대한 비판에는 도승지 박근원朴謹元(1525~1585)도 가세했다. 그리하여 송응개, 박근원, 허봉 등 세 사람이 이이를 공격한 핵심인물로 지목되었다. 선조는 이해 8월에 "박근원, 송응개, 허봉 등 세 사람의 간특함은 나도 아는 사실이다. 이들을 모두 멀리 귀양 보내는 것이 어떠한가?"라고 대신들에게 물었다. 좌우에서는, "지나친 말을 한

---

44 선조 8년 4월 16일자 《선조실록》을 보면 동인 백유양(白惟讓)이 "이이를 논박할 때 허봉이 수창하고 송응개가 뒤를 이었다"고 말했다.

것은 사실이지만, 그렇다고 언관에게 죄를 주는 것은 온당치 못합니다"고 만류했으나 예조판서 정철鄭澈은 "죄를 분명히 밝혀 시비를 가리지 않으면 안됩니다"고 말했다. 정철은 서인 중에서도 강경파에 속했다.

임금은 드디어 송응개를 함경도 회령會寧으로, 박근원을 평안도 강계江界로, 허봉을 함경도 종성으로 귀양 보내도록 명했다가, 종성은 여진족의 침략이 위태롭다는 이유로 갑산甲山으로 바꾸었다.

이 무렵 기이한 일이 벌어졌다. 허봉이 갑산으로 귀양을 떠나던 8월 28일, 바로 그날, 큰형 허성許筬이 과거에 급제한 것이다. 아우의 벼슬길이 끊어지던 날 형의 벼슬이 시작되었으니, 기이한 일이 아니고 무엇인가? 임금은 이날 먼저 허성이 급제한 사실을 알리는 방榜을 붙이고 뒤에 허봉을 귀양 보냈다고 한다. 이 기록은 허성의 《악록집岳麓集》에 보인다.

이해 10월에 이조판서 이이는 임금에게 이렇게 말했다.

> 박근원과 송응개는 본디 간사한 사람들이지만, 허봉은 나이가 젊어서 경망할 뿐이
> 지 간사한 사람은 아닙니다. 그의 재주가 아깝습니다. 그들 3인이 모두 중한 견책을
> 받았는데 …… 관대한 법을 따르소서.

이이는 대인답게 특히 허봉에 대한 관대한 처분을 요청했다. 그의 재주가 아깝고, 나이가 젊어 경망한 것뿐이지 간사한 사람은 아니라고 했다. 이이가 허봉을 정확하게 본 것이다. 그러나 임금은 이이의 부탁을 들어주지 않았다. 임금은 평소 "나는 이이의 당이 되겠다"고 말할 정도로 이이를 적극적으로 신뢰하고 있었기 때문에 도를 넘는 동인 과격파의 비판에 분노를 느꼈던 것이다.

동서분당 이전에는 허봉이 중국에 사신으로 갈 때 파주에서 이이를 직접 찾아가서 만나 학문적인 대화를 나누었음은 앞에서 설명한 바와 같다. 그럼에도 당쟁이 아까운 두 사람을 갈라놓은 것이다. 이 일로 두 사람이 모두 불행하게 끝나고 말았다.

4) 귀양에서 풀려나 유랑하다 객사하다

함경도 오지인 갑산으로 귀양 간 허봉은 2년 뒤인 선조 18년(1585)에 일단 풀려났으나, 서울에는 들어오지 못하고 자유롭게 살되 서울 밖에서만 살도록 제한했다. 그의 나이 35세였다. 그래서 허봉은 서울 근교의 백운산白雲山에 들어가 독서도 하면서 후학을 가르치기도 하고, 춘천, 인천 등 명승지를 유람하기도 하면서 지냈다.

허봉이 백운산에 있을 때 허균이 찾아가서 진한시대의 고문古文을 배우기도 했다. 허균은 스승을 만나지 못하고, 잠시 유성룡으로부터 문장을 배우기도 했으나 짧은 기간이었고, 주로 시인 손곡蓀谷 이달李達에게서 시를 배웠고 오랫동안 친교를 맺고 지냈다.

이렇게 3년간 방랑생활을 보내던 허봉은 선조 21년(1588) 가을에 단풍이 든 금강산을 찾았다. 여기서 구룡연九龍淵과 비로봉을 구경하고, 대명암大明菴에서 우거하면서 지냈는데, 평소 술을 너무 좋아하여 간장병을 앓고 있었고, 시고 찬 음식을 과식하는 버릇이 있어서 기침과 가래가 많아 고통을 받고 있었다. 병을 치료하기 위해 서울 동교東郊로 오다가 9월 17일에 금화현金化縣 생창역生昌驛에서 향년 38세로 숨을 거두었다.

허봉은 두 아들을 두었는데, 허채와 허친이다. 《문집》으로 《하곡집荷谷集》을 남겼다. 학문보다는 시인으로 명성을 떨쳤다.

허균은 허봉의 시를 매우 높게 평가하여 중국 사신에게도 알려주었는데, 중형의 정치행적에는 생각이 달랐던 것으로 보인다. 다시 말해 허봉이 이이를 공격한 것에 대해서는 공감하지 못한 듯하다. 허균이 이이를 당시대의 최고 경세가로 높이 평가한 데서 그런 분위기를 감지할 수 있다.

4. 허균의 누이 허난설헌許蘭雪軒(1563~1589)

1) 허난설헌의 일생

허난설헌은 본명이 초희楚姬이고, 아호가 난설헌蘭雪軒이다. 명종 18년(1563)에 외가인 강릉에서 태어났는데, 큰 오라비 허성보다 15세 연하이고, 둘째 오라비 허봉보다 12세 연하이다. 아우 허균보다는 6년 연상이다.

태어나면서 재주가 많았던 허초희는 오라비 허봉의 권유를 받아 허봉의 친구이기도 하고 또 삼당시인으로 이름을 떨치고 있던 손곡蓀谷 이달李達(1539~1612)에게 보내 당시를 배우게 했다. 아우 허균도 뒤에 이달에게 당시唐詩를 배웠으니, 남매가 모두 이달의 제자인 셈이다. 기생도 아닌 사대부가의 여인에게까지 시를 가르친 허씨 집안의 분위기가 얼마나 자유분방했던가를 알 수 있다.

또 한 가지 기억해둘 것은 딸에게도 이름을 지어주었다는 것이다. 대체로 사대부가의 여인들은 이름이 없었다. 이름을 직접 부르지 않았기 때문이다. 노비는 이름을 불러야 하기 때문에 이름이 있었지만 양반집 여인은 이름을 부를 필요가 없었다. 그래서 출가를 한 뒤에는 〈어느 댁 어느 씨〉로 부르는 것이 관행이었다. 즉 택호宅號이다.

여기서 당시唐詩의 특징을 잠시 살펴보기로 하자. 가장 큰 특징은 이성理性이나 도덕을 강조한 송시宋詩와 대비된다. 다시 말해 인간의 감성을 있는 그대로 드러내어 표현함으로써 도덕이나 기성질서의 압박에서 벗어나 자유를 누리려는 마음이 담겨 있다. 그래서 사회적으로 소외된 계층이거나 기성질서에 저항하려는 이단세력들의 문화운동으로 볼 수 있다.

그러면 이달은 어떤 사람인가? 그는 중종 34년에 태어나서 선조 때 크게 이름을 날렸는데, 그에 대해서는 허균이 지은 〈손곡산인전蓀谷山人傳〉이 가장 자세하다. 이 글을 보면, 이달의 본관은 태종 때 예문관 대제학을 지낸 이첨李詹의 후손이라고 한다. 이첨의 본관은 충청도 신평新平이므로 이달도 신평으로 보았다.

그런데 신평은 홍주목洪州牧에 소속된 읍이다.[45] 그래서 현재는 이달이 홍주이씨洪州李氏 이수함李秀咸의 후손으로 알려지고 있다. 이수함은 영종첨사를 지낸 무인이다. 홍주이씨는 신평이씨에서 분파된 성씨일 가능성도 있으나 확실하지 않다. 다만 홍주나 신평이나 지역이 같으므로 이달의 본관이 어디냐는 크게 문제될 것이 없다고 하겠다.

이달은 그 어미가 천인 곧 노비로서 비첩소생이었기 때문에 문과 벼슬길이 막혀 원주 손곡이라는 마을에 묻혀 살았다. 그의 아호가 여기서 비롯된 것이다.

이달은 한 때 사역원司譯院에서 중국말을 가르치는 이문학관吏文學官을 지냈으나 마음에 들지 않아 혼자서 독서하면서 학문을 닦기도 했지만, 그보다는 당시唐詩를 배워 시인으로 명성을 높였다. 그 무렵 당시를 잘하는 시인들이 무더기로 배출되었는데 최경창崔慶昌(1539~1583), 백광훈白光勳(1537~1582), 유희경劉希慶(1545~1636), 백대붕白大鵬(1550경~1592) 등이 그렇다. 그 가운데 백광훈, 유희경, 백대붕은 신분이 낮았다. 이달은 최경창, 백광훈과 더불어 이른바 삼당시인三唐詩人으로 알려져 있었다. 특히 서출인 유희경은 전함사典艦司 노비 출신 백대붕과 더불어 풍월향도風月香徒라는 모임을 만들어 활동했다.

이달은 용모가 잘 생기지 못하고, 행동까지 거칠어서 시류에 거슬리는 일이 많았으나 시만은 뛰어났다고 한다. 생활이 곤궁하여 때로는 걸식하기도 하다가 광해군 4년(1612)에 향년 74세로 세상을 떠났다. 뒤에 그의 시를 모은 《손곡집》이 간행되었다.

이달에게서 당시를 배운 허초희는 15세에 한 살 위인 김성립金誠立(1562~1592)에게 시집갔다. 김성립은 본관이 안동安東으로 조부는 김홍도金弘道이고, 부친은 김첨金瞻이다. 김홍도는 허엽과 더불어 명종 때 함께 벼슬하면서 청류로 활동하다가 권신의 미움을 받아 갑산으로 유배 가서 세상을 떠났다. 당색으로 본다면 북인계 남인이다. 어머니는 송기수宋麒壽의 딸인데, 송기수는 이황과 친숙한 사이였다.

---

45 신평은 지금은 당진시에 소속되어 있으나 본래는 홍주목 소속이었다. 그러나 홍주이씨가 따로 있는데, 이달은 지금 홍주이씨로 알려지고 있어서 그가 과연 이첨의 후손인지 분명치 않다.

남편 김성립은 초희가 죽던 해에 문과에 급제했으므로 그전까지는 과거시험 준비로 바빠서 아내와 함께 즐기는 시간이 매우 적었을 것이다. 아마도 이런 환경이 허초희를 더욱 외롭게 만든 것이 아닌가 짐작된다. 이수광의 《지봉유설芝峯類說》을 보면 부부간 의 금슬이 좋지 않았다고 한다.

남편과의 관계도 그러했지만 특히 시어머니의 성향이 보수적이었던 것으로 보인다. 양반집 규수인 시어머니가 시를 짓는 며느리를 이해하기는 쉽지 않았을 것이다. 특히 허초희는 딸과 아들을 낳아 모두 잃었으며 뱃속의 아이까지도 유산하는 불행을 겪었 다. 게다가 남편 김성립은 시는 잘하는 편이었으나, 28세 되던 선조 22(1589)에 문과에 급제했는데, 바로 그해에 초희가 세상을 떠났으니 복도 없는 여인이었다. 허초희의 이런 모습이 현모양처를 바라는 시어머니의 기대에 부응하기 어려웠을 것은 짐작할 만하다.

허초희를 더욱 슬프게 한 것은 친정집의 몰락이었다. 18세 되던 해에 부친 허엽이 세상을 떠나고, 21세 되던 해에 둘째 오라버니 허봉이 갑산으로 귀양을 갔다. 그러다가 두 아이를 잇달아 잃고, 그녀가 죽기 전해에 허봉이 또 세상을 떠났다. 21세 때 큰 오라비 허성이 겨우 문과에 급제한 것을 보았으나, 동생 허균은 그녀가 죽을 때 나이 겨우 21세로 아직 문과에 급제하지도 못하고 있었다.

자유분방한 허씨 집안에서 태어난 그녀는 분위기가 사뭇 다른 환경에 적응하지 못하고 결국 27세를 일기로 세상을 떠나고 말았다. 시댁생활의 괴로움과 친정에서 잇달아 불어닥치는 비보로 생긴 마음고생이 그를 죽음으로 몰아갔는지도 모른다.

허초희는 평생 세 가지 소원[悔恨]이 있다고 말했다. 하나는 작은 전당[殿堂에서 태어난 것, 둘은 여자로 태어난 것, 셋은 지아비를 잘못 만난 것이다. 작은 전당이란 가난한 집안에서 태어났다는 뜻이다. 그러니까 이를 뒤집어서 생각하면, 더 귀한 집에서 태어 나고, 남자로 태어나고, 자기를 이해해 줄 수 있는 똑똑한 배우자[남편]를 만나고 싶다는 뜻이다. 그러나 오늘날의 시각에서 본다면 초희는 시대를 잘못 타고난 것이다.

2) 허난설헌의 시세계와 위작 시비

허난설헌의 시세계에 대해서는 이미 문학사 연구자들에 의해 많은 연구가 이루어졌다. 그가 남긴 시는 대략 200여 수가 전하고 있는데, 허초희가 죽을 때 시를 불태우라고 했으나, 허균이 이를 수습하고 기억을 되살려 시를 재생산하여 《난설헌시집》을 만들었다고 한다. 《난설헌시집》은 허초희가 죽은 지 17년 뒤인 선조 39년(1606) 여름에 목판으로 간행되었는데, 여기에는 명나라 사신으로 조선에 왔던 주지번朱之蕃의 인문引文과 양유년梁有年의 제사題辭가 실려 있다. 두 사람이 모두 그의 시를 격찬했다.

그러나 허난설헌의 시집이 나온 뒤로 그 시가 위작僞作이 많다는 논란이 중국은 물론 우리나라에서도 끊임없이 제기되었다. 우선 우리나라에서는 허초희와 나이가 똑같은 이수광李睟光이 가장 먼저 이의를 제기했다.

이수광은 《지봉유설》의 문장부文章部 7에서 허난설헌을 "근대 규수閨秀의 제일"이라고 칭찬하고 나서, 중국인들이 그 시집을 구입하여 애독하고 있다고 말했다. 이수광은 또 "허난설헌은 금슬이 좋지 않아 [남편을] 원망하는 시가 많다."고 하면서 그 대표적인 시로 〈채련곡採蓮曲〉과 〈독서강사讀書江舍〉를 소개했다. 그런데 그 두 시가 유탕流蕩에 가깝다 하여 허균이 《난설헌시집》에 넣지 않았다고 했다. 유탕하다는 말은 다소 음탕하다는 뜻이다.

그 두 시를 소개하기로 한다. 먼저 〈채련곡〉은 이렇다.

秋淨長湖碧玉流	맑은 가을날 넓은 호숫물 벽옥碧玉처럼 푸르고
荷花深處繫蘭舟	연꽃 무성한 깊은 곳 난주蘭舟 묶어놓았네
逢郎隔水投蓮子	낭자 만나고파 물 건너 연밥 던졌더니
遙被人知半日羞	저만치 누가 알아 반나절 부끄러웠네

이 시는 맑은 가을날 연꽃 핀 푸른 호숫가의 정취를 연인을 그리는 마음을 담아 노래한 것이다.

다음에 〈독서강사〉는 다음과 같다.

燕掠斜簷兩兩飛	제비는 쌍쌍이 빗긴 처마 끝에 날고
花花撩亂撲羅衣	꽃잎은 우수수 비단 옷깃 덮었네
洞房極目傷春意	빈방에서 쳐다보니 봄기분 시들하고
草綠江南人未歸	초록의 강남 사람 돌아오지 않네

이 시는 봄철 독수공방에서 쌍쌍이 나는 제비와 떨어지는 꽃잎을 보면서 강가의 독서당에서 공부하고 있는 남편을 그리는 마음을 노래한 것이다.

두 시가 모두 음탕하다기보다는 봄과 가을의 아름다운 정취 속에서 고독한 여인의 마음을 순수하고 솔직하게 표현한 시이다. 그러나 그 시대의 분위기에서는 조신한 여인으로 보기 어려웠을 것이다. 그래서 《시집》에서 뺀 것이다.

이수광은 이어 《난설헌시집》 가운데 위작僞作이 많다는 것을 지적했다. 예를 들어 〈금봉화염지가金鳳花染指歌〉는 명나라 사람 시를 점화點化한 것이고, 〈유선사遊仙詞〉 가운데 2편은 당唐 조당曹唐의 시에서 많이 절취하고, 〈송궁인입도送宮人入道〉의 1률은 명나라 당진唐震의 시에서, 그밖에 악부樂府, 궁사宮詞 등의 작품도 고시古詩에서 절취했다고 말했다.

그러면서 그런 위작의 증인으로 홍경신洪慶臣(1557~1623), 허씨 친족인 허적許襑이 항상, "난설헌의 시 2~3편을 제외하고는 모두 위작僞作이다"라고 말했다고 소개했다. 또 그들은 허초희가 8세에 지어 신동神童이라고 칭찬을 받은 〈백옥루상량문白玉樓上樑文〉은 "허균과 그의 심복 이재영李再榮이 지은 것"이라고 말했다고 소개했다.

허균이 워낙 시가 뛰어나기 때문에 죽은 누님을 추모하기 위해 자작시를 지어 《난설헌시집》에 넣었을 가능성은 있다. 하지만 홍경신이나 허적이 말한 것처럼 허초희의 시가 2~3편에 지나지 않는다는 말은 지나친 듯하다. 허균이 아무리 천재요 누님을 사랑한다지만, 어떻게 200여 수의 위작을 만들어 누님의 시집을 만들 수가 있겠는가? 또 당나라 시나 명나라 시를 절취했다는 말도 시 전체를 표절했다는 것이 아니고, 부분적으로 몇 자 또는 한두 구절句節이 들어 있는 경우가 많으므로 지나치게 폄하할 필요가 없을 듯하다.

예를 들어보자. 위에서 이수광이 명나라 시를 점화點化했다고 소개한 〈금봉화염지가〉의 경우를 보자. 이 시는 《시집》에는 〈염지봉선화가染指鳳仙花歌〉로 되어 있는데, 봉선화를 손톱에 물들인 것을 노래한 시이다. 전체 12행 84자로 된 7언시에서 점화點化했다고 지적된 부분은 다음과 같다.

〈불경화성유야월拂鏡火星流夜月〉(거울을 닦으니 화성이 달밤에 비치네)을 〈희간화성포경면喜看火星抛鏡面〉(반가와라 화성이 거울에 비치네)으로 바꾸었으며, 〈화미홍우과춘산畫眉紅雨過春山〉(눈썹을 그리니 붉은비꽃비가 봄산눈썹을 지나간다)을 〈지의홍우과춘산只疑紅雨過春山〉(혹시 붉은비가 봄산을 지나가는가)로 바꾸어 넣었다는 것이다. 여기서 〈화성火星이 거울에 비친다〉는 것과 〈붉은 비꽃비가 봄산을 지나간다〉는 두 구절이 비슷하다. 그러나 시의 전체 문맥이 서로 다르다.

이 경우 부분적인 글자가 일치한다고 해서 이 시 전체를 표절로 보아야 하는가? 대체로 난설헌 시의 표절문제가 대략 이와 같은 경우라면, 그의 시 전체를 표절로 보아야 하는가? 참으로 판단하기 어렵다. 시에 따라서 표절 정도가 각기 다를 수 있지만 그의 시가 표절이 아닌 것은 2~3편이라고 규정하는 것은 무리가 있어 보인다.

다만, 그가 8세에 지었다는 〈백옥루상량문〉은 글자 수가 수천 자에 이르는 장시長詩일 뿐 아니라 그 글 안에 담긴 고사故事들이 일평생 도교와 신선사상을 배운 사람이라도 담기 어려운 내용이라는 점에서 8세 아동이 지었다고 보기는 어렵다. 따라서 도교사상의 전문가에 속하는 허균과 이재영의 작품으로 보는 것이 타당할 듯하다.

따라서 앞으로 그의 시를 한꺼번에 표절로 규정하여 버리거나 반대로 독창적인 시로 주장할 것이 아니라, 시 전체를 하나하나 중국 시와 비교검토하여 살릴 것은 살리고, 버릴 것은 버리는 심층적인 재검토가 필요하다고 하겠다.

　이제 위작논란과는 별개로, 허초희의 시가 확실하면서 동시에 대표적인 시로 꼽히는 몇 편의 시를 소개하면 다음과 같다. 그 가운데 하나는 딸과 아들을 잃은 슬픔을 담은 〈곡자哭子〉라는 시다.

去年喪愛女	지난해 사랑하는 딸 잃고
今年喪愛子	올해 사랑하는 아들 잃고
哀哀廣陵土	울며불며 흙더미에 묻었네
雙墳相對起	두 무덤 마주보며 섰는데
蕭蕭白楊風	소슬 바람 백양白楊에 불어오고
鬼火明松楸	귀신불은 송추松楸를 비추네
紙錢招汝魄	지전紙錢으로 너희 혼 불러오고
玄酒奠汝丘	현주玄酒(냉수)를 무덤에 붓는다
應知弟兄魂	너희 두 혼 알아듣고
夜夜相追遊	밤마다 서로 만나 놀겠지
縱有腹中孩	이 뱃속 어린 생명
安可冀長成	또 낳아 잘 크겠지
浪吟黃臺詞	어지러이 황대사黃臺詞 읊조리니
血泣悲吞聲	피눈물로 목이 메네

　지난해 딸을 잃고 올해 아들 잃고, 임신한 몸으로 두 무덤 바라보며 피눈물을 흘리면서 지은 시이다.

　또 자신의 죽음을 예견하고 죽기 직전에 지은 시가 또 있다. 〈몽유광승산夢遊廣乘山〉이다. 꿈속에 광승산廣乘山에서 두 선녀들과 놀면서 지었다는 그 시를 소개하면 다음과 같다.

碧海浸瑤海	벽해碧海는 요해瑤海에 스며들고
青鸞倚彩鸞	청란靑鸞은 채란彩鸞에 기대네
芙蓉三九朵	스물일곱 부용芙蓉(연꽃) 떨기
紅墮月霜寒	달밤 찬서리에 붉게 떨어지네

이 시는 27세, 그러니까 자신이 죽던 해에 쓴 것이 분명하므로 마지막 유시라고도 할 수 있다. 두 아이 가운데 아들을 바다에 비유하고, 딸을 난새[봉황]에 비유하고, 자신을 부용[연꽃]에 비유하여 쓴 것이 아닐까 추측되기도 한다.

또 강릉 친정집의 풍경을 읊은 〈죽지사竹枝詞〉가 있는데 다음과 같다.

家住江陵積石磯	강릉 땅 돌더미 쌓인 물가 우리집
門前流水浣羅衣	문앞 흐르는 물에 비단옷 빠네
朝來閑繫木蘭棹	아침이면 한가롭게 목란배[작은 배] 매어 놓고
貪看鴛鴦相伴費	부러워라 짝지어 나는 원앙새 바라보네

이 시는 지금 강릉시 초당동 허난설헌기념관 입구에 시비詩碑로 세워져 있다.

허초희 시의 내용을 분석해 보면 남편을 원망하는 시, 님을 그리는 시, 신선과 함께 노는 시, 여인의 고행을 읊은 시, 그밖에 대자연의 아름다움을 읊은 시 등으로 분류할 수 있으며, 사상적으로 본다면 도교와 신선사상, 그리고 사회비판이 담긴 저항시로 특징지을 수 있을 것 같다.

허균의 파란만장한 일생

03

허균의 파란만장한 일생

1. 허균의 가계와 형제들

허균의 가계와 가족관계는 앞에서 이미 소개한 바와 같이 서경덕 문인 초당草堂 허엽許曄(1517~1580)의 막내 아들이다. 허엽의 첫째 부인은 한씨로서 허성許筬을 출산하고 금방 세상을 떠났으며, 둘째부인으로 강릉김씨 김광철金光轍(1493~1550)[1]의 딸을 맞이하여 허봉許篈(1551~1588), 허초희許楚姬(1563~1589)[2]를 낳고, 6년 뒤에 막내로 허균(1569~1618)을 낳았다. 이복형 허성은 허균보다 21세 연상이고, 친형 허봉은 18세 연상, 누님은 6세 연상이니 형님과 누나는 어린 허균을 가엽게 여기고 사랑을 듬뿍 쏟아주었다. 그러나 사랑만 주고 엄한 훈계를 하지 않아 버릇없고 방종한 소년이 되었다고 스스로 회고했다.

---

1 김광철의 가계는 다음과 같다. 김필양(金匹陽; 생원) ― 김대(金臺; 文科, 獻納) ― 김세훈(金世勳; 문과, 僉正) ― 김광철(金光轍; 문과, 예조참판) ― 딸.

2 허난설헌은 이름이 초희(楚姬)이고, 15세에 김성립(金誠立)에게 시집갔으나, 시작에 몰두하여 가정생활이 원만하지 못했다가 27세에 세상을 떠났다. 그러나 그의 시집은 중국에서도 간행되어 높은 평가를 받았다.

허균은 강릉 외가 애일당에서 태어났는데 그 뒷산이 교산蛟山으로 그 이름을 자신의 아호雅號로 삼았다. 교산의 뜻은 용龍이 되지 못하고 이무기로 남은 모습을 띠고 있다는 것이다.

허균은 40대 이후에는 성옹惺翁 또는 성수惺叟로 아호를 바꾸었다. "반성하는 늙은 이"라는 뜻이다. 그밖에 젊었을 때 한 때 〈학산鶴山〉이라는 아호도 사용했는데, 강릉 북쪽의 청학산靑鶴山에서 빌어온 듯하다. 허균은 청학산이 강릉 북쪽, 오대산 동쪽에 있는 산으로서 금강산을 많이 닮았다고 말했으므로 지금의 강릉 청학동靑鶴洞에 있는 소금강小金剛을 가리키는 듯하다. 그러나 비로봉, 1만2천봉이 있다고 한 것으로 보면 금강산을 가리키는 것 같기도 하다.

한편, 허균 집안은 허엽의 첫째 부인이 한씨이기도 하지만 그보다 앞선 시기에도 한씨와 혼인관계가 있어서 한효순韓孝純 및 두 조카 한백겸(1552~1615)과 한준겸(1557~1627)이 허씨 집안과 인척관계에 있었다. 두 집안은 학문적으로도 화담학파의 주류를 이루고 있었다. 허성이 영창대군의 보호를 부탁받은 〈유교칠신〉인데, 한준겸도 마찬가지로 〈유교칠신〉의 한 사람이었으며, 두 집안이 동인東人을 거쳐 뒤에 근경남인 으로 좌정된 것도 비슷하다.

2. 허균의 생장과 교육과정

허균은 강릉 외가에서 출생했지만 본가는 서울 건천동乾川洞에 있었다. 여인이 친정 에 가서 자식을 출생하는 것은 당시 사대부가의 관습이었다. 신사임당이 율곡 이이를 강릉에서 출산한 것도 마찬가지다. 건천동은 지금 서울 중구 인현동仁峴洞 1가 일대이 다. 평소 개울에 물이 없어서 붙여진 이름이다.

허균은 8~9세 무렵에 서울의 학당學堂에 들어가서 기초학문을 배웠다. 이런 코스는 서울 양반자제라면 누구나 거치는 과정이다. 집이 건천동에 있다가 뒤에 남상곡南庠谷

으로 이사갔다고 하는데, 남상南庠은 남부학당을 가리킨다. 지금의 서울시 중구 필동筆洞 일대에 해당하므로 남부학당南部學堂에 다닌 것이 확실하다. 이때 임수정任守正(1570~1606), 임연任兗(1567~1619), 임현林睍(1569~1601), 최천건崔天健(1568~ 1617) 등과 학당친구로 어울렸으며, 뒤에는 함께 벼슬하면서 계속적으로 친교관계를 유지했다.

12세 되던 해에 아버지 허엽을 여의었는데, 경상도감사로 있다가 서울로 오는 도중에 상주商州 객사客舍에서 병으로 세상을 떠났다. 이때 허균도 아버지를 따라 경상도에서 살다가 함께 올라온 것으로 보이는데, 아버지를 추억하는 글은 별로 보이지 않는다.

기초학문을 배운 뒤에 허균은 14세 되던 선조 15년(1582)부터 중형 허봉의 권유로 허봉과도 절친했던 삼당시인三唐詩人 손곡蓀谷 이달李達(1539~1612)[3]을 만났고 그로부터 이태백李太白의 시를 배웠다고 한다.[4] 허균은 이달을 매우 좋아하고 따랐으며, 때때로 이달에게 편지를 보내 시문詩文에 대한 논평을 받기도 하고, 이달이 세상을 떠나자 〈손곡산인전蓀谷山人傳〉을 써서 그를 추모했다. 허균이 서얼에 대하여 남달리 깊은 애정과 연민을 갖게 된 데에는 이달의 불행한 삶을 지켜보면서 더욱 자극을 크게 받았을 가능성이 크다.

이달로부터 이태백을 배운 뒤에 다시 중형 허봉許篈으로부터 당시唐詩 및 한유韓愈, 소식蘇軾을 배웠으며, 임진왜란 중에 비로소 두보杜甫를 배웠다고 했다.

그러나 만년에는 이달에게서 배운 고시古詩 곧 당시唐詩를 벗어나서 자신만의 근체시近體詩를 만들었다고 하면서 이달에게 고시만을 칭송하지 말고 자신의 근체시를 〈허균의 시〉로 인정해 달라고 부탁하기도 했다. 이달에게 시를 배우고 이달의 시를 극복하여

---

3 이달은 본관이 충청도 홍주(洪州)로서 첨사(僉使) 이수함(李秀咸)의 서자이다. 원주 손곡(蓀谷)에 은거하면서 아호를 손곡이라 했다. 선조 때 최경창(崔慶昌), 백광훈(白光勳)과 더불어 삼당시인(三唐詩人)으로 명성을 날렸다. 허균은 〈손곡산인전(蓀谷山人傳)〉에 이달을 태종 때 명신이던 이첨(李詹)의 후손이라고 적었는데, 이첨의 본관은 신평(新平)으로 《신평이씨보》에는 이달의 가계가 보이지 않는다. 따라서 《족보》를 따른다면 이달은 이첨의 후손이 아니다. 다만 신평은 홍주목에 소속되어 있었으므로 신평이씨는 홍주이씨와 뿌리가 같은 것으로 보인다.
4 《성소부부고(惺所覆瓿藁)》 제2권 부록 〈교산억기시(蛟山憶記詩)〉 참고.

자신의 시를 만든 것이다.

여기서 허균이 배운 당시唐詩를 송시宋詩나 그가 뒤에 추구한 근체시의 차이점을 간단히 살펴보자. 한 마디로 당시는 인간의 감성을 있는 그대로 표현하는 서정성이 강하고, 도덕이나 이성理性에 얽매이지 않는 자유로움을 추구한다. 그런 점에서 도덕과 이성을 강조하는 송시宋詩와 구별된다. 그때 당시 당시唐詩를 따르는 시인들은 "당시唐詩는 가슴으로 쓰고, 송시宋詩는 머리로 쓴다"고 말했는데, 이 말이 단적으로 당시와 송시의 차이점을 지적한 것이다.

머리와 이성으로 쓰는 송시는 달리 말하면 주자학의 도덕질서를 따르는 것이고, 가슴과 감성으로 쓰는 당시는 주자학의 가치체계에 대한 도전이자 저항이라고 볼 수 있다. 그런 점에서 16세기 후반기에 당시가 성행한 것은 주자학 질서에 대한 문학적 저항운동으로 나타난 것이다. 주자학질서에서 소외당하고 있던 천민들이나 방외인 선비들이 특히 당시에 홀린 이유도 여기에 있을 것이다.

허균은 처음에 당시로 출발했지만, 뒤에는 여기서 한 걸음 더 나아가 현실을 혹독하게 비판하거나 조롱하는 근체시를 만들었는데, 그러다 보니 언어가 간단하지 않고 좀 더 풍부한 사부辭賦에 더 가까워지고 있었다. 말하자면 당시풍의 서정시敍情詩에다 저항성을 띤 가사歌辭를 담은 서사시敍事詩의 형태를 가미했다고 해도 좋을 것이다.

그가 배운 고시와 고문은 당송8대가의 시문을 말하는데, 이것은 46변려문四六駢儷文과 구별된다. 46변려문은 국가의 외교문서나 공문서에서 주로 사용되었는데, 형식에 얽매이고 화려함을 추구하는 것이 특징이다. 이에 반하여 고문은 간이직절簡易直切한 것이 특징이다. 간단하고 쉽고 직설적인 글을 말한다. 그러니까 대중들이 쉽게 쓰고 쉽게 이해할 수 있는 글이다. 따라서 고문의 유행도 기성 관변문장에 대한 도전이라고 볼 수 있다.

허균은 유성룡柳成龍(1542~1607)으로부터도 문장을 배웠다고 말했다. 그는 이생李生이라는 사람에게 보낸 글에서 "유성룡으로부터 문장文章을 배웠다."고 했는데, 그 시기가 언제인지 확실치 않고, 문장을 배웠다는 말도 막연하다. 유성룡은 퇴계의 문인으로 주자학자에 속했으며, 벼슬을 오래 하여 특별히 후학을 가르칠 기회가 별로 없었으므로 잠시 짧은 만남으로 보이고 고문을 배운 것은 아닌 듯하다. 그러나 유성룡이 허균의 재주를 아낀 것은 사실이다.

허균은 특별히 유성룡의 학문이나 문장을 존경한다는 글은 보이지 않고, 다만 유성룡이 왜란 때 재상으로 있을 때 이순신李舜臣을 등용하고 왜란을 극복한 정치적 업적은 높이 평가하고 있다.

허균은 이미 임진왜란 이전과 왜란 중에 많은 시집詩集을 냈다. 예를 들면 〈북리집北里集〉, 〈섬궁뇌창록蟾宮酹唱錄〉, 〈감호집鑑湖集〉, 〈금문잡고金門雜稿〉 등이 있었는데 이런저런 이유로 없어졌다고 한다. 그래서 뒤에 이 시들의 기억을 되살려 60여 수의 시를 지은 것이 이른바 《성수부부고惺叟覆瓿稿》 제2권 부록으로 실린 〈교산억기시蛟山憶記詩〉이다. 그의 기억력이 얼마나 대단한지를 보여준다.

3. 유소년 시절의 추억: 이단에 빠지다

허균은 뒷날 자신의 생장과정을 회고하는 글을 여러 사람에게 피력했다. 그 가운데 하나는 42세에 쓴 《한정록閑情錄》 서문의 다음 대목이다.

성성옹[허균]은 어릴 때부터 응석받이로 자라 찬찬하지 못했고, 또 부모, 스승, 훈장이 없어서 예절바른 행동이 없었다. 조그만 재주는 세상에 보탬이 되지 못했으나 상투를 틀고 벼슬길에 나아갔다. 그러나 경박하고 거친 행동으로 귀한 사람들로부터 미움을 받아 마침내 노장老莊과 불교佛敎로 도피하여 형체를 벗어나고 득실得失을 하나로 보는 사상을 숭상했다. 제멋대로 방황하면서 반미치광이처럼 살았다.

자신이 어릴 때 응석받이로 성장하여 예절바른 행동이 없었으며, 또 부모나 스승이나 훈장이 없어서 예절을 배우지 못했다고 하면서, 어른이 된 뒤에도 그 버릇이 몸에 배어 자신을 검속檢束하지 못하고, 불교나 노장老莊(노자와 장자)에 빠져 제멋대로 행동하여 반미치광이처럼 살아 사람들로부터 따돌림을 당하는 신세가 되었다는 것이다.

여기서 득실得失을 하나로 본다는 말은, "얻는 것이 있으면 잃는 것이 있고, 잃는 것이 있으면 얻는 것도 있다"는 말이다. 그러니 얻으려고 애쓸 필요도 없고, 잃는다고 실망할 필요도 없다. 그저 제가 좋아하는대로 살겠다는 뜻이다. 스스로 〈자유인自由人〉의 길을 선택한 것이다. 그는 노장과 불교로부터 자유롭게 사는 철학을 배웠다고 할 수 있다.

또 이생李生이라는 사람에게 보낸 글에서도 비슷한 언급이 보인다. "나는 열두 살 때 엄친嚴親(아버지)을 여의었는데, 어머니와 형님들은 나를 가엾게 여기고 사랑만 베풀어 엄한 훈계를 더해주지 않았다. …… 소탈하고 검속檢束이 부족하다 하여 세상에서 배척을 받았다"고 했다.

늦둥이로 태어나서 형제들로부터 가족으로부터 귀여움을 받으면서 자라고 엄한 훈계를 받지 못한 것이 자신을 방종한 사람으로 만들었다고 했다. 그러면서 또 청소년기의 과거시험 공부의 허망함도 주변 사람들에게 피력했다. 위에 언급한 이생李生에게 준 글에서 다음과 같이 술회했다.

좀더 자라서는 과거공부하는 사람을 보고 이를 본받아 속히 성공하고 싶은 마음만 있어 6경六經과 여러 역사책을 두루 읽어 대의大義를 알았으며, 몸소 실천하고 침잠하는 일은 즐기지 않았다. 호탕하고 망령된 마음으로 하루에 수만 자를 외워 입에서 글이 줄줄 나오니 사람들은 총명하고 민첩하기가 남보다 뛰어났다고 여겼으며, 나도 이를 자랑만 하고 학문과 문장이 많이 기억하고 보는 데만 있는 것이 아니라는 것을 몰랐다.

머리가 남달리 뛰어난 허균은 시험공부에 필요한 경서와 역사책을 줄줄 외워 사람들로부터 영특하다는 칭찬을 들었는데, 그런 칭찬을 들으면서 자부심을 가졌다. 그러나 그런 공부가 진정한 학문과 관계가 없다는 것은 깨닫지 못했다는 것이다. 그러니까 허균은 두 가지 일을 반성하고 있는 것이다. 하나는 엄한 가정교육을 받지 못해 방종한 사람이 되었다는 것이고, 또 하나는 과거공부가 학문에 도움이 되지 않는 헛공부였다는 것이다. 그 결과 선비사회에서 따돌림을 받는 신세가 되었다는 말이다.

허균은 자신의 성장과정을 반성하면서도 크게 후회하지는 않았다. 선비사회에서 따돌림을 당했다는 말 속에는 의도적으로 그렇게 살았다는 뜻도 담겨 있었다. 말하자면 선비사회를 그다지 좋게 보지 않았던 것이다.

그런데 허균의 재주와 방종한 모습을 보고, 칭찬도 하면서 걱정한 사람이 있었다. 당시 허균의 매형이던 우성전禹性傳(1542~1593)[5]이 바로 그였다. 우성전은 어린 시절 허균의 시를 보고 글재주에 탄복하면서 "뒷날 문장을 잘하는 선비가 되겠지만, 뒷날 허씨 집안을 뒤엎을 사람도 이 아이일 것이라"라고 말했다. 허균의 재주가 허씨 집안과 세상을 뒤엎을 것이라는 말은 칭찬도 되지만 걱정이 섞인 말이기도 했다.

우성전은 퇴계 이황 문하에서 주자학을 공부한 인물이었기에 허균의 자유분방하고 방종한 행동이 주자학의 예법에는 맞지 않는다고 보아 뒷날 큰 화를 불러올 것을 예견했던 것이다.

4. 왜란 때 아내와 아들을 잃고 강릉으로 돌아오다

허균은 17세에 의금부 도사都事 김대섭金大涉(안동김씨)의 딸과 혼인하여 가장이 되었

---

5   우성전(禹性傳; 1542~1593)은 이황의 문인으로 선조 때 대사성을 지냈다.

다. 아내는 15세였다. 아내의 모친, 곧 장모는 관찰사 심전沈銓의 딸이다. 그리고 심전의 서자庶子가 바로 강변칠우江邊七友의 한 사람인 심우영沈友英이다. 그러니까 심우영은 허균의 처외삼촌이다. 심우영은 허균의 심복 가운데 한 사람이 될만큼 두 사람은 매우 가까운 사이였다.

뒷날 광해군 때 강변칠우가 문경 새재에서 은상銀商을 습격하여 수백 냥의 은화銀貨를 탈취한 사건이 일어나서 큰 옥사가 생겼을 때 허균이 자신에게 불똥이 튈까봐 전전긍긍한 이유가 여기에 있었다.

부인은 어린 나이에도 매우 현숙하여 허균이 술집과 다방에 드나드는 것을 군자답지 못하다고 질책하고, 벼슬을 하여 가난을 구하고 노모를 봉양할 것을 신신 당부했다고 한다. 허균은 뒤에 아내를 잃고 나서 부인을 추모하는 글에서 아내의 후덕함을 그렇게 칭찬했다.

허균은 20세 되던 해에는 둘째 형 허봉을 여의고, 21세 되던 선조 22년(1589)에 생원이 되었는데 이때 9세 연상인 이이첨李爾瞻(1560~1623)도 함께 급제하여 사마시 동기생이 되었다. 그가 뒷날 허균의 목숨을 거두는 일을 맡았으니 참으로 악연惡緣이 아닐 수 없다.

21세 때 자신을 아껴주던 누님 허난설헌이 27세로 세상을 떠나 허균을 더욱 허전하게 만들었다. 뛰어난 재주를 타고 났으면서도 가정적으로 불행하게 살다가 요절한 누님의 일생이 너무나 애처로워 허균이 지은 시까지도 누님의 시로 둔갑시켜 중국 사신에게 주어 중국에서 명성을 떨치게 만든 것도 누님에 대한 사랑이 그만큼 지극한 데서 빚어진 실수였다.

허균은 24세 되던 해 4월에 임진왜란을 만났다. 아직 벼슬길에 나가지 못한 처지였으므로 전란을 피해 노모와 만삭중인 김씨 부인과 함께 함경도로 피난하여 단천端川에 이르렀는데, 7월 7일에 부인이 아들을 낳았다. 그런데 이틀 뒤에 왜적이 쳐들어오자 가족을 거느리고 밤을 새워 큰 고개를 넘어 민가에 들어갔는데 아내가 기진맥진하여 바로 사망했다. 출산 후 산후조리를 하지 못하여 3일만에 세상을 떠났다. 아들도 젖을 먹이지 못해 곧 죽었다. 부인은 15세에 시집와서 22세에 생을 마감했으니 참으로 박복한 여인이었다.

허균은 짐을 싣고 다니던 소를 팔아 아내를 그곳에 가매장했다가 2년 뒤에 강릉으로 이장했다. 피난 중에 아내와 아들을 한꺼번에 잃은 허균의 아픔이 어떠했겠는가? 전란의 고통이 얼마나 큰가를 깨달았고, 나라가 약해서는 안 된다는 것을 처절하게 통감했을 것이다.

오직 노모만 살아남은 터에 노모는 친정인 강릉으로 가기를 원했다. 서울보다는 강릉이 더 안전한 곳이었기 때문이다. 그리하여 배를 타고 내려와서 강릉 외갓집 애일당愛日堂으로 가서 머물렀다. 전란 중에 폐허가 되다시피한 애일당을 다시 수리하여 살았다. 〈애일〉의 뜻은 외조부가 이 집에서 창문을 열면 떠오르는 동해의 해돋이를 사랑한다는 뜻을 담았다고 한다.

허균은 애일당에 도착하여 〈애일당기〉를 지었는데, 그 가운데 시 한 수가 들어 있다. 그 시는 이러하다.

行至沙村忽解顔　　사촌沙村에 이르자 갑자기 얼굴 펴지고
蛟山如待主人還　　교산蛟山은 기다렸다는 듯 주인을 맞네
紅亭獨上天連海　　홀로 붉은 정자에 오르니 하늘 바다 맞닿았고
我在蓬萊縹緲間　　아득히 먼 봉래산[금강산] 사이에 내가 있네

또 강릉에 처음 도착한 직후에 시 한 수를 지었다. 〈초도강릉初到江陵〉이라는 시다. 〈교산억기시〉 가운데 들어 있는 그 시는 이렇다.

重溟淅瀝大帆開　　넓은 바다 비바람에 큰 돛을 펼치고
千里江陵九日廻　　천리길 강릉에 9일만에 돌아왔네
龍抱火珠跳渤澥　　붉은 구슬 품은 용, 발해에 솟구치고

鶴舍靈璧墜蓬萊	신령한 구슬 문 학사, 봉래산에 떨어졌네
波濤漢使乘槎去	파도 속에 중국 사신 뗏목 타고 가버리고
風雨秦皇策石來	비 바람 속 진시황은 책석策石[6]을 가져왔네
萬死殘魂今始定	만번 죽은 불쌍한 혼 이제야 진정되고
玆遊於我亦奇哉	나의 이번 여행도 기적이 아니런가

함경도에서 돛단배를 타고 9일만에 강릉에 도착하면서 중국이 조선을 구원하기 위해 원병援兵을 보내주어 전쟁에 죽은 원혼冤魂들이 안정되고, 자신도 봉래산에 구슬을 입에 문 학처럼 내려왔다고 자위하는 글이다.

강릉에서 살면서 허균은 주로 시를 읊고, 다른 사람의 시를 읽으면서 소일했다. 그 시들을 25세 되던 선조 26년(1593)에 모은 책이 《학산초담鶴山樵談》이다. 학산은 청학산靑鶴山을 가리키는 것으로 보이는데, 청학산은 강릉 북쪽, 오대산五臺山 동쪽에 있는 산으로서 신선이 산다는 봉래산蓬萊山과 닮은 점이 많다고 했다. 청학산은 강릉시 청학동靑鶴洞에 있는 소금강산小金剛山을 가리키는 것인지 아니면 진짜 금강산을 가리키는 것인지 확실치 않다. 〈학산초담〉은 학산에서 땔나무를 하면서 썼다는 뜻이다.

이 책은 조선시대 시인을 소개한 글인데, 이미 세상을 떠난 중형 허봉許篈과 누이 허난설헌許蘭雪軒, 그리고 삼당시인三唐詩人, 한호韓濩, 정유일鄭惟一, 최립崔岦, 양사언楊士彦, 성혼成渾, 송익필宋翼弼, 이옥봉李玉峯, 임제林悌, 김시습金時習 등의 시가 실려 있다. 이 책을 42세 때 증보한 것이 《성수시화惺叟詩話》이다. 전란 중에도 시를 짓고, 또 우리나라 시를 정리한 것을 보면 시에 대한 애착이 젊어서부터 남달랐다는 것을 알 수 있다.

---

6 고사에 의하면, 진시황이 해 뜨는 동방으로 가려고 석교(石橋; 돌다리)를 놓으려 하자 신인(神人)이 채찍질하여 돌을 바다로 내려보냈다고 한다.

5. 문과에 급제하고 벼슬길에 나아가다

허균이 25세 되던 선조 26년(1593) 10월에, 선조 임금은 서울로 환도하여 경운궁慶運
宮으로 들어가 정사를 보기 시작했다. 이때 과거를 보기 위해 서울에 와 있던 허균은
임금이 환궁하는 모습을 보고 〈가행남별궁駕幸南別宮〉이라는 시를 지었다. 이 시가
〈교산억기시蛟山憶記詩〉 가운데 보인다. 그 시는 다음과 같다.

雨歇沙堤不動塵	비 그친 모래 뚝 먼지 하나 없는데
宮車歷歷響雕輪	임금님 수레바퀴 웅장하게 울리고
水蒼星弁聯翩集	문무백관 나는 듯이 모여드네
雉扇鷺旗次第陳	꿩깃발 봉황깃발 차례대로 늘어서고
仗出雲臺環禁衛	관상감 의장儀仗 나와 금위를 에워싸네
人瞻日表簇城闉	사람들 임금 보러 성문 앞에 모여섰네
明時未獻祈招戒	밝은 시절 기초의 경계를 올리지 않은
漸愧金門侍從臣	궁궐의 시종신들 너무도 부끄럽네

이 시에서 마지막 2행이 매우 뼈있는 말이다. "밝은 시절 기초祈招의 경계警戒를
올리지 않은 시종신侍從臣들이 부끄럽다"는 표현은, 저 옛날 주周 나라 목왕穆王의 방탕
함을 막기 위해 채공 모보蔡公 謨父가 기초시祈招詩를 지어 올려 경계警戒했다는 고사를
빗대어 말한 것이다. 그러니까 임금을 측근에서 모신 시종신들이 선조에게 정치를
잘할 것을 경계하는 간언諫言을 올리지 않아 이런 수모를 당한 것을 꾸짖는 말이다.

허균은 26세 되던 선조 27년(1594) 2월에 드디어 문과에 급제했다. 첫 벼슬은 사관史
官(사초기록관)의 기능을 맡은 예문관 검열檢閱(정9품)로서 춘추관 기사관記事官을 겸했다.

이때는 왜란 중이어서 명나라 사신을 접대하는 일이 중요했는데 허균이 중국 역사에
밝고, 시를 잘하여 접반사接伴使 종사관으로 따라가는 일을 맡기 시작했다. 이해 종사관

으로 요동까지 다녀왔다가 여름에 스스로 벼슬을 그만두고 강릉으로 되돌아갔다. 이때 피난지에 가매장했던 아내 김씨의 무덤을 강릉 외갓집 부근으로 이장했다.

허균은 웃어른 밑에서 지시를 받으면서 심부름이나 하는 벼슬을 가장 싫어했다. 그래서 가장 선호한 벼슬은 지방의 수령이었다. 수령은 비록 직급은 낮아도 한 고을의 임금이나 다름없는 자리였다. 수령이 되면 자기 수하들을 데리고 가서 먹여 살리고, 친구들을 불러들여 시를 수창하고, 그밖에 하고 싶은 일들을 어느 정도 자유롭게 할 수 있다고 여겼기 때문이었다.

이 무렵 홍문관에서 홍문록弘文錄 후보로 올렸으나, 낙점이 모자라 탈락되었다. 문장력이 약해서가 아니라 인품 때문이었던 것으로 보인다. 그가 재주는 뛰어나지만 품행이 방정하지 못한 사람이라는 것이 이미 널리 알려져 있었다.

허균은 27세 되던 선조 28년(1595)에 강릉에 계속 머무르면서 청학산으로 들어가는 친구 양만고楊萬古(1574~1655)를 송별하는 시를 써 주면서 청학산의 아름다움을 노래했는데, 비로봉, 1만2천봉, 구룡연九龍淵 등에 관한 묘사가 나와 청학산이 금강산임을 알 수 있다. 그는 금강산도 이미 구경한 듯하다. 양만고는 명필 양사언楊士彦의 아들로서, 부친 양사언이 금강산에 들어갔다가 나와서 낳은 아들이라 하여 아호를 비로毘盧라고 지었다.

28세에는 강릉부사였던 정구鄭逑(1543~1620)가 《강릉지江陵志》를 편찬하자 좋은 일이라고 격려하고, 33세 되던 선조 34년에는 정구에게 편지를 써서 이미 완성된 《강릉지》에 가감이 필요하다고 하면서 수정을 부탁했다. 강릉사정에는 누구보다도 밝았기 때문이다.

6. 강릉 낙가사洛伽寺[7]에서 억기시憶記詩를 쓰다

허균이 종사관을 그만두고 강릉으로 내려가 있을 때인 27~28세 무렵의 선조 28~29

년(1595~1596)에 강릉 낙가사에 머물면서 지난 날 썼던 시들이 전쟁 중에 사라지고, 그밖에 이런저런 이유로 없어지자 아까운 마음이 들어 기억을 되살려 약 60여 편의 시를 복원하고 이름을 〈교산억기시蛟山憶記詩〉라고 했다.

〈교산억기시〉의 서문을 보면, 자신이 이백李白, 한유韓愈, 소식蘇軾 등 당송시唐宋詩를 배운지 1기一紀(12년)가 지났다고 한 것이나, 이 시들을 복원한 곳이 강릉 낙가사인 점으로 보아 종사관을 그만두고 강릉에서 쉬고 있을 때가 확실하다.

허균은 지난날 나라가 평안할 때 쓴 시와 전란 중에 썼다가 없어진 시들은 본래 〈북리집北里集〉, 〈섬궁뇌창록蟾宮酹唱錄〉, 〈감호집鑑湖集〉, 〈금문잡고金門雜稿〉 등이었다고 한다. 〈북리집〉은 어느 지역에서 쓴 것인지 모르나 혹시 화류촌花柳村을 의미하는 것 같다. 〈섬궁뇌창록〉은 신선이 산다는 섬궁蟾宮 곧 월궁月宮에 제사를 지내면서 지은 시라는 뜻이다. 그러니까 신선사상이 담긴 시로 보인다. 〈감호집〉은 경포대가 있는 강릉을 가리키고, 〈금문잡고〉는 벼슬할 때 쓴 시들이다.

그러나 이 시들을 쓴 시기를 정확하게 기억하지 못해 연대순으로 모으지는 못했다고 말했다. 어쨌든 〈교산억기시〉는 허균이 30세 이전에 지은 초기 시라는 점에서 평가받아야 할 것이다.

위 시들 가운데, 시 2수는 이미 앞에서 소개한 바 있다. 나머지 시들 가운데 사회성이나 정치성을 띤 시 몇 수를 소개하면 다음과 같다.

먼저, 〈기견記見〉이라는 제목의 시가 2수 있다. "본대로 기록한다"는 뜻이다. 그 가운데 하나는 다음과 같다.

野妻相對哭荒村 　 황폐한 시골에서 아낙네들 마주 보고 통곡하며
共說今年力役煩 　 금년 부역賦役이 잦다고 모두 말하네

7 　 낙가사는 강릉 정동진 부근에 있는 사찰이다.

餘粒夜舂充槖袋	남은 곡식 밤에 찧어 전대에 채워주고
殘蔬日拾供朝昏	푸성귀 뜯다가 조석끼니 제공하네
經春盡廢耕耘業	봄철 다 가도록 농사일 못하고
訴怨還媒鞭扑繁	억울함을 호소하다 되려 곤장 맞기 일쑤네
千載龔黃難可見	천년 뒤에 공황龔黃을 다시 볼 수 있을까?
鈴齋無復字黎元	영재[수령]들은 백성 돌볼 줄 모르네

전란 중에 황폐한 들판에서 가난과 지나친 관청 부역으로 울부짖는 촌부村婦들의 처절한 모습을 묘사한 것이다.

또 4수의 〈기견記見〉은 다음과 같다.

老妻殘日哭荒村	해질녘 황촌에서 늙은 아낙 슬피우네
蓬鬢如霜雨眼昏	쑥대머리 흰서리 같고 두 눈 컴컴하네
夫欠債錢囚北戶	빚진 남편 북호北戶(감옥)에 갇혀 있고
子從都尉向西原	아들은 도위都尉 따라 서원[전쟁터]에 갔네

家經兵火燒機軸	가옥은 전쟁 겪어 세간 모두 타버리고
身竄山林失布褌	산속에 몸 숨기다 베잠방이 다 잃었네
産業蕭然生意絶	살길이 막막하여 의욕조차 없는데
官差何事又呼門	관리는 무슨 일로 문에서 또 부르나?

老翁相對不悲傷	늙은이들 서로 보며 슬픈 기색 하나 없이
共說今年太守良	금년에는 좋은 수령 왔다고들 말하네
賊馬盡驅衙裏養	도적의 말들 죄다 몰아 관아에서 기르고

軍糧催納海中莊[藏]	군량은 빨리 받아 바다 속에 저장했다네

燒殘廬舍民無疙	초막은 타다 남아 백성은 살 곳 없고
鑿就壕溝戶半亡	참호 도랑 파느라 집은 반쯤 없어졌네
聞道官軍移上院	들건대 관군은 상원上院(임금 곁)으로 갔다네
守城誰是許睢陽	어느 뉘 성 지키면 수양睢陽[8]이라 할 것인가?

　위 시들도 전란으로 황폐화된 처참한 강릉지역 농촌 풍경을 사실적으로 그려내고 있다.

　그밖에 하나를 더 소개하기로 한다. 〈보공부회고운步工部懷古韻〉이라는 시다. 두보杜甫의 〈회고시懷古詩〉에서 운韻을 취하여 지은 시로서 5편으로 구성된 연작시連作詩다. 그 내용은 역시 임진왜란에 관계된 것인데, 1・2・4・5번 시는 전쟁에 관한 것이고, 3번 시는 백성의 고통에 관한 시다. 이를 모두 소개하는 것은 번거로우므로 그 가운데 3번 시만 소개하면 다음과 같다.

翁跪離間吏叫門	노인은 울밑에서 무릎꿇고, 관리는 문에서 소리치네
拾遺詩裏石壕村	두보 시 속의 석호 마을과 닮았네
官家納稅時雖迫	관가에 세금 낼 날 코앞에 닥쳤으나
老婦啼飢眼已昏	굶주린 할매 허기에 지쳐 눈이 푹 꺼졌네
聚鐵只堪成一錯	쇠붙이 모아 봐야 일착이나 될까말까
抄兵從亦作孤魂	뽑혀온 병정 마침내 고혼孤魂이 되었네
誅求不厭民生苦	민생이 고달파도 가렴주구 끝이 없고

8　당나라 장순(張巡)이 수양성(睢陽城)을 지키면서 안록산(安祿山)과 싸웠다는 고사.

觸目端憂詎可論　　눈에 띄는 시름거리 어찌 다 말로 할까?

전쟁 중에도 백성에 대한 국가의 가렴주구는 끝이 없고 병사들이 속절없이 죽어가는 참상을 고발한 시다. 허균의 백성에 대한 사랑이 얼마나 절절했는지를 보여준다.

7. 정유재란 후 다시 벼슬길에 나가다: 종사관, 황해도 도사

29세 되던 선조 30년(1597)은 정유재란이 일어난 해이다. 이해에 다시 춘추관 기사관 記事官(정7품)으로 승진했는데, 경연經筵에도 입시하고, 4월에는 중시문과重試文科를 치러 장원으로 급제했다. 중시문과는 현직 벼슬아치들이 치르는 시험으로 승진에 큰 영향을 주었다. 그의 뛰어난 실력이 드러나기 시작했다.

이해 동인의 영수였다가 이미 세상을 떠난 김효원金孝元(1542~1590)[9]의 딸과 재혼하여 아들 굉宏를 얻었다. 김효원이 허엽과 가까웠던 것이 인연이 된 것으로 보인다. 그러나 아들, 손자, 증손자가 모두 벼슬길이 끊어졌다. 역적의 후손이기 때문이다. 이해에 임진왜란의 경험을 적은 《동정록東征錄》을 썼다고 하나 지금 전하지 않는다.

30세이던 선조 30년(1597) 7월에 허균은 정유재란으로 명나라 원군援軍을 청하는 변무사辨誣使의 수행원으로 명나라에 갔다. 이해 8월에는 16세 연상인 서얼 출신 심복 이재영李再榮(1553~1623)[10]에게 편지를 보내 배를 타고 압록강을 건넌 사실을 편지로

9　김효원은 본관이 선산(善山)이다. 증조 김수현(金秀賢)은 직장(直長; 종7품)을 지내고, 조부 김덕유(金德裕)도 직장, 부친 김홍우(金弘遇)는 현령(종5품)을 지냈다. 크게 현달한 집안은 아니다. 김효원은 조식과 이황의 문하에서 학문을 배운 뒤에 명종 20년(1565)에 문과에 장원으로 급제하여 벼슬길에 나아갔다. 문과시험을 치르기 위해 서울로 가서 권신 윤원형(尹元衡)의 집에 잠시 우거했다. 이때 심의겸이 무슨 일로 윤원형의 집에 갔다가 김효원을 보고 그가 권신의 집에 식객으로 있는 것으로 오해했다. 이 일로 김효원이 이조전랑으로 추천되었을 때 심의겸이 적극 반대했던 것이다. 그는 허균의 부친 허엽과 함께 동인의 영수로 활약하여 벼슬이 영흥부사(종3품)에 올랐다.

알려주었다. 이재영은 비록 서출이지만 왜란 때 군공을 세워 허통된 뒤에 문과에 장원급제할 정도로 시문이 뛰어나서 허균은 그가 자신보다 몇 배 뛰어난 사람이라고 격찬하면서 그를 아꼈다. 허균은 뒤에 수령직을 맡을 때마다 이재영과 그 가족을 불러들여 먹여 살리면서 충실한 심복으로 키웠으나, 허균이 죽은 뒤에는 이이첨에게 영합하여 벼슬하다가 인조반정후 매를 맞고 죽었다.

허균은 명나라에 다녀온 뒤에 사행 중에 지은 시를 모아 〈정유조천록丁酉朝天錄〉을 만들었다. 그러나 이 책에는 그가 공식적으로 수행한 일들에 대한 기록은 보이지 않는다. 그러니까 공무公務를 기록한 것이 아니다. 보통 벼슬아치라면 공무를 기록했을 것이지만 허균은 행정에는 관심을 크게 두지 않았다. 어디까지나 감성이 넘치는 시인이었다.

〈정유조천록〉에는 허균이 북경에 가서 지은 〈제도帝都〉라는 시가 있는데, 그 시에 명나라 황궁의 장엄함과 문물의 융성함을 찬양한 다음 원군파병을 요청한 내용이 담겨 있다. 그 시는 다음과 같다.

帝都何巍巍	제도[북경]는 어찌 그리 우람하고
樓殿鬱雲虹	누각 궁전 울창하게 구름무지개 떴네
熾昌二百載	불꽃처럼 2백 년 번창하고

---

10 이재영은 본관이 영천(永川)으로 이선(李選)의 서자이다. 왜란 때 군공을 세워 허통되어 선조 32년에 장원급제했으나 신분이 천하여 외교문서를 관장하는 승문원(承文院)의 이문학관(吏文學官)이 되었다. 허균은 재주가 뛰어나지만 신분이 천하여 출세하지 못하는 그를 불쌍하게 여겨 자신의 문객으로 삼아 뒤를 돌보아주었다. 여러 차례 원접사의 종사관으로 갈 때 데리고 가고, 선조 41년에는 허균이 공주목사로 가자 이재영과 그 모친, 아내를 모두 불러 먹여주었다. 광해군 즉위년에 허균이 파직되어 부안(扶安)으로 낙향할 때 그를 데리고 갔으며, 광해군 3년에는 허균이 전라도 함열(咸悅)로 귀양 가자 다시 그를 불러들였다. 광해군 7년에는 승문원 교검(校檢; 정6품), 광해군 8년에는 봉상시 주부(注簿; 종6품)로 승진했으나, 광해군 9년에 허균의 익명서 글을 쓴 혐의로 곤란을 받았으나 이이첨은 자신의 여러 아들을 위해 대신 글을 지어주어 문과에 부정으로 급제시켜 준 공로를 인정하여 이재영을 용서하여 자기 수하로 만들었다. 허균이 죽은 뒤에 고양군수(종4품)로 나가고, 광해군 13년에는 원접사 이이첨의 제술관으로 따라갔다. 인조반정후 체포되어 매맞아 죽었다.

赫業行其雄	빛나는 업적은 웅장도 하네
治風遍宇內	정치와 풍속 사해에 퍼지고
文物盛寰中	융성한 문물 세상에 우뚝하네
天子朝月朔	천자는 매달 초하룻날 조회하고
曉闢明光宮	새벽에 명광궁 열리네
鳴環集百辟	제후들 모여 옥패 울리고
拂霧朝群公	벼슬아치들 안개 속에 인사 올리네
仗引鉤陳轉	의장군사 돌아 나오자
鐘鳴閶闔通	종이 울리고 대궐문 열리네
黼座擁喬雲	오색구름 두른 황제 가마 나타나니
怳若日出東	어슴푸레 동쪽에 뜨는 태양처럼 보이네
遠人重譯至	먼 나라 사신들 통역 데리고 들어와
萬里來觀風	만 리를 달려와 구경하기 바쁘네
庭實列貢篚	조공물품 열지어 뜰을 채우고
拜舞瞻重瞳	절하고 춤추며 천자를 우러러 보네
嗟爾箕封客	아, 우리 기자箕子 후손들
渥澤偏其洪	입은 은택 크기도 하네
微禹吾其魚	우禹 치수治水 없었으면 고기밥 신세
感涕祝華崇	감격하여 울면서 천자를 축수祝壽하네
東海尙揚波	동해에는 아직도 거친 파도 일어나
中丞受彤弓	중승이 싸움터 붉은 활 받았네
願言宣九伐	원컨대 도적 토벌 청하노니
終使除群凶	흉한 도적 끝내 제거하소서
耕鑿再笠民	백성들 농사지어 밥먹으며
永頌吾皇功	오래도록 황제 공적 기리리

이 시에는 명나라를 우러러보면서 왜적을 물리쳐 주기를 바라는 간절한 소망이 담겨 있다. 명나라의 지원이 절실한 마당에 명나라를 칭송하는 것은 당연하다 할 것이다.

30세 되던 선조 31년(1598)에는 병조좌랑(정6품)으로 승진했는데, 군사적인 일로 평안도 각 지역을 순행하고 와서 그동안 지은 시들을 모아 〈무술서행록戊戌西行錄〉을 편찬했다. 그는 가는 곳마다 시를 짓는 습관이 몸에 배어 있었다. 공무의 일들을 산문보다는 시로써 표현하는 것이 허균의 습관이었다.

31세 되던 선조 32년(1599) 5월에 처음으로 외직인 황해도 해주목 도사都事(종5품)로 나갔다. 도사는 목사(정3품)를 보좌하는 직책으로 그가 원하던 지방관을 맡은 것이다. 허균이 지방관을 선호하는 이유는 직위는 낮아도 자유로운 운신이 어느 정도 가능한 직책이기 때문이었다.

그런데 서울 기생을 데리고 와서 살게 하고, 또 무뢰배들을 데리고 와서 집에서 문객으로 먹여주고 여러 가지 청탁을 들어주었는데 세상 사람들은 이를 중방中房으로 불렀다. 별도의 관청을 만들었다는 뜻이다. 그 죄로 허균은 6개월만에 파직되었다. 여기서 무뢰배들이란 그가 가까이 지내는 심복들이나 시우詩友들을 가리킨다. 구체적으로 말하면 허균의 스승인 이달李達을 비롯하여 14세 소년 정시망鄭時望(1586~?),[11] 47세의 생원 홍난상洪鸞祥(1553~?),[12] 그리고 오정梧亭 윤생尹生 등과 모여 시를 지은 것이 보인다. 천인 이달을 빼고는 아직 벼슬길에는 들어서지 못한 선비들이었지만 뒤에는 과거에 급제한 양반집 선비들이다. 따라서 무뢰배라는 표현은 마치 허균이 건달패들을 데리고 다닌 것처럼 오해하게 만든다. 허균이 관아를 따로 만들었다는 것도 과장된 표현이다.

---

11 정시망은 본관이 초계(草溪)로 선조 39년(1606)에 진사가 되었는데, 광해군 7년에 인목대비를 장차 폐위한다는 소문이 항간에 퍼지자 부원군 이원익이 이를 걱정하는 차자를 올리자 대간들이 이원익을 탄핵하고 나섰다. 이때 정시망 등 19인의 유생들이 이원익이 아무런 죄가 없다는 상서를 올렸다. 그는 인조 8년에 문과에 급제하여 벼슬길에 올랐다.
12 홍난상은 본관이 풍산으로 선조 12년에 생원이 되었다.

그는 외직으로 나갈 때마다 아직 벼슬하지 못했거나 신분이 낮은 문객들을 먹여주기 위해 불러들이는 일이 많았는데, 이들을 먹이자니 자신의 녹봉뿐 아니라 관청비용을 소비하는 일도 있었다. 그의 자유분방한 행동이 31세에 벌써 공직생활에서 드러나기 시작했다. 이런 행동은 그 뒤에도 계속되었다.

허균은 황해도 도사 시절에 황해도 이곳저곳을 다니면서 보고 들은 것들을 시로 읊었는데, 이 시들을 모은 것이 〈좌막록佐幕錄〉이다. 그 가운데 해주 신광사神光寺, 금사사金沙寺, 수증사水證寺 등 세 사찰에서 쓴 시가 있고, 그밖에 눈에 띄는 시 몇 구句가 더 있다. 하나는 해주목의 경제적 어려움을 시로 읊은 〈해주海州〉라는 시다. 이를 소개하기로 한다.

海西大都會	황해도의 큰 도회지
首陽爲雄藩	수양산이 큰 울타리라네
繚隍帶複壍	둘러싼 성황들은 참호를 이루고
擊柝嚴重門	딱다기를 치면서 성문을 지키네
中藏萬家室	만여 채 집들이 한 가운데 안겨있고
列肆若雲屯	늘어선 점포들은 구름처럼 모여 있네
日夕賓旅集	밤낮으로 사신들이 몰려드니
車馬何喧喧	수레와 말소리 천지를 진동하네
自古稱難治	예부터 다스리기 어려운 이곳
幹者方剸煩	간부들은 한창 번거롭구나
近世苦數易	근세에는 너무 자주 바뀌어
民吏瘠迎奔	수척한 백성과 아전들 영접하기 바쁘네
廨宇草如積	관청 건물은 풀더미처럼 초라하고
盤皿半無存	그릇들은 반도 남지 않았네
客至多厭色	사신이 오면 얼굴 찌푸리고

蔬糲充饔餐	거친밥 푸성귀로 배를 채우네
況我佐幕者	하물며 나같은 좌막이야
其苦不可言	괴로움 어찌 다 말하랴
酸酒對腐臭	술은 시어 악취가 나고
對之心煩冤	대할 적마다 분통이 터지네
使旆幾時發	사신 행차는 언제 떠날까?
吾亦催吾軒	나 또한 내 가마 재촉하면서
悵望故鄕路	서글피 고향길 바라보니
日落秋雲屯	해는 지고 뭉게구름 모여 있네

이 시를 보면 해주가 북방 사신들이 왕래하는 교통요지로서 사신접대에 백성과 아전들이 등골이 빠져 있다고 표현하고, 고향 갈 생각이 그립다고 끝맺었다.

또 문화현 구월산九月山에 있는 단군사檀君祠를 읊은 시가 있다. 허균의 역사의식의 한 단면을 보여준다.

立極唐堯際	요 임금 시절에 우리나라 세워
神功靖海堧	신묘한 공적으로 나라를 안정시켰네
祠宮依九月	구월산에 사당 세워 제사하니
香火逮千年	향화香火가 천년을 이어왔네
禹會塗山罷	우禹 임금이 도산 제후모임 없애니
箕封玉馬旋	기자가 옥마를 타고 돌아왔네
東民報遺澤	동쪽 백성 [기자] 은혜 보답하여
歌舞鬧曾顚	노래하고 춤추며 산마루를 흔드네

이 시는 중국의 요堯 임금과 같은 시대에 단군檀君이 나라를 세우고 도산塗山의 제후

모임에 참석하여 중국과 통교를 했으나, 우禹 임금이 도산塗山의 제후 모임을 없애자 기자箕子가 백마를 타고 우리나라에 와서 임금이 되었다고 했다. 백성들이 단군의 은택을 기려 구월산에 단군사당을 세우고 천년동안 제사를 지내오고, 기자가 온 뒤로 기자 은혜에 보답하여 춤추고 노래했다는 내용이다. 여기서 말하는 단군사당은 환인, 환웅, 단군을 제사하는 삼성사三聖祠를 가리킨다.

그밖에 〈평산산성平山山城〉 시에서는 황해도 방어의 요새지인 평산산성이 피폐해진 모습을 안타깝다고 토로했다. 허균이 비록 죄를 입고 파직되었지만 백성에 대한 사랑과 국방에 대한 걱정, 그리고 역사에 대한 자부심이 살아 있다는 것을 볼 수 있다.

황해도 도사에서 파직된 허균은 허탈한 마음을 달래기 위해서인지 동몽시절의 친구이자 동갑나기인 예문관 봉교奉教(정7품) 임현林晛에게 연거푸 편지를 보냈다. 선조 33년(1600) 2월에는 유성룡柳成龍이 어진 정승이니 그를 헐뜯지 말라고 부탁하고, 3월에 보낸 편지에서는, "나에게 잡다한 사람들과 사귀지 말라고 충고하는데, 자네가 종유하는 사람들은 저자 사람보다 나으냐?"고 힐난했다. 또 5월에 보낸 편지에서는 불교를 믿지 말라는 윤현의 충고에 다음과 같이 답변했다.

> 나는 부처에게 아첨하지 않네. 그 글을 좋아하여 읽으면서 한가한 시간을 메울 뿐이네. 몇 천 호 정도의 고을을 얻고자 해도 얻지 못하는데 부처가 되기를 도모한단 말인가? …… 하지만 권력에 아부하여 떠들어대기만을 잘 하는 무식배에 비한다면 조금은 우월하다고 할 것이네

허균은 부처가 되려고 불경을 읽는 것이 아니라 심심풀이로 읽는다고 하면서, 그래도 권력에 아첨하는 무식배들보다는 자신이 더 낫다고 자부했다. 그래서 그 버릇을 평생 고치지 않았다. 따지고 보면 허균은 평생토록 국법에 어긋나는 행동을 무수히 자행했지만 개인의 부귀를 위해서 큰 부정을 저지른 일은 한번도 없었다. 그가 저지른 가장 큰 죄는 주로 심복을 데리고 다니고 불교를 숭상하고 있다는 것이었다.

허균과 허물없이 지내던 임현은 아깝게도 다음해 8월에 33세로 생애를 마감했다. 허균은 이때 마침 조운판관漕運判官으로 전라도 일대를 왕래하던 때이었는데, 임현의 집이 영암靈巖에 있어서 장례식에 참석하고, 뒤에 그의 아내의 부탁을 받고 임현의 묘지명墓誌銘을 써주었다.

또 황해도 도사에서 파직된 뒤에 22세 된 화원畫員 나옹懶翁 이정李楨(1578~1607)이 금강산에 들어가서 중이 되려고 한다면서 찾아오자 그에게 작별하는 글을 써주었다. 그 글의 앞부분에선 소동파蘇東坡와 왕양명王陽明의 예를 따라 불경을 읽으면서 깨우친 것이 많다고 하면서 이렇게 칭송했다.

> 불교 경전을 구하여 읽으니 그 달견達見은 과연 도랑이 파이고 하수가 무너지는 듯하며, …… 나는 용이 구름을 탄 듯하고 …… 참으로 글에 있어서는 귀신같은 것이었다. …… 이것을 읽지 않으면 이 생을 거의 헛되이 넘길 뻔 했다고 생각하고 1년이 못되어 100여 상자를 모두 읽었는데, …… 마음속에 엉켜 있는 일들이 모두 속박에서 벗어나는 듯했다.

이렇게 불경의 장점을 거론한 다음에 허균은 지난해 고을 수령이 되었을 때 매일 일이 없어서 4서四書와 성리학 서적을 자세히 살펴보니 불경에서 말하는 심성론心性論이 유교와는 상반되고, 특히 환幻과 공空에 대한 이론은 천리天理에 위배되는 것을 알았다고 말했다. 결국 불교는 현세의 천리天理가 주는 속박에서 도피하기 위해 공무空無와 적멸寂滅의 땅을 찾아 도피하는 사상이라고 결론지었다.

요컨대, 불교는 속세를 살아가는 사람들에게 마음의 안식을 주는 것은 사실이지만, 불교의 교리를 따라 살아갈 수는 없다고 본 것이다. 왜냐하면 불경대로 살려면 속세를 떠나야 하기 때문이다. 허균이 이정에게 이런 글을 보낸 것은 이정이 금강산에 들어가더라도 승려는 되지 말고 다시 속세로 돌아오라는 뜻이 담긴 것이다. 허균은 속세를 떠나 승려가 되려는 마음은 없었다. 다만 불경을 읽으면 마음을 다스리는 데 도움이 된다고 믿었을 뿐이다.

이정은 11세 되던 해에도 금강산에 들어가려고 하다가 왜란을 만나 돌아온 일이 있었는데, 이번에 또 입산하려고 하자 허균이 만류하고 나선 것이다. 이정이 승려가 되면 화원으로서의 재질이 속세에서 사라질 것을 염려했던 것 같다.

이정은 화원 이숭효李崇孝의 아들이자 화원 이흥효李興孝의 조카로서 30세에 요절했는데 허균이 평생 가장 아끼면서 불화佛畵나 신선神仙이나 산수화를 그리게 하고, 석봉石峯 한호韓濩(1543~1605)로 하여금 글씨를 쓰게 하여 수많은 작품을 만들었다. 말하자면 이들 세 사람은 3인조 예술인이었다. 이점에 대해서는 뒤에 다시 설명하겠다.

허균은 황해도 도사에서 파직된 뒤의 허탈함을 이렇게 달래면서 지냈는데, 이해 여름에 임금은 그의 뛰어난 문장력을 높이 평가하여 그를 다시 불러들여 역사를 편찬하는 춘추관 기주관記注官(정5품)에 임명하고, 이어 임금의 교서를 작성하는 지제교知製敎를 겸임하도록 했다.

그러나 허균은 이 직책이 마음에 들지 않아 위에 언급한 임현에게 이해 7월에 편지를 또 보내 이렇게 하소연했다.

나는 우연히 비변사 낭청[기주관]에 올라 하루 종일 정승 앞에 엎드려 붓대를 잡고 글씨를 쓰다보니 흐르는 땀이 비오듯하여 거의 미칠 지경이어서 …… 벼슬을 던져버리고 싶지만 가난 때문에 몇말의 녹봉에 연연하여 실행하지 못할 뿐이네 …….

허균은 가난 때문에 마지못해 기주관 벼슬을 하고 있지만 고관 앞에서 쩔쩔 매면서 일하는 벼슬살이가 체질에 맞지 않는 것을 토로한 것이다.

8. 선조 34년: 호남 향시 시관試官과 조운판관으로 가다

33세 되던 선조 34년(1601) 봄에 허균은 호남 향시鄕試의 시관試官으로 임명되어 전라도 능양綾陽(화순)으로 갔다. 이어 6월에는 전라도 조세를 운반하는 조운판관漕運判官(종5품)에 임명되어 전라도 각 지역의 조세를 배에다 싣고 서울로 운반했다. 이 시기에 전라도 각 군현을 두루 여행하는 기회를 얻으면서 전라도의 매력에 빠졌다. 특히 전라도지역의 자연경관과 해산물 음식에 매료되었다.

이 무렵 전라도에서 정여립鄭汝立 잔당들이 제주도와 연계하여 반역을 획책하다가 체포되었는데, 정부에서는 승지 한준겸韓浚謙을 체찰부사體察副使로 삼아 전라도로 내려보내 현지를 시찰하게 했다. 한준겸은 허균보다 12세 연상이지만 부친이 모두 화담 문인들이고 침류대학사로 서로 교류했기 때문에 매우 가까운 사이였으므로 마침 조운판관으로 내려온 허균과 광주光州에서 해후했다.

허균은 한준겸을 직접 만나기 전에 세 번이나 편지를 보내 식사는 잘하시느냐고 안부를 묻고, 생선 맛이 어떠냐고 묻기도 했다. 또 조운에 관한 일을 한준겸에게 보고했다. 허균은 뛰어난 미식가였는데, 음식 가운데 특히 해산물을 매우 좋아하여 친구들에게 보내는 편지에서 종종 음식 이야기를 나누었다.

전라도 여행 중이던 이해 7월에는 부안扶安으로 갔다. 여기서 시와 노래를 잘하는 기생으로 명성을 떨치던 매창梅窓(桂娘, 桂生; 1573~1610)[13]을 만나 노래와 시를 창화하면서 지냈다. 이때 매창의 나이는 29세였는데, 그녀는 이보다 앞서 18세 무렵에 시인으로 명성을 떨치던 유희경劉希慶(1545~1636)에게 반하여 사랑을 맺은 일이 있었다. 유희경은 당시 풍월향도風月香徒로 불리면서 천인賤人 시인들과 어울려 시회詩會를 만들어 활동하

---

13 계랑은 아호가 매창이다. 부안현 향리 이탕종의 딸이라고 한다. 선조 6년(1573) 계유년에 태어나 계랑(癸娘) 또는 계랑(桂娘)으로 부르게 되었다. 관기(官妓)로서 시도 잘하고 노래도 잘하여 황진이와 쌍벽을 이루는 명기(名妓)로 평가되었다.

고 있었다. 허균은 매창과 유희경의 관계는 잘 모르고 있는지, 그저 이귀李貴의 정인情人이라고만 기록으로 남겼다. 이귀는 뒤에 인조반정을 일으킨 주역의 한 사람이다.

허균과 매창과의 친교는 그후 10년간 계속되었는데, 허균은 이렇게 오래 인연이 맺어진 것은 그를 난亂하지 않았기 때문이라고 회고했다. 다시 말해 매창을 단순히 여성놀이개로 상대한 것이 아니라 어디까지나 예능인으로 상대했다는 뜻이다. 매창은 용모가 뛰어나지 않았다고 허균은 말했는데, 그 때문에 허균이 그렇게 대한 것은 아니다. 기생도 서얼이나 노비와 마찬가지로 존중받아야 할 소외된 계층의 하나로 바라보았다. 매창과의 관계는 뒤에 다시 보완하여 설명하겠다.

허균은 뒤에 조운판관으로 수행한 일들을 일기체로 기록해 놓았는데, 〈조관기행漕官紀行〉이 그것이다. 또 전라도 각 지역을 여행하면서 지은 시들을 모은 것이 〈남정일록南征日錄〉이다.

조운판관을 마치고 돌아온 허균은 이해 11월 형조정랑(정5품)으로 자리를 옮겼다.

9. 선조 35년: 원접사 종사관, 병조정랑

34세 되던 선조 35년(1601) 2월에 허균은 명나라 사신을 접대하는 원접사 이정구李廷龜(1564~1635)가 자신의 종사관從事官으로 추천하여 따라갔다가 4월 말에 돌아왔다. 처음에는 박동열朴東說을 종사관으로 임명했으나 그가 병으로 못가게 되자 허균으로 바꾸었다. 이정구는 5세 연상이지만 가장 가까운 침류대 시우詩友 가운데 한 사람이어서 허균의 해박한 지식과 문장력을 잘 알고 있어서 그를 유능한 인재로 천거한 것이다.

임무를 마치고 돌아오자 종사관으로 있을 때 지은 시들을 모아 〈임인서행록壬寅西行錄〉을 편찬하고, 또 2월 13일부터 4월 28일까지의 공적인 사건들을 일기체로 기록한 것이 〈서행기西行記〉이다.

그런데 종사관으로 복무하고 있던 윤2월에 병조정랑(정5품)으로 자리를 옮겼다. 종사관의 일이 병무와 관련이 많기 때문이었다. 병조정랑 시절에 지은 시들을 모은 것이 〈기성고騎省藁〉이다.

허균은 또 종사관으로 갔을 때 평안도 순안順安에서 훈도訓導를 하고 있던 도인道人 한무외韓無畏(1517~1610)를 만난 것으로 보인다. 한무외가 저술한 《해동전도록海東傳道錄》에 실린 택당澤堂 이식李植(1584~1647)의 지문識文에 그런 내용이 보인다.

인조 25년(1647)에 쓴 이 글을 보면, 허균이 신선이 되는 방법을 묻자 한무외가 대답하기를, "신선이 되는 법은 음모陰謀와 비밀스런 계책을 만들지 말 것, 무고한 사람을 형벌로 죽이지 말 것, 남을 속이지 말 것, 재산을 경영하지 말 것, 곤궁한 사람을 보면 재물을 아끼지 말 것, 항상 마음을 맑고 깨끗하게 가질 것, 여색女色과 완호玩好(놀이)를 가까이하지 말 것"을 말했다.

이식은 한무외가 허균에게 훈계한 말은 허균의 심술을 적중했다고 하면서, 한무외는 허균이 음모와 속임수와 탐음貪淫 때문에 죽을 것을 이미 알고 있었다고 말했다. 젊었을 때 허균과 매우 가까이 지냈던 이식은 뒤에 허균을 비판하는데 누구보다도 적극적이었다. 과거의 경력을 지워버리려는 노력으로 보인다. 그런데 허균의 《문집》에는 한무외를 만났다는 기록은 보이지 않는다. 종사관으로 근무할 때 지은 시문을 모은 것이 〈기성고騎省藁〉이다. 기성은 병조를 가리킨다.

선조 35년(1602) 평안도에 종사관으로 가 있던 기간인 2월에서 5월에 허균은 평안도 묘향산에 머물고 있던, 아버지 허엽과 친구처럼 지내던 서산대사西山大師 휴정休靜 (1520~1604)에게 매달 한 차례씩 편지를 보냈다.

서산대사는 임진왜란 때 승병을 일으켜 평양수복에 공을 세운 고승이다. 2월에 보낸 편지는 아버지와 형들의 시들이 묘향산妙香山에 있다고 하니 돌려달라는 부탁이었고, 3월에 보낸 편지는 만물이 모두 공空이라고 한 불교의 가르침이 옳다고 하면서 번뇌를 푸는 방법을 가르쳐 달라고 말했다. 4월에 보낸 편지에서는 대사가 보낸 가르침과 어록語錄에 감사를 표했다.

끝으로 5월에 보낸 편지에서는 도道에 대하여 가르쳐 주신 것이 헛수고였다는 내용이었다. 속세의 즐거움을 버릴 수 없는 자신이 갑자기 성聖의 경지에 들어가는 것은 어려우므로 너무 독책督責하지 말아 달라고 부탁했다. 사실 승려가 아닌 속세의 허균이 부처님의 가르침을 다 따르려면 승려가 될 수밖에 없었을 것이다.

허균은 이해 7월에는 왕비 의인왕후懿仁王后 박씨를 잃은 선조가 19세 인목왕후仁穆王后 김씨를 계비로 맞이할 때 반교문頒教文을 지었다. 그 공으로 이해 8월에는 성균사예司藝(정4품)로 승진하고, 이어 10월에는 사복시정司僕寺正(정3품 당하관)으로 승진했다. 정5품에서 단숨에 정3품까지 올라간 것은 매우 이례적이다. 허균의 행실에 문제가 있어도 그의 재주는 버릴 수 없다는 것이 선조의 마음이었다.

10. 선조 36년: 사복시정 파직, 금강산 유람

글을 잘 지어 승승장구하던 허균은 35세 되던 선조 36년(1603) 이후로 액운을 맞이했다. 이해에 사복시정으로 지제교知製教를 겸하다가 4월에 질녀姪女(허성許筬의 넷째 딸)가 광해군의 이복동생 의창군義昌君 이광李珖(1589~1645)과 혼사를 치렀는데, 이 일로 이홍로李弘老(1560~1608)[14]가 갖가지 유언비어를 퍼뜨려 사복시정의 벼슬이 파직되었다. 이홍로는 전부터 허성의 딸을 며느리로 맞이하고 싶어했으나, 허성이 그의 인품이 좋지 않은 것을 알고 거절했는데, 이홍로는 이에 앙심을 품고 허성이 왕실에 아부하려고 자기 아들과의 혼사를 거부했다고 헐뜯고 다녔다.

태복시정 시절에 쓴 시를 모은 것이 〈태복고太僕藁〉이다. 사복시정에서 파직당한 허균은 마음을 달래기 위해 금강산을 두루 구경하고 강릉 외가로 가서 머무르면서 많은

---

14 이홍로는 본관이 연안으로, 영창대군을 따르는 소북에 속했다가 광해군 때 귀양 가서 사사되었다. 평소 허균의 중형 허봉과 절친했는데, 허균의 맏형 허성의 딸이 의창군 이광과 혼인하자 이를 트집 잡아 허균을 갖가지로 중상모략했다.

시를 지었는데, 이 시들을 모은 것이 〈풍악기행楓岳紀行〉과 〈명주잡저溟州雜著〉이다.

〈풍악기행〉에는 금강산과 그 인근의 일곱 개 사찰을 읊은 시가 있고, 팔각전에서 이정李楨이 그린 불화佛畫를 보았다는 시도 있으며, 도인道人 정두원鄭斗源을 만난 시 등이 있다. 그 가운데 가장 인상적인 시는 왜란 때 가족을 모두 잃고 혼자 외롭게 살아가는 한 할미의 슬픈 이야기를 시로 읊은 〈노객부원老客婦怨〉이다. 그 시가 너무 길어 번역문만을 소개하기로 한다.

동주성東州城 서쪽에 겨울 해는 뉘엿뉘엿

보개산寶蓋山 높다랗게 저녁 구름 감싸네

허옇게 늙은 할미 남루한 옷차림에

손님 맞아 방을 나와 사립문 열어주네

스스로 하는 말, 서울서 온 늙은 객부客婦

파산하고 떠돌다 객지신세 되었다네

지난 시절 왜놈들이 낙양서울을 함락하여

자식 하나 이끌고 시모媤母와 남편 따라

수백 리 길 걸어걸어 깊은 골에 몸 숨기고

밤에는 먹을 것 구걸하고 낮에는 숨어 살며

시모님 늙고 병들어 남편이 업고 가고

발바닥이 다 뚫려도 쉴 새도 없었네

때마침 비가 내려 밤이 더욱 캄캄한데

다리 시고 길 미끄러워 낭떠러지 굴렀는데

어디선가 두 왜적 칼 휘두르고 나타나

어둠 속에 뒤를 밟아 서로 서로 시기하듯

성난 칼날 배를 찔러 창자가 찢어지니

원한의 피 주르륵, 시모 남편 다 죽었네

나는 어린 아이 끌고 덤불 속에 엎드렸는데

아이 울음 들켜 적에게 잡혀갔네

내 한 몸 겨우 남아 호랑이굴 벗어났으나

허둥지둥 소리 높여 말조차 못했다오

밝은 아침 와서 보니 버려진 두 시체

시모인지 남편인지 분간조차 할 수 없었네

솔개 까마귀 창자 쪼고, 들개는 살 뜯으니

흙으로 가리려 해도 뉘에게 부탁하리

석자 깊이 구덩이 천신만고 겨우 파고

남은 뼈 손수 모아 봉토를 덮고 나니

의지 없는 외그림자 갈 곳이 어디인가

이웃 아낙 슬피 여겨 함께 살자 하네

이 주막에 더부살이 방아 찧고 물 기르니

남은 밥 먹여주고, 낡은 옷 입혀주어

숨 가쁘고 마음 타며 열두 해 넘겼데

주름 얼굴, 머리 듬성, 허리 다리 말 안 듣네

근자에 서울 소식 드문드문 들리는데

내 아들 적 중에서 가까스로 살아나와

궁가에 투신하여 창두蒼頭(종)가 되었다네

옷장에 비단 넘치고, 창고에는 곡식 가득

장가들고 집도 마련, 생계가 풍족하니

타관살이 제 어미에 생각이 미치겠나

낳은 아들 성장해도 그 덕을 못 보다니

생각사록 한밤중에 눈물이 가슴 적셔

내 꼴은 다 시들고 아이는 이미 장년이라

늙은 몸 죽든 말든 말할 나위 없지만

네 술 얻어 아비 묘에 올려나 보았으면

아, 슬프다. 어느 땐들 난리야 없으랴만

그 누가 나만큼 원한을 품었을까

이 시야말로 전쟁문학의 한 편을 보는 듯하다. 자신의 처자를 왜란 때 잃은 허균이 어찌 이 노파의 슬픈 이야기를 흘려버릴 수 있었겠는가?

36세 되던 선조 37년(1604)에는 원주에 있던 모친이 세상을 떠났는데, 강릉에 있던 허균은 소식을 모르고 있으면서 그곳 기생과 함께 지내고 있었다는 비난을 받았다. 그러나 허균은 그것이 사실이 아니며, 이홍로가 지어낸 말이라고 변명했다.

이해 2월에 강릉 외가에 있으면서 허균은 금강산에 머물고 있는 송운대사松雲大師(일명 四溟堂) 유정惟政(1544~1610)에게 편지를 보냈다. 그 내용은 2년 전에 묘향산의 서산대사西山大師에게 보낸 것과 비슷했다. 가르침에 감사하면서도 대사가 선기禪機에 통달하지 못하신 듯하다고 말했다. 꼭 속세와의 온갖 인연을 끊은 다음이라야 섭심攝心이 움직인다고 하지만, 조정이나 시장이나 마을이나 어디에서도 일념一念이 밝아지면 일념의 보리菩提가 되고, 일념이 편안해지면 일념의 열반涅槃이 된다고 주장했다. 그러니까 속세에서도 마음을 다스리면 얼마든지 열반의 경지에 들어갈 수 있다는 것이다. 그러니 속세에 있는 사람에게 지나친 훈계를 절제해 달라는 부탁이었다.

허균은 2년이 지난 선조 39년(1606) 1월에도 또 송운대사에게 편지를 보냈는데, 이번에는 〈능가경愣伽經〉의 글이 너무 어렵고, 주석도 자세하지 못하다고 하면서 가르쳐 주기를 청했다. 허균은 승려들과의 관계를 끊지 않고 이어가고 있었는데, 특히 수령이 되었을 때에는 승려들을 불러 모아 반승飯僧을 하기도 하는 등 더욱 적극적으로 승려들과 교류했다. 허균이 뒤에 모역을 도모할 때 승군僧軍을 동원하려고 한 것을 보면 승려들과의 교류가 심상치 않음을 알 수 있다.

11. 선조 37년: 성균관 전적, 수안군수

36세 되던 선조 37년(1604) 7월에 허균은 성균관 전적典籍(정6품)으로 복직되었다. 성균관의 도서관장에 해당하는 직책이다. 하지만 사복시정의 3품에서 6품으로 떨어진 것이니 엄청난 좌천이다. 허균은 평소 지방의 수령직을 가장 바라고 있어서 잘 알고 지내던 요로의 친구들에게 수령직을 부탁하는 편지를 보내는 일이 종종 있었다. 그 이유는 가난 때문이라고 했다.

중앙관직은 높은 사람 밑에서 쩔쩔 매는 일이 싫다고 했다. 그러니 성균관에서 서적을 관리하는 벼슬이 그의 마음에 들 리 없었을 것이다. 그 소망이 풀려서 이해 9월에는 평안도 수안군수邃安郡守(종4품)로 내려갔다.

수안군수로 부임한 지 두 달 뒤인 11월에 친족이자 소북계열 인사로서 이조판서에 오른 허욱許頊(1548~1618)에게 편지를 보내 그의 취임을 축하하면서 인사를 공정히 할 것을 당부했다. 그 글 가운데 이런 대목이 있다.

> 자신을 굽히고 남을 좇아 구차스럽게 영합하면서 관록官祿을 유지한다거나, 좋은 자리에 앉아 자기 한 몸을 향유하는 것은 속류俗流들이 하는 것이니, 옹께서는 이런 일을 좋아하지 않으실 것입니다. …… 만약 일을 쉽게 처리할 수 없으면 서슴없이 물러나시고 스스로 몸을 더럽히지 않는 것이 좋은 계책일 것입니다. 옹께서 사람이 마음에 안 든다고 그 말까지 버리지 않으시면 온 문중의 다행이 될 것입니다 …… 문하의 한두 젊은이는 본시 점잖은 선비가 아닙니다. 그들이 오가면서 부추겨 선동하고 근거없는 말을 만들어 낸다면 옹께 해를 끼치는 것이 많을 것입니다. 부디 그들과 담론하지 마소서.

허균의 부탁은 당파를 초월하여 인재를 등용하라는 것이 핵심이다. 그것은 허균의 진심이었을 것이다. 허욱은 뒷날 영창대군을 따르는 소북파에 속한 유영경柳永慶과 가까웠으며, 선조 39년에 우의정을 거쳐 좌의정에까지 올랐다가 광해군이 즉위한 뒤 대북파의 탄핵을 받고 관직이 삭탈당했다. 광해군 8년에는 능창군綾昌君 이전李佺을 추대하는 모역에 연루되어 귀양 가서 광해군 10년(1618)에 세상을 떠났다.

수안군수 시절에 허균은 불교와 관련되는 몇 가지 일을 했다. 친구이자 명필인 석봉石峯 한호韓濩(1543~1605)를 수안으로 불러들였다. 나이로 보면 한호는 26세 연상이지만 나이를 초월하여 가장 가깝게 지낸 동지의 한 사람이어서 자주 그에게 부탁하여 글을 쓰게 했다. 한호의 글씨 가운데 개인에게 써준 글씨를 가장 많이 받은 사람이 아마 허균일 것이다.

허균은 다음해 한호에게 부탁하여 구양순歐陽詢의 《반야심경般若心經》을 금자金字로 쓰고, 다시 친구인 화원 이정李楨(1578~1607)[15]을 불러들여 불상佛像과 보살상菩薩像, 그리고 거사상居士像을 그리게 하여 화상畵像 뒤에 붙이고,[16] 자신이 절구絶句로 된 찬사讚辭를 지어 실었다. 이것을 〈선문법보禪門法寶〉라고 이름지었다. 이정은 당시 28세의 약관이었으나 술을 매우 좋아하고, 허균과 호흡이 잘 맞았다.

또 이때 허균은 도연명陶淵明(도잠)과 이태백李太白(이백), 그리고 소동파蘇東坡(소식)를 사모하여 그들처럼 은둔생활을 하고 싶은 마음이 간절하여 다시 이정에게 부탁하여 세 사람의 초상을 그리게 하고, 허균이 찬讚을 붙이고, 한호에게 부탁하여 금서金書로 쓰게 했다. 그리고 다음과 같은 서문을 지었다.

---

15 허균이 쓴 〈이정애사(李楨哀詞)〉에 이정의 일생이 자세히 기록되어 있다. 그는 본관이 전주(全州)로 아호는 나옹(懶翁)이다. 3대에 걸쳐 화원으로 이름을 떨쳤는데, 특히 아버지 이숭효(李崇孝)와 백부 이흥효(李興孝)는 이름이 높았다. 이정은 아버지가 일찍 죽어 백부 이흥효 밑에서 자랐다. 산수화, 인물화, 불화에 능했는데, 특히 불화를 잘 그렸다. 11세에 금강산에 들어갔는데 장안사(長安寺)의 벽화를 그렸다. 명나라 사신 주지번은 그의 그림을 보고 "천하에 짝할 사람이 없다"고 칭찬하고 그가 그린 산수화를 얻어갔다. 술을 너무 좋아하다가 30세에 술 때문에 평양에서 죽었다. 그는 허균의 심복인 심우영, 이경준과도 절친했다.

16 이정이 그린 불상은 석가불, 아미타불, 미륵불이고, 보살상은 관세음보살이고, 거사는 달마(達磨), 노능(盧能), 유마힐(維摩詰)이었다.

나는 일찍이 팽택령彭澤令(도연명)이 80일만에 벼슬을 그만두고 다시는 벼슬하지 않은 것, 적선謫仙(이태백)이 총애받는 귀인도 우습게 여겨 그 신을 벗기게 한 것, 장공長公(소동파)이 너그러운 마음으로 만물을 사랑하여 귀천을 가리지 않고 다 제멋대로 살 수 있게 한 것에 대하여 천년 뒤에도 오히려 그 생명력이 있음을 사모해 왔다.

아, 그만두어야 할 것이다. 나는 이 닷말[5斗] 봉록에 연연하여 모욕을 당하면서도 떠날 줄을 몰라서 은총받는 권세가들에게 쥐어 살아 내 뜻을 펴보지도 못하고, 좁은 마음과 모난 생김이 문득 뜻이 맞지 않는 이들에게 질시의 대상이 되었다. 세분 선생과 같이하고 싶지만 아득하여 따라갈 수가 없구나.

그래서 나는 나옹 이정李楨에게 명하여 세 분 선생을 그리게 하고, 거기에 찬讚을 지어 붙였다. 마침 석봉石峰이 군청에 들렀기에 자잘한 해서楷書로 이름, 호, 벼슬, 고향을 그 위에 금서로 써달라고 요청했다. 때때로 이를 감상하면서 사모하련다.

그런데 이렇게 허균을 위해 금서를 써준 한호가 바로 며칠 뒤에 향년 63세로 세상을 떠났다. 허균은 허탈한 마음을 가누지 못하고 선조 38년 7월에 이정에게 편지를 보냈다. "한석봉을 떠나보낸 지 겨우 열흘인데, 갑자기 부음을 들으니 가슴을 움켜쥐고 살을 꼬집으며 놀란 마음을 견딜 수 없다"고 했다.

그러나 허균의 허탈함은 여기서 끝나지 않았다. 이정마저 2년 뒤에 향년 30세로 평양에서 폭음으로 세상을 떠나자 허균의 마음을 더욱 허탈하게 만들었다. 허균과 한호, 그리고 이정은 서로 나이 차이가 많았으나 각기 시詩, 서書, 화畵를 대표하는 천재들로서, 서로의 재능을 합친 작품을 만들었다. 3인조 예술가들이라고 불러도 좋을 것이다. 그런데 한호와 이정이 세상을 떠남으로써 3인조 예술인의 시대는 종말을 고했다.

12. 수안군수에서 파직되다

허균의 수안군수 생활은 개인적으로는 행복했으나 공인公人으로서 생활은 불행하게 끝났다. 두 가지 이유가 있었다. 수안 지역 토호 이방헌李邦憲이라는 자가 백성들에게 횡포를 부리고 병사 이봉수李鳳壽를 때렸기 때문에 이방헌의 죄를 다스리다가 매 30대를 맞은 뒤에 집에 가서 죽은 사건이 일어났다. 그 자손들이 억울하다고 소장을 올리자 관찰사가 그 집으로부터 뇌물을 받고 그 소장을 정부에 올려 드디어 허균이 파면당했다.

언관들은 이 사건 뿐 아니라, 허균이 불교를 믿은 것도 탄핵의 이유로 들었다. 허균은 위에서 말한 것처럼 이정에게 불화를 그리게 하고, 또 서산대사西山大師 휴정休靜과 사명당四溟堂 유정惟政을 비롯하여 많은 승려들과 교유했으며, 관아에서 반승飯僧(승려들 잔치)을 하기도 하여 비난을 받았다. 국법을 어긴 것이지만, 허균이 개인의 치부를 위해 한 일은 아니었다. 외직으로 나가서 두 번째로 파직당하는 수모를 당했다.

허균은 수안군수 시절에 쓴 시문을 모아 〈요산록遼山錄〉과 〈중수화학루기重修化鶴樓記〉 등을 지었다. 요산은 수안의 별칭이고, 〈중수화학루기重修化鶴樓記〉는 화학루라는 수안군의 아름다운 누각을 중수한 기록이다.

〈요산록〉에는 허균이 불러들여 만난 사람들에 대한 몇편의 시가 보인다. 하나는 위에서 언급한 화가 이정李楨, 그리고 서예가 한호韓濩 이외에도 세 사람이 더 보인다. 서얼 출신 심복 이재영李再榮(汝仁)과 또 한 사람의 서얼출신 심복 이원형李元亨(士常), 그리고 서얼 출신 정상조鄭象祖이다. 정상조는 명종 때 공조판서를 지낸 정사룡鄭士龍의 서손庶孫이다. 허균이 서자들과 얼마나 친밀하게 사귀는지를 잘 보여준다.

선조 37~38년 수안군수 시절에 한호, 이정과 더불어 불상佛像과 중국의 세 은자隱者들을 그림으로 그리고 찬讚을 쓰게 했던 허균은 39세 되던 선조 40년(1607) 1월에 평양에 살고 있는 화원 이정李楨에게 편지를 보내 또 다른 그림을 부탁했다.

이번 그림은 바로 허균과 이정이 산속 정자에서 조용히 독서하면서 술을 마시고 담소하는 산수인물화山水人物畵라는 것이 특이하다. 허균은 그림을 부탁하는 편지를 보내면서 그에게 각종 비단과 종이를 종에게 부쳐 보냈다. 그림에 대한 댓가일 것이다.

그런데 이정은 한 달 뒤인 이해 2월에 평양에서 폭음으로 세상을 떠났다. 완성된 그림을 받았다는 기록이 없는 것으로 보아 미완으로 그친 듯하다. 다만 그려 달라는 그림 내용이 너무나 상세하여 흥미롭다. 한 마디로 대나무와 꽃들이 울창한 산속의 정자에서 허균이 비스듬히 누워 독서하면서 소랑小娘이 따라주는 술을 마시면서 이정과 담소하는 장면이다. 그리고 끝에 가서는 이런 장면이 인생의 최고 극치라고 덧붙였다.[17]

한호를 잃은 시름을 이정과 더불어 마지막 생을 즐겁게 보내려는 마음이 담긴 듯하다. 그러나 그 꿈은 이루어지지 않았다.

13. 선조 39~40년: 주지번朱之蕃과 교유, 삼척부사 파직되다

38세 되던 선조 39년(1606) 1월에 학식이 많은 중국 사신 주지번朱之蕃 등이 황제의 장손長孫 탄생을 알리기 위해 오자, 조정에서 학식이 높고 종사관 경험이 있는 허균의 도움이 절실해졌다. 그리하여 영접사 유근柳根(1549~1627)이 쉬고 있던 허균을 종사관으로 천거하여, 대호군(종3품)의 무반산직을 받고 따라가서 활동했다. 유근은 허균보다 20세 연상이었지만 시우詩友로서 가까이 지내는 사이였다. 이때 심복이자 시를 잘하는

---

17 허균이 부탁한 산수화의 내용은 대략 다음과 같다. "산을 등지고 시내에 임한 집을 그려주시되, ……
온갖 꽃과 밋밋한 대나무 천여 개를 심고, 가운데로는 남향한 마루를 트고, 그 앞 토방을 넓게 하여
전죽과 금선란(金線蘭)을 심고, 괴석과 오래된 화분을 배열하고, 동편의 안쪽 방에는 휘장을 걸고 도서
천 권을 진열하며, 구리병에는 공작의 꼬리를 꼽고 박산(博山)의 술동이를 비자나무 탁자에 놓아주게.
서쪽의 창문을 열면 소녀가 나물국을 장만하고, 손수 동동주를 걸러서 선로(仙爐)에 따르는 동안 나는
방 가운데에 방석을 기대고 누워서 책을 읽고 있으며, 자네는 …… 와서 주위에서 농담하며 웃고 즐기되,
모두 건(巾)과 비단 신을 착용하고, 도복(道服)에는 띠를 두르지 않으며, 한 줄기 향불연기가 발 밖에서
피어오르는데, 두 마리의 학이 돌의 이끼를 쪼고, 산동(山童)이 비를 들고 와서 꽃을 쓸고 있는 모습을
그려 주게. 이렇게 되면 인생은 끝나는 것으로 보네. 그림이 완성되면 돌아오는 이수준(李壽俊) 편에
부쳐 주기를 간절히 바라네."

이문학관吏文學官 이재영李再榮과 친구이자 화원인 이정李楨도 동행했다.

정사 주지번은 허균에게 우리나라의 유명한 시를 알려달라고 청하자 허균은 그의 요청에 따라 최치원으로부터 조선에 이르기까지 124인의 시 830편을 정리하여 장황裝䌙(표구)하여 주고, 아울러 이미 죽은 누이 허난설헌의 시와 허균 자신이 지은 시들도 함께 정리하여 그에게 주었다. 주지번은 허균이 편집하여 만든 《난설헌시집》에 인문引文을 써주기도 했다. 주지번을 따라온 양유년梁有年도 후서後序를 써주었다. 두 사람이 모두 허난설헌의 시를 극찬했다. 이 책은 뒤에 중국에서 간행되어 애송되었는데, 유감스럽게도 이 책이 나온 직후부터 허균이 지은 위작僞作이 많고, 중국시를 표절했다는 의혹이 잇달아 제기되었다. 이 점에 대해서는 이미 앞에서 설명했다.

주지번은 허균의 문장력을 극구 칭찬하면서, 허균에게 《세설산보世說刪補》,[18] 《시준詩雋》, 《고척독古尺牘》, 《태평광기太平廣記》,[19] 《옥호빙玉壺氷》,[20] 《와유록臥遊錄》[21] 등의 서적을 선물로 주었다. 이 책들은 허균이 뒷날 《한정록閑情錄》을 편찬하는데 중요한 참고자료가 되었다.

허균은 이해 1월 6일부터 5월 28일에 이르는 기간의 사건들을 일기체로 정리하여 〈병오기행丙午紀行〉을 편찬했다. 개인적으로 기록한 것이다.

주지번을 잘 접대한 공으로 39세 되던 다음해인 선조 40년(1607) 2월에는 왕실 의상을 만드는 상의원의 책임자인 정尙衣院正(정3품 당하관)으로 승진했다가 3월에 삼척부사三陟府使(종3품)로 내려갔다. 다시 3품직으로 승진했다. 세 번째 수령직이다.

---

18 《세설산보》는 송나라 유의경(劉義慶)이 지은 진나라 청담파 이야기인 《세설신어(世說新語)》와 원나라 하양준(何良俊)이 육조 이후의 청담 이야기를 모은 《하씨어림》(何氏語林)을 합쳐서 뺄 것은 빼고 보탤 것은 보태어 명나라 왕세정(王世貞)이 새로 만든 책이다.
19 《태평광기》는 북송 태종 때(977) 이방(李昉), 서현(徐鉉) 등 12인이 황제의 명으로 편찬한 책으로 중국 역대의 설화를 모은 것이다.
20 《옥호빙》은 명나라 도목(都目; 1458~1525)이 지은 책으로 고결한 절조를 지키면서 산 사람들의 이야기를 모은 것이다. 옥호빙은 옥으로 만든 병 속에 들어 있는 얼음이라는 뜻이다. 수양서이다.
21 《와유록》은 남송학자 여조겸(呂祖謙)이 지은 책이다.

그러나 삼척부사직도 5월에 언관의 탄핵을 받고 도중하차했다. 불과 3개월 봉직했다. 불경을 읽고, 승복을 입고 부처에 절하면서 재齋를 올리고, 승려들에게 음식을 먹이는 등의 행사를 버젓이 했다는 것이 파직의 이유였다. 외직으로 나갔다가 세 번째로 파직당했다. 외직으로 나가기만 하면 파직당하는 것이 이제 관례가 되었다.

허균은 서울로 오는 도중에 세종~세조 때의 승려 신미信眉[22]의 시집 《사한전방詞翰傳芳》을 보고 그 서문을 지었다. 불교 때문에 파직되었으면서도 승려의 글에 대한 애착을 버리지 않았다.

재직할 때마다 시집을 냈던 허균은 이번에도 어김없이 삼척부사 시절의 시문을 모아 《진주고眞珠藁》를 만들었다. 진주는 삼척의 별호이다. 《진주고》에 실린 시 가운데 가장 눈이 가는 시는 〈파직罷職〉이다. 자신이 파직되었다는 소식을 듣고 지은 시이다. 이를 옮기면 다음과 같다.

久讀修多教	수다괴[불경]를 오래 읽었으나
因無所住心	마음속에 정착한 바는 없고
周妻猶未遣	주처周妻[23]를 내보내지도 않았네
何肉更難禁	하육何肉[24]은 더욱 금하기 어렵군
已分靑雲隔	이미 나는 청운과 등지고 살았는데
寧愁白簡侵	백간[탄핵]이 덤벼든다고 무슨 걱정하리
人生且安命	인생이란 제 운명에 편안할지니
歸夢尙祇林	아직 기림[사찰]으로 돌아갈 꿈이 있네
禮敎寧拘放	예교[주자학]가 어찌 자유를 구속하리오

---

22 신미는 본관이 영동(永同)으로 본명은 김수성(金守省)이다. 집현전 학자 김수온(金守溫)의 형이다. 세종이 말년에 불교에 기울어지게 만든 승려이며 세조 때에는 왕사(王師)로 우대받았다.
23 제나라 주옹(周顒)의 처이다. 주옹이 도교와 불교에 빠져 있었으나 자기 처를 버리지는 않았다.
24 제나라 하윤(何胤)이 불교를 신봉했으나 육식(肉食)을 끊고 살지 않았다.

浮沈只任情	부침[성패]은 내 뜻에 달렸네
君須用君法	그대는 그대의 법을 쓸 것이고
吾自達吾生	나는 나의 생을 살아가야지
親友來相慰	친구들은 와서 위로해 주는데
妻孥意不平	처자의 생각은 편안치 못하네
歡然若有得	얻은 것이 있는 듯하여 흐뭇하고
李杜幸齊名	이백 두보와 이름 나란하니 다행이네

이 시를 읽어보면 허균은 자신이 파직된 것에 대하여 죄의식이 거의 없었다. 자신이 파직된 것은 가치관의 차이 즉 노선의 차이일 뿐이라고 보고 있다. 예교禮教를 고집하는 쪽에서 예교와 도불道佛을 함께 포용하려는 자신의 자유분방한 길을 막고 있을 뿐이라고 굳게 믿고 있는 것이다. 그러면서 자신의 길을 포기하지 않을 것임을 스스로 다짐하고 있다. 특히 자기 이름이 이백李白이나 두보杜甫와 나란히 하게 되었다는 말은 그들처럼 살아가겠다는 뜻이 함축되어 있다.

14. 선조 40~41년: 내자시정內資寺正, 공주목사

삼척부사에서 파직된 뒤에 허균은 생계의 곤란을 해결하기 위해 동료 친구들에게 취직을 부탁했다. 그러고 보면 그가 벼슬에 대한 애착을 완전히 떨쳐 버리지 못하고 있는 것은 처자식의 생계와 심복을 키우기 위한 대책이라는 것을 알 수 있다.

선조 40년 6월에 동몽시절 친구로서 이조판서에 오른 최천건崔天健(1568~1617)이 허균을 성균관 사성司成(종3품) 후보자로 올렸으나, 허균이 편지를 보내 사양했다. 주자학을 가르치는 학문기관은 허균의 체질에 맞지 않았기 때문인 듯하다. 그리하여 7월에 왕실 물자를 관리하는 내자시정으로 바꾸어 주었다. 허균은 일단 이 자리를 받았다.

내자시정으로 있으면서 지은 시를 모아 〈태관고太官藁〉라고 이름지었다.

〈태관고〉 속에는 내자시정을 받은 감상을 적은 시가 있다. 그 시는 이러하다.

世議如沙射　　세상의 물의는 독을 쏘아대나

君恩若海寬　　님[임금]의 은혜는 바다처럼 너그럽네

經旬頒敍命　　열흘만에 벼슬내리는 명이 나오고

踰月復原官　　한달 넘자 벼슬로 돌아갔네

趁曉排天醞　　새벽에 수라상 마련하면

趨朝薦御餐　　아침마다 어찬을 올린다네

敢辭親袒割　　임금의 단할袒割을[25] 감히 사양할건가

臣織在當安　　편히 모심이 신하의 직분이지

허균에 대한 신하들의 비방이 독을 쏘고 있지만 임금이 너그럽게 벼슬을 준데 대한 감사의 뜻이 보인다. 내자시는 궁중의 어찬을 비롯한 물자를 공급하는 자리이니, 그 직책을 다하겠다는 것이다.

〈태관고〉에는 그밖에도 의창군義昌君 저택에서 지은 시가 있고, 꿈속에 홍유손洪裕孫[26]을 만난 시, 양경우梁慶遇(1568~?)[27]를 직접 만난 시가 들어 있다. 의창군은 선조와 인빈김씨 사이에 태어난 이광李珖(1589~1645)을 말한다. 당시 19세였던 의창군은 바로 허균의 형 허성許筬의 사위이므로 허균의 조카사위이기도 하다. 4년 전에 혼사를 치렀음은 앞에서 이미 설명했다. 허균은 조카사위집을 찾은 것인데 무슨 용무로 갔는지는 알 수 없다. 시는 다만 의창군 저택의 화려한 모습만 읊었다.

25　단할은 임금이 성균관에 가서 유생들에게 고기를 직접 베어서 먹이는 것을 말한다.

26　홍유손은 연산군 때 사화를 피하여 은둔한 도인이다.

27　양경우는 임진왜란 때 아버지 양대박(梁大樸)과 함께 의병을 일으킨 의병장이다.

한 가지 유념할 것이 있다. 광해군 때 허균은 영창대군永昌大君을 따르다가 그가 죽자 의창군을 임금으로 추대하려는 반역을 음모했다는 혐의를 받았다는 사실이다. 이런 점에서 보면 그가 의창군 집을 찾은 것이 예사롭게 보이지 않는다.

내자시정의 벼슬을 받고, 임금에 대한 고마움을 보이는 시를 짓기도 했지만, 그것은 의례적인 언사라는 것이 곧 드러났다. 허균은 그 자리에 오래 있고 싶지는 않았던 듯하다. 역시 수령직이 더 마음에 들었다. 그래서 허균은 다시 8월에 최천건에게 편지를 보내 남원부사南原府使를 희망한다고 청했다. 음식이 좋은 전라도 수령이 가장 좋다고 했다. 그러나 그 뜻이 이루어지지 않자 9월에 다시 편지를 보내 다른 수령직을 달라고 또 청했다.

이해 10월에 최천건이 황해도 배천白川이나 충청도 공주公州를 천거하자 배천은 선친 허엽이 수령을 지냈던 곳이라 싫다고 했다. 부친이 권신의 미움을 받고 좌천된 곳이었기 때문일 것이다. 또 공주는 해산물이 없어서 싫다고 하면서 바다에 가까운 부여扶餘를 원했다. 아마도 부여는 부안扶安의 오기로 보인다.[28] 허균은 부안을 무척 좋아했다.

하지만 뜻대로 되지 않자 이해 12월에 할 수 없이 공주목사(정3품)로 내려갔다. 목사는 수령직으로서는 고위직이었다. 그는 최천건에게 편지를 보냈다.

> 공주를 맡았으니 운명이오. 공公을 탓하지 않겠소. 벼슬하는 것은 가난 때문이니 처
> 자를 보호하고 추위와 배고픔을 면하면 족하오. 고맙소.

그러니까 공주목사는 내키지 않는 자리였지만 할 수 없이 받은 것이다. 하지만

---

28 허균 문집인 《성소부부고》는 목판본으로 간행된 일이 없고 필사본만 전해지고 있는데, 이를 다시 필사하는 과정에 곳곳에 오자(誤字)가 보인다. 부여도 부안을 잘못 필사한 것으로 보인다. 부여는 바닷가 고장이 아니기 때문이다.

목사라는 자리는 그동안 받은 외직 가운데서는 가장 높은 자리다. 이것이 허균의 네 번째 수령직이다.

40세 되던 선조 41년(1608) 1월에 허균은 심복 이재영李再榮(1553~1623)[29]에게 다음과 같은 편지를 보냈다.

나는 큰 고을의 원님이 되었고, 마침 그대가 사는 곳과 가까우니 어머니를 모시고 이곳으로 오시게. 내가 마땅히 절반의 봉급으로 대접할 것이니 절대로 양식이 떨어지는 지경에는 이르지 않을 것일세. 그대와 나는 처지는 다르지만 취향은 같으며, 그대의 재주는 나보다 뛰어나지만 세상에서 버림받기는 나보다도 심하니, 이점이 내가 늘 기가 막히는 일일세.

나는 비록 운수가 박해도 몇 차례 고을의 원님이 되어 자급자족할 수 있지만 그대는 입에 풀칠도 면하지 못하는구려. 세상의 불우한 사람은 모두 우리들의 책임이네. 밥상을 대할 때마다 몹시 부끄러워 음식을 먹어도 목에 넘어가지 않으니, 빨리 오시게. 오기만 한다면 비록 이 일로 비방을 받는다 해도 나는 전혀 개의치 않겠네.

위 편지를 보면, 이재영에 대한 허균의 동정과 애정이 보통이 아닌 것을 알 수 있다. 자신이 비난받아도 좋으니, 속히 어머니를 모시고 공주로 오라는 것이다.

그로부터 3개월 뒤인 광해군 즉위년(1608) 4월에 허균은 또 이재영에게 편지를 보냈는데, 이번에는 이재영의 소랑小娘도 함께 데리고 오라고 했다. 그러면서 이런 말을

---

29 이재영은 본관이 영천(永川)으로 이선(李選)의 서자이다. 또 일설에는 이달(李達)이 일탈하여 낳은 아들이라는 설도 있다. 왜란 때 군공을 세워 허통(許通)되어 문과에 급제했으나 서얼 출신이기에 사역원에서 중국어를 가르치는 이문학관(吏文學官)에 머물렀다가 뒤에 이이첨(李爾瞻)의 여러 아들의 과거시험을 대필하여 급제시킨 공으로 봉상시 주부(정6품)를 거쳐 군수(종4품)에 이르렀다. 처음에는 허균의 심복이었다가 허균이 반역으로 죽은 뒤에는 도리어 이이첨과 가까워져서 벼슬이 높아졌지만 이것이 도리어 화(禍)가 되어 인조반정 후 국문을 받다가 매맞아 죽었다. 불행한 일생을 이렇게 끝냈다.

덧붙였다.

> 그대의 소랑小娘은 매우 깜찍하고 영리하네―그가 나를 찾아온다면 반드시 '하마터
> 면 인생을 헛되이 보낼 뻔했다'고 말할 것이네. 그대가 그녀에게 '나는 놈 위에 타는
> 놈이 있다'고 한다면 반드시 그 말에 그의 마음이 움직일걸세.

그러니까 이재영의 모친은 물론이요 그의 소랑까지도 데리고 오라는 것이다. 비첩을
비첩이라고 쓰지 않고 소랑小娘(작은 낭자)이라고 쓴 것이 주목된다. 허균은 기생에게
편지를 보낼 때에도 소랑으로 불렀다. 천인들을 존중해서 부른 것이다. 이해 7월에
또 편지를 보내 "빨리 오라"고 독촉했다. 드디어 이재영이 가족을 데리고 공주로 왔다.

15. 광해군 즉위년: 공주목사 파직 후 부안으로 가다

허균이 공주목사로 있을 때인 선조 41년(1608) 2월에 선조가 서거하고 광해군이
즉위했다. 허균은 이제 40세에 접어들었다. 그런데 이해 1월부터 허균의 행동이 수상
하여 언관이 탄핵할 움직임을 보이고 있었다. 드디어 광해군이 즉위한 이해 8월에
이르러 충청도 암행어사가 성적이 불량한 수령들을 파직할 것을 임금에게 보고했는데,
그 가운데 공주목사 허균이 들어 있었다. 비단 파직에 머물지 않고 잡혀와서 투옥당한
뒤에 문초를 당하기도 했다.

허균이 왜 파직되어 의금부에 투옥당했는지 당시 《광해군일기》에는 구체적으로 그
죄가 보이지 않는다. 그러나 광해군 9년에 기자헌奇自獻의 아들 기준격奇俊格이 허균의
반역죄를 고발한 말을 들으면, 공주목사 시절에 이른바 〈삼영三營〉을 설치했다는 것이다.

〈삼영〉이란 심복으로 데리고 간 심우영沈友英(?~1613), 윤계영尹繼榮(1569~?),[30] 이재영
李再榮 등 세 사람을 막하에 거느리고 있었기 때문에 붙여진 이름이었다. 세 사람

이름에 공통적으로 〈영〉자가 들어 있어서 붙여진 칭호다. 윤계영을 제외한 두 사람은 모두 서자이다. 그 가운데 편지로 이재영을 불러들인 일은 앞에서 이미 설명한 바 있는데, 그밖에 심우영과 윤계영이 추가된 것을 알 수 있다.

심우영은 관찰사 심전沈銓(1520~1589)[31]의 서자로 광해군 5년에 〈칠서지옥〉을 일으킨 〈강변칠우江邊七友〉 가운데 한 사람이다. 허균의 처외삼촌이기도 하여 그런 인연으로 허균의 심복이 되었다. 윤계영은 명종 때 소윤파에 속하여 대윤을 숙청하는데 앞장섰던 소윤파 윤춘년尹春年(1514~1567)[32]의 손자로서 허균과 동갑이었으나 벼슬을 하지 못하고 있으면서 허균의 심복이 되었다. 윤춘년의 학문이 유불도儒佛道를 통합하는 특성을 지녔는데 이런 학풍이 윤계영에게도 전승되어 허균과 친구가 된 것으로 보인다.

허균은 수령을 맡으면 반드시 몇 사람의 친구와 심복을 불러들여 먹여주는 것이 버릇처럼 되어 있었다. 수령이 국가의 봉록으로 문객을 먹여주는 것은 불법이 아닐 수 없다. 비록 자기 봉급의 일부를 떼준다 해도 아무 공직이 없는 사인私人을 먹이는 것은 불법이다. 그래서 이해 언관의 탄핵을 받고 의금부에 투옥되어 추국까지 당했던 것이다.

허균이 수령직을 원하는 이유 가운데에는 가족들의 생계를 위함도 있지만, 비록 파직되는 한이 있더라도 불쌍한 심복들을 먹여 살리려는 목적도 복합되어 있었다는 것이 이번 사건에서도 드러났다. 그런 목적으로 수령직을 원했던 것이다.

한편, 공주목사 시절에 허균은 좋은 일도 했다. 광해군 즉위년 3월에 친구 심열沈悅

---

30 윤계영은 명종 때 소윤파에 속했던 윤춘년(尹春年)의 아들이다.
31 심전은 명종 때 권신 심통원(沈通源)의 친척으로 명종 때 벼슬이 관찰사에 이르렀으나 탐학한 죄로 파직 당한 인물이다.
32 윤춘년(尹春年)은 두 얼굴을 가진 인물이다. 윤원형의 소윤파에 속하여 대윤파를 공격하는데 앞장선 것은 도덕적으로 비난받을 소지가 있다. 또 윤원형이 자기 서자를 출세시키기 위해 서얼허통을 한 것에 대해 비판하지 않은 일로 비판을 받았는데, 이는 오히려 잘한 일로 볼 수도 있다. 또 학문적으로 보면 유불도(儒佛道)에 두루 통하여 비난을 받았는데, 이 또한 주자학의 시각에서 보면 당연하지만, 이를 주자학의 단점으로 본다면 오히려 좋게 평가할 수도 있다. 그의 문하에 서경덕 문인 박민헌(朴民獻) 등이 드나들면서 높이 그를 추앙했다.

(1569~1646)³³에게 보낸 편지를 보면, 허균은 공주에 도착하여 10개월의 봉급을 덜어서 연우각燕牛角을 사 가지고 무고武庫를 채웠다고 말했다. 우각牛角(쇠뿔)은 활을 만드는 데 사용되는 재료이므로 허균이 사재를 털어 우각을 사서 활을 만들었다는 말로 보인다. 허균이 다른 일보다도 국방에 관한 일에는 적극적이었음을 보여준다.

공주목사를 파직당한 허균은 전라도 부안扶安으로 내려가서 우반愚磻³⁴ 정사암靜思庵³⁵을 수리하여 집과 전답을 마련했다. 허균이 부안을 은거지로 선택한 것은 이미 7년 전에 전라도 향시鄕試의 고관考官과 조운판관漕運判官으로 내려왔을 때 들렀던 곳으로 주변 환경도 좋거니와 부안 기생 매창梅窓과도 사귀었던 인연이 있던 곳이었다.

허균은 이곳으로 내려오기 전인 광해군 즉위년 7월에 평소 잘 알고 지내던 부안현감 심광세沈光世(1577~1624)에게 다음과 같은 편지를 보냈다.

> 나는 남의 입에 오르내렸으니 당연히 스스로 탄핵하고 물러나야 할 것이지만, 거듭 남들의 말썽이 생길까 두려워서 머뭇거리고 있소. 다만 어사御使에게 이미 애걸했으니 다음달에는 의당 판결이 날 것이오. 남도의 수령은 오직 우리 형만 믿으니, 산속으로 들어가서 사는 데 다만 두어 명 종자從子의 호역戶役만 감해준다면 나는 의당 그곳으로 가겠소.

허균은 어사御使의 탄핵을 받고 이미 파직될 것을 예견하고 부안현감 심광세에게 편지를 보내 두어 사람의 종자從子에게 호역戶役을 면제시켜 준다면 부안으로 가겠다고

---

33 심열은 본관이 청송이고, 심의겸(沈義謙)의 아우 심충겸(沈忠謙)의 아들이다. 광해군 때에는 인목왕후를 폐위시키는 정청(庭請)에도 참여하는 등 협조를 하기도 했으나, 집안의 뿌리가 서인이고 재주가 워낙 뛰어나서 인조반정 후에도 서인들이 계속 그를 등용하여 영의정에까지 올랐다.
34 부안군 우반(愚磻)은 뒷날 실학자 반계(磻溪) 유형원(柳馨遠)이 낙향하여 살던 곳이기도 하다.
35 정사암은 부사 김청(金淸)이 부안 우반동에 지은 정자인데, 허균이 이곳에 왔을 때 김청의 아들이 이 집을 수리하여 살라고 말했다. 허균이 그곳 경치를 보니 바다와 산들이 아름답게 어우러지고 대나무 숲이 우거져 평생을 살기로 작정하여 가옥과 전답을 사들여 놓았다. 그 뒤로 틈만 나면 부안으로 내려왔다.

부탁한 것이다. 심광세는 바로 심복 심우영沈友英의 친족이고 시인으로서도 유명하여 평소 그와 잘 알고 지내던 사이였다.

심광세는 서인의 영수였던 심의겸沈義謙의 손자로 광해군이 세자로 있을 때 무설誣說을 믿지 말라고 간하다가 광해군에게 미움을 받기도 한 인물이었다. 또 심광세는 시우詩友 택당澤堂 이식李植의 처남이기도 하여 여러 모로 잘 아는 사이였다. 심광세는 허균과 호흡이 잘 맞아서 그의 부탁을 받고 여러 가지 일을 도와주었다.

심광세는 광해군 5년에 영창대군과 김제남을 죽인 계축옥사癸丑獄事에 연루되어 10년 동안 귀양생활을 하다가 인조반정후 벼슬길에 다시 나가 정치개혁과 국방강화를 위한 시책을 강력하게 건의하기도 했다. 《해동악부海東樂府》는 귀양시절에 쓴 역사시이다. 허균이 사귄 사람은 동인뿐만이 아니라 서인 가운데에도 뜻이 맞는 사람들이 많았다. 허균은 당쟁을 싫어하여 스스로 당색을 띠지 않고 살았다. 심광세도 그 가운데 한 사람이다.

이해 9월에 허균은 또 시우詩友 조위한趙緯韓(1567~1649)[36]에게 편지를 보냈다. 그 요지는 다음과 같다.

> 나는 세상의 의논 때문에 액운을 당했으니 쉬고 싶은 게 본래의 뜻이오. 다행히 파직되어 곧장 부안으로 향합니다. 이제부터 나는 5후五侯(벼슬)의 문에는 향하지 않겠소. 백세토록 은거할 집을 마련했소.

이 편지를 보면 허균은 앞으로 벼슬을 하지 않고 부안에 내려와 평생을 살겠다고 다짐했다. 조위한은 당시 아직 벼슬을 하지 않고 있던 백수 시인이었는데, 광해군 1년에 문과에 급제하여 벼슬길에 들어갔으나 광해군 5년에 일어난 계축옥사에 영창대

---

36 조위한은 본관이 한양으로, 형은 조유한(趙維韓), 아우는 조찬한(趙纘韓)으로 모두 시인으로 명성을 날렸고 벼슬도 했다.

군파로 몰려 귀양 갔다가 인조반정 후 재기한 인물이다.

허균이 탄핵을 받거나 귀양을 갈 때마다 속을 태우는 사람이 있었다. 바로 21세 연상인 큰형 허성許筬이었다. 허균이 파직한 뒤 부안에 내려간 것을 보고 걱정이 되어 편지를 보냈는데, 허균은 그에 대한 답장을 이렇게 적었다.

> 부안에 도착하자 고을 수령 심군沈君(심광세)이 성 안 아전 집에 편안하게 지내게 해 주고, 날마다 고기와 곡식을 지급해 주며, 아침 저녁으로 찾아와서 요구하는 것마다 곧바로 응해 줍니다. 마음도 안정되고 몸도 편하여 오직 서사書史를 즐기고 있으니 정말로 욕계慾界(속세)의 신선입니다. ⋯⋯
>
> 변산邊山 남쪽 기슭에는 우반곡愚磻谷이 있습니다. 그 안이 기름지고 평탄하며 수석水石의 경치가 아름답습니다. 두 이씨李氏를 데리고 가서 집터를 정해 놓으니 소나무와 대나무가 울창하고 시내와 계곡이 요조하여 은자隱者가 살 만한 곳입니다. 또 바닷가여서 물고기와 조개 생산이 풍부하고 소금을 굽고 곡식을 심으면 아무리 흉년이 들더라도 죽을 리 없습니다. 심군이 목수들을 모아 나무를 베어서 이미 시냇가에 몇칸의 집을 지어놓았으니, 이런 곳에서 배회하면서 여생을 보낼 수 있겠습니다.

부안현감 심광세의 도움으로 부안 변산 남쪽 우반동에 이미 몇 칸짜리 집을 지어놓았는데, 농지도 비옥하고 해산물도 풍부하여 평생 은거하여 살만한 곳이라고 했다. 그러면서 염전鹽田을 운영할 계획까지 세워 놓고 있음이 보인다.

허균이 말한 계획은 얼핏 보아도 혼자서나 가족만 데리고 살 생각은 아닌 듯하다. 농업과 어업과 염전까지 경영하려면 집단적인 인구가 반드시 필요할 것이다, 혼자서 조용히 숨어 살 생각이라면 이렇게 많은 계획을 세워 놓을 필요가 없었을 것이다.

이 대목에서 문득 떠오르는 것이 있다. 그가 지은 《한정록》의 말미에 붙인 〈치농治農〉이라는 글이다. 이 글을 보면 바다를 끼고 있는 넓은 농토에서 여러 가호가 모여 집단농장을 형성하고 자본을 합하여 이상적인 기업농업을 하는 방법을 세밀하게 설명한 글이다. 어쩌면 그런 이상향으로 부안을 염두에 두고 내려간 것인지도 모른다.

또 위 심광세에게 보낸 편지 가운데 두서너 사람의 요역을 면제해 달라고 부탁하고, 또 큰형 허성에게 보낸 편지에서는 두 사람의 이씨李氏를 데리고 가서 집터를 살펴보았다는 대목도 보이는데, 이 두 사람이 누구인지 궁금하다. 그 두 이씨 가운데 한 사람은 심복 이재영李再榮이었다. 이 사실은 택당 이식李植의 《택당집》〈서후잡록序後雜錄〉에 보인다. 당시 이식이 부안에 있으면서 이재영을 직접 보았다고 썼다.

그러면 나머지 이씨는 누구인가? 단정적으로 말하기는 어려우나 허균의 또 다른 서출 심복인 이원형李元亨일 가능성이 크다. 이원형은 이재영과 함께 어려서부터 허균의 집에 함께 식객으로 살면서 시를 배워 뛰어난 시인이 되었다고 한다.[37]

허균은 부안에 은거할 때 먼저 절친한 심복인 이재영과 이원형을 데리고 가기로 마음먹고 있었음을 알 수 있다. 그런데 이 두 사람은 광해군 10년에 역모사건으로 허균이 재판을 받을 때 함께 체포되어 국문을 받았는데, 끝까지 역모를 부인하여 허균을 도와주려고 애썼다.

16. 부안생활: 택당 이식을 만나다. 역모 혐의를 받다

그러면 허균은 부안에 은거하면서 무슨 일을 했을까? 그런데 놀라운 일이 고발되었다. 8년 뒤인 광해군 9년(1617) 12월에 영의정 기자헌奇自獻(1562~1624)의 아들 예조좌랑 기준격奇俊格(1594~1624)이 예전에 허균이 한 말을 직접 들었다면서, 부안에 있을 때 심광세와 더불어 영창대군을 추대하기 위해 반역을 모의했다고 임금에게 고발하는

---

37 《성소부부고(惺所覆瓿藁)》권 25 설부(說部) 4 〈부안창계생탄금장가어태수거사비석상 이원형견이작시 시인위지절창(扶安倡桂生彈琴長歌於太守去思碑石上 李元亨見而作詩 時人謂之絶唱)〉에 "이원형은 - 우리집 식객으로 어려서부터 나와 이여진[이재영]와 함께 한 곳에서 거처한 까닭에 시를 잘 지었다. 그가 지은 다른 시도 좋은 것이 있는데 석주 권필(權韠)이 그 시를 보고 칭찬했다."라는 기록이 보인다.

사건이 발생한 것이다. 이 고발사건은 허균을 죽음으로 몰아넣는 계기가 되었다.

부안으로 간 허균이 반역을 모의했다는 것은 뒤에 알려진 일이고, 당시에는 아무도 그 사실을 몰랐다. 허균이 정말로 이때 반역을 꿈꾸었는지는 확실하지 않지만, 심복들을 데리고 가서 농사도 함께 하고 동지들을 규합하는 일에 신경을 쓰고 있었던 것만은 사실이다. 일찍이 〈호민론豪民論〉을 써서 궁예弓裔나 견훤甄萱 같은 호민이 나와서 새로운 나라를 세우는 것을 희구했던 그로서는 설사 구체적인 거사에까지는 이르지 않았더라도 그런 꿈을 꾸고 있었다는 것만은 부인할 수 없을 것이다.

허균의 생각과 행적을 보면 선조 22년(1589)에 모반으로 처형당한 정여립鄭汝立과 너무나 닮은 점이 많다. 정여립도 전라도 진안鎭安 죽도竹島에 거점을 만들고, 대동계大同契를 조직하고 군사들을 키우다가 화를 당했는데, 허균이 부안을 그런 거점으로 만든 것은 아닐까? 그러나 이 문제는 뒤에 다시 검토하겠다.

허균을 죽음으로 몰아넣은 기자헌과 기준격 부자는 허균과 어떤 관계를 가지고 있었던가? 자세한 이야기는 뒤에 다시 하기로 한다. 다만, 너무나 가까이 지내 허균의 비밀을 가장 많이 알고 있다는 사실만 지적하고자 한다. 허균이 친구의 어린 아들 기준격에게 많은 비밀 이야기를 숨김없이 털어놓고 지낸 것이 화의 근원이 되었다.

허균은 평소 할 말과 못할 말을 가리지 않고 누구에게나 스스럼없이 드러내는 개방적인 성품을 지니고 있었다. 그래서 친아들처럼 놀러온 10대 소년 기준격에게 자랑삼아 한 말들이 고스란히 인생의 발목을 잡는 참화의 씨앗이 될 줄을 어찌 알았겠는가?

그러면 택당澤堂 이식李植(1584~1647)이 부안에 간 것은 무슨 까닭인가? 부안에서 가까운 전라도 고창高敞에 이식의 서모庶母가 살고 있었다. 그 서모를 만나기 위해 아버지 이안성李安性이 25세 된 이식을 데리고 내려간 것이다. 그런데 마침 고창과 가까운 부안 현감인 심광세沈光世(1577~1624)는 바로 이식의 손위 처남이었다. 당시 심광세는 어머니 심씨[이식의 장모]를 모시고 부안현감으로 있었던 것이다. 그래서 장모에게 문안하기 위해 두서너 번 부안으로 갔다고 한다.

이식의 《택당집澤堂集》을 보면, 그때 심광세는 허균과 그의 심복인 이재영李再榮,

이원형李元亨 등을 비롯하여 여러 문인들을 불러 시모임을 자주 열었는데, 시를 잘하는 이식도 이 모임에 참여하여 서로 시를 주고받으면서 교유했다. 허균은 이식의 시를 매우 격찬하면서 이식이 마치 자신의 문도인 것처럼 세상에 소문을 퍼뜨렸다.

뒷날, 이식은 그때 허균과의 만남은 있었지만 그들이 바람직한 인물이 아님을 알고 있었기에 친하게 지내지는 않았다고 〈서후잡록序後雜錄〉이라는 글에서 자세히 설명하면서 변명했다. 하지만, 참으로 허균을 의심했다면 몇 차례나 만나 시회詩會에 참여했다는 것은 석연치 않은 점이 있다. 또 그때 이식이 지은 시도 심상치 않다. 그 시는 다음과 같다.

浪迹眞無策　　　참으로 계책 없이 떠돌면서
窮愁共此杯　　　궁한 시름 속에 이 술잔 함께 하네

이 시에는 자신의 처지가 대책 없이 떠도는 신세라는 것을 한탄하면서 이들과 술잔을 나누는 기쁨을 표현한 것이니, 허균과 이재영이 극구 칭찬하고 나선 것도 우연한 일이 아니다. 당시 이식은 아직 벼슬을 얻지 못한 상태였으니 신세한탄이 나올 만했다.

또 심광세도 허균과 호흡이 맞아 도와주고 있었으니, 이런 사정을 이식이 전혀 몰랐을 리 없을 것이다. 당시 허균이나 이식은 영창대군을 옹립하려는 소북계열에 속했던 것도 공통점이 있었다.

또 광해군 5년에 여주驪州에 둥지를 틀고 있던 7명의 서얼들이 영창대군을 옹립하기 위해 문경 새재에서 은상銀商을 습격하여 수백 냥의 은화銀貨를 도적질한 사건이 일어났다. 그런데 이 사건이 터지기 전부터 이식은 여주에 살고 있었으므로 강변칠우江邊七友의 수상한 거둥을 이미 알고 있었을 것이다. 그 강변칠우 가운데 이재영이 들어 있고, 이재영이 허균의 심복이라는 것을 이식이 모르고 있었을 리 없을 것이다. 그렇다면 허균과 이식이 부안에 가서 서로 처음으로 만난 것은 아닐 것이다.

허균과 이식의 관계가 이러하다면, 허균이 이식을 자신의 문인으로 간주하는 것도 무리가 아니다. 나이도 15년 차이가 아닌가. 다만 그때 허균이 영창대군을 옹립하려는 반역을 도모하고 있었던 것까지 이식이 알고 있었는지는 단정하기 어렵다.

허균과 이식의 끈끈한 관계는 여기서 끝난 것이 아니었다. 허균은 2년 뒤인 광해군 2년(1610)에 시행된 과거시험의 고시관으로 참여했는데, 그때 기자헌의 아들 기준격奇 俊格과 조카 허보, 그리고 큰 형의 사위 박홍도朴弘道의 급제를 도와준 것은 사실로서 이 때문에 대간의 비판을 크게 받았다.

그런데 마침 그해에 이식이 과거에 급제하여 사람들은 허균이 이식을 도와주지 않았나 의심하기도 했다. 이식이 허균의 문도라고 알려져 있었기 때문이다. 이식이 허균의 도움으로 급제한 것은 아니지만, 이식이 억울하게 오해를 받은 것이다.

뒷날 이식은 허균을 스승으로 여긴 일이 없다고 해명했다. 하지만 젊은 시절에 허균과 가까웠던 것이 사실이므로 이식은 이를 변명하는 글을 수없이 남겼다. 특히 허균이 반역죄로 처형당한 뒤에 이식은 더욱 적극적으로 주자학에 기울었다. 허균을 이식처럼 혹독하게 비판한 사람도 드물 것이다. 젊은 시절의 행적을 지우고 싶은 욕망이 그만큼 컸다는 것을 말해주는 듯하다.

허균과 이식이 얼마나 친숙했는가는 이식이 《홍길동전》의 저자를 허균이라고 단정한 사실에서도 드러난다. 왜 아무도 《홍길동전》의 저자를 말하지 않았는데 이식만이 주저없이 그렇게 말했을까? 여기에는 두 가지 이유가 있는 듯하다. 하나는 허균과 가까이 지냈기 때문에 《홍길동전》이 허균의 저작이라는 것을 직접 들어서 알았을 것이다.

또 하나는 허균의 학문이 《수호전水滸傳》이나 《삼국지三國志》 같은 패관소설稗官小說 따위를 좋아하는 이단異端이라는 것을 증명하기 위해서였다. 이식은 허균이 《홍길동전》을 지은 것도 패관소설을 읽고 모방한 것이라고 말했다.

허균은 부안에 거처하는 동안에도 독서와 집필의 버릇을 놓지 않았다. 하나는 중국 선진시대 제자백가諸子百家에 관한 전서全書를 읽고, 그들에 대한 평론을 썼다. 그것이 〈독제자각제기후讀諸子各題其後〉이다. 이 글에서 가장 주목되는 부분은 제자백가 가운데 가장 존경하는 사람이 부국강병을 주장한 관자管子, 상앙商鞅, 한비자韓非子 등이라는 점이다.

당시 허균의 생각이 부국강병에 대한 열망으로 가득차 있음을 엿볼 수 있다. 허균이 정말로 반역을 시도했다면 그 목적은 부국강병에 있었을 것이다. 뒤에 자세히 설명하겠다.

또 하나는 《한정록閑情錄》의 초고본을 썼다. 중국 역대 은자들隱者의 행적을 조사하여 여러 분야로 분류하여 논평한 책이다. 이 책을 광해군 10년(1618) 여름에 제2차로 증보하여 완성했다. 죽기 직전의 일이다. 특히 증보판에는 〈치농治農〉이 들어 있는데, 이는 부안으로 내려와서 은둔생활을 하면서 지주, 노비, 전인佃人들이 함께 공동경영하는 이상적인 농업공동체를 이루려는 꿈이 담긴 것으로 보인다. 자세한 내용은 뒤에 다시 설명할 것이다.

17. 광해군 원년: 서울로 올라와 벼슬을 받다

부안에서 은거하기로 작심하고 내려간 허균의 부안생활은 4개월로 끝났다. 광해군 즉위년 12월에 서울로 올라와 승문원 판교判校(정3품 당하관)의 벼슬을 받았다. 허균이 마음을 바꾼 이유는 무엇인가? 두 가지 이유가 있는 듯하다.

하나는 광해군정권의 실세였던 이이첨李爾瞻(1560~1623)이 허균을 적극적으로 회유하여 그를 자기 수하로 넣으려는 계략 때문이었다. 이이첨은 허균보다 9세 연상이지만, 같은 날 생원시에 급제한 사마시동문이었다. 두 사람은 서로 생각과 노선이 달라서 평소 친근한 사이가 아니었다. 이이첨은 남명 조식曺植 문인으로서 철저한 광해군의 심복이었고, 허균은 영창대군파였기 때문이다. 그렇기 때문에 이이첨으로서는 더욱 허균을 수하로 넣고 싶었을 것이다.

하지만, 허균으로서도 생존을 위한 전략이 필요했다. 이이첨의 도움이 없이는 살아

남기 어렵다는 것을 알았다. 그래서 그의 힘을 역으로 이용하자는 것이다. 두 사람이 이렇게 동상이몽의 꿈을 안고 손을 잡았다는 것은 뒷날 속속들이 드러났다. 그 이야기는 차차 하기로 한다.

허균이 벼슬길에 다시 나온 또 하나의 이유는 당장의 생계문제였을 것이다. 허균은 벼슬 없이도 살 수 있는 안정적인 생활기반이 없었다. 강릉 외가에 2결 정도의 농지가 있었지만 거리가 너무 멀었다. 낯선 부안에서 생활기반을 마련한다는 것이 어찌 쉬운 일이겠는가? 거처할 집은 마련했다고 하지만 자기의 농지農地가 없지 않은가. 허균이 〈치농治農〉이라는 글에서 먼저 농업을 하려면 자본資本이 있어야 한다고 말한 이유가 여기에 있을 듯하다. 그런데 허균은 평소 치산治産을 한 사람이 아니었다. 돈이 없었다. 그래서 치농에서 공동출자共同出資를 제시한 것이다.

서울과 가까운 근교에는 가족이 안착할 터전이 없었다. 가족들이 사는 집은 아버지 허엽이 살던 서울의 남상동南床洞으로 보이지만, 이곳에는 농지農地가 없다. 부친 허엽도 치산治産을 한 사람이 아니었고, 더욱이 4남매가 재산을 분배했다면 받은 것이 얼마나 되겠는가? 그렇다면 가족들의 생계를 유지할 수 있는 방법이 없었다. 녹봉에 의지할 수밖에 없었을 것이다.

그러면, 허균은 이이첨의 유혹에 어떤 반응을 보였을까? 이해 8월에 허균이 이이첨에게 보낸 편지를 보면 다음과 같은 대목이 보인다.

형께서 옛날에 서로 가까이 지내던 정을 생각하여 뭇 비방 속에서 나를 구해주었으니 재주를 아끼시는 마음이 지극합니다. …… 이제부터는 온 세상의 현사賢士들이 모두 공公의 문하에 있을 것입니다.

이 편지를 보면 부안에 은거하고 있던 허균을 광해군에게 말하여 벼슬을 주게 한 것은 이이첨의 힘이었음이 드러난다. 허균은 이이첨에게 아첨에 가까운 고마움을 표현했지만, 그렇다고 그가 이이첨과 마음속으로 진정한 동지가 된 것은 아니었다.

허균은 그 뒤 광해군 5년에 칠서지옥七庶之獄이 일어나고, 이어 계축옥사癸丑獄事가 발생하자 더욱 이이첨과 가까워졌는데, 이렇게 평소 싫어하던 이이첨과 손잡은 것에 대하여 앞에서 소개한 기준격奇俊格이 의아하여 질문한 적이 있었다. 그러자 허균은 이렇게 대답했다.

> 너는 나이가 어려 무엇을 알겠느냐? 말로末路를 걷는 사람은 화살이 떨어지는 곳에 과녁을 세워야 세상을 무사히 지낼 수 있다.

'말로末路를 걷는 사람은 화살이 떨어지는 곳에 과녁을 세워야 이 세상을 무사히 살 수 있다'는 이 말 속에 허균의 진심이 담겨 있다. 이이첨이 권력을 잡고 있는 현실 속에서 우선 살아남기 위해서는 그에게 아첨해야 한다는 뜻이 아니고 무엇인가? 바꿔 말하면, 궁지에 몰린 사람이 어떤 목적을 달성하기 위해서는 정도正道를 버리고 때로는 권도權道를 따르는 것도 불가피하다는 뜻이다. 그러니 그가 이이첨과 동상이몽의 친구가 된 것이 아니고 무엇인가?

허균이 이루고자 하는 꿈은 분명히 따로 있었다. 부안에서의 꿈을 이루기 위해서는 상당한 자금이 필요하다는 점이다. 심복을 거느리기 위해서도 자금이 필요했다. 그래서인지 광해군 시절의 허균은 벼슬하면서 이상할 정도로 치산治産에 힘썼다. 그 점은 다시 살피겠다.

18. 부안 매창의 노래사건, 10년을 사귀다

41세 되던 광해군 1년(1609) 1월에 허균은 승문원 판교判校로 있으면서 부안기생 매창에게 편지를 보냈다. 부안시절에 자주 만났던 매창이 그립기도 하고, 또 충고할 말도 있었기 때문이다. 편지내용은 다음과 같다.

낭자는 보름날 저녁에 비파를 타면서 〈산자고山慈姑〉[38]를 읊었다는데, 왜 한가하고 은밀한 곳에서 하지 않고, 바로 윤비尹碑 앞에서 하여 남의 허물잡는 사람들에게 들키고, 거사비去思碑를 시詩로 더럽혔소? 그것은 그대의 잘못인데, 비방이 내게로 돌아오니 억울하오. 요즘도 참선參禪을 하는가? 그리도 정이 간절하구려.

이 편지는 설명이 필요하다. 윤비尹碑와 거사비去思碑는 같은 것인데, 선조 34년(1601)에 부안현감을 하다가 떠난 윤선尹銑(1559~1637)[39]의 덕을 칭송하는 비를 말한다. 이 비 앞에서 매창이 노래를 불렀으니, 사람들은 윤선이 매창과 놀아났다고 오해하게 만들었다. 윤선은 매창을 사랑한 것은 사실이나 행실이 매우 깨끗한 선비였다.

그런데 마침 허균의 심복 이원형李元亨이 이 비 앞을 지나다가 매창이 노래를 부르는 것을 보고 〈산자고사山鷓鴣詞〉라는 시를 지었다. 그 시는 이렇다.

一曲瑤琴怨鷓鴣	한 가락 가야금은 자고새를 원망하니
荒碑無語月輪孤	깨진 비는 말이 없고 달만 홀로 외롭구나
峴山當日征南石	저 옛날 현산峴山 양호羊祜[40]의 비석에도
亦有佳人墮淚無	눈물 흘린 기생이 있었던가?

---

38 산자고(山慈姑)는 백합과에 속하는 야생화이다. 그러나 이는 산자고(山鷓鴣; 자고새)를 일부러 그렇게 표현한 것으로 보인다. 자고새는 훔쳐온 알을 부화시켜 키우는데 새끼가 자란 뒤 둥지를 떠나버린다. 그동안 공들인 노력이 모두 허사로 돌아간다는 뜻이다. 매창이 자신을 자고새에 비유하여 비 앞에서 노래를 부른 것이다.

39 윤선은 본관이 파평으로 선조 21년(1588)에 문과에 급제하여 선조 34년(1601)에 부안현감을 지내고, 광해군 때에는 인목왕후가 서궁에 유폐되자 음식을 들여보내 위로했다. 벼슬이 우참찬에 이르렀다가 인조반정 후 다시 벼슬을 내렸으나 받지 않고 은거하다가 세상을 떠났다. 선비들의 존경을 받은 인물이다.

40 양호는 위진남북조시대 진(晉)나라에 벼슬하면서 천하를 통일하기 위해서는 먼저 오(吳)나라를 평정해야 한다고 믿고 온갖 계책을 내놓았으나 뜻을 이루지 못하고 죽었다. 그러나 2년 뒤에 진무제는 그의 계략을 좇아 오나라를 평정하고 그를 기렸다. 그가 벼슬했던 지역 사람들이 그의 공덕을 기려 현산(峴山)에다 사당과 비석을 세웠는데 지나가는 사람들이 모두 비석을 보고 눈물을 흘렸다고 한다.

허균평전

이 시는 매창이 옛 현감 윤선을 추모하여 그 비 앞에서 노래를 불렀다는 뜻을 담은 시이다. 시 자체로는 매우 잘된 작품이지만, 윤선의 비를 더럽힌 결과가 되고, 이원형이 바로 허균의 심복이기 때문에 그 시를 허균이 지었다고 사람들은 믿었다. 그래서 허균은 이래저래 언관들의 입방아에 오르내렸는데, 겨우 오해를 풀고 빠져나왔다고 한다. 매창의 경솔한 행동을 책망하는 편지를 보낸 이유가 여기에 있었다.

하지만 그 책망은 미움이 아니었다. 매창이 이 비 앞에서 노래를 부른 것이 윤선을 그리워해서인지 아니면 허균을 그리워해서인지는 아무도 모른다. 매창만이 알 것이다. 하지만 후자일 가능성도 매우 크다. 다만 매창이 그 비 앞에서 노래를 부른 것이 많은 사람의 오해를 불러일으킨 것이다.

허균은 이해 10월에 〈산자고사〉를 지은 이원형李元亨에게도 편지를 보내 책망했다. 그 내용은 이렇다.

> 그대가 지은 윤비尹碑의 시는 절창絶倡이긴 하지만, 나에게 해를 입힌 것이 많네. 그대가 지은 것이라면 권필權韠(石洲) 이외에는 믿을 사람이 없네. 나는 이때문에 세 번이나 대관臺官(언관)들의 의논에 걸렸는데, 여러 사람의 변호에 힘입어 가까스로 빠져나왔네. 이번에 그 시도 나를 비방하게 함이 적지 않으니 뒤에는 하지 말게나. 그대는 보지 못했는가? 어무적魚無迹이 〈작매斫梅〉를 읊었던 일 말일세.

이원형이 지은 시를 허균이 지었다고 오해를 받아 곤욕을 치르게 된 것을 책망한 것이다. 그러면서 어무적魚無迹이 〈작매斫梅〉라는 시를 쓰고 곤욕을 치른 일을 상기시켰다.

어무적은 연산군 때 관노 출신 시인으로 뒤에는 면천되어 작은 벼슬도 했다. 그런데 김해군수가 매화나무에까지 세금을 징수하자 김해주민들이 매화나무를 도끼로 잘라버렸다. 어무적은 이 사건을 보고 〈작매부〉라는 시를 지었다. 매화나무를 도끼로 잘랐다는 것을 시로 읊은 것이다. 김해군수가 이 시를 보고 격노하여 체포하려고 하자 도망다니다가 죽었다. 허균은 어무적의 사례를 들면서 몸조심하라고 경고한 것이다.

허균은 다시 이해 9월에 매창을 그리워하는 편지를 또 보냈다. 편지는 이렇다.

> 봉래산 가을이 한창 무르익었겠지. 돌아가고픈 홍취가 도도하구려. 낭자는 내가 시
> 골로 돌아오겠다는 약속을 어겼다고 비웃을 것이오. 그 시절에 만약 한 생각이 잘못
> 되었더라면 나와 그대 사이가 어떻게 10년 동안이나 그토록 다정할 수가 있었겠소.
> …… 언제 다시 만나서 하고픈 말을 다할는지, 편지종이를 대하니 마음이 서글퍼지는
> 구려.

가을 단풍이 들었을 부안에 가서 다시 매창을 만나고 싶은 절절한 심정을 표현한
편지다. 그러면서 10년간 이어져 온 다정한 우정은 마음을 잘 다스린 까닭이라고 회고
했다. "한 생각을 잘못 했더라면"이란 말이 그런 뜻을 함축하고 있다. 말하자면 매창을
한낱 노리개의 대상으로 보지 않고 그의 재능을 존중하고 인격적으로 사랑했기 때문에
관계가 오래 지속되었다고 회고한 것이다.

한편, 매창(계랑)의 처지에서 보면 18세에 유희경劉希慶과 깊은 사랑에 빠졌다가 헤어
진 아픔 때문에 더욱 조신하게 처신했는지도 모른다. 허균은 부안시절에도 계랑을
자주 만났을 것이다. 심광세가 주최한 문인시회文人詩會에도 그녀가 참석했을 가능성이
있다.

허균은 이번 매창사건에 관한 글을 따로 기록해 놓았는데, 다음과 같다.

> 부안 기생 계생桂生(매창)은 시를 잘하고 가야금을 잘 탔는데, 어느 태수(윤선을 가
> 리킴)가 그녀를 사랑했다. 그가 부안을 떠난 뒤에 읍인들이 비석을 세워 공덕을 기렸
> 다. 어느 날 달 밝은 밤에 계생이 비석 위에서 가야금을 타면서 노래를 불렀는데, 이
> 원형李元亨이 지나가다가 이를 보고 시를 지었다. [시 생략] 사람들이 이 시를 절창이
> 라고 칭찬했는데, 이원형은 우리집 관객館客(문객)으로 어려서부터 나하고 이여인李汝

仁(이재영)과 한 곳에 거처하여 시를 매우 잘했다. 다른 시도 좋은 게 있는데 석주石洲 (권필)가 그 사람을 좋아하면서 칭찬했다.[41]

여기에서 허균은 매창이 비석 앞에서 노래를 부른 것은 현감 윤선이 매창을 사랑했기 때문에 매창이 윤선을 그리워하여 그리 했다고 적었다. 또 시를 쓴 이원형은 어려서부터 자신의 집 식객으로 이재영과 함께 한 집에서 살면서 시를 배웠다고 했다. 그리고 시인 권필이 그의 시를 매우 좋아했다는 것도 소개했다.

그런데 10년간 사귀고 정들었던 매창이 다음해 광해군 2년(1610)에 38세를 일기로 세상을 떠났다. 허균은 그녀의 죽음을 애도하는 시 2수를 짓고, 그녀에 대한 인물평을 지었다.

먼저, 애도시 2수는 다음과 같다.

妙句堪摛錦	신묘한 글귀 비단 펼쳐 놓은 듯
淸歌解駐雲	청아한 노래 가는 바람 멈추는 듯
偸盜來下界	복숭아 훔친 죄로 속세로 오고[42]
竊藥去人群	선약仙藥 훔친 죄로 속세를 떠났네
燈暗芙蓉帳	부용 장막에 등불 어둑하고
香殘翡翠裙	비취색 치마에 향기 남았네
明年小桃發	내년봄 복사꽃 방긋 피어나면
誰過薛濤墳	누가 설도薛濤(당唐나라 명기名妓) 무덤을 찾을까

---

41 《성소부부고》 권25 설부(說部) 4 〈扶安倡桂生彈琴長歌於太守去思碑石上 李元亨見而作詩 時人謂之絶唱〉
42 복숭아를 훔쳤다는 말은 중국 도교에서 숭상하는 서왕모(西王母) 전설에 나오는 이야기다. 서왕모는 하늘나라에 복숭아 과수원을 가지고 있었는데, 3천년마다 한번 열리는 복숭아를 먹으면 불로장생한다고 한다. 서왕모는 복숭아를 훔친 죄로 곤륜산 꼭대기 호수에 내려와 살았다. 이곳은 지금 신강성 태산 꼭대기에 있는 천지(天池)를 말한다.

悽絶班姬扇	반희班姬(한漢나라 궁녀宮女) 부채 처절하고
悲涼卓女琴	탁녀卓女(한漢나라 가인歌人) 거문고 처량하네
飄花空積恨	흩날리는 꽃 허공에 한을 품고
蘪蕙只傷心	시든 난초 마음만 상하네
蓬島雲無迹	봉래섬 구름 자취 사라지고
滄溟月已沈	달은 이미 푸른바다에 잠겼네
他年蘇小宅	훗날 소소蘇小(제齊나라 명기名妓)의 집
殘柳不成陰	시든 버들에 그늘 없겠지

다음에 매창에 대한 평은 다음과 같다.

계생桂生(매창)은 부안 기생인데, 시에 능하고 글도 이해하며, 또 노래와 거문고도 잘했다. 그러나 천성이 고고하고 개결하여 음탕한 것을 좋아하지 않았다. 나는 그 재주를 사랑하여 교분이 막역했으며, 비록 담소하고 가까이 지냈지만 난亂의 지경에는 미치지 않았기에 오래 가도 변하지 않았다. 지금 그 죽음을 듣고 한 차례 눈물을 뿌리고서 율시律詩 2수를 지어 애도한다.

이 글을 보면, 허균은 매창을 한 사람의 뛰어난 시인이자 연예인으로 존경하면서 오래도록 사귄 것을 알 수 있다. 비단 매창뿐 아니라 일반 관기들도 허균은 천민 노리개로 바라보지 않고 언제나 그들의 고통을 동정심을 가지고 대했다. 이런 모습은 곳곳에서 보인다. 기생을 호칭할 때에도 〈낭자〉로 불렀다. 허균의 신분평등 사상이 그만큼 지극했다.

19. 광해군 1년: 원접사 이상의 종사관, 첨지중추부사

40세 되던 광해군 즉위년(1608) 12월에 허균은 다시 파직에서 풀려나 서울로 올라와서 외교문서를 관장하는 승문원 판교判校(정3품 당하관)에 임명되었음은 앞에서 이미 설명했다. 광해군에 의해서 처음으로 벼슬을 받은 것인데, 이이첨이 허균을 적극 끌어들였음도 앞에서 이미 살펴보았다.

허균에게 승문원 판교의 벼슬을 준 것은 명나라와 외교경험이 많은 그의 재주를 활용하기 위함도 있었다. 그리하여 허균은 다시 사은사謝恩使의 서장관書狀官으로 임명되었다.

그러나 사행을 떠나기 전, 41세 되던 광해군 1년(1609) 2월에 중국에서 유태감劉太監이 사신으로 오자 소릉小陵 이상의李尙毅(1560~1624)가 원접사로 평안도에 갔는데, 이때 글을 잘하는 허균을 종사관으로 추천하여 함께 다녀왔다. 서장관이 취소되고 갑자기 종사관으로 바뀐 것이다. 이정구와 유근의 종사관에 이어 세 번째로 종사관이 되었다.

허균은 9세 연상인 이상의와도 시우詩友로서 가까운 사이여서 이상의가 그를 종사관으로 임명한 것이다. 이상의는 바로 실학자 성호星湖 이익李瀷의 증조부이다. 종사관 시절인 2월 15일부터 7월 25일까지의 일기를 적은 것이 〈기유서행기己酉西行紀〉이다.

광해군 1년 5월에 홍문관에서 주관하여 문신들의 월과月課를 치렀는데, 허균이 세 번이나 수석을 차지했다. 그러자 자급을 올려주고 첨지중추부사(정3품 당상관)에 임명했다. 허균의 글재주가 빛을 발한 것이다. 이 자리는 실권이 없는 무반산직이지만 당상관에 오른 것은 처음이다. 그 뒤 이해 9월에는 형조참의(정3품 당상관)에 임명되었으나 허균이 신망이 없는 사람이라는 이유로 언관들이 반대하여 곧 면직되었다.

이해 12월에는 지봉芝峯 이수광李睟光(1563~1628)에게 편지를 보내 이수광 시집인 《홍양시권洪陽詩卷》이 너무 좋아 몇 차례 읽었으나 손을 뗄 수가 없다고 칭찬하고, 특히 차천로車天輅가 쓴 서序도 매우 좋다고 말했다. 6세 연상인 이수광과 허균은 가까운 시우詩友였다. 두 사람 모두 유희경劉希慶이 만든 침류대학사枕流臺學士의 일원이었다.

20. 광해군 2년: 천추사를 거절하고 감옥에 갇히다

42세 되던 광해군 2년(1610) 2월에는 명나라 천추사千秋使[43]로 지명되었다. 그러자 허균은 역관譯官을 유능한 자로 바꿔 달라고 요청하고, 3월에는 담양부사潭陽府使로 가 있는 시우詩友 이안눌李安訥(1571~1637)에게 편지를 보내 요동도사에게 선물로 줄 부채 300개를 만들어 보내 달라고 부탁하기도 했다. 그러나 4월에 이르러 질병을 이유로 가지 않았다.

허균은 자신의 질병을 화병火病이라고 친구들에게 말했으나, 화병은 무거운 병은 아니고 그저 기분이 나빠서 생긴 병이므로 저간에 무슨 갈등이 생겨서 천추사를 거부한 것으로 보인다. 그러나 광해군은, 비록 질병이 있더라도 왕명을 거역하는 것은 의리가 없고 조정을 얕잡아본다는 이유로 그를 파직시키고 의금부에 가두었다.

그러면 화병을 일으킨 이유는 무엇일까? 《광해군일기》에는 그저 허균이 역관을 바꿔 달라고 요청했다가 뜻대로 되지 않았다고만 되어 있고, 자세한 내막이 없다. 그러나 허균이 광해군 4년에 또 진주사陳奏使로 임명되었을 때, 정부에 심복 이재영李再榮을 역관으로 임명해 달라고 요청하고, 또 사행 비용으로 5천 냥은 너무 적으니 1만 냥 이상으로 높여달라고 요청하다가 의금부에 갇히고 파직된 사건을 연결시켜서 생각해 보면, 이번 일도 그와 똑같은 일로 보인다.

다시 말해, 허균은 두 가지를 요청했다가 거절당한 것으로 보인다. 먼저 역관을 바꿔달라고 한 것은 이재영을 보내달라는 것이고, 또 여비증액도 요청했다가 거절당한 것으로 보인다. 그래서 기분이 상하여 병을 이유로 사행을 거절한 것이다. 사신이 이렇게 수행원과 여비문제를 정부에 요청한 일은 거의 관례가 없는 일이다. 그러니 언관들의 탄핵이 나오지 않을 수 없는 것이다.

---

[43] 천추사(千秋使)는 명나라 황후나 황태자의 생일을 축하하여 가는 사신을 말한다. 황제의 생일에 가는 사신은 성절사(聖節使)로 불렀다.

그러나 허균은 이 일로 감옥에 갇힌 것에 크나큰 분노를 느꼈다. 허균이 파직당했던 시절에 쓴 〈병한잡술病閑雜述〉을 보면, 허균이 여러 친구들에게 보낸 여러 편의 시가 실려 있는데, 모두가 분노에 찬 언사로 가득 차 있다. 그 내용은 뒤에 다시 살펴보겠다.

이해 3월에 담양부사 이안눌李安訥에게 부채 300개를 부탁했다가 취소한 허균은 4월에 다시 담양부사에게 편지를 보냈다. 다른 부탁을 하기 위해서였다. 담양부의 관기官妓 진랑眞娘이 무슨 일로 벌을 받아 혜민국惠民局 의녀醫女로 보내 고생시키고 있는 것을 알고 풀어달라고 청하는 편지였다. 진랑은 허균이 조운판관으로 내려갔을 때 사귄 기녀로서 지금은 나이도 많고 자식까지 가진 처지인데 고통을 호소하고 있어서 불쌍하다고 했다. 그러면서 "나를 위하여 그를 관대하게 대해 주시오. 하찮은 물오리를 잡으려다 귀한 원앙새를 놀라게 하지 말라"고 당부했다.

허균은 비록 천한 기생이라도 고통스럽게 사는 것을 불쌍히 여겨 담양부사에게 그녀를 혹독하게 다루지 말라고 부탁한 것이다.

파직된 허균은 이해 9월에 시우詩友이자 6년 선배인 이조판서 이정구李廷龜(1564~1635)에게 편지를 보내, 공조工曹에 자리가 하나 비었다고 하면서 취직을 부탁했다. 공조는 한가하여 놀고 지내는 자리이고, 옛날 두보杜甫나 소동파蘇東坡 등도 벼슬했던 자리이니, 이 사람들이 손뼉을 칠 수 있도록 도와달라고 말했다. 그러나 실패했다. 이조판서 마음대로 되는 일이 아니었다. 여론이 나쁘기 때문이다.

그러자 이해 10월에는 예조판서를 하고 있던 3년 연상의 시우詩友 신흠申欽(1566~1628)에게 편지를 보내 이조판서 이정구에게 부탁하여 나주목사 자리를 달라고 청했다. 나주는 전에도 가본 일이 있는데, 큰 고을로서 이곳에서 목사를 하면서 생애를 마칠 만하다고 느꼈다고 하면서, 지금 그 자리가 비었으니 도와달라고 청했다. 이정구는 그에게 나주목사 자리를 천거하여 일단 임명되었는데 언관들의 탄핵을 받고 바로 파직되었다. 이런 내용도 《광해군일기》에는 보이지 않으나 〈병한잡술〉에는 보인다.

허균은 마침 이때 시우詩友 한준겸韓浚謙(1557~1627)이 함경도관찰사로 나가고, 신식申湜(1551~1623)이 강원도관찰사로 나가자 송별시를 써주면서 격려했다. 특히 한준겸에게는 함경도 방어의 중요성을 역설했다. 한준겸은 한백겸의 아우로서 영창대군의 보필을 부탁받은 유교칠신遺敎七臣의 한 사람이고, 신식은 신숙주의 5대손으로 선조 때 정여립 사건에 연루되어 한때 귀양을 가기도 했던 인물이다. 두 사람 모두 동인을 거쳐 근경 남인에 속했다.

21. 〈병한잡술〉에 실린 시들

천추사 문제로 승문원 판교에서 해직되고 의금부에 투옥되었다가 풀려난 뒤에 허균은 두 가지 저술을 냈다. 하나는 자신의 시들을 모은 〈병한잡술〉이고, 다른 하나는 중국의 역대 은둔자들의 행적을 소개한 《한정록閑情錄》이다.

먼저, 〈병한잡술〉이라는 이름은 병으로 쉬고 있을 때 지은 잡문이라는 뜻인데, 천추사를 거부한 이유가 병 때문이었다는 것을 변명하려는 뜻도 있었을 것이다. 여기에 실린 시들이 많지만, 그 가운데 중요한 것만을 몇 편 골라 소개하겠다.

첫째, 친구 기윤헌奇允獻(1575~1624)에게 보낸 시다. 기윤헌은 광해군 때 영의정을 지내면서 인목왕후 폐비를 반대하다가 귀양 간 기자헌奇自獻의 아우다. 또 그는 허균의 반역을 고발한 기준격의 숙부이기도 했다.

기윤헌은 선조 38년에 문과에 급제하여 광해군 때 벼슬이 사헌부 장령과 군수 등을 지냈다가 인조반정 후 이괄의 난 때 처형당했다. 허균이 그에게 보낸 시는 매우 길어서 다 소개할 수는 없다. 그 시를 쓴 시기는 의금부에 투옥되었을 때이므로 감옥에서 쓴 시다. 그래서인지 언사가 매우 분노에 차 있고 과격한 것을 볼 수 있다.

시는 처음에 이달李達과 이안눌李安訥의 시를 칭찬하다가 뒤이어 기윤헌의 시를 소개했다. 그 대목은 이러하다.

늦게 얻은 기랑奇郞(기윤헌), 그 기개 우뚝하다

붓대 아래 떨어지는 토막 말, 천추를 놀라게 하네

기량의 몸세움은 어이 그리 꼿꼿한가

초야에 묻히기 싫어 한 세상을 흘겨보네

요즘 우리들과 주먹힘을 겨루는데

우리 세 사람 그 힘 당하기 어렵네

위로는 노락盧駱[44]과 최이崔李[45]를 포함하고

아래로는 공동崆峒[46]과 대복大復[47]을 뒤덮었네

남궁南宮(예조)이 즐겁지 않아 수조水曹(공조)로 돌아오니

하손何遜[48]과 자첨子瞻[49]이 함께 여기서 일어났네

세속 따라 부침함도 해롭지 않거니

세상에서 알아주지 않는다 개탄마소

높은 문장 저절로 천추에 빛날지니

조무래기 중상비방, 서로 싸울 것이네

뒤이어 허균 자신의 처지를 이렇게 읊었다.

나 또한 떨어지고 떨어져 가소로운 사람인데

높은 사람 바라보며 절하기 싫어하네

그래서 재상들이 나를 죽이고자

---

44   노락은 당나라 시인 노조린(盧照隣)과 낙빈왕(駱賓王)을 가리킨다.
45   최이는 당나라 시인 최융(崔融)과 이교(李嶠)를 가리킨다.
46   공동자는 명나라 시인 이몽양(李夢陽)이다.
47   대복은 명 나라 시인 하경명(何景明)이다.
48   하손은 양(梁) 나라의 문장가이다.
49   자첨은 송나라 시인 소동파소식이다.

꾸지람과 배척함이 어찌 그리 분분한지

벼슬이야 뺏길망정 기개 어찌 뺏길손가

질병 비록 모질어도 날 죽이기는 어려우리

금오[의금부] 거적에서 땀에 흠뻑 젖었으나

언관의 탄핵바람 열을 족히 씻어내네

평생 문자로써 원수를 만드니

조카들은 다투어 붓을 쉬라 하네

내 스스로 이를 즐기고 놓지 않으니

인간세상 만호萬戶 제후란 무슨 물건인고

장안에서 사흘 비에 문을 닫고 있노라니

서늘바람 으스스 대나무에 붙어 오네

무척이나 생각나네, 기량은 왜 안오는가?

이 시에서도 허균의 고집은 꺾이지 않고 있음을 드러내고 있다. 온세상이 자신을 핍박해도 내 길은 내가 간다는 결의가 식지 않고 있다.

의금부에 투옥되었을 때 지은 시가 또 한 수 있다.

巡軍門外卸衣巾	의금부 문 밖에서 의관을 벗으니
一歲重來笑太頻	한 해에 두 번 오니 웃음이 잦네
地獄天宮俱淨土	지옥과 천궁이 다 같은 정토淨土(극락)라면
肯嫌徽纏在吾身	오랏줄이 내 몸에 얽혔다고 어찌 싫어하리

이 시는 1년에 두 번이나 오랏줄에 묶여 의금부에 온 것을 스스로 자조하면서도 지옥이나 천당이나 모두 극락이라고 웃어넘기고 있다.

〈병한잡술〉에서는 허균과 가장 가까운 시우詩友로서 다섯 사람을 지목하고, 그들의 시를 격찬하는 시가 보인다. 〈전오자시前五子詩〉가 그것이다. 그 다섯 사람은 권필權韠 (石洲; 1569~1612), 이안눌李安訥(東岳; 1571~1637), 조위한趙緯韓(玄谷; 1567~1649), 이재영李再榮(汝仁; 1553~1623), 그리고 친족 허체許禘이다. 다섯 사람 모두 불우한 일생을 살면서도 날카로운 비판의식을 지니고 있는 것이 공통점이다.

허균은 이어 또 다른 절친한 시우 다섯 사람을 소개하고 그들의 시를 격찬하는 시를 지었다. 이를 〈후오자시後五子詩〉라고 불렀다. 그런데 마지막 한 사람은 기록이 산실되어 네 사람만 실었다. 그 네 사람은 정응운鄭應運(松菴; 1568~?), 조찬한趙纘韓(玄洲; 1572~1631), 기윤헌奇允獻, 그리고 임숙영任叔英(疎庵; 1576~1613)이다. 이들도 앞의 다섯 사람과 마찬가지로 불우하게 살면서 날카로운 비판정신을 가진 시인들이었다.

22. 《한정록閑情錄》 편찬

허균은 천추사 거부 문제로 파직된 뒤에 《한정록閑情錄》을 집필하기도 했다. 이것은 중국의 여러 서책에 보이는 은둔자들의 기록을 모은 것이다. 그런데 이 책은 그 뒤 광해군 10년(1618), 그러니까 그가 죽던 해에 내용을 크게 보완하여 다시 증보판을 냈다.

증보판에 실린 범례凡例를 보면, 이 책을 쓰게 된 계기를 다음과 같이 밝혔다.

내가 경술년(광해군 2년)에 병으로 세간의 일을 사절하고 문을 닫고 객客을 만나지 않아 긴 해를 보낼 방법이 없었다. 그러던 중 보따리 속에서 마침 책 몇권을 들추어냈는데, 바로 주지번朱之蕃 태사가 준 《서일전棲逸傳》, 《옥호빙玉壺氷》, 《와유록臥遊錄》 3종이었다. 이것을 반복하여 펴보면서 곧바로 이 세 책을 4문門으로 분류하여 모아 가지고 《한정록》이라 이름했다.

그 유문類門의 첫째는 은일隱逸이고, 둘째가 한적閑適이요, 셋째가 퇴휴退休이고, 넷째가 청사清事였다. 내 손으로 직접 베껴 책상 위에 얹어두고, 취미가 같은 벗들과 그것을 함께 보며 모두 참 좋다고 했다.

그런데 내가 일찍부터 집에 있는 사적史籍이 적고, 이《한정록》이 너무 간략한 것이 아쉬워, 여기에 유사遺事를 추가하여 전서全書를 만들기를 간절히 바라 계획한 지 오래 되었다. 그러나 바빠서 시간이 없었다.

그러던 중 갑인년(광해군 6)과 을묘년(광해군 7)에 일이 있어 북경에 두 번이나 가게 되어, 그때 집에 있는 돈으로 약 4천 권의 책을 구입했다. 그 가운데서 한정閑情에 관계되는 부분에는 부첩浮貼을 책 윗부분에 끼워 두었다가 나중에 옮겨 적을 때 쓰도록 했다. 그러나 형조판서를 맡아 공무公務가 너무 많아 감히 뽑아서 분류하는 작업에 착수하지 못했다.

그러던 중 금년[광해군 10] 봄에 남의 고발을 당해 죄인의 몸이 되자 두렵고 놀란 정황에 깊은 시름을 떨쳐버릴 방도가 없었다. 마침내 그 책들을 가져다가 끼워 넣은 부첩을 보고 베껴내고, 이것을 다시 16부문으로 나누었다. 이로써 책의 분량도 역시 16권이 되었다.

아, 이제야《한정록》이 거의 완결되었고, 산림으로 돌아가고픈 나의 마음이 이로써 더욱 드러났다.

위 범례를 보면 광해군 2년에 천추사 거부 문제로 파직당하고 병을 앓고 있으면서 두문불출하고 있을 때 앞으로 중국의 은자들처럼 은거할 생각으로 선조 39년(1606)에 명나라 사신 주지번으로부터 받은 세 권의 책, 곧《서일전》,《옥호빙》,《와유록》을 다시 끄집어 내어《한정록》을 편찬하게 되었다는 것이다.

《서일전》은 명나라 학자 하양준何良俊(1506~1573)이 지은 것으로 역대 은둔자들의 행적을 적은 책이다. 《옥호빙》은 명나라 학자 도현경都玄敬(都穆; 1458~1525)이 지은 책으로 역시 옥병 속에 들어 있는 얼음처럼 깨끗하게 살았던 은둔자들의 행적을 기록한 책이고, 《와유록》은 남송 학자 여조겸呂祖謙(1137~1181)이 지은 은사隱士들의 전기傳記이다. 그러니까 세 책 모두가 중국 역대 은자들의 전기물인 셈이다. 허균은 이 세 책을 토대로 자료를 뽑아 네 개의 문門으로 분류했다고 한다. 그것이 곧 〈은일隱逸〉, 〈한적閑適〉, 〈퇴휴退休〉, 〈청사淸事〉이다.

그러나 이렇게 자료를 분류해 놓고, 자료를 필사하여 책상 위에 올려 놓고 동료들과 함께 보았다는 것이다. 이때 함께 읽은 동료는 바로 그의 시복들을 말하는 것으로 보인다. 그들과 함께 은거하고자 하여 함께 읽었을 것이다.

이것이 바로 제1차 《한정록》이다. 그러나 이 책은 지금 전하지 않는다. 지금 전하는 《한정록》은 광해군 10년에 증보한 《한정록》 뿐이다.

허균은 제1차 《한정록》이 미비한 것을 보완하기 위해 광해군 6~7년에 두 번이나 중국에 사신으로 갔을 때 사온 4천여 권의 책 가운데 은사들에 관한 책에서 다시 자료를 뽑아 부첩浮貼을 붙여 놓았다는 것이다. 그러나 공무에 바빠서 부첩을 꽂아 놓은 자료들을 필사하지 못했다. 그러다가 광해군 10년(1618)에 이르러 모역죄로 재판을 받기 직전에 자료를 필사하여 이를 16문 16권으로 나누어 《한정록》을 완성한 것이다.

이때 이 책을 증보하여 완성한 이유는 장차 은퇴하려는 계획을 가지고 있었기 때문이었다. 허균은 자신이 모역죄로 죽을 것으로는 생각하지 않고, 파직이 된다면 은퇴할 생각을 가지고 이 책을 마무리한 것이다. 그러나 그는 은퇴하지 못하고 죽음으로 끝나고 말았다. 그리하여 이 책은 허균의 생애 마지막 유작遺作으로 남게 된 것이다.《한정록》의 내용에 대해서는 뒤에 다시 세밀하게 설명할 것이다.

23. 광해군 2~3년: 문과 고시관考試官 부정으로 함열咸悅로 귀양가다

광해군은 파직된 허균을 몇 달 뒤인 광해군 2년(1610) 10월에 다시 불러들여 행사과行司果(정6품)의 무반산직을 주었다. 허균의 재주를 버릴 수는 없고, 또 위험인물의 하나인 그를 끝까지 붙들고 함께 가는 것이 좋다고 판단한 것이다. 그러나 정6품의 무반산직은 아무런 권력도 없고 그저 약간의 녹봉이나 받는 자리였다. 당상관이던 그가 6품직의 무반산직을 받은 것은 엄청난 좌천이다.

그러나 임금은 허균을 다시 별시문과의 시관試官[50]으로 임명했다. 그런데 고시관으로 있으면서 또 사고를 냈다. 부정급제자들이 나왔기 때문이다. 허균의 친구로서 승려로 있다가 환속한 변헌卞獻[51]을 급제하도록 도와주고, 조카 허보(큰형 허성의 아들)[52]와 형의 사위 곧 조카사위 박홍도朴弘道를 급제하도록 도와주었다고 한다. 당시 사헌부 집의 유숙柳潚의 상소를 보면, 시험답안지의 글자 표식을 알아보고 유리하게 채점했다는 것이다. 그러나 유독 허균의 잘못만을 지적하고 권신 시관들의 잘못은 덮어두었다.

그러나 당시 좌의정으로서 고시관으로 참여했던 이항복李恒福은 특히 허보의 책문策文을 자신이 직접 읽어보고 문장이 좋아서 급제시켰다고 말하여 허균의 죄를 가볍게 해준 것을 보면, 모두 부정으로만 급제시킨 것이 아닌 듯하다.

부정을 저지른 정도는 허균보다도 당시 권신들이 더 컸다. 권신 시관이던 박승종朴承宗(1562~1623)은 광해군의 사위가 된 자신의 아들 박자흥朴自興을 급제시키고, 이이첨은 그의 사돈 이창후李昌後와 친구 정준鄭遵을, 그리고 승지 조탁曺倬은 자기 아우 조길趙佶을 각각 급제시켰다. 그래서 세간에서는 이번 급제자들을 〈자서제질사돈방子壻弟姪査頓榜〉이라고 비방했다. 아들, 사위, 동생, 조카, 사돈들을 급제시켰다는 뜻이다.

이렇게 과거시험에서 큰 부정을 저지른 일은 예전에는 없었으니, 얼마나 기강이 무너졌는지를 알 수 있다. 《광해군일기》의 사론史論을 보면, 부정급제사건이 터지자

---

50 당시 시관은 좌의정 이항복, 이조판서 이정귀, 형조판서 박승종, 호군 조탁, 허균, 홍서봉, 이이첨, 승지 이덕형(李德泂) 등이었다.

51 변헌은 본관이 초계이고, 서산대사 휴정과 사명당 유정의 제자로서 왜란 때 승군을 조직하여 큰 공을 세운 인물이다. 환속하여 과거를 치러 허균의 도움으로 급제했으나 언관의 탄핵으로 파방되었다. 뒤에 명나라에 가서 시문으로 이름을 떨쳤다.

52 허보가 문과에 급제한 것이 허균의 도움이라고 알려져 있으나, 당시 시관(試官)이었던 이항복은 자신이 직접 허부의 책문(策文)을 읽고 글이 좋아서 급제시켰다고 말했다. 그렇다면 허균이 부정으로 급제시킨 것은 아닌 듯하다.

허균평전

이를 탄핵하는 언관들은 힘있는 외척들은 모두 혐의에서 빼고 모든 책임을 힘없는 허균에게만 뒤집어 씌웠다고 썼다.

허균이 곤란에 처해 있을 때 그의 억울함을 적극적으로 변명해준 사람이 있었다. 저항시인 권필權韠이었다. 허균과 동갑으로서 가장 절친한 시우의 한 사람으로 허균이 시를 지어 보내면 거의 대부분 권필과 이달이 논평을 해주던 사이였다. 권필은 벼슬아치가 아니었으므로 조정에서 말하지는 못하고 시를 지어 비판했는데, 그 내용은 이렇다.

假令科第用私情　가령 과거에 사정私情을 썼다 하더라도
子壻弟中姪最輕　아들, 사위, 동생보다는 생질이 죄가 덜한데
獨使許筠當此罪　허균만 이 죄를 받게 하다니
世間公道果難行　세간에서 공도公道는 과연 행하기 어렵네

권필은 허균처럼 성격이 자유분방하고 남의 구속을 받는 것을 싫어하여 일평생 처사로 살았다. 광해군 3년(1611)에 시우 임숙영任叔英(1576~1623)이 문과시험에 응시하여 대책문對策文을 지을 때 주제와 관계없이 유희분과 이이첨 등 권신들의 비리를 비방하는 글을 지어 급제가 취소되었다가 이항복 등이 변호하여 다시 급제했다. 권필은 임숙영이 파방된 것을 보고 분개하여 유희분을 풍자하는 시를 지었는데, 그것이 유명한 〈궁류시宮柳詩〉다. 제목은 '궁중의 버드나무를 읊었다'는 뜻이지만, 내용은 유희분을 버드나무에 비유하여 풍자했다. 그 시는 이렇다.

宮柳靑靑花亂飛　대궐 푸른 버드나무가지 흩날리는데
滿城冠蓋媚春輝　장안 벼슬아치들 휘황한 봄을 칭송하네
朝家共賀昇平樂　조정에선 온통 태평성대를 즐기는데
誰遣危言出布衣　이름없는 선비가 바른 말 할 줄 누가 알았으리

권필은 이 시로 국문을 당하고, 광해군 4년에 김직재金直哉 역모사건에 연루되어 또 매를 맞고 귀양을 가다가 동대문 밖에서 시민들이 준 술을 폭음하고 다음날 향년 44세로 세상을 떠났다. 허균은 임숙영과도 절친했으니, 그의 주변에는 수많은 자유파 시인들이 동아리로 뭉쳐 있었음을 알 수 있다.

그런데 광해군 2년 문과시험 때, 젊은 시절 허균과 어울렸던 택당澤堂 이식李植도 이 시험에서 급제하여 구설수에 올랐다. 그도 허균의 도움을 받은 것이 아닌가 의심을 받은 것이다. 이식이 25세 되던 해에 부안에 내려가서 허균과 교유한 일로 이식은 허균의 문인으로 알려져 있었기 때문이다. 하지만 이식은 자신의 실력으로 급제했다. 《광해군일기》의 〈사론史論〉에서도 이식은 허균의 제자가 아니라고 썼다. 이식 자신도 허균을 만나기는 했어도 그에게서 학문을 배우지는 않았다고 했다.

허균이 만약 역적으로 죽지 않았다면 이식은 군이 허균과의 관계를 부정하지는 않았을 터이지만, 그 당시에는 어찌 허균이 반역죄로 죽을 것을 알았겠는가?

시험부정을 둘러싼 논란이 이처럼 복잡하게 전개되었지만, 허균만이 죄를 뒤집어쓰고 이해 12월에 의금부에 체포되어 42일간 신문을 받고 다음해 광해군 3년(1611) 1월에 전라도 함열咸悅[53]로 귀양을 갔다. 의금부에 세 번째로 투옥되는 수모를 당한 것이다.

함열은 생선이 많이 난다고 하여 허균이 원해서 정한 유배지였다고 함열현감 한홍일韓興一에게 말했다. 한홍일은 바로 한백겸의 아들이었으므로 그의 도움을 받을 수 있을 것으로 기대했다. 그러나 함열은 기대했던 것과 다르게 맛있는 생선이 별로 없었다.

허균은 기자헌奇自獻의 아우로서 공조좌랑을 거쳤던 기윤헌奇允獻(1575~1624)에게 편지를 보내 1월 15일에 함열에 도착했다고 하면서, 새우도 부안扶安만 못하고, 게도 벽제碧蹄만 못하여, 먹을 것만 탐하는 사람으로서 굶어 죽을 지경이라고 호소했다.

---

53 《문집》에는 함산(咸山)으로 귀양 갔다고 했는데, 《광해군일기》에는 함열로 귀양 갔다고 했으므로 함산은 곧 함열을 가리킨다. 당시 함열현감은 한백겸의 아들 한홍일(韓興一)이었다. 한홍일은 허균에게 해산물을 공급해 주었다고 한다.

하지만 1월에는 함열현감 한홍일에게 연어알 젓을 보내주어 고맙다는 편지를 보내고, 다시 3월에는 "이곳에는 작은 방어와 준치가 많이 난다고 하여 이곳으로 유배지를 원했는데, 금년 봄에는 전혀 없으니, 역시 운수가 기박하오. 늙은 나는 입맛을 위해 왔는데, 거친 거여묵으로도 주린 배를 채우지 못하니 우스운 일이오"라고 쓴 편지를 보냈다. 그가 얼마나 미식가이고 식탐가인지를 다시 한번 보여주었다. 한홍일은 당시 25세의 약관으로 현감이 되었는데, 효종 때에는 우의정에까지 오른 근경남인이었다.

허균이 의금부 감옥에 있는 동안 신흠申欽이 그에게 도교서적을 보내주자 함열로 귀양 간 뒤에 감사의 편지를 보냈다. 이정구도 귀한 약재를 보내주었다. 또 계곡 장유張維(1587~1638)도 편지를 보내 안부를 묻자, 허균은 장유가 유배 간 죄인을 국사國士로 대접했다고 하면서 감사의 답장을 보냈다. 장유는 허균보다 18세 연하로서 세자시강원 설서設書(정7품)를 맡고 있었다. 이정구, 신흠, 장유 등은 이식과 더불어 모두 서인으로서 〈한문4대가〉로 불리던 문장가들인데, 광해군 때 고통을 받다가 인조 때 고관대작에 올랐다. 이때만 해도 허균은 이들과 친밀한 관계를 이어왔다. 모두가 침류대학사들이었다.

허균은 함열 귀양살이를 하면서도 또 심복 이재영을 보고 싶어 하여 3월에 편지를 보냈다. "나는 이곳으로 오면 그대를 자주 만나리라고 기뻐했는데, 몇 달이 되어도 만나지 못했네. – 서둘러 오도록 하라"고 독촉했다. 이재영은 아마도 함열에서 멀지 않은 지역에서 살고 있었던 것 같다.

24. 함열에서 〈식소록〉, 〈성수시화〉, 〈도문대작〉, 〈화백시〉, 〈화사영시〉를 쓰다

함열에서 귀양살이 하는 동안에도 허균의 집필의욕은 조금도 꺾이지 않았다. 광해군 3년(1611) 4월에 〈식소록識小錄(상중하)〉과 〈성수시화惺叟詩話〉 등을 썼다. 전자는 허균이 평소 알고 있는 우리나라 역사적 사건과 인물들에 얽힌 일화를 모은 것으로 야사野史

의 성격을 지닌 책이다. 후자는 한국 시의 역사를 나름대로 정리한 글이다.

또 이 무렵 〈도문대작屠門大嚼〉이라는 글을 썼다. '도문대작'이란 "푸줏간 문 앞에서 크게 고기를 씹는다"는 뜻이다. 함열에서 악식惡食을 하면서, 옛날에 먹어보았던 전국의 산해진미들을 기록해 놓고 그림의 떡이라도 삼고 싶은 충동을 일으켜 쓴 글이다.

허균은 이 글의 앞머리에 그동안 자신이 어려서부터 무엇을 먹어보았는지를 소개했다. 집이 비록 가난했지만 아버지 때에는 사방에서 예물로 바치는 진미를 먹어보았고, 장가 든 뒤에도 부자인 처가에서, 왜란 중에는 강릉에서, 그리고 벼슬아치가 된 뒤에는 남북으로 떠돌아다니면서 온갖 진미를 맛보았다고 했다. 식욕食欲과 성욕性欲은 인간의 본성인데 특히 먹는 것은 생명과 관계된다. 그래서 옛 사람들도 음식에 대한 글을 많이 썼다고 했다.

우리나라는 물산이 풍부하고 음식이 다양하여 만 가지 음식이 있는데, 바닷가로 귀양 가서는 밥상에 오르는 것은 쌀겨마저도 부족하여 상한 생선이나 감자, 들미나리 등이고, 그것도 끼니마다 먹지 못하여 굶주린 배로 밤을 지새울 때면 지난날의 산해진미도 물려서 싫어했던 때를 떠올리곤 한다고 했다. 그래서 우리나라 각지의 음식을 종류별로 기록해 놓고 가끔 보면서 한 점 고기로 여기고 침을 삼킨다고 했다. 그야말로 그림의 떡이라도 즐기겠다는 것이다.

끝으로 허균은 "먹는 것에 너무 사치하고 절약할 줄 모르는 세속의 현달한 자들에게 부귀영화는 이렇게 무상하다는 것을 경계하고자 한다"고 끝맺었다. 그러니까 가급적 맛있는 음식을 찾아서 먹어서 건강을 유지하되, 부귀영화에 지나치게 집착하는 것은 해롭다는 것을 경고하고 있다. 〈도문대작〉에 실린 구체적인 음식은 뒤에 다시 소개하겠다.

함열유배 시절에 허균이 지은 자작시도 문집文集에 보인다. 어느 날 궤 속에서 백낙천白樂天 시집을 발견했는데, 그가 강주江州로 유배간 나이가 마침 허균의 나이와 같은 것을 알게 되었다. 그래서 장난삼아 백낙천 시에서 운韻을 빌어 25편의 시를 지었는데, 이를 〈화백시和白詩〉라고 이름지었다. 말하자면 백낙천과 서로 시를 화답했다는 뜻이다. 자신을 백낙천에 비유한 것이다.

또 허균은 함열귀양 시절에 〈화사영시和思穎詩〉도 지은 것으로 보인다. 이 시는 북송 학자 구양수歐陽脩가 지은 〈사영시思穎詩〉에 운자韻字를 붙여 화답하는 형식으로 지은 시를 말한다. 〈사영시〉는 구양수가 영수穎水의 지사를 지내면서 그곳의 경치와 풍속에 매료되어 만년에 이곳으로 은퇴할 것을 생각하여 지은 회고시이다. 허균의 〈화사영시〉는 남방으로 귀양 가서 살면서, 봄과 여름 시절의 고향인 강릉과 그 일대의 산수와 풍속을 그리워하는 내용을 담았는데 수십 수에 이른다.

이 시들을 보면, 강릉 지역에 2경頃(2결) 정도의 전토田土와 별장別莊이 있는 것을 알 수 있고, 경포대鏡浦臺의 아름다움, 우통于筒[54]의 깨끗한 물, 늙은 농부들과 뽕 따는 아낙네의 정겨운 풍경, 바닷가의 생선들을 그리워하고 있다. 그러면서 앞으로 혹시 귀양에서 풀려나면, 흰머리 휘날리며 바닷가에서 농사짓겠다고 말하기도 했다. 그 농사짓겠다고 한 곳이 강릉인지 부안인지는 알 수 없다.

〈화사영시〉를 지은 정확한 연대는 기록이 없다. 그러나 시의 내용을 검토해 보면, 현재 있는 곳이 임피현臨陂縣이라는 것, 천리 떨어진 남방에 있다는 것, 바다를 끼고 있으며 대나무 숲이 많다는 것 등으로 보아 함열에 귀양살이 하던 광해군 3년(1611)에 지은 것을 알 수 있다. 임피현은 함열현에 나란히 붙어 있는데, 지금은 군산시群山市에 속해 있다.

위 〈화사영시〉는 서정적인 감성을 노래하고 있지만, 곳곳에 정치를 원망하는 구절이 보인다. 예를 들면, 〈서회 용답소자정운書懷 用答邵資政韻〉이라는 시 속에 다음과 같은 구절이 보인다.

欲退銜恩歲屢延　　물러나고 싶어도 해마다 못 물러나고

54　우통은 오대산 상원사(上院寺) 옆에 흐르는 깨끗한 개울.

誰知遷謫在衰年	늘그막에 귀양살이할 줄 누가 알았으리
謗讒自任仇人造	원수놈들 제멋대로 훼방참소 날조해도
心跡纔容我輩寬	내 마음 내 행동 우리 무리 용서하리

원수놈들의 억울한 비방과 참소를 받아 귀양살이하고 있지만, 자신을 따르는 무리들은 허균을 이해하고 용서할 것이라는 뜻이다.

허균은 또 그동안 자신이 지은 시문들을 모아 64권에 이르는 《성수부부고惺叟覆瓿稿》[55]라는 이름으로 묶었다. 〈부부覆瓿〉라는 말은 〈장독 뚜껑〉이라는 뜻으로 〈하찮은 글〉이라는 겸손한 말이다. 이 문집은 그동안 조선에 사신으로 와서 허균과 여러 차례 교유했던 주지번朱之蕃이 명나라 학자 이정기李廷機에게 부탁하여 서문을 받아 광해군 5년(1613)에 완성했으나 정식으로 목판으로 간행되지는 못한 필사본으로 보인다.

허균은 이 문집을 죽기 직전에 사위 이사성李士星에게 넘겨주어 가까스로 후세에 전해지게 되었다. 그러나 역적으로 죽은 관계로 조선시대에는 공식적으로 출간되지 못했다가 조선왕조가 망한 뒤에 출간되어 오늘날에 이르게 되었다. 하지만 오늘날의 문집에도 누락된 글들이 많고, 곳곳에 필사하는 과정에 오자誤字가 보인다.[56]

이해 11월에 허균은 다시 귀양에서 풀려나 서울을 거쳐 다시 시골로 내려갔는데 어디로 갔는지는 모르나 생활터전이 있는 강릉인 듯하다.

---

55 문집의 본래 이름은 《옹사부부부고(翁四部覆瓿稿)》라고 했다.
56 허균의 글로서 현행 문집에 빠진 것은 《남정록(南征錄)》(선조 27?), 〈변려문(騈儷文)〉, 〈갑진명주고(甲辰溟州藁)〉(선조 37), 〈서관행록(西關行錄)〉, 〈계축남유초(癸丑南遊草)〉(광해 5), 〈을병조천록(乙丙朝天錄)〉(광해 7~8) 등이다.

25. 광해군 4년: 허성이 죽고, 주청사奏請使 문제로 태인泰仁으로 귀양 가다

44세 되던 광해군 4년(1612) 8월에 큰 형 허성許筬(1548~1612)이 향년 65세로 세상을 떠났다. 허성의 넷째 딸이 광해군의 이복동생인 의창군義昌君에 시집가서 왕실의 인척이 되었기 때문에 선조가 영창대군의 보호를 부탁한 〈유교칠신〉의 하나가 되었던 것이다. 그래서 광해군 때 관직을 삭탈당하고 성 밖으로 송출되기도 했으나, 광해군 4년에 임해군臨海君의 모역을 고발한 공로로 다시 훈신으로 책록되었다. 본인은 극구 사양했다. 그 뒤 지중추부사(정2품)에 올랐다가 바로 세상을 떠났다. 죽은 뒤에 김제남 파로 지목되어 관작이 삭탈당하는 수모를 겪었다.

광해군 4년(1612) 12월에 임금은 놀고 있던 허균을 다시 불러들여 명나라에 진주사陳奏使(주청사)로 임명했다. 왕의 생모 공빈恭嬪을 공성왕후恭聖王后로 추숭하고 나서 면복冕服을 내려달라는 부탁을 하기 위함이었다.

허균은 통역에 능통한 심복 이문학관吏文學官 이재영李再榮을 수행하게 해 달라고 요청하고, 사행 비용이 5천 냥으로는 부족하니 더 보태달라고 청하기도 했다. 허균은 사행으로 갈 때마다 심복 이재영을 동행하고, 비용을 늘려달라고 요청했다. 그러나 허균의 사행은 사간원의 반대로 좌절되었다. 평판이 좋지 않은 그를 중대한 일로 보낼 수 없다는 것이 이유였다. 허균으로서는 세 번째로 중국 사행에서 탈락한 기록을 세웠다.

이해 12월에 허균은 중국 사행으로 임명되었으면서 여러 가지 조건을 붙인 것으로 인해 언관의 탄핵을 받고 태인泰仁으로 유배되었다. 함열보다 조금 더 남쪽이다. 죄가 그다지 크지 않기 때문에 허균이 원하는 지역으로 보낸 것이다. 태인 유배시절에《홍길동전》을 썼다고 추정되기도 하나 확실치 않다.

26. 광해군 5년: 칠서지옥 후 이이첨과 밀착하다

45세 되던 광해군 5년(1613) 3월에 허균을 위기로 몰아넣은 사건이 터졌다. 〈칠서지옥七庶之獄〉으로 불리는 서얼들의 옥사가 일어났다. 대부분이 서인계열 고관대작의 서자들인 일곱 명의 서얼들은 평소 소양강昭陽江과 여주 남한강변에 모여들어 〈죽림칠현竹林七賢〉 또는 〈강변칠우江邊七友〉[57]를 자처하고 시주詩酒를 즐기면서 친목을 다짐하고, 병법兵法을 공부하고, 군량미도 비축하면서, 선조 41년에는 연명으로 서얼금고를 풀어달라는 상소를 올리기도 했으나 효과를 보지 못했다.

그 뒤로 그들은 화적질에 나서 재물을 약탈하기 시작했다. 그 목적이 단순한 도둑질이었는지, 서얼해방운동을 벌이기 위한 자금조달을 위해서인지, 아니면 반역을 위한 거사자금인지는 알 수 없지만, 집권층의 시각에서 본다면 불온세력인 것만은 틀림없었다. 양반집 서얼들로서 높은 지식을 가진 그들이 단순히 생계를 위해 도적질을 했다고는 보이지 않는다. 하지만 그들의 행적을 보면《홍길동전》의 홍길동과 비슷한 점이 있는 것은 사실이다.

이렇게 강변칠우의 거동이 수상쩍은 가운데, 광해군 5년(1613) 3월에 이들이 문경 새재에서 은상銀商을 습격하여 수백 냥의 은을 약탈하다가 모두 체포되는 사건이 발생했다. 실권자 이이첨은 이 사건을 단순한 도둑질로 보지 않고 김제남金悌男과 손잡고 영창대군을 옹립하려는 반역사건으로 보았다. 이들은 대부분 반역을 부정했으나, 박순朴淳의 서자 박응서朴應犀만은 이이첨이 살려주겠다는 회유에 넘어가 반역을 거짓으로 자백했다고 한다.

---

57 일곱 명의 서얼은 서경덕 문인 영의정 박순(朴淳)의 서자 박응서(朴應犀), 관찰사 심전(沈銓)의 서자 심우영(沈友英), 목사 서익(徐益)의 서자 서양갑(徐羊甲), 상산군 박충간(朴忠侃)의 서자 박치인(朴致仁)과 박치의(朴致毅) 형제, 병사 이제신(李濟臣)의 서자 이경준(李耕俊), 그리고 옥포만호 김평손(金平孫) 등이다. 이들의 아버지는 대부분 서인계열 명사들이다. 그러나 〈칠서지옥〉에 관여한 서자는 이밖에도 이원형(李元亨), 박종인(朴宗仁), 유인발(柳仁發) 등이 더 있었다.

　　　　　　　　　　　　　　　　　　　　　　　　　　　　　　허균평전

그러나 박응서가 거짓으로 반역을 자백한 것인지, 진심으로 자백했는지는 단정하기 어렵다. 《광해군일기》는 인조 때 서인西人들이 편찬했기에 이이첨이 이 사건을 억지로 반역으로 몰고 갔다고 썼을지도 모른다. 더욱이 이들이 광해군을 축출한 서인에 속하는 명사들의 서자라는 점도 주목할 필요가 있다. 서인들은 되도록 반역을 부정하고 싶었을 것이다. 이이첨은 반역을 자백한 박응서는 용서해주고 나머지 서자들은 대부분 반역죄로 처형했다.

　　그런데 이 사건이 일어난 뒤에 가장 두려움을 느낀 사람이 있었다. 바로 허균이었다. 강변칠우 가운데 관찰사 심전沈銓의 서자인 심우영沈友英은 허균의 처외삼촌으로서 평소 자신의 심복으로 키운 인물이었다. 허균이 두렵게 느낀 것은 심우영 때문만은 아니었다.

　　광해군 9년 말, 그동안 허균과 허물없이 지냈던 영의정 기자헌의 아들 기준격은, 전부터 허균에게서 들은 허균의 반역활동을 낱낱이 임금에게 고발했는데, 그 가운데 칠서지옥 사건도 들어 있었다. 그의 말을 따르면, 칠서지옥이 발생한 뒤인 5월에 귀양지인 태인泰仁에서 풀려나 서울로 올라온 허균은 기준격에게 칠서지옥에 대하여 말하면서, "칠서지옥이 일어났다는 말을 듣고 신경이 쓰여서 음식을 먹지 못했는데, 죄인이 죽었다는 말을 듣고 비로소 마음이 놓였다"고 하기도 하고, 또 "심복 이원형李元亨이 자복하지 않아 위기를 넘겼다"고도 말하고, 또 "길에서 선전관宣傳官을 만났는데, 내 옆을 그대로 지나가 마음이 놓였다"고 말하기도 했다는 것이다. 이원형은 〈강변칠우〉 또는 〈죽림칠현〉의 명단에는 들어 있지 않으나, 이 사건에 연루된 것을 알 수 있다.

　　이상 기준격의 고발이 사실이라면, 허균은 이 사건의 배후에 깊이 관여되어 있다는 것을 암시한다. 허균의 심복 가운데 심우영과 이원형 두 사람이 분명히 관여되어 있기 때문이다. 그런데, 죄인이 대부분 죄를 자복하지 않고 죽어서 안심이 되었다는 말도 의미심장하다.

　　실제로 허균은 그동안 서얼층을 적극적으로 옹호하고 심복으로 키워왔다. 위에 소개한 이재영이나 이원형 이외에도 수많은 서얼 심복들이 그의 문하에 있었음은 앞에서 이미 설명한 바 있다.

허균이 쓴 글을 보더라도 〈인재론人才論〉이라는 글에서 서얼차대를 가장 나쁜 제도로 비판했고, 또 〈호민론豪民論〉을 써서 민중의 힘을 모아 나라를 뒤엎고 재건한 궁예弓裔나 견훤甄萱 등 호걸들을 칭송하기도 했는데, 허균이 기대한 호민은 바로 서얼들을 암시하는 것으로 보인다. 호민과 서얼, 이 두 개념을 합치면 바로 〈홍길동〉이 탄생한다. 그러니 홍길동은 바로 허균의 정신적인 분신이라 해도 과언이 아닐 것이다.

허균은 칠서지옥을 계기로 신변의 안전을 위해 더욱 적극적으로 이이첨에게 몸을 맡겼다. 바로 그의 생존전략인 "화살이 떨어지는 곳에 과녁을 세워야 살아남는다"는 신조를 따른 것이다. 허균이 영창대군을 옹립하려다가 갑자기 태도를 바꿔 이이첨과 손을 잡자 위에 언급한 기준격이 그 이유를 묻자, 허균은 기준격에게, "어린 네가 무엇을 알겠느냐. 말로末路를 걷는 사람은 화살이 떨어지는 곳에 과녁을 세워야 살아남는다."고 말했다.

이 말은 허균이 살아남기 위해 거짓으로 이이첨과 손잡았다는 뜻이다. 허균은 이이첨과 동상이몽同床異夢의 동지가 된 것이다. 만약 허균이 이런 전략을 쓰지 않았다면 필경 칠서지옥의 배후세력으로 지목되어 반역죄로 처단되었을지도 모른다.

27. 계축옥사로 영창과 김제남이 제거되다

칠서지옥을 계기로 이이첨은 영창대군 일파를 제거할 명분을 얻었다. 그리하여 광해군 5년에 8세 된 영창대군을 강화도로 귀양보냈다가 다음해 죽이고, 반역을 도모한 영창대군 외조부 김제남金悌男을 사사했다. 김제남은 바로 인목왕후의 아비다. 이 사건을 계축옥사癸丑獄事로 부른다.

또 강변칠우와 직간접적으로 연관을 맺고 있던 명사들이 귀양을 갔다. 강변칠우의 한 사람인 서양갑徐羊甲의 적실嫡室 형이 서용갑徐龍甲인데, 서용갑의 처남이 한준겸韓浚

謙이었다. 이런 인척관계를 이유로 대북파는 〈유교칠신〉의 한 사람인 한준겸의 관직을 삭탈하고 귀양 보냈다. 그밖에 유교칠신으로서 아직 살아남은 신흠申欽, 서성徐渻, 박동량朴東亮 등이 모두 귀양을 갔다.

이이첨은 여기서 멈추지 않고, 인목대비를 화禍의 근원으로 보고 대비마저 폐위시켜 평민으로 만들어 장차 제거하려는 음모를 꾸미기 시작했다.

이이첨과 손잡은 허균은 이해 12월에 예조참의(정3품 당상관) 벼슬을 받았다. 당시 예조판서이던 이이첨이 자기 수하로 받아들인 것이다. 그러나 허균을 불신한 사간원의 탄핵으로 사흘만에 그만두었다.

그러면 광해군의 심복 이이첨(1560~1623)은 어떤 사람인가? 그는 연산군 때 무오사화戊午士禍의 빌미를 일부 제공한 찬성 이극돈李克墩의 6대손으로 이극돈이 관직을 삭탈당한 뒤 그 후손이 점차 몰락하여 이이첨의 조부와 아버지는 모두 벼슬이 없었다.[58]

조식 문인 정인홍鄭仁弘으로부터 학문을 배운 그는 몰락한 가문을 다시 일으키려는 조급한 마음에서인지, 아니면 광해군을 지키면서 왜란후의 정치사회변동을 추구하면서 부국강병을 이루기 위함인지는 알 수 없으나 최고의 실권자로 등장하여 소외된 유생들을 끌어들이고 권모술수를 써서 정치를 마음대로 농단하다가 인조반정 후에 처형당했다.

이이첨이 권력을 강화한 배경에는 광해군의 세자빈世子嬪(며느리)이 이이첨의 사위인 박자홍朴自興의 딸이라는 것도 크게 작용했다. 박자홍은 박승종朴承宗의 아들이다. 그래서 이이첨은 광해군 및 박승종과 사돈관계를 맺고 있었다. 이이첨은 《문집》을 남기지 않아서 그의 사상과 진심을 알기는 어려우나 그의 행위로 본다면 법가적法家的인 면모가 강하게 보인다.

---

58 이극돈은 광주이씨(廣州李氏)로 그의 아들 이세경은 문과에 급제했으나 벼슬이 장례원 사의(司議; 정5품)에 머물렀고, 그 아들 이수훈(李秀薰)은 별좌(別坐; 정5품)로 그쳤다. 그 아들 이범(李範)과 이범의 아들 이우선(李友善)은 아예 벼슬이 없었다. 이우선의 아들이 이이첨이다.

화담학파에 속하는 허균은 조식曺植 - 정인홍鄭仁弘 계열의 이이첨과는 학문의 뿌리가 달라 그다지 가까운 사이는 아니었으나, 생원시에 함께 급제한 동문이고, 같은 동인에 속해 있었으며, 함께 벼슬길에 나갔으므로 알고는 지내는 사이였다. 침류대학사 그룹에도 한때 함께 어울린 것으로 보인다.

그러나 허균은 기본적으로 영창대군을 옹립하여 임금이 되면 인목대비가 섭정하고 자신이 훈신勳臣이 되어 권력을 잡고자 하는 것이 목표였다. 그러나 기준격의 고발을 따르면, 허균은 계축옥사로 영창대군이 죽자 추대대상을 자신의 조카사위인 의창군義昌君 이광李珖[59]으로 바꾸고 역모를 꾸미려고 마음먹었다고 한다. 의창군은 바로 허균의 큰형 허성許筬의 사위이기도 했다.

28. 광해군 6~7년: 두 차례 명나라에 가서 서적을 구입하다

46세 되던 광해군 6년(1614) 봄에 허균은 이이첨의 도움으로 호조참의로 자리를 옮기고, 10월에는 천추사 박홍구朴弘耉[60]의 부사副使로 명나라에 갔다. 29세 때 변무사辨誣使를 따라 다녀온 일이 있지만, 부사 자격으로는 첫 번째 북경사행이다. 그동안 세 번이나 사행이 좌절되었던 허균으로서는 처음으로 북경행이 성사된 것이다. 이번에는 자신이 전부터 원하던 심복 이재영의 동행이나 여비문제가 해결되었기 때문에 사행이 성사된 것이다.

그런데 허균이 비밀스런 일을 치계馳啓하는 관례를 무시하고 서장書狀으로 보고하자 조정에서 추고하라고 탄핵했으나 임금이 용서했다. 허균은 이때 많은 서책을 구입하여

---

59 의창군 이광은 선조의 후궁 인빈김씨의 아들이다. 영창대군보다 17세 연상이다.
60 박홍구는 본관이 죽산으로 중종반정공신 박원형(朴元亨)의 5대손이다. 광해군 때 좌의정에까지 올랐다가 인조반정 후 역모사건으로 사사되었다.

가져 왔는데, 명나라에서 조선에 관한 사실을 잘못 기록한 책들을 샅샅이 조사했다고 보고하여 임금의 신임을 받았다.

이성계의 조상을 《대명회전大明會典》에서 이인임李仁任의 후손이라고 잘못 기록한 것은 이미 선조 17년에 황정욱黃廷彧, 한응인韓應寅 등이 종계변무사宗系辨誣使로 가서 바로잡고 왔는데, 허균은 《대명회전》 이외의 여러 책, 예를 들면 정효鄭曉가 지은 《오학편吾學編》, 왕세정王世貞이 지은 《감산별집弇山別集》, 《경세실용편經世實用編》, 《속문헌통고續文獻通考》 등에는 여전히 조선에 대하여 잘못된 내용을 그대로 담고 있어서 이를 바로잡겠다고 하면서 자신의 공로를 내세웠다.

그러나 《광해군일기》의 사론史論에서는 허균의 말에 거짓이 있다고 의심했다. 허균이 오히려 잘못 기록한 위서僞書를 만들어 가지고 가서 사온 것처럼 거짓말을 했다는 것이다. 예를 들면, 오원췌伍袁萃가 지은 《임거만록林居漫錄》 초본 1권을 사 가지고 왔는데, 이 책에는 조선이 일본과 손잡고 명나라를 침략하려고 하는 내용이 들어 있다고 했다. 그러나 인쇄되지 않은 초본을 사온다는 것은 거의 불가능한 일로 보았다. 사실은 《임거만록》은 허균이 이미 집에 있던 책을 필사해서 가지고 갔는데, 그 속에 조선에 관한 이야기를 써넣은 것이라고 한다. 하지만 광해군은 허균의 말을 그대로 믿었다.

47세 되던 광해군 7년(1615) 5월에 허균은 문신정시文臣庭試에서 또 장원하여 동부승지(정3품 당상관)에 임명되었다. 허균의 글재주는 당대 최고 수준이었다. 임금은 이해 6월에 허균이 서책을 많이 구입하고, 잘못된 기록을 다방면으로 조사했으며, 세종世宗 가정황제嘉靖皇帝의 잠箴과 어필御筆을 사가지고 왔다고 치하하면서 가선대부(종2품)로 가자했다.

이해 윤8월에 임금은 다시 동지겸진주사冬至兼陳奏使로 민형남閔馨男을 명나라로 보내면서 또 허균을 부사로 따라가게 했다. 허균으로서는 두 번째 공식 사행이다. 이번 사행의 목적은 임금의 생모 공성왕후恭聖王后 김씨의 면복冕服을 요청하면서 동시에 오류가 있는 위에 언급한 네 종류의 책들을 사가지고 오도록 명했다.

그런데 이번 사행에서 허균이 또 사고를 일으켰다. 사신이 비용으로 가지고 간 은銀 1만 수천 냥을 역관譯官에게 맡기지 않고 정사, 부사. 서장관의 방에 나누어 보관해 놓았는데, 어느 날 밤 허균이 "은을 도둑맞았다"고 하면서 빈 궤를 보여주어 일행을 깜짝 놀라게 했다.

사람들은 허균이 절반을 빼돌렸다고 여겼으나 그대로 넘어갔다. 이때 빼돌린 돈으로 무엇을 했는지는 알 수 없으나 수천 권의 서책을 구입하는데 쓴 것인지, 아니면 다른 용도로 쓰기 위함인지는 알 수 없다. 다만 허균이 개인의 치부致富를 위해 쓴 것은 아닐 것이다. 아마 일부는 책을 사는데 쓰고, 나머지는 심복을 관리하는 비용으로 썼을 가능성이 크다.

그러나 허균은 광해군 10년(1618)에 증보한 《한정록閑情錄》에서 "두 차례 중국에 가서 집에 있는 돈으로 광해군 6년과 7년에 4천여 권의 책을 사왔다"고 썼는데, 정말로 집에 그만한 돈이 있었는지 의심스럽다.

48세 되던 광해군 8년(1616) 1월에 민형남과 허균은 북경에서 치계馳啓를 보냈다. 중국의 《대명회전》과 야사野史에서 우리나라를 잘못 기록한 내용들을 예부에 보고하여 바로잡도록 요청했다는 것이다. 그러나 당시 사자관寫字官으로 따라갔던 송효남宋孝男 이 뒷날 고발하기를, "허균이 《속문헌통고》, 《대명통기大明通紀》를 비롯하여 가지고 간 여러 책들을 펴놓고 아무개가 아무 책을 구입했다고 보고하라고 말했다"고 했다.

그래서 《광해군일기》의 사론史論에서는 이렇게 적었다. 《대명회전》의 잘못된 기록은 이미 수정되었고, 다른 야사野史들도 모두 허균이 개인적으로 집에 가지고 있던 책들로서 허균이 중국으로 가져갔다가 다시 가져온 것이므로 새삼스레 변론하거나 사올 필요가 없었다는 것이다. 그러니까 허균이 임금의 신임을 얻기 위해 거짓말을 한 것으로 알려졌다.

허균이 중국에서 사온 책들 가운데에는 이탈리아 신부 마테오 리치Matteo Ricci(중국명 利瑪竇)가 편찬한 〈천하여지도天下輿地圖〉 곧 〈곤여만국전도坤輿萬國全圖〉(1602)와 《천주실의天主實義》가 들어 있었다. 이 사실은 유몽인柳夢寅의 《어우야담於于野談》에 보인다.

허균평전

유몽인은 허균이 《천주실의》를 사오면서 "많은 이치가 있다. 천당과 지옥이 있다는 것, 결혼을 하지 않는다는 것이 그것이다"라고 하면서 천주교를 좋게 말했다고 한다. 허균은 현대적인 세계지도인 〈천하여지도〉를 보고서도 많은 것을 느꼈을 것이다.

《천주실의》는 허균이 중국을 다녀온 그해에 편찬된 이수광의 《지봉유설》에도 소개되어 있다. 이들은 공통적으로 비주자학자인 동시에 실학계열에 속하는 학인들이다. 주자학자들은 천주교를 이단으로 보기 때문에 《천주실의》를 외면했다.

허균은 광해군 8년 4월에 귀국하자 사직서社稷署 제조를 거쳐 5월에 형조판서(정2품)로 임명되고, 녹비鹿皮를 상으로 하사받았다. 형조판서는 범죄인을 다스리는 요직이므로 허균으로서는 매우 의미있는 벼슬이었다.

29. 광해군 7~8년: 신경희 사건, 해주옥사 사건

허균에 대한 임금의 신임과 지위가 높아지던 가운데 이이첨과 왕비의 오라버니 유희분柳希奮, 세자빈의 할아버지 박승종朴承宗 등 외척권신 사이에 권력투쟁이 치열하게 전개되었다. 서로 상대방을 견제하고 임금에게 잘 보이기 위하여 변고變故를 일으켰다고 날조하여 많은 사람들이 옥사를 치르고 죽게 만들었다. 박승종과 유희분은 인척으로서 특권을 누리기도 했지만, 박승종은 이이첨의 행위가 지나치다고 보아 그를 견제하려고 했다.

그 대표적인 옥사가 이이첨이 일으킨 광해군 7년(1615) 9월의 수안군수 신경희申景禧[61] 옥사사건이다. 신경희가 능창군綾昌君 이전李佺[62]을 추대하려는 반역을 꾀했다는

---

61 신경희(?~1615)는 본관이 평산(平山)으로 부원군 신잡(申礏)의 아들이자 신립(申砬) 장군의 조카이며, 우의정 한효순(韓孝純)의 매형이기도 하다. 한효순은 한백겸과 한준겸의 숙부이다. 수안군수로 있다가 반역으로 체포되었는데, 이이첨은 그가 능창군 이전(李佺; 인조의 아우)을 추대하는 모역을 일으켰다는 죄로 매질하여 죽였다.

혐의로 체포되어 매를 맞고 죽었다. 임금은 이 사건을 의심하고 있었는데, 박승종이 이 사건을 철저히 조사하여 이이첨을 곤경에 몰아넣으려고 꾀했다.

그러자 이이첨이 곤경에서 벗어나기 위해 황해도 해주 구월산에 큰 도적이 숨어 있다는 헛소문을 만들어 친인척을 동원하여 서울에 가서 소문을 퍼뜨리게 했다. 그렇게 하면 해주에 귀양 가있던 서인 황신黃愼(1560~1617)과 소북 남이공南以恭(1565~1640)이 죄를 뒤집어쓰고 죽게 될 것이고, 임금의 신임을 높일 수 있다고 믿었다.

이이첨의 음모가 알려지자 해주 고을 사람들이 분개하여 이이첨 하수인들을 해주목사에게 알려 죄를 다스리게 했다. 해주목사 최기崔沂가 이이첨 하수인들을 잡아다 조사하니, 그들은 최기의 친척과 고향사람들이 반역을 꾀했다고 거짓말을 했다. 진퇴양난에 빠진 최기가 이들을 풀어주자, 모함당한 사람들의 친속들이 분노하여 이들을 몰래 죽여버렸다. 이이첨은 이 사실을 형방승지 한찬남韓纘男을 시켜 탐지하여 큰 사건을 만들려고 했는데, 최기는 그것을 모르고 서울로 가서 임금에게 알리려고 했다.

이때 유희분은, 최기가 서울에 가면 오히려 친속들이 사람을 죽인 일로 큰 화를 당할지도 모르니, 반역을 도모한 사람들이 모두 정창연鄭昌衍, 박승종, 유희분 등 권세가들이라고 거짓으로 보고하라고 일렀다. 그렇게 되면 임금이 이 사건이 거짓임이 드러나서 이이첨을 곤경에 빠뜨릴 수 있다고 생각했다. 최기가 시키는대로 임금에게 고하니, 한찬남이 상소하여 사람들을 함부로 죽인 최기에게 벌을 내리라고 호소했다. 임금은 분노하여 아무 죄도 없는 최기와 그 친속들을 모두 죽였다. 이것이 해주옥사이다.

그런데 이 사건에 형조판서이던 허균이 개입했다. 최기가 옥에 갇히기 전에 허균은 사람을 최기에게 보내, 임금에게 보고하고자 한 글[元情]을 보여주면 좋은 일이 생길 것이라고 했다. 최기의 친속들이 공초에서 이 사실을 폭로하여 임금이 알게 된 것이다. 죄인의 원정元情을 미리 보고자하는 일은 법에 저촉되는 일이었으나 임금은 허균을

---

62 능창군 이전은 인조의 아버지 원종(元宗)의 아들로서 인조의 친동생이며, 광해군의 이복 조카이기도 하다.

허균평전

파직하는데 그쳤다. 허균도 이이첨을 곤경에 빠뜨리기 위해 원정을 미리 보고 싶어 했던 것으로 보인다.

임금은 허균을 죄주지 않고 오히려 중국에서 많은 책을 사온 공으로 그에게 토지 20결과 노비 4구를 하사했다. 광해군은 허균이 진심으로 광해군에게 충성을 바치는 것으로 믿었다. 그러나 허균의 충성심은 거짓이었다.

광해군 8년(1616) 8월에 허균은 또 실수를 저질렀다. 문과의 시관試官으로 참석한 허균이 10여 명의 급제자를 뽑았는데, 자신의 심복 이재영과 더불어 답안지를 대신 작성하여 영의정 기자헌의 아들 기준격奇俊格과 기자헌의 조카이자 기윤헌奇允獻의 아들인 기수발奇秀發을 급제시켰다. 허균은 기자헌과 기윤헌 형제와 평소 절친한 사이 였기에 이런 일을 했다. 그러나 이번 일은 그대로 넘어갔다. 영의정의 가족이므로 문제삼지 않은 것이다.

그런데 이렇게 허균의 은혜를 크게 입은 기준격이 바로 1년 뒤에 허균의 역모를 고발했다. 귀양 간 아버지 기자헌을 살리기 위해 은인 허균을 배신한 것이다. 뒤에 다시 설명하겠다.

30. 광해군 9년: 경운궁 흉서투척 사건

허균이 49세 되던 광해군 9년(1617) 1월 18일에 큰 사건이 또 터졌다. 인목대비가 유폐되어 살고 있던 경운궁(서궁)에서 "경운궁을 그리워한다"는 내용을 담은 익명의 격문을 꽂은 화살이 발견되었다. 인목대비를 그리워한다는 글이니, 이 사건이 터지면 인목대비가 역적들과 내통했다는 증거자료를 삼아 폐위시킬 수 있는 명분이 생기는 것이다.

이 격문을 만든 것은 바로 허균이었다. 허균이 심복인 겸사복 김윤황金胤黃을 시켜 이 격문을 화살에 매어 경운궁 안에다 던지게 한 것이다. 그런데 실제로는 이이첨이 허균에게 부탁하여 만든 것이라고 한다. 격문을 경운궁에 던진 자가 이 사실을 세상에 폭로하여 두 사람의 음모라는 것이 드러난 것이다. 그러면 이이첨은 왜 이런 일을 벌였는가?

이 무렵 남인 선비 윤선도尹善道(1587~1671)가 임금에게 소를 올려 이이첨의 온갖 죄악과 횡포를 낱낱이 임금에게 고발한 사건이 일어났다. 궁지에 몰린 이이첨은 이를 모면하기 위해 대비를 빨리 폐위시켜 임금의 신임을 얻고자 했다.

그러나 이 사건이 이이첨의 음모라는 사실이 밝혀지자 임금은 이를 불문에 붙이고, 박승종과 유희분이 이이첨을 공격할 것을 걱정하여 이해 3월에 세 사람이 모여 화해할 것을 종용했다. 충성파에 속하는 세 권신들이 싸우는 것은 광해군으로서도 좌시할 수 없었기 때문이다. 당시 이 세 사람을 〈삼창三昌〉[63]이라고 불렀다.

그리하여 세 사람이 궁궐 장원서掌苑署 과수원에 모여 향을 피워놓고 시를 지어 서로 맹세하게 하고, 술을 하사하고, 앞으로는 대북[이이첨], 중북[정창연[64]], 소북[유희분과 박승종]을 균등하게 등용하기로 약속했다. 그러니까 광해군 충성파들을 단합시킨 것이다.

31. 광해군 9~10년: 폐비를 위한 여론조작과 백관회의

광해군이 충성파들을 결집시키기 위해 억지로 맺게 한 3자화약은 곧 무너졌다. 그러자 이이첨은 이제 대비를 폐위시키는 방법을 바꾸었다. 모역사건을 조작하는 것을 피하고, 백관들이 묘당에 모여 폐비를 의결한 뒤에 궁궐에 몰려가서 임금에게 폐비를 요청하는 정공법을 택했다. 이를 정청庭請으로 부른다. 그러자면 먼저 아래 선비들로부

---

63 삼창은 이이첨이 광창부원군(廣昌府院君), 박승종이 밀창부원군(密昌府院君), 유희분이 문창부원군(文昌府院君)이 되었기 때문에 붙여진 이름이다.

64 정창연(鄭昌衍)은 정광필의 후손이자 좌의정 정유길(鄭惟吉)의 아들로서 당시 좌의정에 있었는데, 광해군 왕비가 그의 생질녀이기 때문에 왕실의 인척이 되었다.

터 폐비를 요청하는 상소를 하도록 만들어 여론을 조성하고, 여론에 힘입어 백관회의를 여는 순서를 밟았다.

그리하여 성균관 유생들은 이이첨이 끌어들이고, 재야 유생들은 허균이 맡기로 했다. 선비들에게 벼슬자리 등 각종 이권으로 유혹하고 협박하여 폐비상소를 올리도록 유도했다. 평소 친분이 있던 침류대주인 유희경劉希慶도 납치되어 여러 달 동안 갖은 회유와 협박을 받았으나 끝내 거절했다.

유생들은 대부분 신분이 좋지 않고 무식한 자들이어서 상소문은 대부분 허균이 대필해 주었다. 상소문의 내용은 의정부 대신들이 빨리 백관회의를 소집하여 폐비를 결정하라는 내용이었다. 그러나 당시 영의정이었던 기자헌奇自獻이 백관회의 소집을 거절하자 도성 밖으로 내쫓겼다가 귀양 갔다.

그 다음 좌의정 정인홍은 나이가 많아 고향 합천에 내려가 있어서 백관회의를 소집할 수가 없었다. 이제 남은 것은 한백겸과 한준겸의 숙부인 우의정 한효순韓孝純 뿐이었다. 한준겸은 영창대군의 보필을 부탁받은 〈유교칠신〉의 한 사람이므로 한효순도 자연히 영창대군파에 속했다. 한효순은 수십 차례 사직상소를 올려 아예 등청하지 않고 마포에 물러나 살고 있었다.

이이첨은 협조를 거부하는 한효순을 남인의 괴수로 지목하여 그 목을 베라는 상소를 잇달아 올리도록 유생들을 독려했다. 끝내 말을 듣지 않자 조카 한준겸은 물론이요, 인목대비, 그리고 남인들을 모조리 죽이겠다고 협박했다. 그래도 협조하지 않자 한효순의 이름을 마음대로 빌려 백관회의를 소집했다.

한효순은 할 수 없이 백관회의에 나가서 두 팔을 좌우로 뒤흔들면서 폐비를 반대하는 발언을 하여 옷소매로 묘당의 먼지를 모두 쓸어버렸다고 한다. 그럼에도 《광해군일기》에는 그가 찬성한 듯이 기록했으나, 그것은 거짓이었다.[65]

---

65   한영우, 『나라에 사람이 있구나: 월탄 한효순 이야기』, 지식산업사, 2016 참고.

회의결과 하위 벼슬아치들은 찬성이 많고 상위벼슬아치들은 반대하거나 중립을 지켰다. 그러나 숫자상으로는 하위 벼슬아치가 훨씬 많았으므로 찬성이 더 많았다. 하지만 묘당에서 반대발언을 한 대신들이 적지 않고, 또 묘당에 아예 불참한 명신名臣들이 매우 많아 저항이 거세지자, 폐비론이 세 갈래로 갈라졌다.

이이첨은 일이 성사된 뒤에 나쁜 이름이 자신에게로 돌아올 것이 두려워 중국에 폐비를 요청하는 주문奏聞을 올린 뒤에 폐출하기를 바랐는데, 원로 정승 정인홍도 같은 의견이었다. 광해군은 대비를 폐출한 뒤에 사가[친정집]에 가서 살게 하다가 임해군과 영창대군을 죽이는 방식으로 처치하기를 바랐다고 한다.[66]

허균은 당분간 광해군의 신임을 받기 위해 겉으로는 폐비운동에 적극 참여하는 모습을 보였지만, 내심으로는 광해군을 제거하는 반역을 꿈꾸고 있었다. 인목대비를 죽이려고 하지는 않았다. 설사 인목대비가 폐위되더라도 뒤에 반역이 성사되면 다시 복위시킬 수도 있는 일이었기 때문이다. 그 점이 광해군과 다르다.

광해군 10년(1618) 1월 30일에 드디어 이이첨이 대신들과 〈폐비폄손절목廢妃貶損節目〉을 만들 때 한 발 양보하여, 대비를 사가私家로 내쫓지 않고 경운궁에 그대로 머물게 하여 신분을 보호하고, 후궁에 준하는 대우를 하기로 결정했다. 강경한 반대여론에 한발 물러선 것이다. 그리고 임금은 이 절목을 판하判下(결재)하지 않고, 명나라의 승인을 먼저 받은 뒤에 실행하기로 했다. 이이첨의 계획을 따른 것이다.

그러나 끝내 명나라의 승인을 받지 못한 가운데 5년 뒤에 인조반정이 일어날 때까지 대비가 목숨을 보전할 수 있었다. 인목왕후를 후궁에 준하는 신분으로 폐위시켰지만 사가로 내쫓지도 않았고, 죽이지도 못했다. 그저 후궁 신분으로 서궁에 유폐시킨 것으로 끝났다.

---

66   이 기록은 《광해군일기》 광해군 10년 3월 19일자 기록이다.

허균평전

32. 광해군 10년: 기준격이 허균의 반역을 고발하다

폐비를 반대하다가 귀양 간 영의정 기자헌奇自獻(1562~1624)[67]은 어떤 인물인가? 그는 본래 동인에 속한 인물로서 불교를 좋아하여 허균과 매우 절친한 사이였고, 집이 서로 가까워 한 집안처럼 왕래하면서 살았다. 허균은 기자헌의 아우 기윤헌奇允獻(1675~1624)과도 친한 사이로서 평소 시를 주고받으면서 친교를 맺어온 일은 앞에서 이미 설명했다. 기자헌은 아들 기준격에게 허균을 스승으로 섬기게 하여 기준격은 허균의 집에 자식처럼 출입했다.

기자헌은 선조 때 영창대군의 세자책봉을 반대하고 광해군의 즉위를 적극 도왔으나, 그렇다고 인목대비의 폐위에는 반대했다. 그러니까 대북파와 협조하면서 영창대군을 제거하는 데에는 반대하지 않았지만, 인목대비까지 폐위시키는 일은 반대했던 것이다. 그러다가 이이첨과 허균의 주장으로 귀양을 갔다. 그러자 그의 아들 예조좌랑 기준격奇俊格이 아버지를 구하기 위해 광해군 9년(1617) 12월 24일에 임금에게 비밀리에 소를 올려 예전에 허균으로부터 직접 들은 그의 역모사실을 낱낱이 폭로했다.

허균은 광해군 8년에 기준격이 알성문과에 응시했을 때 답안지를 대필하여 급제시켜준 은인이기도 했지만, 기준격은 아버지를 구하기 위해 허균을 배신하고 탄핵하고 나섰다. 그가 폭로한 허균의 죄악은 대략 다음과 같다.

(1) 광해군 1년부터 16세였던 기준격이 허균의 집에 무시로 드나들면서 허균이 역
　　모를 꾸민 이야기를 직접 들었다. 원래 성품이 신중하지 못하고 아랫사람도 친

---

67 기자헌은 본관이 행주(幸州)로서 기묘명현의 한 사람이었던 기준(奇遵)의 증손이다. 선조 때 동인으로 활약하면서 정여립사건으로 최영경(崔永慶)이 억울하게 죽자 그의 신원을 주장하고 서인을 탄핵했다. 광해군 세자시절에 빈객을 맡아 가르쳤으며, 영창대군의 세자책봉을 반대했다. 그러나 인목대비의 폐위를 반대하다가 이이첨과 허균의 미움을 받아 도성 밖으로 송출되었다가 홍원, 길주로 귀양 갔으며, 뒤에 풀려 강릉으로 돌아와 은거했다. 인조반정후 벼슬을 주려 했으나 거절했는데 인조 2년에 이괄난이 일어나자 위험인물을 모두 죽이는 가운데 기자헌도 처형당했다. 뒤에 이원익의 노력으로 신원되었다.

구로 대하는 성품 때문에 허균은 자신이 한 일을 어린 기준격에게 자랑스럽게 털어놓은 것이다. 기준격이 집적 들은 허균의 역모행각은 다음과 같다.

(2) 광해군 1년에 허균이 말하기를, 영창대군이 태어나기 전에는 선조가 사랑하던 인빈김씨仁嬪金氏 소생 의창군 이광을 추대하려는 마음을 품었으나 기자헌이 반대하여 그만두었다고 했다. 기자헌은 광해군을 추대하고자 했기 때문이다. 의창군은 영창대군보다 17세 위였고, 광해군보다 14세 연하였다. 의창군은 바로 허균의 조카사위였음은 앞에서 이미 설명했다.

(3) 선조 말년에 공주목사로 있다가 광해군 즉위 직후 파직당하고 전라도 부안으로 내려갔을 때 그 고을 수령 심광세沈光世와 모의하여 영창대군을 세우고 권세를 잡으려고 음모했다.

또 공주목사 시절에는 영孼을 셋이나 두었다고 비난받았는데, 그 세 영은 바로 서자 심우영沈友英, 윤계영尹繼榮,[68] 서자 이재영李再榮을 두고 이른 말이다. 세 사람을 문객으로 데리고 간 것이다. 이들은 모두 허균이 친히 기른 심복들이다. 허균은 오늘날의 영웅은 서석선徐石仙(서양갑)[69] 뿐이라고 말했다. 심우영과 서양갑은 바로 〈강변칠우〉에 속하는 서얼들이었다.

(4) 허균은 또 한평생 정도전鄭道傳을 흠모하여 항상 현인賢人이라고 칭송했으며, 〈동인시문東人詩文〉을 뽑을 때에도 정도전의 시를 가장 먼저 썼다.

(5) 광해군 2년 4월에는 병을 핑계로 천추사를 거절하여 감옥에 갇혔으며, 광해군 2년 10월에는 조카[허보]와 형의 사위[박홍도]를 문과에 급제시킨 죄로 전라도

---

68 윤계영은 본관이 파평으로 소윤파에 속한 윤춘년(尹春年)의 손자이자 윤희굉(尹希宏)의 아들이다. 진사에 급제한 뒤 허균의 문객이 되었다.

69 석선(石仙)은 허균이 지어준 서양갑(徐羊甲)의 자(字)이다. 그는 본관이 부여(扶餘)로 목사 서익(徐益)의 서자이다. 그런데 서익의 적자(嫡子)인 서용갑(徐龍甲)은 한준겸의 사위이다. 서용갑은 허균의 심복이자 강변칠우(江邊七友)의 한 사람으로서 광해군 4년에 은상인(銀商人)을 습격하여 은 600~700냥을 털다가 붙잡혀 〈칠서지옥〉으로 죽었다. 한준겸도 사위의 서제(庶弟) 때문에 칠서지옥에 연좌되어 귀양 갔다.

함열로 귀양 갔는데, 뒤에 돌아온 뒤에는 한동네에 사는 심광세와 다시 역모를 꾀했다.

(6) 광해군 3년 겨울에 허균은 기준격에게 이렇게 말했다. "두 시체[광해군과 세자]를 끌어내고 대군[영창대군]을 세우고, [인목]대비로 하여금 정사를 대행하게 하려고 한다. …… 내가 지금은 연흥부원군[김제남]에 지휘받고 있지만, 일이 성사된 뒤에는 내가 병권을 장악하고 있다가 때가 되면 무력을 행사하여 김제남도 함께 죽여 나의 권력을 크게 만들고, 대비를 끼고 온나라를 호령하여 다른 사람들은 숨도 쉬지 못하게 할 것이다. …… 또 임금은 입으로 말할 수 없는 여러 가지 일이 있다는 것을 황제에게 모두 진달하고, …… 적자嫡子인 영창대군을 세웠다고 하면 은銀을 1만여 냥까지 쓰지 않아도 일이 순조롭게 될 것이다"라고 말했다.

(7) 광해군 2~3년간에 허균이 말하기를, "임금이 법궁法宮(창덕궁)으로 이어하지 않으면 법궁에는 반드시 주인이 있게 될 것이다."라고 하기에 "그 주인이 누구냐?"고 물었더니 "천시天時와 인사人事를 놓고 볼 때 대군[영창대군]이 주인이 될 것이다"라고 말했다.

(8) 또 허균은 매번 말하기를, "이이첨의 집에 머리가 큰 뱀이 있는데, 최영경崔永慶[70]과 김직재金直哉[71]의 귀신이라고 한다. 그러니 얼마 후에 망할 것이다"라고 했다. 이렇게 이이첨을 저주하더니, 변란[계축옥사]이 일어나 몸둘 곳이 없게 되자 이이첨에게 의탁했다. 기준격이 묻기를 "전에는 대비로 하여금 영창을 왕위에 앉혀놓고 수렴청정하게 하겠다고 말해 놓고, 오늘날은 그를 폐위시키겠다고

---

70 최영경은 선조 22년에 일어난 정여립난 때 정여립의 여당으로 지목되어 서인 위관(委官) 정철에 의하여 억울하게 감옥살이를 하다가 죽은 학자이다.

71 김직재는 영창대군을 따르는 소북파 인물로서 광해군 4년에 그 아들과 함께 진릉군 이태경을 추대하는 반역을 일으킨 죄로 처형당했다. 그러나 이 사건은 이이첨이 소북파를 몰아내기 위해 조작한 사건으로 알려져 있다.

하는가?"고 물으니, 허균이 말하기를, "너는 나이가 어리니 무엇을 알겠느냐? 말로末路를 걷는 사람은 화살이 떨어지는 곳에 과녁을 세워야 세상을 무사히 지낼 수 있다"고 했다. 신의 집안이 모두 허균의 사실을 알고 있기 때문에 우리 식구를 다 죽이려고 모함하는데 못하는 짓이 없었다.

(9) 허균은 김제남과 공모하면서 서울을 옮기자는 논의를 주장했는데, 도참서圖讖書에도 없는 말을 지어내어 말하기를, 처음에는 한漢(한양), 두 번째는 하河(교하), 세 번째는 강江, 네 번째는 해海라고 하면서 민심을 소란시킨 다음에 거사하려고 했다. 교하천도론交河遷都論[72]은 광해군 4년에 술사術師 이의신李懿信이 주장하고 나섰다가 좌절되었는데, 기준격은 교하천도론을 허균이 사주한 것이라고 말했다.

(10) 계축년(광해 5)에 허균은 태인泰仁에서 올라온 후에 말하기를, "옥사[칠서지옥과 계축옥사가 일어났다는 말을 듣고 신경이 쓰여서 음식을 제대로 먹지 못했는데, 죄인이 죽었다는 말을 듣고서 비로소 마음이 놓였다"고 했으며, 또 "오던 길에 선전관宣傳官을 만나자 혼이 떨어져 나갔는데, 내가 서 있는 곳을 그냥 지나가자 매우 기뻤다"고 말했다.

또 옥사를 다스릴 때 얼족孼族으로 허균의 심복이며 이문학관인 이원형李元亨이 자복하지 않아 위기를 모면했다고도 말했다. 또 말하기를, "내가 만약 정권을 잡고 대비가 청정을 하면 내가 원상院相이 되어 온나라의 일을 결정할 것이다"고 했다.

---

[72] 교하천도론은 광해군 4년에 지관(地官; 풍수지리가) 이의신(李懿信)이 주장한 것으로 왜란을 거치면서 한양의 기가 쇠약해졌으므로 새로운 명당인 교하(交河)로 천도하자고 주장했으나, 당시 정승이던 이정귀 (李廷龜)와 이항복(李恒福) 등이 민심을 교란시킨다는 이유로 반대하여 좌절되었다. 그런데 기준격은 교하천도론이 허균과 김제남이 민심을 선동하기 위해 주장한 것이라고 주장했다. 그러나 허균이 교하천도를 주장한 것은 민심선동이 목적이라기보다는 해양교통이 편리한 교하로 천도하여 상업을 진흥시키기위한 것인지도 모른다.

(11) 역적의 격문도 허균이 지었는데, 심복 심우영沈友英으로 하여금 발설하지 말라고 하여 끝내 죄를 면했는데, 허실許實(조카)은 어떻게 알고 다른 사람에게 말했는지 모르겠다고 말했다.

이상과 같은 기준격의 말을 그대로 믿으면 허균은 선조 때에는 의창군 이광을 추대하려고 음모했고, 광해군 때에는 영창대군을 세우려고 몇 차례나 음모를 꾸민 것이 분명하고, 또 계축옥사 이후에는 태도를 크게 바꿔 이이첨에게 빌붙어 인목대비를 폐위시키는 일에 앞장선 것도 진심이 아닌 연극이라는 뜻이다. "화살이 꽂히는 곳에 과녁을 세워야 살아난다"고 한 말은 바로 싫더라도 이이첨에게 빌붙어야 목숨을 구할 수 있다는 뜻이다.

기준격의 비밀 상소가 올라오자 충격을 받은 임금은 이 상소를 반년간 숨겨두고 관망하다가 광해군 10년 윤4월 14일에 추국청에 내려주었다. 증거가 명확하지 않아 반신반의하다가 허균이 다시 반역을 일으키자 본격적인 조사를 위해 내려준 것이다.

기준격의 비밀상소가 올라온 것을 알게 된 허균은 며칠 뒤인 광해군 10년 1월에 자신을 변명하는 비밀상소를 올려 기자헌과 기준격에게 오히려 참소讒訴를 당했다고 호소했다. 자신은 폐비에 앞장섰기 때문에 적이 많이 생겨 자신을 죽이려는 자객이 늘 따라다니고, 기자헌이 오히려 역모를 꾸몄다고 역공했다. 광해군에게 충성을 바친 죄 밖에 없다는 뜻이다.

33. 광해군 10년 8월: 반역으로 처형되다

기준격의 상소에 대하여 비록 반론을 제기했지만, 허균은 자신에게 닥친 위기를 심각하게 받아들였다. 이제는 더 이상 후퇴할 수 없는 낭떠러지에 서 있다고 느꼈다. 허균은 이 위기를 벗어나기 위해 광해군 10년 5월부터 마지막 카드를 꺼냈다. 진짜

반란을 일으키려고 시도했다. 그리하여 자기의 수하들을 총동원하여 일을 분담했다.

범인들이 모두 붙잡힌 뒤에 자복한 내용을 따르면, 심복들을 모아놓고 죽음을 함께하겠다는 결사맹문決死盟文을 지은 것은 1월인데 이때는 아직 부하들에게 반역을 모의한다는 말은 하지 않았다. 비밀을 유지하기 유해서였을 것이다. 6월에 이르러 드디어모역을 논의하고,[73] 거사시기는 7~8월 사이로 잡았다. 모역에 참가하는 행동대원으로승군僧軍을 불러들여 배득길裵得吉이 장군이 되어 이들을 지휘하기로 하고, 이해李瑎와서의중徐義中 등 호남 유생들이 그 지역의 무뢰배들을 데리고 와서 합세하도록 했다.

반역집단의 보조세력이 그동안 친교를 맺으면서 키워온 승려들과 호남지역의 반체제 세력임을 알 수 있다. 물론 서울의 서얼층과 불평관료들과 유생들, 그 인근지역의추종자들이 주동세력임은 말할 것도 없다. 허균이 지방수령으로 나갈 때마다 승려들을불러들여 음식을 먹이고 법회를 열면서 세력을 키웠고, 호남지역은 부안에 터전을이미 마련하고, 함열, 태인 등으로 귀양을 가서 많은 추종세력을 암암리에 심어 놓았을것이다.

거사방법은 먼저 인목대비를 옹호하는 세력이 반란을 일으키려고 한다고 헛소문을퍼뜨려 도성민들이 겁을 먹고 도성 밖으로 도망하여 도성을 비우게 한 다음, 임금이피신하기 위해 궁 밖으로 나오면 임금과 세자를 죽이기로 했다.

헛소문을 퍼뜨리기 위해 성균관 유생 하인준河仁浚에게는 남대문 밖에 격문을 몰래붙이게 했는데, 격문의 내용은, "이이첨, 허균, 하인준河仁俊, 황정필黃廷弼 등이 반역을모의하여 사람을 많이 죽이고, 임금으로 하여금 나쁜 짓을 하게 하니, 이제 신병神兵이일어나 이들을 죽일 것이다. 앞으로 인목대비를 폐위하는 대론大論을 조금 늦추면화를 면할 수 있을 것이다."라는 글이었다. 그러니까 인목대비를 옹호하는 세력이

---

73 이때 모의에 가담한 사람은 6인인데, 한보길(韓輔吉), 박몽준(朴夢俊), 설구인(薛求仁), 한천정(韓天挺),
    김대하(金大河), 우경방(禹慶邦) 등이다. 그 가운데 우경방은 왜란 때 군공으로 가설한 훈련원정이다.
    이때 허균집에 출입했던 사람은 이국량, 이국광, 이건원, 양홍(梁泓), 황정필(黃廷弼), 윤유겸, 이국헌(李
    國憲) 등이다.

반역을 일으킨 것처럼 위장한 것이다.

또 심복 현응민玄應旻[74]을 시켜 밤에 횃불을 들고 산에 올라가 소리를 질러 백성들이 무서워서 도성을 떠나도록 선동했다. 현응민은 허균 외갓집의 얼족孼族인데 왜란 때 공을 세워 주부主簿의 벼슬을 받았던 자로서 허균이 먹여 살리고 있던 문객이었다.

또 한편으로는, 지금 유구국琉球國[75] 군대가 복수를 하기 위해 와서 섬에 숨어 있다고 퍼뜨렸는데, 실제로는 무뢰배들을 모아 늪지에 숨어 있게 한 것이었다. 이렇게 만반의 준비를 해 놓고 임금에게는 허균이 군사를 거느리고 경운궁을 습격하여 인목대비를 죽인 다음에 보고하겠다고 말하여 임금이 허락했다. 임금을 속인 것이다.

그러나 이이첨, 박승종 등은 허균이 광해군을 몰아내기 위한 반역임을 알고 임금에게 고발했다. 임금은 속였으나 이이첨과 박승종 등은 속지 않았다. 임금이 드디어 반역자들을 체포하고 의금부에서 추국하면서, 앞서 기준격이 올린 비밀상소를 광해군 10년 윤4월에 추국청에 내려보내고, 반역자들을 의금부에 가두어 추국이 시작되었다.

이때 허균의 심복으로 체포되어 재판받은 사람은 그밖에도 훈련원정訓鍊院正(정3품 당하관) 우경방禹慶邦,[76] 좌윤左尹(종2품) 김개金闓,[77] 사간원 사간司諫(종3품) 신광업辛光業 (1575~1623),[78] 겸사복兼司僕(종2품) 김윤황金胤黃, 유생 황정필黃廷弼 등이 더 있었다.

허균의 심복들은 처음에는 반역을 부인하다가 심한 고문에 못이겨 허균이 반역을 시도한 사실을 자백하기 시작했다. 임금은 마지막으로 8월 17일부터 허균과 기준격을

---

74 현응민은 허균 외가의 얼족으로서 왜란 때 군공으로 겸사복, 아전, 주부 등의 벼슬을 받았다.
75 유구국은 고려말부터 우리나라에 사신을 보내면서 통교하던 우방국으로서 광해군 때에도 사신이 와서 조공품을 바치고 있었다. 조선초기부터 왜구에게 붙잡혀 갔다가 팔려간 조선인 수백 명이 유구에 살고 있었다. 광해군 무렵에는 그 인구가 크게 늘었을 것이다. 그런데《홍길동전》을 보면, 홍길동이 마지막에 성도를 점령하고, 그 부근에 있는 율도(硉島)에 가서 이상국가를 세운 것으로 나오는데, 이 율도가 유구를 가리키는 듯하다. 허균은 역사에 밝은 지식을 가지고 있어서 유구와 조선의 긴밀한 관계를 토대로 홍길동을 연결시켜 소설을 꾸민 것으로 보인다.
76 우경방은 왜란 때 군공(軍功)으로 당시 가설된 훈련원의 정(正)이 되었다. 반역죄로 처형되었다.
77 김개는 본관이 상주(尙州)이고, 우의정 김귀영(金貴榮)의 아들이다. 문과에 급제한 후 벼슬이 승지를 거쳐 한성부 좌윤(종2품)에 이르렀다. 반역죄로 장살(杖殺)되었다.
78 신광업은 허균의 심복으로 문과에 장원급제한 뒤 사간원 사간(종3품)에 까지 올랐다.

함께 옥에 가두고 신문하기 시작했다. 허균은 끝까지 자신의 결백을 주장하여 판결문인 결안結案을 작성하지 못했다.

임금은 허균에 대한 신문을 계속하여 자백을 받아낸 뒤에 처형하려고 했다. 허균이 누구를 임금으로 추대하려고 했는지, 그리고 그 대상이 만약 의창군 이광이라면 이광이 그 사실을 알고 있었는지를 확인하고 싶었던 듯하다. 그러나 이이첨은 혹시 허균이나 심복들의 입에서 자신의 행적에 관한 자복이 나올까 두려워 꾀를 냈다. 허균을 찾아가 꼭 구제해 줄 것이며, 허균의 딸을 후궁으로 들이겠다고 약속하여 허균의 입을 막았다.

이이첨은 이렇게 허균의 입을 막으면서, 다른 한편으로는 임금에게 허균의 처형을 늦출 필요가 없다고 다그쳤는데, 권신 박승종도 이에 동의하면서 임금을 압박했다. 광해군은 대신들의 압박에 못이겨 처형을 명했다.

이이첨은 8월 24일에 서둘러 허균과 그 심복들을 서쪽 저자거리로 끌고 가서 백관들이 보는 앞에서 능지처참凌遲處斬의 최고형벌을 집행했다. 형벌 중에서 가장 가혹한 형벌을 내린 것이다. 이날 하인준, 김윤황, 우경방, 현응민이 함께 능지처참되었고, 8월 26일에는 황정필 등이 능지처참되었다. 그러나 그 뒤에도 계속하여 수많은 혐의자들이 추국을 당하고 처벌을 받았으며 인조반정 후에도 처벌이 이어졌다.

형장으로 끌려가던 허균은 비로소 자신이 이이첨에게 속은 것을 알고 "하고 싶은 말이 있다"고 소리치면서 끌려갔다고 한다. 그가 하고 싶은 마지막 말이 무엇이었는지는 알 수 없으나, 끝내 입을 열지 못하고 형장의 이슬로 사라졌다. 향년 50세였다.

허균의 처형에 대하여 많은 사람들이 의아해했다. 공초와 죄명을 적은 결안結案도 만들지 않고 서둘러서 죽인 것은 불법일 뿐 아니라, 그렇게 서둘러 죽인 이유를 의심했다.

기준격이 고발한 내용이 진실이라면 허균은 일생동안 반역을 꿈꾸면서 살아온 셈이다. 꼭 누구를 임금으로 세우려는 것이 아니라, 그때그때마다 여론의 지지를 받을만한 왕자를 골라 임금으로 세우고 훈신勳臣으로서 실권을 장악하려는 것이 목적이었다. 그래서 처음에는 의창군을 세우려 했다가, 뒤에는 영창대군으로 대상을 바꾸었다. 그렇다면 이번 반역음모에서는 누구를 임금으로 옹립하려고 했을까?

심복들의 공초를 들어보면, 허균을 임금으로 추대하자는 파와,[79] 허균은 경망하여 임금이 될 수 없으니 의창군義昌君 이광李珖을 추대하자는 파[80]로 갈렸다고 한다. 또 허균과 의창군이 서로 임금자리를 양보했다는 설도 있고, 허균이 스스로 임금이 되려고 했는데 김개와 원종 등이 반대했다는 공초도 나왔다. 다만, 누가 임금이 되든 허균이 최고 실권자로서 권력을 장악하겠다는 것은 분명한 사실이었다.

그렇다면 허균은 권력을 잡아 무엇을 하려고 했던가? 일신의 부귀영화를 꿈꾸었는 가? 아니면 자신이 꿈꾸어 왔던 이상국가를 세우려고 했던가? 그가 정도전을 마음속으로 흠모한 것, 서경덕이나 율곡 같은 진보적이고 개혁적인 성향의 학자들을 숭앙한 것, 평생 불우한 서얼들을 친구로 삼고 심복으로 키워왔던 것, 그리고 《홍길동전》을 쓴 것을 본다면, 서얼이나 소외된 백성들이 좀더 어깨를 펴고 살 수 있는 평등한 이상국 가에 대한 청사진을 실현하려고 했다고 이해하는 것이 사실에 더 가까울 것이다.

또 문화나 학술면에서 본다면 명분에 집착하고 개혁에 소극적이며 언행이 불일치하 는 주자학을 지양하여 유불도儒佛道 3교를 아우르는 통합적인 학문과 사상을 주류로 부각시켜 사상통합과 사회통합을 강화하고자 하는 욕망이 바탕에 깔려 있었다고 볼 수도 있을 것이다.

다만, 관찬기록에 보이는 허균의 인간상과 《문집》이나 그밖의 저서에 보이는 인간상 은 상당한 괴리가 보이는 것은 사실이다. 《실록》을 비롯한 관찬기록에 보이는 허균은 글재주는 뛰어나지만 행실이 부도덕하고 방자한 이단아의 모습일 뿐이다. 그러나 그의 《문집》을 보면 그는 이상향의 꿈을 실현하려는 개혁주의자이자 혁명가의 모습이다. 그의 모든 탈선과 불법과 부정은 개인의 이득을 취하려는 것이 아니라 혁명을 준비하기 위한 수단으로 보인다는 것이다.

---

79 허균을 추대하자고 주장한 심복은 배득길, 장호녕, 김효남, 오언경, 안억주, 오대인, 그리고 전라도 사람 김홍무(金弘武)와 임국신(任國臣) 등이었다고 한다.
80 의창군 이광을 추대하자는 파는 김개(金闓)와 원종(元悰) 등이었다고 한다.

04

허균의
반체제적인 학문과 사상

허균의 반체제적인 학문과 사상

1. 16세기 후반 주자성리학의 후퇴와 화담학파의 실학

　허균은 일평생 주자성리학을 거부한 인물 가운데 하나이다. 허균 뿐 아니라 서경덕과 그를 따르는 화담학파들은 대부분 주자성리학을 거부했다. 주자성리학이 지향하는 도덕주의 그 자체는 거부하지 않았지만, 주자학만으로 국가를 경영할 수는 없다고 보았다. 도덕성은 주자학이 아니더라도 불교나 도교 또는 양명학에서도 찾을 수 있다고 보았다.

　주자학의 도덕성은 수기修己와 치인治人을 근본으로 삼았고, 또 우주자연을 물질적인 기氣보다는 관념적인 이理를 상위에 두고 이해하려고 했다. 다시 말해 우주자연의 이치를 도덕성에 두고 바라본 것이다. 그러나 민생이나 국방 등 현실적인 문제는 물질적인 기氣의 세계와 더 가까운 것이다. 도덕을 추구하고 개인의 처신을 깨끗이 하는 것은 부정과 부패를 막는 데는 부분적으로 효력이 있지만, 심각한 상황의 민생이나 국방 등 치인治人을 제대로 하기는 어렵다.

　또 주자성리학을 공부하는 학자들도 입으로는 도덕을 내세우지만, 실제로는 과거에 급제하기 위한 하나의 수단으로 전락해가고 있었다. 16세기에 무수한 사화士禍를 일으켜 깨끗한 선비들을 탄압한 이른바 권신權臣들도 모두가 주자성리학을 공부하고 출세한 인물들이었지만, 실제 행동은 부정부패의 악역을 수행하고 있었다. 이런 현상은 바로 주자성리학의 학문적 본질이 껍데기만 남고 알맹이는 사라졌다는 것을 의미한다.

주자성리학의 약점이 더욱 크게 드러난 것은 16세기 후반기의 국제정세에도 이유가 있었다. 당시의 국제정세는 명나라는 물론이요, 조선의 국방을 위협하는 북로남왜北虜南倭, 곧 북쪽 여진족과 남방 일본이 모두 군사력이나 물질적인 국력에서는 조선을 압도하고 있었으며, 여진과 일본은 그 힘으로 조선의 국경을 끊임없이 괴롭혔다. 여진족은 옛날 금나라의 영광을 재현하려고 불같이 일어나고, 일본은 이미 서양과 교류하면서 강력한 상업국가와 군사강국으로 성장했다. 이런 상황에서 조선이 도덕적 우위만으로 나라를 지키는 것은 이미 한계에 도달했다. 물질적 국력의 배양이 시급한 시대적 과제로 떠올랐으나 지식인들의 주류는 여전히 도덕지상주의에서 벗어나지 못하고 있었다.

이런 위기상황에서 도덕과 물질적 국력을 동시에 키우려는 학파가 등장한 것이 바로 화담학파였다. 화담학파는 우주자연의 이치를 기氣를 바탕으로 이해하고, 그 기의 변화를 상象과 수數로써 설명하려고 했다. 상象과 수數는 바로 근대 물리학에서 미립자와 수학을 가지고 우주를 연구하려는 학문태도와 비슷하다. 다시 말해 과학적이고 물질적인 접근법이다. 화담학파의 이런 학문을 당시 상수역학象數易學으로 불렀다.

상수역학으로 현실을 바라보면, 민생과 국방 등의 문제가 더욱 심각하게 보인다. 민생과 국방력의 수준이 물력과 수치로 파악되면서 우리가 얼마나 약소국가인가를 깨닫게 되었다. 그에 대한 대응책으로 민생의 안정과 부국강병을 동시에 달성하는 정책을 선호하게 되는 것은 당연한 시대의 흐름이었다. 그리고 그러한 새로운 대안의 학문이 바로 이 시대의 실학實學이었다. 실학은 시대마다 그 의미가 다르게 변화했지만, 조선중기의 실학은 그런 것이었다.

조선중기 실학은 주자성리학에서 이단으로 배척한 불교와 도교, 그리고 양명학 등에 대해서도 관용적인 태도를 가졌다. 특히 불교와 도교는 민중 속에 오래도록 뿌리내려온 민중신앙이기 때문에, 비록 그 속에 미신적인 요소가 있는 것도 사실이지만 도덕수양에 도움이 되는 측면도 없지 않았다. 그래서 이를 통합함으로써 민중에 다가가는 새로운 가치체계의 확립을 추구했다.

16세기 이후 새로 등장한 실학의 선구자들은 대부분 화담학파였다. 상업을 발전시키려고 솔선수범한 이지함李之菡(1517~1578), 임진왜란 직후 새로운 병법兵法을 세우려고 노력한 한효순韓孝純(1543~1621), 새로운 역사지리학을 발전시킨 한백겸韓百謙(1552~1615), 새로운 세계관을 수립하고 백과전서의 실용적 지식을 전달하려고 애쓴 이수광李睟光(1563~1628), 유통경제를 강조한 유몽인柳夢寅(1559~1623) 등이 모두 화담학파에 속하는 실학의 선구자들이었다. 그리고 이들의 실학을 계승발전시킨 유형원柳馨遠(1622~1673), 윤휴尹鑴(1617~1680), 허목許穆(1595~1682), 이익李瀷(1681~1764) 등이 모두 화담학파의 후계자들이었다.

16세기 후반기의 최고 경륜가인 율곡 이이는 주자성리학과 화담학파의 학문을 절충한 학자로서 주자성리학의 순혈주의를 내건 퇴계 이황과는 노선이 같지 않았다. 이이는 이기설理氣說에 서경덕의 주기설의 영향을 크게 받았고, 서경덕 학문의 독창성을 인정하여 서경덕에게 벼슬을 추증하고 시호를 내릴 때 도와주었다. 이이는 경국제세經國濟世의 큰 경륜을 가지고 경장更張을 적극 강조했으나, 이황은 그런 개혁의 경륜은 가지고 있지 않았다. 그의 학문의 핵심은 마음을 다스리는 심학心學에 머물렀다.

허균의 경우는 어떤가? 허균은 시인의 명성과 《홍길동전》의 저자라는 측면에서 주로 문학사에서는 크게 주목을 받아왔으나, 그의 학문도 기본적으로는 화담학파의 학문을 계승한 실학자이자 혁명가의 범주에서 새롭게 조명될 필요가 있다. 그의 부친 허엽許曄이 바로 서경덕 문인이다.

허균도 정치, 경제, 신분, 국방, 사상 전반에 걸쳐 강력한 개혁을 추구한 인물이다. 정치적으로는 무엇보다 당쟁의 극복을 강력하게 추구했고, 경제에 있어서는 상업적 농업에도 관심을 가졌으며, 신분제도의 개혁에 있어서는 단순한 개혁에 머무르지 않고, 호민豪民이라는 새로운 사회세력과 손잡고 정권을 바꾸려는 혁명의 길까지도 선호했다. 그 호민은 서얼층 지식인과 당쟁에서 소외된 몰락 양반층, 승려, 무사, 노비 등 다양했다. 허균은 부국강병의 필요성을 절감하여 그 개혁을 추구하고, 유불도儒佛道를 모두 포용하는 새로운 가치체계를 수립하려고 몸소 실천한 인물이다.

허균의 일생은 저항으로 일관되어 있다. 특히 심복을 키운 일과 승려들과 가까이 지내는 일, 국가의 규범을 예사롭게 무시한 일 등으로 주자학을 숭상하는 유교사회에서는 거의 버림을 받았다. 하지만 그의 일탈과 방종은 단순히 수기修己의 부족에서 나온 실수가 아니었다. 그것은 의도된 저항이었다. 그는 항상, "나는 나다. 나는 나의 길을 간다"고 수많은 시작詩作에서 외쳤다. 누가 뭐래도 자신은 자신이 선택한 길을 떠나지 않겠다는 고집이 확고했다.

허균은 임금에게 개혁을 상소한 일이 없었다. 그것은 그의 벼슬이 한번도 대간이나 홍문관 등 언권을 가진 청요직에 있어본 일이 없기 때문이기도 하지만, 그런 자리를 원하지도 않았다. 그런 자리는 재상으로 승진하기 위한 중간 기착지로 보았기 때문이다. 바로 그런 출세주의자를 증오했다.

허균의 행적과 사상을 제대로 이해하기 위해서는 위와 같은 시대상을 먼저 이해하고 그 속에서 그가 선택한 행로를 큰 그림 속에서 조명할 필요가 있다. 이제 그의 수많은 저서 속으로 들어가서 그의 사상의 본질을 하나하나 들여다 보기로 하겠다.

2. 허균의 학문관과 정치사상

허균의 학문관과 정치사상을 집약적으로 보여주는 글은 그의 문집《성소부부고惺所 覆瓿藁》의 제11권에 들어 있는 〈논論〉이다. 이 글은 대체로 광해군 때 쓴 것으로 보인다. 여기에는 학론學論, 정론政論, 관론官論, 병론兵論, 유재론遺才論, 후록론厚祿論, 소인론小人論, 호민론豪民論, 정도전권근론鄭道傳權近論, 김종직론金宗直論, 남효온론南孝溫論, 이장곤론李長坤論 등 12항의 논설이 들어 있다. 이 글들은 허균의 학문관과 정치관을 엿볼 수 있다는 점에서 가치가 매우 크다. 이를 차례로 소개하면 다음과 같다.

1) 학론學論

허균은 〈학론〉에서 옛날의 유학과 요즘의 유학을 대비하면서 현재의 학문이 타락한 모습을 날카롭게 지적했다. 먼저 옛날의 학문에 대하여 다음과 같이 말했다.

> 옛날의 학자[儒者]는 홀로 제 몸만을 착하게 하려고 하지 않았다. 이치를 탐구하여 천하의 변화에 대응하고, 도道를 밝혀서 뒤에 올 학문을 열어주어 후세로 하여금 우리 학문은 높일 만하고 도맥道脈이 나를 힘입어 끊어지지 않고 이어져서 환하게 알리려 했다. 이렇게 하는 것을 유자儒者의 선무先務로 여겼는데, 그들의 뜻은 공公에 있었다.

다시 말해 옛날의 유자儒者들은 제 몸만을 착하게 닦으려고 학문을 한 것이 아니라 공公을 위해서 학문을 했다는 것이다. 공公이란 국가나 국민 전체를 위한 학문을 했다는 뜻이다. 바꿔 말하면 옛날의 유학은 〈위기지학爲己之學〉이 아니고 〈위인지학爲人之學〉이라고 본 것이다. 또 달리 말하면, 경국제세經國濟世를 위한 실학實學이라고도 할 수 있다.

그러면 요즘의 유학은 어떠한가? 허균의 말을 더 들어보자.

> 근세의 학자라고 말해지는 사람이란 우리 학문을 높이기 위해서도 아니고, 또한 제 몸만을 홀로 착하게 하려고도 않는다. 입으로 조잘대고 귀로 들은 것만을 주워모아 겉 으로 언동을 꾸미는 데 지나지 않는다. "나는 도道를 밝히오. 나는 이치를 궁구하오" 하면서 한 시대의 보고듣는 것을 현혹시키고 있다. 그러나 그 결과를 고찰해 보면 높 은 명망을 얻으려는 것뿐이고,─그들의 마음씨는 〈사私〉이었다. 그리하여 공公과 사私 가 나뉘어지고, 진짜와 가짜가 갈라진 것이다.

다시 말해 근세의 유학자는 〈위기지학〉도 아니고 〈위인지학〉도 아니면서, 공公을 버리고 사私를 추구하고, 진眞을 버리고 거짓[僞]을 따르면서 제 한몸의 명성이나 얻으려는 자들이라는 것이다. 그러니까 지금의 유학자는 위선자僞善者라는 것이다. 참으로 날카로운 지적이다.

허균에 따르면, 진유眞儒는 요순삼대堯舜三代와 같은 태평시대를 열어주거나, 아니면 재야에 있으면 공자나 맹자 또는 송대의 염락관민濂洛關閩[1]처럼 공도公道를 추구하는 학자이어야 한다고 했다.

그런데 요즘 선비들은 입으로는 공도를 실현할 것처럼 말하다가도 막상 벼슬아치가 되면 손발을 놀리지도 못하고 실패하여 비웃음만 사고 만다. 이보다 더 교활한 자들은 명망이 훼손될까 숨어버려 자신의 졸렬함을 감춘다. 이런 행태가 모두 사심私心 때문이다.

이렇게 가짜 유자들이 판치므로 임금도 도학道學을 싫어하게 되었는데, 이는 임금의 잘못이 아니라 도학자들의 능력부족과 사심 때문이라고 보았다. 설사 도학자들의 말을 따랐더라도 요순삼대를 만들지는 못했을 것이다.

허균은 특히 동서분당이 생긴 뒤로 서로 배척하여 더욱 옳고 그름이 정해지지 못했다고 보았다. 예를 들어 최근에 5현五賢[2]만을 문묘에 배향하고, 그밖에는 절대 안 된다고 우기는데, 이는 참으로 가소로운 말이라고 하면서 현인이 어찌 5명에만 국한되어 있느냐고 반문했다. 그러면서 우탁과 정몽주의 학통을 계승한 길재吉再, 뛰어난 재주로 학문을 자득한 서경덕徐敬德, 식견이 밝고 아량이 큰 이이李珥 같은 현인은 왜 거론하지 않느냐고 했다. 여기서 허균은 주자성리학과 거리를 두고 독창성을 발휘한 서경덕과 이이를 존경하고 있음을 엿볼 수 있다.

허균이 문묘에 배향된 5현 이외에도 다른 현인이 많다고 한 것은 뒤집어 말하면, 5현 자체를 대단한 학자로 보지 않는다는 것을 에둘러 표현한 것으로도 볼 수 있다.

---

1   염락관민은 주돈이(周敦頤), 정호(程顥), 정이(程頤), 장재(張載), 주희(朱熹)를 가리킨다.
2   5현은 선조 때 성균관 문묘에 배향된 김굉필, 정여창, 조광조, 이언적, 이황 등을 가리킨다.

실제로 5현들은 경국제세의 경륜을 지닌 경세가들은 아니었다. 허균의 시각에서 보면 입으로만 도덕을 떠들어대는 부류로 보았는지도 모른다. 허균이 5현종사를 거론한 것을 보면, 〈학론〉은 5현종사가 이루어진 광해군 2년 이후에 지었음을 알 수 있다. 허균이 5현 이외에도 서경덕과 이이가 있다고 거론한 것은 화담학파의 시각에서 문제를 제기한 것으로 볼 수 있다. 이이는 공식적으로는 화담학파는 아니지만 서경덕을 비판한 퇴계에 비한다면 화담학파에 매우 우호적인 학자였다.

2) 정론政論

여기서는 임금이 정치를 잘 하려면 임금을 보좌하는 재상宰相의 역할이 매우 중요하다고 강조하고, 세종 때 황희黃喜와 허조許稠를 좋게 평가했다. 두 사람은 유학자가 아니고 재능있는 신하도 아니었지만, 왕도王道보다는 너그럽게 포용하는 정치로서 세종을 보좌했기 때문에 우리나라가 신뢰받고 지금까지 유지되는 것은 세종과 두 신하의 보좌의 덕이라고 했다. 그러니까 황희와 허조는 주자학자가 아니면서도 훌륭한 재상의 역할을 했다는 뜻이다.

한편 선조 때의 가장 뛰어난 신하는 이이와 유성룡이라고 보았다. 이이는 서인이고, 유성룡은 동인이지만, 두 사람을 모두 훌륭한 인물로 보았다. 특히 율곡은 5가지를 경장更張할 것을 촉구했는데, 1) 공안貢案 개혁, 2) 액외병額外兵 설치, 3) 납곡수직納穀授職, 4) 서얼허통, 5) 성보城堡 수축이 그것이다.

허균은 이이의 경장이 실패한 것에 대하여 다음과 같이 아쉬움을 나타냈다.

병란兵亂을 치른 뒤에 왜적을 막고, 백성을 편하게 하기 위해 부지런히 해야 할 방책은 위 5가지에서 벗어나지 못했다. …… 이이가 앞날을 내다본 것은 수십 년 전에 이미 명확했었다. …… 환난을 생각하고 예방하기 위해서는 경장更張하지 않을 수 없었기 때문이었다. 그래서 뭇 사람들의 꺼려함을 무릅쓰고 과감하게 임금에게 말했다.

그러나 속된 선비들은 좁은 소견에 이끌려서 소란하게 된다느니, 타당하지 않다느니 하면서 요란하게 방해했으니, 당연히 그의 지위도 용납되지 못하고, 나라도 잘 되지 못했다.

그러나 지금 논의하는 자들은 온 힘을 다하여 이이를 배척하면서 앞의 다섯 가지 일을 받들어 시행하는데 오히려 힘을 다하려 하지 않으니 이거야말로 매우 가소로운 일이다.

선왕(선조)이 온갖 정력을 쏟아 정치를 도모하던 시절에 두 분 신하(이이와 유성룡)가 그들의 포부를 펴게 하여 위에서는 따르고, 아래에서는 받들어 딴 논의들이 없었다면 비록 태평성대를 이루지는 못했을지라도 왜적의 침략은 막아낼 수 있었을 것이다. 그런데 지껄여대는 자들이 벌떼처럼 일어나 쪼아대며 기필코 가로막아 배척하고 나서야 그만두었다.

이 글을 보면 허균은 이이가 실현시키려고 애썼던 경장更張을 높이 평가하고 이를 방해한 신하들을 극도로 경멸하고 있는 것이다. 다시 말하면, 이이가 경장을 하려고 하면 동인들이 반대하고, 유성룡이 무슨 일을 하려고 하면 서인들이 반대하여 두 사람의 유능한 신하를 잃게 되고 나라도 쇠망했다는 것이다. 만약 선비들이 두 사람을 적극 지지하고 힘을 실어 주었다면 임진왜란도 일어나지 않았을 것이라고 했다. 정곡을 찌른 말이다.

허균은 앞의 〈학론〉에서도 율곡을 훌륭한 인물로 소개했는데, 여기 〈정론〉에서 다시 율곡이 왜 위대한 인물인가를 구체적으로 설명한 것이다.

한편, 유성룡은 임진왜란을 잘 수습하고, 특히 이순신李舜臣(1545~1598)을 등용한 것은 "나라를 중흥시킨 큰 기틀이 되었다"고 격찬했다. 그런데 유성룡을 공격하던 사람들이 이순신까지 싸잡아서 죄를 준 것은 "그 해毒가 나라에 미친 것이 그 이상 더 심할 수가 없다"고 안타까워했다. 당쟁이 나라를 망쳤다는 것이다.

허균은 만일 황희나 허조가 선조 때 재상이 되었더라면 두 왕조를 섬겼다고 헐뜯어서 하루도 편안한 날이 없었을 것이라고 말했다. 정론政論의 핵심은 입으로만 허세를 부리는 주자학자들과 그들의 당쟁이 정치를 망치고 있다는 것이다.

3) 관론官論

〈관론〉은 관제官制의 문제점을 비판한 글이다. 우리나라가 중국보다 나라도 작으면서 중국 당唐나라 제도를 모방하여 쓸데없는 관청과 관원을 많이 둔 것이 잘못이라고 비판했다.

여기서는 먼저 당나라 관제의 문제점을 다음과 같이 비판했다.

> 삼대三代 이후로 관직을 함부로 늘리고 관원이 많았던 것으로는 당나라보다 더한 나라가 없었다. 관직을 함부로 늘린다면 권한이 분산되어 지위가 높아지지 못하고, 관원이 많으면 녹祿만 허비하고 일은 모아지지 않는다. 이렇게 하면서 정치를 잘한다는 이치가 없다. 이씨[당태종 이세민]가 강해지지 못한 이유가 여기에 있다.
>
> 우리나라 관제는 당나라를 본받았으나 당나라보다도 더 쓸데없는 관직과 관원이 남발되었다. 천하의 큰 나라도 오히려 권력 분산으로 녹봉의 부족을 걱정했는데, 하물며 한모퉁이의 조그만 나라야 어떻겠는가.

당나라는 세계적인 대국으로서 그 관제가 매우 정밀하여 동아시아 각국 관제의 모델이 되었는데, 허균은 지나치게 권력이 분화된 것이 오히려 당나라의 수명을 260여 년으로 끝나게 만들었다고 본 것이다. 권력이 지나치게 분산되면 관직의 전문화가 커지는 것은 사실이지만 그대신 행정의 집중력이 떨어지고, 관원이 너무 많으면 재정지출이 많아져서 국력을 약화시킨다는 것이다. 일리가 있는 지적이다.

그런데 우리나라는 당나라제도를 모방한 나머지 나라가 당나라보다도 훨씬 작으면서 관직과 관원이 너무 많다고 보았다.

허균은 그 대안으로 명나라 관제를 모범으로 삼아야 한다고 말했다. 명나라는 두 개의 수도[남경과 북경]를 두고 군정軍政은 5부五府가 맡았고, 행정은 6부가 맡았으며, 그밖에 종인宗人, 대리代理, 통정通政, 태상太常, 태복太僕, 광록光祿, 홍려鴻臚 등이 경좌卿佐를 맡았다. 그밖에 국자감, 첨사부, 한림, 6과六科, 상보尙寶, 중서中書 등 관직이 나뉘어져 있었다. 시위와 순찰은 금의위錦衣衛가 맡고, 예부禮部에는 흠천감, 태의원, 상림원이 소속되고, 병부兵部에는 5성五城과 병마兵馬가 소속되었다. 따라서 관원이 많지 않으면서도 충분히 천하를 다스렸다.

그런데 조선의 경우를 보면, 서로 중복되는 일을 하는 관청이 너무 많다고 했다. 예를 들면, 종척宗戚을 관할하는 데는 하나의 관청이면 충분한데, 종친부, 의빈부, 종부시 등이 있다. 재화를 관리하는 기관도 호조 하나면 넉넉한데, 제용감, 상의원, 사섬시 등이 있다. 궁중의 음식을 관장하는 기관도 하나의 관청이면 충분한데, 내자시, 내섬시, 예빈시, 사도시, 사재감, 사온서 등이 난립되어 있다. 형조만 있으면 장례원掌隷院을 따로 둘 필요가 없으며, 군자감이 있으면, 풍저창, 광흥창을 둘 필요가 없다.

그밖에도 종묘음악을 관장하는 기관으로 태상시와 장악원이 중복되어 있고, 가축을 기르고 잡는 기관도 전생서와 사축서가 따로 있다. 의약醫藥을 다루는 기관도 하나면 충분한데 내의원, 전의감, 혜민서가 있다. 포장布帳이나 도량을 관리하는 기관도 연설涓設과 전설典設이 나뉘어져 둘이나 있다. 그래서 우리나라의 아문은 명나라의 5배 정도나 많다.

관청이 많은 데서 끝나는 것이 아니다. 한 관청에 한 사람이면 될 것을 2명, 7~8명, 심하면 13명까지 두었다. 그러면서 여러 관청이 서로 일을 많이 하려고 다투고 있어 일의 성취도가 떨어진다.

또 관청의 책임자가 전문적 지식이 없어 서리胥吏의 얼굴이나 쳐다보고, 그 책임을 물으면 대답도 제대로 못하고 있다. 그래서 관청의 권위와 효율성이 떨어지고 쓸데없는 녹봉만 허비하고 있다고 했다.

허균은 우리나라의 크기가 중국의 한 개의 성省보다고 작으면서도 중국의 한 성의 관원은 700여 명에 불과한데, 우리는 수천 명에 이른다고 지적했다. 허균은 벼슬아치의 인원을 구체적으로 지적하지는 않았으나, 당시 관원의 수는 "내3천 외3천"으로 불리고 있었다. 중앙관이 약 3천 명이고, 지방관이 약 3천 명이라는 것이다. 그러니 중국 한 성보다 4~5배 가량 많은 셈이다.

용관冗官을 혁파해야 한다는 주장은 율곡 같은 사람도 일찍부터 제기해 왔으나, 대부분 반대에 부딪혀 실현되지 않았다. 취직자리가 부족해지는 것을 우려하는 사람들이 많기 때문이었다. 선비들은 벼슬이 국가를 위한 공직으로 보기보다는 생계를 위한 수단으로 보았던 것이며, 또 그들이 배운 지식은 실무나 전문성과 관련없는 관념적 지식인 것이 문제였다. 그런 점에서 관제에 대한 허균의 지적은 매우 날카로우면서도 정곡을 찌른 것이었다.

4) 병론兵論

〈병론〉에서는 우리나라의 국방력의 허약과 군사제도의 허술함을 비판했다. 먼저 그는 우리나라의 국방현황을 다음과 같이 진단했다.

> 천하에 군사가 없는 나라가 있는가? 그런 나라는 없다. 군사가 없으면 무엇으로 포악한 무리들을 막으며, 포악한 자들을 막을 장비[무기, 시설 등]가 없다면 나라가 어떻게 자립할 수가 있으며, 임금이 어떻게 자신을 높일 수가 있으며, 백성이 어떻게 하루라도 베개를 높이고 잠잘 수가 있겠는가?
>
> 그런데 천하에 군사가 없는 나라가 있다. 군사가 없이도 수십 년이나 오래도록 보존함은 고금에 없는 일인데, 우리나라가 그런 나라다. 그렇다면 포악한 자들을 막을 천승千乘의 나라를 유지한 술법術法이 있다는 것인가? 그런 술법은 없다. 그저 우연일 뿐이다. 왜 우연이라고 하는가? 왜적이 물러간 다음에 우연히 다시 그들이 오지 않았고, 노추奴酋(건주위 야인)들이 우연히 우리 변경을 침범하지 않았으며, 복로ㅏ虜도 우

연히 북쪽 변경에서 소란을 피우지 않았다. 그래서 우리는 걱정거리가 없자 시일만 보
내고 있다.

허균은, 우리나라는 군사가 없이도 왜란 후 수십 년간 나라를 유지했는데 이는 〈우
연〉의 결과라고 보았다. 북로[여진족]와 남왜[일본]들이 아직은 다시 쳐들어오지 않았기
때문이다. 그러나 이런 우연이 얼마나 지속될 것인가를 허균은 걱정하고 있었다.
　하지만 군사가 없다는 것은 정말로 군사가 한 명도 없다는 뜻이 아니라 군사의
수가 너무 적고, 군사가 군사답지 못하기 때문에 군대가 없다고 말한 것이다. 그의
말을 다시 들어보자.

　　군사가 없다는 것은 군사가 완전히 없다는 말이 아니라 군사가 적어서 싸울 수 없
　　다는 것이며, 군사가 적다는 것은 군정軍政이 제대로 닦아지지 않았다는 것이다. 싸울
　　수 없다는 것은 자격있는 장수와 병졸이 없다는 것이다. 진정으로 군정을 엄하게 하
　　고, 장수를 제대로 골라 그를 신임하여 전권을 위임한다면 10만의 훈련받은 군사들이
　　남북에서 도약할 수가 있어서 싸우는 위력을 발휘할 것이다. 이런 것을 버리고 계책은
　　쓰지 않고 난리가 나면 도망갈 계획만 세우는 것은 무엇 때문인가?

허균은 나라의 국방력이 이렇게 허물어진 이유를, 군정軍政을 제대로 닦지 않아서
유능한 장수와 10만 명의 정예병을 기르지 않고, 전쟁이 나면 도망갈 궁리만 하고
있기 때문이라고 보았다. 그러면 이를 극복하여 국방력을 키우는 대안은 무엇인가?
허균은 그 대안을 고려시대 군정에서 찾았다.
　허균에 따르면, 고려시대에는 군정이 엄하여 조정에서 붉은 옷을 입은 고관을 빼고
는 그 나머지 벼슬아치들은 모두가 친군親軍에 속했고, 재상의 아들들도 병직兵職을
받았고, 국자감의 유생들도 모두 종군從軍하고, 공사노비들도 모두 병적兵籍에 등록되
어 있었다. 장수는 문무의 대신들이 맡고, 그 밑의 중소 장수들은 각기 직접 통솔하는

군사가 있었다. 평상시에는 그들의 의식衣食을 풍족하게 해주면서 훈련시키고, 유사시에는 그들이 평소 잘 훈련되어 있어서 손가락을 부리듯이 따르므로 100만 명의 군사도 하루아침에 충당했다.

고려시대 군사제도는 모든 벼슬아치, 국자감의 유생, 평민, 노비까지 모두가 군적에 올라 있고, 장수는 문무의 대신들이 맡으며, 그 아래의 중소 장수들이 직접 군사를 통솔하면서 훈련시켜 비상시에는 100만 명의 군사가 동원될 수 있었다는 것이다.

허균의 이런 주장은 사실에 맞았다. 그래서 거란과 싸울 때 30만의 군사가 동원되었던 것이 사실이고, 거란이나 금과 싸울 때 연전연승한 것이 사실이다.

그런데 조선왕조에 들어와서는 고려시대보다 인구가 줄지 않았는데도 군사가 줄어든 것은 군적에 빠진 인구가 너무나 많기 때문이다. 지금은 벼슬아치의 자식은 물론이요, 성균관 유생들, 공사노비들이 모두 군적에 빠져 있다. 이는 제도가 그런 것이 아니라 불법으로 빠진 것이다. 게다가 군사들을 잘 먹이지도 않고 오히려 군사들로부터 재물을 빼앗는 데만 여념이 없으니, 이런 군사들이 목숨을 걸고 싸울 이치가 없다. 그래서 전쟁이 일어나면 목숨을 걸고 싸우지 않고 도망가기에 바쁜 것은 당연하다고 허균은 결론지었다.

본래 장수는 치민治民을 잘하는 사람이 치병治兵도 잘 하는 법인데, 오늘날의 장수는 치민도 모르고 치병도 모르면서 임금의 좌우에 아첨하는 사람들뿐이다. 그래서 전쟁을 만나면 적군을 바라보지도 못하고 먼저 무너져 버렸다고 했다.

마지막으로 허균은 장수가 외방에서 많은 군사들을 거느리면 의심을 받는 일이 많아 패망하는 일이 많은데, 이를 막는 방법은 임금이 직접 군사를 통솔해야 한다고 결론지었다. "나라를 자강自强케 할 사람은 오직 임금뿐이다"고 하여 임금이 군사를 직접 통솔할 것을 거듭 강조했다. 군정에 대한 허균의 진단과 대안은 나무랄 데 없이 옳은 의견이었다.

허균의 국방에 대한 관심은 〈병론〉에서만 보이는 것이 아니다. 그는 〈서변비로고西

邊備虜考)라는 별도의 글을 써서 언젠가 여진족의 침략이 있을 것을 예견하고 이에 대한 대비책을 썼는데, 책으로 간행되지는 않았다. 다만 그 서문만이 《문집》 속에 남아 있을 뿐이다. 이에 대해서는 뒤에 다시 검토할 것이다.

그밖에 중국의 제자백가에 대한 평론을 쓰면서 관자管子, 한비자韓非子, 상앙商鞅 등 법가法家들의 부국강병책을 극찬하기도 했다. 이에 대해서도 뒤에 다시 설명하겠다.

5) 유재론遺才論

〈유재론〉은 하늘이 인재를 낼 때 신분을 가려서 차별을 두지는 않았다고 전제하면서 당시의 신분차별제도에 대하여 맹렬한 비판을 가했다. 허균의 말을 직접 들어보자.

　　국가를 다스린다는 것은 함께 천직天職을 다스린다는 뜻이다. 그러므로 재주가 있는 사람이 아니면 다스릴 수가 없다. 그런데 하늘이 재주있는 사람을 내는 것은 본래 한 시대를 이끌어가라고 낸 것이므로 신분이 고귀한 집안이라고 해서 그 품성을 풍부하게 만들지도 않으며, 신분이 미천하다고 해서 품성을 적게 만든 것도 아니다. 그래서 옛날 선철先哲들은 그 이유를 잘 알았기 때문에 초야草野에서 인재를 구하기도 하고, 혹은 졸병卒兵 가운데서도 인재를 발탁했으며, 혹은 항복한 오랑캐나 패망한 장수, 또는 도적, 또는 창고지기 가운데서도 인재를 등용했었다.

　　그렇게 하여 임용한 사람마다 모두 그 임무를 맡기에 적당했고, 임용된 사람들도 각자 자기 재능을 펼쳤다. 나라는 복을 받았고, 다스림은 날로 융성했음은 이런 도를 썼기 때문이었다. 천하가 커도 오히려 그 인재를 잃을까 걱정하여 전전긍긍하면서 앉거나 누워서도 생각하고, 밥을 먹으면서도 탄식했다.

허균은 하늘이 인재를 낼 때 절대로 신분의 고하를 따져서 그 재능을 부여한 것이 아니므로 옛날 선철들은 초야, 졸병, 항복한 오랑캐나 패장, 심지어 도적이나 창고직이 같은 사람들 가운데서도 인재를 등용했기 때문에 나라와 정치가 잘되었다는 것이다. 허균의 이 말은 당시의 신분제사회에는 폭탄발언이 아닐 수 없다.

허균은 당시의 신분제도를 다음과 같이 비판하면서 개탄했다.

> 어찌하여 산림과 초야에서 보배같은 포부를 가슴에 품고도 벼슬하지 못하는 사람이 그렇게도 많은가. 영특하고 준수한 사람들이 낮은 벼슬에만 주저앉아 끝내 자신의 포부를 시험해 보지 못하는 사람들이 그렇게도 많은가. …… 우리나라는 땅이 좁아 인재가 많지 않다는 한탄이 예부터 있어 왔지만 조선왕조에 들어와서는 인재를 쓰는 제도가 더욱 좁아져서 대대로 벼슬하는 명망높은 집안이 아니면 높은 벼슬에 오를 수 없고, 바위굴이나 띠집에 사는 사람들은 기이한 재주가 있더라도 억울하게도 쓰이지 못했다. 과거에 급제하지 않으면 높이 쓰이지 못하고 덕업이 훌륭한 사람도 판서나 정승에 오르지 못한다. 하늘이 재능을 부여함은 평등한데도 대대로 벼슬하던 집안과 과거 출신들만 한정하고 있으니, 항상 인재가 부족하다고 한탄하는 것은 당연하다. ……
> <u>서얼출신이어서 어진 인재를 버리고, 어머니가 개가改嫁했다고 그 재능을 쓰지 않는 것은 고금천하에 들어보지도 못한 일이다.</u> …… 두 오랑캐 나라에 끼어 있는 우리나라가 모든 인재를 발탁해서 쓰더라도 오히려 나라를 구할지 말지한 형편인데도, 반대로 스스로 인재등용의 길을 막으면서 "인재가 없군, 인재가 없군" 하면서 개탄하고 있으니, 이는 마치 남쪽의 월越나라로 가면서 수레바퀴를 북쪽으로 돌리는 것과 무엇이 다른가?

허균은 이렇게 조선왕조에 들어와서 인재를 등용하는 길이 좁아져서 초야나 암혈에서 좋은 인재가 나오지 못하는 것을 개탄하고, 특히 서얼이라고 높은 벼슬에 등용하지 않고, 개가녀의 자식이라고 등용하지 않는 것은 고금천하에 듣지도 못한 일이라고 맹공했다.

허균은 중국의 경우는 우리와 달리 미천한 데서 나온 위인들의 예를 다음과 같이 들었다.

옛날의 어진 인재는 대부분 미천한 데서 나왔다. 그 시대에 우리나라의 법을 사용했다면 범중엄范仲淹(宋)은 정승의 공업을 이루지 못했을 것이고, 진관陳瓘(宋)과 반양귀潘良貴(宋)는 직신直臣이 되지 못했을 것이고, 사마양저司馬穰苴(齊)와 위청衛靑(漢)과 같은 장수나 왕부王浮(後漢)의 문장 등은 끝내 세상에 쓰이지 못했을 것이다.

결론적으로 허균은 이렇게 끝맺었다.

하늘이 낳아주셨는데, 그것을 버리는 것은 하늘을 거역하는 것이다. 하늘에 거역하면서 하늘에 빌어 영구히 산 사람은 없다. 나라를 다스리는 사람이 하늘을 받들어 하늘의 뜻대로 행한다면 복된 운수를 맞이할 수 있을 것이다.

신분을 가리지 않고 인재를 만들어준 것이 하늘의 뜻인데, 신분을 차별하는 것은 하늘을 거역하는 일이고, 하늘을 거역하면서 나라가 잘 되는 법은 없다는 것이다. 다만, 여기서 독자들의 오해를 풀기 위해 한 마디 덧붙일 말이 있다. 허균은 조선왕조 200년간을 똑같이 인재등용의 길이 좁아진 것처럼 말한 것은 사실과 다르다는 것이다. 조선초기 100년간은 미천한 데서 수많은 재상들이 배출되었고, 특히 세종 때에는 귀화인이나 서얼이나 미천한 사람 중에서도 고관이 많이 배출되었다. 허균이 인재등용이 좁아졌다고 지적한 것은 바로 허균이 살았던 16세기 후반부터였다. 양반문벌의 독점체제가 강화되고 기술인들이 중인中人으로 전락하고 서얼차대가 심해진 것은 바로 조선 중기 이후부터였다.

6) 후록론厚祿論

〈후록론〉에서는 벼슬아치의 녹을 후하게 해주어야 부모를 받들고 자녀를 키우면서 청렴한 정치를 할 수 있다고 논했다. 허균에 의하면, 옛날은 신하들에 대한 녹봉이 매우 후했다고 한다. 그의 말을 들어보자.

옛날 군자로서 나라에 벼슬하던 사람은 녹이 풍족하여 욕구를 채웠으니, 아내와 자식을 돌보기에 충분했다. 그래서 백성들과 이익을 다투지 않고, 뇌물 받는 행위가 없이도 부모를 섬기고 처자를 양육하는 물품이 저절로 넉넉했다. …… 염치가 분명히 세워져서 풍교風敎를 돈독하게 했다.

옛날에는 벼슬아치들의 봉록이 후했기 때문에 부모와 처자식을 섬기고 양육하는데 지장이 없었고, 백성들과 이익을 다투지 않아 풍교가 바르게 되었다는 것이다. 허균은 공자나 맹자도 벼슬아치에게 녹을 후하게 주었거나 후하게 받았다고 말하고, 한漢나라나 송나라도 마찬가지였다고 했다.

그러면 지금 우리나라는 어떤가? 다시 허균의 말을 들어보자.

지금 우리나라는 관리들의 녹은 줄이면서 그들의 청렴만을 독책하고 있다. 천하에 이런 이치는 없다. 신라때 1품 벼슬의 녹은 1년에 400석이고, 고려는 그 절반이었는데, 신라보다 관직을 많이 설치한 까닭이었다.

조선에 들어와서는 관직이 3배로 늘어나 녹을 깎지 않을 수 없었다. 3분의 2를 깎으니, 봉급은 모자라기만 했다. 대부大夫나 사士들이 부모를 섬기고 처자를 양육함에 곤궁하여 청렴을 돌볼 겨를이 없었다.

임진난 뒤에는 달마다 주던 요料를 3개월마다 주는 녹으로 바꾸면서 또 절반으로 줄어들었다. 또 그 말斗의 수량도 줄이니, 받는 사람은 열흘도 지탱하기 어려웠다. 그럼에도 그들의 제사의 규모나 가족을 봉양하는 규모, 장례를 치르는 비용, 의복과 말을 꾸미는 비용, 음식의 사치 등은 옛날 그대로이고 절제하지 않았다. …… 그래서 어쩔 수 없이 연약한 백성들과 이익을 다투고 마지못하여 뇌물까지 받았다.

이래서 예의염치가 펴지 못하고, 풍교는 날로 각박해졌으나 사대부들은 태평하게 부끄러운 줄을 몰랐다. 백성들은 윗사람을 두려워하지 않고, 뇌물을 바쳐서 관직을 얻고, 죄를 가볍게 여기는 자들이 속출했다. …… 그렇다면 어떻게 해야 구제할 수 있을까? 헛되이 들어가는 관비官費를 줄이고, 윗사람이 겸손하고 검소해져야 가능한 일이다.

조선왕조에 들어와서 관직이 전보다 3배나 많아지면서 벼슬아치들에게 줄 녹봉이 모자라게 되고, 특히 임진란 뒤에는 더욱 녹봉을 줄여서 벼슬아치나 선비들의 예의염치가 무너지고, 백성과 이익을 다투고 뇌물을 받는 등 기강이 무너졌다는 것이다. 그러나 이렇게 수입이 줄었음에도 의식주 생활이나 제사, 장례 등 모든 생활규모는 옛날 그대로여서 절약하지 않기 때문에 더욱 살기가 어려워졌다는 것이다.

그러면 그 구제책은 무엇인가. 첫째로 쓸데없는 용관을 혁파하여 국가의 쓸데없는 비용을 줄이고, 또 왕실생활도 검소하게 바꾸고, 선비들도 생활규모를 검소하게 바꾸어야 한다는 것이다. 아주 명쾌한 지적이다.

7) 소인론小人論

〈소인논〉에서는 군자君子와 소인小人에 관해서 논했다. 군자와 소인은 공자도 이미 말한 바 있지만, 우리나라에서는 특히 선조 때 당파가 생기면서 서로 상대방을 소인으로 지목하고, 자기 당파를 군자로 자처하는 풍조가 만연하면서 갈등이 커졌던 것이다. 이에 대한 허균의 생각은 어떠한가? 그의 말을 들어보자.

요즘 우리나라에는 소인이 없으니 군자도 없다. 소인이 없다면 나라의 다행이지만,
만약 군자가 없다면 어떻게 나라를 유지할 수가 있는가? 그렇지 않다. 군자가 없기 때
문에 소인도 없는 것이다. 만약 나라에 군자가 있다면 소인들이 감히 자신들의 행적을
감추지 못한다.
　　군자와 소인은 음과 양, 낮과 밤과 같다. 그래서 음이 있으면 반드시 양이 있게 마
련이고, 낮이 있으면 반드시 밤이 있는 법이다. ……

　허균에 따르면 군자와 소인은 음양이나 주야관계와 같다는 것이다. 그래서 군자가
있어야 소인이 있고, 소인이 있어야 군자가 있다는 것이다. 그런데 지금은 군자와
소인이 모두 없는 세상이 되었다는 것이다.
　그러면 왜 이런 현상이 나타났는가? 다시 그의 말을 들어보자.

　　군자는 바르고 소인은 간사하며, 군자는 옳고 소인은 그르며, 군자는 공公을 따르고
소인은 사私를 추구한다. 윗사람이 사정邪正, 시비是非, 공사公私를 올바르게 판단한다
면 저들 소인들이 어떻게 감히 자신의 실체를 숨길 수가 있겠는가?
　　요즘 이른바 군자와 소인은 서로 크게 다르지 않다. 자기들과 뜻을 같이 하면 모두
군자로 여기고, 뜻을 달리하면 모두 소인으로 여긴다. …… 이렇게 된 것은 모두 공公
이 사私를 이기지 못해서 그렇게 된 것이다.

　군자와 소인은 옳고 그름, 공公과 사私를 기준으로 나누는 것인데, 지금은 그런 기준
으로 군자와 소인을 따지는 것이 아니라, 자기당은 무조건 군자이고, 상대당은 무조건
소인으로 부르고 있으므로 진정한 의미의 군자와 소인이 없다는 것이다.
　따라서 이를 시정하는 방법은 무엇인가. 허균은 진정한 군자가 나와야 해결된다고
보고 다음과 같이 진정한 군자의 모습을 설명했다.

대인군자大人君子로서 학행과 지식이 한 시대의 사표가 되는 사람을 등용하여 높은 지위를 주고, 모든 관료들을 격려하고, 지위 높은 대부들이 모두 바른 것을 지키고 공公에 봉사하며 시비를 분변하도록 해준다면, 한 시대의 음흉한 붕당 떼거리들이 장차 얼굴을 바꾸는데 시일이 걸리지 않을 것이다. 어떻게 감히 사분오열하여 함부로 날뛰는 짓을 요즘처럼 하겠는가? ……

나라에서 소인들을 미워하는 것은 그들이 나라를 병들게 하고, 백성을 해롭게 하는 것을 미워해서이다. …… 오늘날 권신權臣과 간신奸臣이 국정을 쥐고 있지 않음에도 이처럼 극도에 이른 것은 모두 사의私意가 크게 행해져서 권한이 한 곳에서 나오지 않고 기강이 무너진 까닭이다.

이른바 권간이라고 불리던 사람이 있었다. 김안로金安老가 일찍이 농간을 피웠고, 윤원형尹元衡도 전권을 휘둘렀다. 최근에는 유영경柳永慶(1550~1608) 역시 전횡하고자 하여 자기 자신만을 이익되게 하고 자기와 뜻을 달리하는 사람들을 배척했음은 동일한 방법이었다. 그러나 나라의 기강이 여전했던 것은 그 권한이 한 곳에서 나왔던 까닭에 전천專擅하던 사람이 물러나면 곧바로 예전대로 회복되었기 때문이었다.

지금은 그렇지 않아 권한이 나오는 곳은 여러 군데이고, 자신만을 이롭게 하고 자기와 달리하는 사람을 배척하는 것은 사람마다 모두 똑같다. 그런 것을 없애려고 한다면 이들을 다 쫓아낼 수가 없고, 나라의 기강도 끝내 수습할 수가 없게 된다.

이 글을 다시 요약하면, 정말로 공公을 위해서 헌신하려는 대인군자大人君子를 뽑아 그에게 전권專權을 맡기고 벼슬아치들을 격려하면서 기강을 바로잡으면 붕당 떼거리가 저절로 없어질 것이라고 했다. 지금 붕당하는 사람들은 공익公益을 버리고 사익私益을 추구하면서 서로 배척하고 있을 뿐 아니라, 권력이 분산되어 있기 때문에 싸움을 그치게 할 수가 없다는 것이다.

허균이 본 바로는 지금의 붕당정치는 옛날의 권간정치보다도 더 나쁘다고 했다. 예를 들어 중종 때의 김안로金安老나 명종 때의 윤원형尹元衡, 그리고 선조말년의 유영경柳永慶 등은 비록 폐단을 일으켰지만, 그 사람들만 물러나면 나라가 다시 안정되었다. 여기서 유영경은 영창대군을 따르는 북인 유영길柳永吉의 아우로서 선조 말년에 임금에게 아첨하면서 뇌물을 받고 전횡을 부리다가 죽은 인물이었으며, 영창대군의 보필을 부탁받은 유교칠신遺敎七臣의 한 사람이었는데 광해군이 즉위한 뒤에 사사賜死당했다. 허균도 영창대군을 따랐지만, 유영경처럼 권력을 농단하는 인물은 좋지 않게 보았던 것이다.

허균은 이들 권신들은 공익公益을 위해 헌신한 군자가 아니고 개인의 이득만을 탐했던 소인들이다. 그러나 그래도 이들은 세상 사람들을 속일 수 있을만큼의 학문과 행실과 재능이 있었다. 그래서 사람들이 속아 넘어가서 따르게 된 것이다.

그런데 오늘날의 소인들은 그들만큼도 학문과 행실과 재능도 없으면서 오직 벼슬만 탐하고 요직을 구하는 데만 기를 쓰고 덤비는 자들이므로 옛날의 소인들만도 못하다고 보았다. 그래서 붕당정치의 폐단은 소인의 정치보다 더 나쁘다 결론지었다.

허균이 생각하는 이상정치는 공익을 추구하는 진정한 대인군자가 전권을 갖고 나라를 이끌어가는 그런 정치를 말한다. 바로 이 대목은 그가 반역을 꿈꾸면서 새로 만들고자 하는 정치의 이상형일 수도 있다고 보인다. 그리고 바로 그런 대인군자가 허균 자신이라고 믿었던 것으로 보인다. 또 이런 정치형태는 옛날 역사에서 명성을 떨쳤던 재상정치의 꿈을 담은 것이기도 하다.

8) 호민론豪民論

앞에 소개한 〈소인론〉에서 붕당정치를 극복하여 진정한 군자정치의 모델을 제시했던 허균은 〈호민론〉에 이르러 진정한 군자가 권력을 잡는 방법을 제시한 것이다. 그 방법은 무력혁명이고. 그 혁명의 주체는 호민豪民으로 불리는 새로운 정치세력이다.

허균은 〈호민론〉의 첫머리에서 이렇게 말했다.

천하에 두려워해야 할 것은 오직 백성뿐이다. 홍수나 화재, 호랑이, 표범보다도 훨씬 더 백성을 두려워해야 하는데, 윗자리에 있는 사람이 항상 업신여기며 모질게 부려먹고 있는 것은 도대체 무슨 까닭인가?

대저 이미 이루어진 것만을 가지고 즐거워하고, 항상 눈앞에 보이는 일에만 얽매이고, 그냥 법이나 지키면서 윗사람에게 부림을 당하는 사람들이 있는데 이들이 항민恒民이다. 항민은 두렵지 않다.

모질게 빼앗겨서 살이 벗겨지고 뼈가 부서지며, 집안의 수입과 땅에서 나는 소출을 다 모아서 끝없는 가렴주구에 제공하느라 시름하고 탄식하면서 윗사람을 원망하는 사람들이 있다. 이들이 원민怨民이다. 그러나 원민도 반드시 두려운 존재는 아니다.

자취를 푸줏간 속에 숨기고 몰래 딴 마음을 품고서 천지 사이를 흘겨보다가 혹시라도 어떤 시대적인 변고가 생기면 자기의 소원을 풀어보려는 사람들이 있다. 이들이 호민豪民이다. 호민은 크게 두려운 사람들이다.

호민은 나라의 허술한 틈을 엿보고 일의 형세가 편승할 만한가를 노리고 있다가 팔을 휘두르면서 밭두덩 위에서 한번 소리지른다. 그러면 저들 원민怨民이란 자들이 소리만 듣고도 모여들어 모의하지 않고도 함께 외쳐대기 마련이다. 저들 항민恒民이란 자들도 역시 살아갈 길을 찾느라 호미와 고무래와 창자루를 들고 따라와서 무도한 자들을 쳐 죽이지 않을 수 없는 것이다.

여기서 허균이 "천하에 두려워해야 할 것은 오직 백성뿐이다"라고 선언한 것은 의미심장하다. 백성이 홍수나 화재, 또는 호랑이나 표범보다도 가장 무서운 존재라고 한 것은 백성을 두려워하지 않고 핍박만 하는 위정자들에 대한 폭탄성 경고가 아닐 수 없다. 이는 "나라의 주인이 백성이요, 백성이 일어나면 나라가 바뀐다"는 것을 선포한 말이기도 하다.

허균은 한 걸음 더 나아가 나라를 뒤엎을 백성을 세 부류로 나누었다. 하나는 항민恒民인데, 국가질서에 복종하면서 현재생활을 즐기는 보수 성향의 백성을 가리킨다.

두 번째는 원민怨民이다. 이들은 국가로부터 온갖 수탈을 받으면서 살이 벗겨지고 뼈가 부서지면서 노동하여 국가에 세금을 바치면서 윗사람을 증오하고 있는 부류이다. 경제적인 약자를 가리킨다.

세 번째는 호민豪民이다. 호민은 무기를 가지고 숨어 살면서 때를 엿보고 있다가 나라에 큰 변고가 생기면 갑자기 일어나서 백성들을 선동하여 반역을 꾀한다. 호민은 말하자면 무력이나 지식이나 힘을 가지고 있는 반역세력이다.

호민이 앞장서서 반역을 선동하면 원민이 가장 먼저 따라와서 힘을 합하고, 그 다음 단계에는 항민들도 살기 위해서 농기구나 창을 들고 일어나 따르게 된다고 보았다. 이렇게 세 부류 백성의 힘이 합쳐지면 나라가 바뀔 수도 있기 때문에 백성이 가장 두려운 존재라고 본 것이다.

그러면 허균은 왜 이토록 위험한 글을 썼을까? 이 글이 위정자에게 경고하는 뜻으로 썼다고 하더라도, 이 글을 읽는 사람들은 그렇게 믿지 않을 것이다. 필경 허균이 호민의 출현을 바라고 있는 것으로 이해할 가능성이 매우 크다. 그렇다면 이 글은 자신과 호흡을 맞추고 있는 친구나 심복을 대상으로 쓴 것이 분명하다. 그 내용은 호민을 반역의 주동세력으로 설정하고, 원민을 그 방조자로 설정하고, 항민을 추종세력으로 설정해 놓은 혁명의 각본이라고도 볼 수 있다.

그러면 역사적으로 볼 때 호민이 반역을 일으켜 세상을 바꾼 사례가 있는가? 허균은 그 실례를 중국과 우리나라 역사에서 찾았다. 먼저 중국의 경우를 다음과 같이 소개했다.

진秦 나라의 멸망은 진승陳勝과 오광吳廣 때문이었고, 한漢 나라가 어지러워진 것도 역시 황건적黃巾賊이 원인이었다. 당唐 나라가 쇠퇴하자 왕선지王仙芝와 황소黃巢가 틈을 타고 일어섰는데, 마침내 그것 때문에 대국大國이 멸망하고야 말았다. 이런 것은 모두 백성을 괴롭혀서 자기 배만 채우던 죄과 때문이었으며, 호민들이 그 틈을 타서 일어난 것이다.

대저 하늘이 사목司牧을 세운 것은 백성을 먹여 살리기 위함이지, 한 사람이 위에서

방자하게 눈을 부릅뜨고 채워도 채워도 채워지지 않는 욕심을 채우게 하려던 것이 아니었다. 그러므로 저 진한秦漢 이래의 화란은 당연한 결과이지 불행한 일이 아니었다.

허균은 진秦 나라를 멸망시킨 진승陳勝과 오광吳廣,[3] 한漢 나라를 멸망시킨 황건적,[4] 당나라를 멸망시킨 왕선지王仙芝와 황소黃巢[5] 등을 모두 호민豪民으로 규정하고, 이들 때문에 나라가 망한 것은 당연한 일이지 불행한 일이 아니었다고 평가했다. 왜냐하면 망한 나라들은 백성을 위한 나라가 아니고 백성을 괴롭힌 나라였기 때문이다.

허균이 반란세력을 호민으로 부르면서 비호하는 발언을 한 것은 이미 그의 마음이 호민의 대변자로 되어 있다는 것을 말해준다.

그러면, 우리나라에는 호민이 없었던가? 허균은 고려시대만 해도 큰 호민세력이 없었다고 했다. 그 이유는 땅이 좁고 험준하여 백성도 적으려니와 백성들이 착하여 기절奇節이나 협기俠氣가 있는 호민豪民이나 한졸悍卒(사나운 군인)들이 일어나 반란을 일으킨 일이 별로 없었다고 보았다.

또 고려시대만 해도 백성들에게 과중한 부세賦稅가 없었고, 산림山林과 천택川澤의 이익도 백성과 함께 나누었으며, 상업도 자유로왔고, 공인工人도 혜택을 입었기 때문이라고 했다.

---

3 진승과 오광은 진나라 2세 황제 때인 기원전 209년 무렵에 환관 조고(趙高)가 횡포를 부리고, 만리장성 축성으로 빈민을 동원하여 토목공사에 참여시키자, 고통을 이기지 못한 고농(雇農: 소작농) 출신이던 진승과 오광 등이 합세하여 반란을 일으켜 회양지방에 나라를 세우고 장초(張楚)라고 불렀다. 진승은 "장상(將相)의 씨가 따로 있느냐"는 유명한 말을 남겼다. 고려 말 때 최충헌의 사노 만적(萬積)이 반란을 일으키면서 이 말을 되풀이했다.
4 황건적은 후한말 때 태평도(太平道) 교주 장각(張角)이 일으킨 종교반란에 농민반란군이 참여하여 큰 세력이 되었다가 동탁 등이 이끄는 관군에 의해 진압되었는데, 후한이 이 때문에 멸망했다. 이들 반란군들이 머리에 황색 두건을 쓰고 다녀 황건적으로 불리게 되었다. 한편, 《삼국사기》에서는 신라말기 반란세력인 견훤(甄萱)과 농민반란군들을 황건적에 비유했다.
5 왕선지는 본래 소금을 밀매하던 상인이었는데, 기근과 정부의 수탈이 심해지자 당나라 말기인 874년 무렵에 하남성과 산동성을 근거로 3천여 명의 농민을 규합하여 반란을 일으키고 평등사회를 만들려고 반역했는데, 뒤에는 역시 소금 밀매상인이던 황소가 여기에 합류하여 장안을 점령하고 스스로 황제가 되었으나 관군의 반격을 받고 자살했다.

그런데 조선왕조에 들어와서 백성들의 생활이 더 나빠졌다고 했다. 백성들이 내는 세금이 5푼分이라면, 그 가운데 관청으로 들어가는 것은 겨우 1푼에 지나지 않고 나머지는 모두 간사한 개인에게 돌아갔다. 게다가 지방의 여러 고을에서는 저축이 없어 1년에 두 번씩 세금을 부과하기도 하고, 수령들은 이를 핑계로 마구 거두어들여 백성의 고통이 극도에 이르렀다고 보았다. 그리하여 "백성들의 시름과 원망이 고려 말엽보다도 훨씬 심한데도 위에 있는 사람은 태평스러운 듯 두려워할 줄을 모르면서 우리나라에는 호민이 없다고 말한다. 불행한 일이다"고 했다. 그러니까 뒤집어 말하면, 지금이야말로 호민이 나와서 반역을 도모할 때라는 것이다.

여기서 허균이 조선왕조가 고려보다 더 못살았다고 본 것은 실제와는 다른 과장된 말이다. 조선초기에는 고려시대보다 월등히 적은 세금을 부과하여 민생이 크게 개선된 것이 사실이기 때문이다. 허균이 그것을 모를 리 없겠지만 의도적으로 이를 감추고 자기 시대의 나쁜 점을 모두 조선왕조 건국 초기로 소급하여 비판한 것은 조선왕조에 대한 전반적인 불신을 심어줌으로써 혁명의식을 고취하려는 의도 때문으로 보인다. 이 점은 허균을 읽는 독자들이 반드시 감안하고 살펴야 할 것이다.

그러면, 고려시대 이후로는 호민이 없었다고 한다면, 그 이전에도 호민이 없었던가? 그렇지 않다. 허균은 신라말기에 반역을 일으켜 새 나라를 세웠던 궁예弓裔와 견훤甄萱을 호민으로 간주했다. 그의 말을 들어보자.

견훤甄萱이나 궁예弓裔 같은 사람이 나와서 몽둥이를 휘두른다면 시름하고 원망하던 백성들이 가서 따르지 않으리라고 어떻게 보장할 수 있겠는가? 기주蘄州, 양주梁州,[6] 육합六合에서 일어났던 무서운 기세를 발꿈치를 세우고 서서 기다리게 될 것이다. 혹시 백성을 다스리는 자가 이렇게 두려운 형세를 환하게 알고 전철前轍을 고친다면 그런데

---

6   기주와 양주는 당나라 말기 황소(黃巢)가 반란을 일으켰던 지역이다.

로 견딜 수 있을 것이다.

여기서 허균은 후백제를 세운 견훤과 태봉국을 세운 궁예를 호민의 예로 들고, 이런 호민이 만약 지금 나와서 반역을 일으킨다면 백성들이 마치 황소의 난 때처럼 사방에서 뒤따를 것이라고 예견했다. 허균은 스스로 호민이 되겠다고 명확하게 언급하지는 않고, 그저 강력한 경고를 위정자에게 보내는 모습을 보이고 있지만 그의 글 전체의 문맥을 눈여겨 보면, 자신이 호민이 될 수 있다는 것을 강력하게 암시하고 있다.

만약 임금이 이런 글을 보았다면 허균은 반역사건을 일으키기 전에 이미 반역죄인으로 몰렸을 것이다. 여기에 《홍길동전》까지 합쳐서 생각한다면 더욱 그러하다.

선조 22년에 일어난 정여립사건 때에는 곤재困齋 정개청鄭介淸이 〈동한절의론東漢節義論〉이라는 글 한 편 때문에 역적으로 몰려 죽은 것을 상기한다면, 허균의 글들은 이보다 훨씬 더 노골적으로 역심逆心이 담긴 글들이 아닐 수 없다.

9) 정도전권근론鄭道傳權近論

〈정도전권근론〉은 조선왕조 건국과정에 정도전과 권근權近이 서로 다른 길을 걸어간 것을 평가한 글이다.

혁명이 일어나서 나라가 망하면 높은 벼슬을 하던 사람들은 두 가지 길을 택한다. 의리를 지키고 죽거나, 아니면 원수를 받들면서 산다. 고려가 망하고 조선왕조를 개창할 때 혁명을 주도한 사람은 정도전鄭道傳이고, 몸을 굽혀서 다시 벼슬길에 나간 사람 가운데 권근이 있다. 허균은 이 두 사람을 비교하면서 전 왕조에 대한 의리를 지키지 않은 것은 두 사람이 똑같다고 평했다.

그런데 권근은 비록 의리를 저버렸으나 제명대로 살다가 죽었지만, 비겁하게 살다가 죽었다는 평가를 받았다. 한편, 정도전은 자신도 죽임을 당하고 일족까지 멸망했는데, 그 까닭은 제 몸을 이롭게 하려고 혁명을 꾀했을 뿐 아니라, 뒤에는 자신의 세력을 굳히려고 어린 아들을 임금으로 세우려고 했기 때문이라고 보았다. 그래서 권근보다 오히려 정도전의 죄가 더 많다고 했다.

여기서 한 가지 의아한 것이 있다. 정도전에 대한 허균의 부정적 평가가 과연 그의 진심인가이다. 왜냐하면 허균은 일평생 정도전을 높이 존경하고, 동인시문東人詩文을 모을 때, 정도전의 시를 맨 위에 놓았다고 기준격奇俊格이 말하지 않았던가? 이 사실은 이미 앞에서 설명한 바 있다. 그런데 기준격의 말을 뒷받침해주는 글이 있다. 허균이 이생李生이라는 사람에게 보낸 글 가운데 정도전의 시를 칭송한 대목이 보인다.

국조 초엽에 이르러서 삼봉 정도전, 양촌 권근이 그 명성을 독점했으니, 문장은 이 때에 이르러 비로소 통달하고 아로새기고 빛나서 크게 변했다고 할 만하다.

이 글은 정도전의 시문을 격찬한 것인데, 그렇다면 시문은 높이 평가하고 그의 행적은 낮게 본 것인가? 아닐 것이다. 정도전을 드러내놓고 존경하면 조선왕실에 대한 역적이 될 것을 우려하여 일부러 감추었는지 알 수 없는 일이다.

하지만 허균은 기본적으로 조선왕조를 고려왕조보다 더 나빠진 시대로 보았던 것은 사실이다. 정치, 경제, 국방, 문화 모든 면에서 그렇게 보았다. 이러한 역사의식은 올바른 해석은 아니다. 그런 생각 때문에 조선왕조 개국공신 정도전을 그다지 곱게 보지 않았다. 이런 부정적 시각을 갖게 된 것은 조선왕조가 중쇠기로 접어들어 나라가 크게 병들었던 16세기 후반기의 모습을 보고 이를 조선건국 초기까지 소급해서 바라본 데에도 원인이 있을 수 있다. 그러나 다른 한편으로 보면, 고려 권문세족의 하나였던 양천허씨 집안이 조선 건국을 계기로 전제개혁을 통해 몰락한 데 대한 반감도 있어 보인다.

다만 그의 행적을 놓고 보거나, 그가 쓴 호민론을 본다면, 정도전을 존경한 것이 더 사실에 부합될 것이다. 다만 정도전이 말년에 어린 왕자를 세자로 추대한 것은 비록 왕비 강씨康氏와 이성계의 의지로 그리된 것이지만, 그것을 막지 못한 정도전이 그 책임을 뒤집어쓰게 된 것은 사실이다.

10) 김종직론金宗直論

〈김종직론〉은 김종직의 교활함과 위선을 논했다. 김종직은 세조 때 노친이 늙어서 억지로 벼슬길에 나온다고 하면서 높은 벼슬을 하여 이록利祿을 챙겼다. 그렇다면 그 모친이 천수를 다하고 세상을 떠난 뒤에는 벼슬을 버려야 마땅하다. 그러나 계속 높은 벼슬을 하면서 아무런 정책도 건의하지 않았다. 그의 제자 김굉필金宏弼이 "왜 시정책을 건의하지 않느냐?"고 묻자, "벼슬하는 것은 나의 뜻이 아니다. 그래서 건의하고 싶지 않다"고 대답했다. 이것은 위선이다.

김종직이 또 조의제문弔義帝文[7]을 지어 세조를 비난하고 단종을 추앙한 것은 더욱 가소로운 일이다. 세조 밑에서 높은 벼슬을 하고 나서 섬겼던 임금을 비난하는 것은 매우 교활하다. 그래서 그는 죽은 뒤에 참혹한 형벌[부관참시]을 받은 것이다. 그는 대유大儒가 아니다.

11) 남효온론南孝溫論

〈남효온론〉은 생육신生六臣의 한 사람으로 알려진 남효온에 대하여 부정적인 평가를 내렸다. 남효온은 김종직의 문인으로서 사육신 사건 이후 지조를 지켜 벼슬하지 않고 있다가 성종 9년에 임금이 구언의 교지를 내리자 그에 응하여 상소를 올렸다. 그 내용 가운데 사육신사건을 여러 간신奸臣들이 일으킨 반란이라고 부르고 세조의 업적

---

7   〈조의제문〉은 김종직이 단종의 죽음을 항우(項羽)가 초(楚)나라 회왕(懷王) 곧 의제(義帝)를 죽인 것에 비유하여 의제(義帝)를 조문(弔文)한 글이다. 그러니까 세조가 단종을 죽이고 왕위를 찬탈한 일을 항우에게 비유한 글이다.

을 극찬했다.

그러면서 그는 자신이 스승을 잘못 만난 것처럼 말하고, 두 가지를 요구했다. 하나는 누이동생을 먹여 살릴 수 있도록 벼슬을 달라는 것이고, 또 하나는 단종을 출산하고 하루만에 세상을 떠난 권씨權氏를 신원시켜 달라는 것이었다.

남효온의 상소를 받은 성종은 그 상소가 나라를 위한 상소가 아니라 벼슬을 탐하고, 스승을 욕보이고, 생육신이 되었다가 세조를 극찬하고, 권씨의 복권을 마음대로 요구하는 글로 보았다. 그래서 남효온을 못마땅하게 여겨서 벼슬을 주지 않았다.

허균은 이러한 태도를 지닌 남효온이 스스로 지조를 지켜 벼슬을 버린 것이 아니라 세상이 변한 성종시대를 맞이하여 벼슬을 받고 싶어 했지만 벼슬을 받지 못한 것이라고 평했다. 따라서 그를 사육신에 버금하는 생육신으로 추앙하는 것은 옳지 못한 일로 판단했다.

12) 이장곤론李長坤論

〈이장곤론〉은 이장곤이 기묘명현己卯名賢의 명단을 적은 기묘당적己卯黨籍에 들어간 것이 잘못임을 주장한 글이다. 이장곤은 처음에 조광조일파에 속했으나 뒤에는 남곤南袞, 심정沈貞 등과 어울려 조광조일파를 고발했다. 그리고 나서 그들을 구제한다고 나섰던 사람이다. 그가 자신의 잘못을 뉘우치고 깨달은 것은 용서받을 수 있다. 그렇다고 그를 기묘당적에까지 넣는 것은 부당하다고 보았다.

허균은 또한 무오사화를 막지 못한 노사신盧思愼이나, 을사사화를 막지 못한 허자許磁 등은 그래도 화禍를 줄이려고 노력했으므로 용서받을 수 있다고 평했다.

이상 12항목에 걸친 〈논설〉은 정도전에 대한 평가를 빼고는 모두 그 평가가 정당하다고 볼 수 있다. 정주학자들이 입으로만 군자인 체하면서 실제 정치를 맡으면 뚜렷한 치적을 내지 못하고 이록만 타먹다가 끝난다고 지적한 점, 주자학과 거리를 두고 경장更

張을 추진하려고 노력했던 율곡 이이와 상수역학의 대가인 서경덕을 존경한 점, 용관冗官이 너무 많아 국록國祿만 축내고 있으므로 이를 혁파하여 국가경비를 줄이고, 그 대신 벼슬아치의 녹봉을 후하게 주어 청렴을 지키도록 해줄 것, 신분을 초월한 인재를 등용할 것, 신분을 초월하여 군역을 지워 군대를 키울 것, 상업의 자유를 허락하고 수공업자도 이득을 얻게 할 것, 붕당정치의 폐단은 권신의 횡포보다도 더 나쁘다는 지적 등은 당시의 문제점을 정확하게 지적한 것으로 예리하고 탁월한 실학적인 사상이다.

그러나 이런 지적들은 당시 지식인의 주류를 형성하고 있던 주자학자 유신들의 눈으로 보면 매우 위험한 이단아로 보일 수밖에 없었다. 특히 호민론에서 견훤이나 궁예 같은 호민豪民이 나와서 원민怨民 및 항민恒民과 손잡고 나라를 뒤엎을지도 모른다는 지적은 매우 위험한 반역아의 모습으로 비쳐질 수 있다.

위 글에서 보이는 허균상은 타고난 천재의 모습이고, 최고의 지성인의 모습이고, 진보적인 실학자의 모습이고, 반체제적인 이상주의자이기도 하다.

3. 국방개혁 사상: 〈서변비로고西邊備虜考〉

왜란 때 피난을 다니다가 아내와 아들을 한꺼번에 잃은 허균은 국방강화의 필요성을 누구보다도 절감했다. 왜란이 끝나고 나서 일본 도쿠가와 막부와 통교하면서 왜인에 대한 근심은 크게 완화되었으나, 이제는 서북방 여진족의 위험이 시시각각으로 다가오는 것을 또 느꼈다.

역사적으로 보면, 우리나라는 북방족의 침략을 받은 것이 훨씬 더 많았다는 것을 알고 있었다. 만약 이에 대한 대비책을 하루 빨리 준비하지 않는다면 머지않아 토붕와해土崩瓦解의 큰 재난이 닥칠 것을 예견했다. 그는 호란을 경험하지 못하고 세상을 떠났지만, 호란을 예견했다.

허균이 북방방어책을 걱정하여 쓴 글이 두 권으로 되어 있는 《서변비로고西邊備虜考》

이다. 다만 이 책을 쓴 시기가 밝혀져 있지 않고, 또 "이 글을 상자 속에 넣어두고 알아줄 사람을 기다리노니, 세상의 군자가 보고 채용해주어 나의 주장이 행해진다면 나의 근심도 놓일 것이다"라고 하여 상자 속에 넣어버려 지금 전하지 않는 것이 유감이다. 그래서 지금 남아 있는 글은 그 〈서문〉뿐이지만, 〈서문〉을 통해서 허균의 글 뜻을 충분히 짐작할 수 있다.

《서변비로고》의 내용에 대하여 허균은 "전조[고려] 때 서쪽 국경을 방비하던 사적事迹을 구하여 머리에 싣고, 또 《여지輿地》(동국여지승람)에 기록된 산천의 형편과 관수關守의 험하고 험하지 않은 것, 지금 군사의 수효와 군량의 많고 적음을 모두 기록했다"고 했다. 그러면, 이 책의 내용을 서문을 통해 좀더 자세히 알아보자. 허균은 먼저 서북방의 방어가 왜 힘든가를 그 지형에서 찾았다. 그의 말을 들어보자.

> 서방의 요새지는 오직 압록강 일대와 연평延平 한 고개만을 믿을 따름인데, 겨울에 강이 얼어 붙으면 평평한 육지나 마찬가지가 되어 마음대로 건널 수 있다. 또 고개 또한 막히지 않아 쉽게 말을 달려 넘을 수 있다. 이를 지나면 두 수레가 나란히 하여 평탄하게 나올 수 있고, 대정강大定江(평안도 가산)으로부터 사현沙峴(홍제동 모래내 고개)에 이르기까지 막아낼 만한 곳이 없다. 그래서 도적이 강을 건너면 열흘도 못되어 서성西城 아래에 다다르게 된다.

다시 말해 서북지역은 지형이 평탄하여 요새지가 없어서 도적이 압록강을 건너면 열흘만에 서울에 도달한다는 것이다. 허균의 이런 판단은 호란 때 정확하게 적중했다. 그래서 서북방어가 더욱 중요한데도 지금 나라의 형편은 어떤가? 허균은 정부의 무사안일한 태도를 다음과 같이 지적했다.

> 지금 태평세월이 오래 되어 평안도와 황해도의 주군州郡은 오직 연못과 누대樓臺를 단장하고 장막帳幕을 사치하여 중국 사신을 즐겁게 하는 것만으로 일을 삼을 뿐 변방

을 굳건히 하는 것이 무엇 때문인지를 전혀 모른다. 문무文武의 장수들도 세월이나 즐기며 기한만 기다리면서 옮겨갈 마음만 먹고 있을 뿐, 군적軍籍은 반이 비어 있고, 군사훈련 역시 폐해버리고, 성곽은 무너지고, 도랑은 막혔으며, 병기兵器는 썩고, 군량은 탕진되고, 민생民生은 가렴주구에 시달려 강변 6읍 사람들이 내지로 흘러들어온 것이 10의 8~9가 된다. 급변이 생기면 토담이 무너지듯 할 형세가 이미 갖추어진 것이다. 그러면서 우리가 구구하게 의지할 바는 오직 명나라뿐인데 오랑캐 추장의 사납고 교활함은 중국도 이미 우려하고 있다.

다시 말해 지금 서북지방은 중국 사신을 즐겁게 해주는 일에만 매달리고, 군적軍籍, 성곽, 군량, 병기兵器 등 군비는 전혀 신경을 쓰고 있지 않다는 것이다. 그러면서 오직 명나라가 도와줄 것이라고만 믿고 있다는 것이다.

허균은 이렇게 조정이 국방에는 관심을 두지 않고, 누가 혹시 국방을 염려하면, 하는 말이 "명나라가 위에 있다"고 하거나, 아니면 "하늘이 반드시 송宋 나라를 돕는다"고 하면서 어쩔 수 없다고 포기한다고 개탄했다. 여기서 허균이 송나라를 언급한 것은, 송나라의 주자학을 배우고 있는 도덕국가를 하늘이 버리지 않을 것이라는 안일한 태도를 지적한 것이다.

허균은 역사상 국방력이 강했던 시대를 고려시대로 보고 고려의 국방력을 다음과 같이 좋게 평가했다.

내가 일찍이 우리나라 역사를 보면서 참고해 보니, 요나라가 세 번 침략해 왔고, 금나라가 한번 왔고, 몽고가 여섯 번 침입했고, 홍두적이 두 번이었는데, 모두가 서쪽 변방에서 쳐들어 왔다. 고려는 장수가 단련되고, 군사는 강하여 오면 문득 물리쳤으니, 이는 비록 꾀많은 신하의 책략과 용감한 군사들의 힘으로 외침을 안정시킨 것이지만, 나라를 다스리는 자가 미리 사전의 방비를 충실히 하여 지지 않을 형세를 만들어 대비한 데 이유가 있다. 그래서 500년 동안 끝내 외침으로 인해 그 천록天祿이 끊어지지 않았던 것이다.

고려가 이렇게 국방을 잘한 것과 비교할 때 조선은 땅도 더 작아진 것이 없고, 인구도 더 적어지지 않았고, 지금의 도적이 완안完顔(여진족)이나 철목鐵木(몽고족)보다 더 강해진 것도 아니다. 그렇다면 고려보다 국방력이 약화될 이유가 없다. "그런데도 망할 형세가 훤히 보이는데도 어떤 계책을 세워야 할지를 모르는 형편"이라고 하면서, 그 이유를 "형정刑政이 밝지 못하고, 기강이 서지 못하고, 경대부卿大夫가 항상 안일에 습관되어 구차스럽게 눈앞에 길들인 것에만 빠진 때문이다. 어찌 통탄하지 않을 수가 있는가?"고 개탄했다.

그러면 국방을 강화할 수 있는 구체적 대안은 무엇인가? 허균은 자신이 12년간 서북지방에서 근무하면서 경험한 산천의 형편과 현지의 늙은 장교와 병졸들의 의견을 물어서 다음과 같은 대안을 제시했다.

1) 첫째, 양반과 천인을 막론하고 젊은이는 모두 군역을 지우고, 늙은이와 아이는 군인의 식량을 돌보게 할 것.

2) 둘째, 책략있는 자를 선택하여 연강沿江의 주군에 수령으로 제수하여 자금을 후하게 주어 성곽을 수선하게 하고, 요새지에 관문關門을 설치하고, 삭주, 안주, 구성 등에 진鎭과 보루를 설치하고, 군량과 병졸을 넉넉하게 갖추고 항상 중무장하여 지키게 할 것.

3) 이상과 같이 한다면 비록 수만 명의 철기鐵騎들이라도 함부로 쳐들어오지 못할 것이다.

허균은 마지막으로, 위정자들이 다음과 같은 말을 제발 하지 말라고 경고했다. "급한 일이 있으면 강도江都(강화도)를 믿을 수 있다. 아니면 안동安東으로 피난할 수 있다."

허균은 이렇게 위정자들이 피난할 생각만 가지면, 적들이 이를 알고 더욱 신나게 쳐들어올 것을 모르고 있다고 한탄하고, "저 육식배肉食輩들의 꾀가 어찌 슬프지 않은가? 나는 못난 선비이니 감히 제 권한 밖의 일을 논할 수 있겠는가? 그러나 근심이 깊은 자는 그 계책이 반드시 주도하게 마련인데, 마음에 근심이 있으니, 한 가지 얻는 것이 없겠는가?"라고 끝맺었다.

허균의 수많은 글 가운데 국방에 관한 글처럼 비장하게 토로한 것은 없다. 그가 중국의 제자백가를 평론하면서 법가法家에 속하는 관자管子, 상앙商鞅, 한비자韓非子 등의 부국강병 정책을 극구 칭찬한 이유가 여기 있을 것이다.

4. 부국강병사상: 제자백가 평론

허균 《문집》의 문부文部 속에는 선진先秦시대 제자백가에 대한 논평도 실려 있다. 그가 40세 되던 광해군 즉위년에 공주목사에서 파직되어 전라도 부안에 내려가 있을 때 쓴 〈독제자각제기후[병인]讀諸子各題其後[并引]〉이 그것이다. 먼저 서문에서는 다음과 같이 말했다.

> 내가 부령(부안)에 있을 때 할 일이 없었는데 마침 제자諸子의 전서全書를 얻어 익히
> 읽었다. 그리하여 깨달은 바를 풀어서 각자各子의 뒤에 썼다. 감히 내 의견이 옳다고
> 주장하는 것은 아니고, 그저 나의 거친 소견을 나타냈을 뿐이다.

이렇게 겸손한 자세로 쓴다고 밝힌 다음에 도가道家 사상인 《노자老子》, 《열자列子》, 《장자莊子》를 소개하고, 이어 법가法家인 《관자管子》, 《안자晏子》, 《상자商子(商鞅)》, 《한비자韓非子》, 그 다음에 《묵자墨子》, 《순자荀子》, 《양자楊子》, 《자화자自華子》, 그리고 마지막에 병가兵家인 《손자孫子》, 《오자吳子》, 《여자呂子》, 《회남자淮南子》, 《문중자文仲子》 등 16명의 저서를 차례로 논평했다.

공자와 맹자 등 유가儒家는 너무 익숙하므로 다루지 않고, 음양가인 추연鄒衍도 뺐다. 사실 허균은 음양풍수에 대한 관심이 매우 컸지만 여기서는 다루지 않았다. 성리학자

들은 대체로 유가를 제외한 제자백가는 이단으로 취급하여 특별히 따로 언급하는 일이 별로 없다. 그런 점에서 허균은 역시 이단아의 모습이 보인다. 그 요지를 간추려 소개하면 다음과 같다.

1) 《노자老子》(老聃) : 노자[도덕경]는 대도大道를 논한 부분이 현묘玄妙하고 은미隱微하여 그 깊이를 헤아릴 수 없으며, 하늘의 핵심을 깨뜨린 경전經傳이다. 이것은 《주역》이나 《중용》에도 없는 내용으로 6경六經과 나란히 할 수가 없다. 그런데 후세 사람들이 노자의 학술을 왜곡시키고 신비화시켜 수련修鍊, 복식服食, 부록符籙[예언], 재초齋醮[별제사] 등으로 만들어 세상을 현혹시키고 사람을 속이게 되었다고 안타까워했다.

2) 《열자列子》 : 《열자》의 천서天瑞와 황제黃帝 두 편은 도를 논한 곳이 현묘한 이치를 끝까지 다 언급하여 노자의 《도덕경》과 장자의 《남화경》과 표리가 될 만하다. 그런데 위 2편 뒤의 글은 문장이 흐트러지고 잘못된 것도 많아서 한 사람이 지은 것 같지 않다. 앞의 2편은 열자의 구본舊本이고, 뒤의 여러 편은 한漢나라나 위진魏晉시대 사람이 보충한 듯하다.

3) 《장자莊子》(남화경) : 어릴 때는 단지 문장법으로만 《장자》를 읽었는데, 중년에 다시 읽어보니 뜻이 크고, 재주가 뛰어나며, 사상이 황홀하다. 그 우화寓話가 좋고, 생사生死와 득실得失을 똑같이 보는 것이 소중하다. 염담적막恬淡寂寞과 청정무위清淨無爲한 사상은 불교와 합치된다. "안자顔子가 가만히 앉아서 물아物我를 잊었다"는 말을 유가들이 비난하지만 《예기》와 《논어》에도 비슷한 말이 있다. 주공周公과 공자가 노자를 비난했다는 말도 사실이 아니고 해학일 뿐이다. 오히려 장자는 유가를 존중했다.

4) 《관자管子》(管仲) : 《관자》는 여러 사람이 손을 대어 참모습을 많이 잃었다. 《관자》의 참뜻은 목민牧民, 대광大匡, 경중輕重 편에 담겨 있는데, 특히 병법兵法과 농상農桑 등은 부국강병에 실효가 있어서 제齊 나라를 5패의 으뜸이 되게 만들었다고 보았다. 끝에 가서 허균은 "아, 세도는 이미 쇠퇴해졌다. 왕도王道를 행할 수 없다면 어떻게 해야 관자와 같은 인물을 얻어 정치를 하고 백성을 다스릴 수 있을까?"고 하면서 관자의

부국강병책을 칭송했다.

5) 《안자晏子》: 《관자》와 더불어 법가의 하나이다. 그 내용은 제齊나라를 섬겼다는 말만 있고, 백성을 다스리는 요체는 《관자》처럼 자세하지 않다. 안자를 관자와 나란히 일컫는 이유를 모르겠다.

6) 《상자商子》(商鞅) : 상앙은 진晉 효공에게 부국강병을 가르쳤다. 허균은 "후세의 군자들은 툭하면 왕도王道만 들먹이고, 관중과 상앙은 천시하여 폄하하지만, 그 공적을 보면 그만 못하다. 아, 어떻게 하면 상자와 같은 이를 얻어서 그 계책을 사용하여 부국강병을 이룩하고 외적의 침략을 방어할 수 있을까?"고 말하면서 왕도를 배격하고 부국강병을 절실히 희망하고 있다.

7) 《한비자韓非子》: 한비자는 현실사정을 평론한 것이 제자백가 가운데 대가이다. 특히 세난편說難編과 팔간편八奸編이 더욱 좋다. 그 학술은 대강 상앙과 신불해申不害로 부터 나왔으나, 엄격하고 각박한 면은 더 지나치다.

8) 《묵자墨子》(墨翟) : 묵자의 학술겸애사상은 요堯 임금과 비슷한 점이 있지만, 그 말류의 폐단을 가져와서 맹자가 극력 배척했다. 그가 인의와 덕을 숭상한 것이 유자와 비슷하지만 옳은 듯하면서도 그르다. 쉽게 사람을 미혹시킬 뿐이다.

9) 《순자荀子》(荀卿) : 순자가 노자를 배척하여 "굽힐 줄은 알았으나 펼 줄을 몰랐다"고 말하고 장자를 가리켜 "하늘에 가려서 사람을 알지 못했다"고 했는데, 맞는 말이다. 왕도를 높이고 패도를 천시한 것은 맹자 이후 일인자이다. 그러나 성악설 때문에 맹자에게 실패하고, 그 사상이 이사李斯와 한비자로 변한 것이 애석하다.

10) 《양자揚子》(揚雄) : 한漢 나라 양웅은 스스로 자신의 학문을 천시하고 낮추면서 성인을 모방했다가 실패했다. 〈법언法言〉은 《논어》를 모방하고, 〈태현太玄〉은 《주역》을 모방했는데, 어렵고 깊은 말을 쓰다가 도리어 막히고 말았다. 그리고 한나라를 찬탈하여 신新을 세운 왕망王莽에게 들어가서 대부大夫가 되었는데, 주자로부터 비난받았다. 양웅은 고루한 사람이다.

그러나 허균과 달리, 후세 학자들은 양자가 유교와 도교를 합치려고 했다고 평가했다.

11) 《자화자自華子》(程本) : 자화자의 글을 보면 순자, 맹자, 국어, 노자, 장자, 한비자, 초사楚辭 등의 글을 주워 모아 제자백가의 옷을 입혀 놓은 듯하다. 따라서 한나라 유자들이 쓴 것 같다. 다만, 마지막 편에 "사람의 수명이 얼마나 되기에 자신을 기다려 주기를 기대하는가?"라고 한 말은 좋은 문장이다.

12) 《손자孫子》(孫武) : 선진시대 병사兵事를 말한 사람은 손무 뿐이다. 용병에 있어 그를 능가할 사람이 없으니 뛰어난 사람이다. 선진시대 간명하고 분명하게 말한 사람은 손무와 한비자뿐이다.

13) 《오자吳子》(吳起) : "손자가 권도權道에 가깝다면, 오자는 정도正道에 가깝다"는 평이 있으나, 그렇지 않다. 오자도 손자를 따라 권모술수를 근본으로 했는데, 손자보다는 조금 모자란다.

14) 《여자呂子》(呂不韋) : 이 책은 여불위가 직접 쓴 것이 아니고, 천하의 변사辯士들을 모아다가 자신의 말을 기록한 것이어서 올바른 곳도 있고 잡박한 곳도 뒤섞여 있다. 다만, 〈팔람八覽〉은 글이 가장 우아하다.

15) 《회남자淮南子》(劉安) : 유안이 대산大山, 소산小山, 팔공八公 등 재주있고 괴기한 인재들을 불러들여 이 책을 만들었는데, 대체로 유가, 도가, 명가, 법가 등과 천문지리, 음양, 수련 등의 설이 섞여 있다. 그러나 여러 사람의 손으로 이루어져 조리가 맞지 않는 것이 많다. 유안이 신선이 되어 하늘로 올라갔다는 말은 거짓이다. 다만 한漢나라 사상가 중에는 가장 뛰어나다.

16) 《문중자文仲子》(王通) : 왕통은 육조시대 이후 사람으로 문장의 힘이 없다. 《시경》, 《춘추》, 《논어》를 모방하여 지은 글들이 많아 왕도王道를 따랐으므로 6경의 노예라는 평을 뜨고 있지만, 도를 배반한 것보다는 차라리 낫다.

이상 제자백가에 대한 허균의 평론을 총괄해 보면, 대체로 부국강병을 추구한 법가들을 가장 칭찬하고, 병가인 손자도 높이 평가하고, 이어서 노자와 장자도 좋게 보고 있다. 그밖의 인물이나 저서들은 한 사람의 저서가 아닌 경우가 많아 조리가 없다고 평하고 있다. 허균이 40세이던 광해군 즉위초 허균사상의 정체성을 잘 드러내는 글들이다.

5. 〈성옹식소록惺翁識小錄〉과 〈성수시화惺叟詩話〉

허균의 문집 《성소부부고》 가운데에는 〈성옹식소록〉이 들어 있다. 이 글에 대하여 허균은 다음과 같은 서문을 실었다.

> 경술년(광해군 2년)에 내가 죄를 짓고 순군옥巡軍獄(의금부)에 42일 동안 갇혀 있다가 함산咸山(咸悅)으로 귀양을 갔는데, 허다한 날 바깥 사물을 접하지 못하고 밤에도 잠을 이루지 못했다. 그래서 등불을 켜고 난로를 데워놓고 웅크리고 앉아서 평생동안 들은 조종 이래 어진 사대부들의 행적과 일들로서 장고掌故에 도움이 되는 것들과 이상한 소문과 이상한 장면들이 매우 많은데 이런 것들을 널리 주워모아 기록함으로써 언 붓을 녹이고자 한다.

그러니까 〈식소록〉은 광해군 2년에 문과시험의 시관試官으로 참여하여 친척을 급제시킨 죄로 전라도 함열咸悅로 귀양 간 시절에 심심풀이로 그동안 보고 들은 조선의 정치제도와 명사들에 얽힌 이야기들을 야사 형식으로 상중하 3부로 나누어 기록한 것이다. 반드시 그 기록들이 사실에 맞는다고는 볼 수 없지만, 조선시대 정치사를 이해하는데 참고가 될 만한 자료가 적지 않다. 자세한 내용은 생략한다.

그 다음 〈성수시화惺叟詩話〉도 함열에서 지은 것으로 신라말 최치원崔致遠에서 시작하여 고려의 정지상鄭知常, 이인로李仁老, 이규보李奎報, 진화陳澕, 이제현李齊賢, 이색李穡, 정몽주鄭夢周, 김구용金九容, 이숭인李崇仁 등, 그리고 조선왕조에 들어와서는 정이오鄭以吾, 이윤李胤, 조운흘趙云仡, 강희맹姜希孟, 서거정徐居正, 김종직金宗直, 김시습金時習,

이주李胄, 남곤南袞, 연산군, 이행李荇, 박상朴祥, 신광한申光漢, 김정金淨, 정사룡鄭士龍, 황욱黃稶, 삼당시인에 속하는 최경창崔慶昌, 백광훈白光勳, 이달李達, 김안로金安老, 최수성崔壽峸, 나식羅湜, 소세양蘇世讓, 임억령林億齡, 임형수林亨秀, 양사언楊士彦, 조위한趙緯韓, 박순朴淳, 노수신盧守愼, 양경우梁慶遇, 전우치田禹治, 유희경劉希慶 등, 그리고 여류시인으로 누이 허난설헌, 서녀庶女 이옥봉李玉峰, 부안기생 계생桂生(梅昌) 등 90여인을 소개했다.

허균은 시인의 행적과 시는 일단 별개로 보았다. 그래서 연산군이나 남곤 같은 인물도 넣었을 것이다. 기준격은 허균이 동인 시문을 선발할 때 정도전鄭道傳 시를 제일 먼저 뽑았다고 했으나, 여기서는 어쩐 일인지 빠져 있다. 정도전은 역적으로 죽었기 때문에 마음속으로만 존경하고 이를 글로 표현하지 않았는지, 아니면 후대에 뺐는지 알 수 있다.

허균은 25세 시절인 선조 26년(1593)에 《학산초담鶴山樵談》이라는 글에서도 우리나라 시인들을 소개한 바 있는데, 이를 더욱 증보한 것이 《성수시화》이다.

6. 농업경영론: 《한정록》의 치농治農

1) 〈치농〉의 지리조건, 자본, 식량 분배

《한정록》에서 가장 이채로운 것은 마지막 16문으로 들어간 〈치농治農〉이다. 이것은 중국의 농업에 관한 지식도 소개하고 있지만, 우리나라에서 경험한 농업에 관한 정보가 주로 많다. 그 분량이 거의 독립된 농서農書로 보아도 좋을 만큼 많고 항목도 세밀하게 분류되어 있고, 설명도 매우 정밀하다.

분류된 항목을 소개하면 다음과 같다. (1) 택지擇地, (2) 자본資本, (3) 정거定居, (4) 종곡種穀, (5) 종소種蔬, (6) 수식樹植, (7) 잠소蠶繅, (8) 목양牧養, (9) 순시順時, (10) 무근務

勤, (11) 습검習儉 등을 먼저 소개하고, 이어서 택종擇種, 하종법下種法, 양잠養蠶, 양우養牛, 의치급용단방醫治急用單方, 양계養鷄, 양어養魚 등을 다소 무질서하게 소개했다.

먼저, 《한정록》의 범례를 보면 〈치농〉에 대해서 다음과 같이 말했다.

> 사민四民의 업業은 농農이 근본인 동시에 한자閑子의 사업事業이기도 하다.

그러니까 농업은 농민의 업業인 동시에 은둔한 사람의 사업이기도 하다는 것이다. 그래서 일반농민과 은둔자를 다 포함하여 새로운 농업혁신 방안으로 제시하고 있다. 그러나 핵심은 은둔자의 농업에 있는 듯하다. 《한정록》에 이런 항목을 넣은 것 자체가 허균 자신이 은퇴하여 이런 농업을 하겠다는 뜻으로 보인다.

은둔자의 농업은 일단 국가와 관련이 없는 자급자족적 농업이라는 것이 특징이다. 다시 말해 국가에 대하여 역役과 세금을 지지 않는 별천지의 독립된 생활공간에서 이루어지는 것이다. 그래서 허균은 〈치농〉에서 국가와의 관련성은 전혀 언급하지 않았다. 아마도 국가의 간섭을 받지 않는 어떤 특정한 밀폐된 공간이거나 무인도이거나 또는 외국일 가능성도 없지 않다. 치농의 첫머리에 넣은 〈택지〉, 〈자본〉, 〈정거〉, 〈종곡〉을 보면 그런 뜻이 엿보인다. 이 네 가지 항목을 차례로 소개하면 다음과 같다.

(1) 택지擇地: 먼저 〈택지〉는 입지조건을 말한다. 그러면 입지조건은 어떠해야 하는가? 허균의 말을 들어보자.

> 생활의 방도를 세우는 데는 반드시 먼저 지리地理를 선택해야 한다. 지리는 바다와 육지가 서로 잘 통하는 곳을 제일로 친다. 그러니까 배산임수背山臨水의 땅이 가장 좋다. 하지만 반드시 땅이 관대寬大(넓고 크다)해야 하고, 또 긴속緊束(묶여져 있음)한 곳이어야 한다. 땅이 관대하면 지리地利를 많이 생산할 수 있고, 땅이 긴속하면 재리財利를 모아들일 수가 있다.

이 글은 매우 추상적으로 되어 있어서 얼핏 보면 무슨 뜻인지 알기 어렵다. 그러나 찬찬히 해석해 보면 이렇다. 먼저 입지조건은 바다를 끼고 있는 넓은 평야지대가 좋다는 뜻이다. 그러면서도 땅이 묶여져 있어야 한다는 것이다. 평야가 넓어야 생산량이 많아지고, 땅이 밀집되어 있어야 그 이득을 모을 수 있다는 것이다.

여기서 바다를 언급한 것은 어염魚鹽의 이득과 아울러 교통의 편리를 염두에 둔 것을 말하는 듯하다. 또 땅이 〈긴속〉 곧 〈묶여져 있어야 한다〉는 것은 산으로 차단되어 있어서 외부의 간섭을 피하겠다는 방어의 편리를 의미한다. 그래서 그런 땅을 상정해 보면, 국내일 경우는 바다에 가까우면서도 산으로 가로막혀 있는 산속 평지를 말하거나, 아니면 육지에서 떨어져 있는 섬이거나, 외국을 상정한다고 볼 수 있다. 이런 곳에 있으면 이득이 국가나 특정한 세력가로 돌아가지 않으므로 밖으로 나가지 않고 안으로 모이게 될 것이다.

(2) **자본資本**: 두 번째 〈자본〉은 무엇인가? 그 내용은 이렇다.

> 모든 경영經營은 근본이 없으면 정립定立할 수 없고, 재물[자본]이 없으면 이룩할 수 없다. 동류同類는 이미 얻었다 하더라도 자본이 넉넉하지 못하면 성공할 수 없다. 그래서 장차 경영하려고 하면 먼저 재물을 축적해야 한다. 그렇게 하면 처음으로 농업을 시작하는 창업자도 욕심을 내지 않더라도 순서에 따라 해도 자연히 이익이 생긴다. 따라서 자본이 없어서도 안되지만, 꼭 부자라야 이룩할 수 있는 것은 아니다.

이 글도 매우 함축적으로 되어 있어서 언뜻 이해가 되지 않는다. 하지만 뜻을 풀이해 보면 이렇다. 먼저 농업을 함께 하고자 하는 동류同類들을 먼저 구성한다. 이들이 함께 새로운 땅에서 독자적인 힘으로 농업을 경영해야 하기 때문에 반드시 자본이 필요하다. 땅도 경우에 따라서는 사들여야 하고, 주거지도 새로 짓거나 사들여야 하고, 그밖에 농기구 등 투자할 곳이 많을 것이다. 그래서 반드시 자본을 미리 만들어야 하는데, 모두 부자는 아니기 때문에 조금씩 점진적으로 자본을 함께 만들자는 것이다.

허균이 만약 현재 살고 있는 땅이나 가옥이나 마을을 상정하고 있었다면 자본의 문제를 심각하게 말하지 않을 것이다. 어딘가 다른 곳으로 집단적으로 이주한다는 전제하에서 이런 생각을 냈다고 볼 수 있다.

(3) **정거**定居: 정거는 주거지를 정하는 일인데 그 조건은 다음과 같이 말했다.

> 거처와 음식은 사람이 사는 길의 중대한 일이다. 지리地理를 이미 얻었다 하더라도 거처할 곳이 없으면 몸을 어디에서 편안하게 할 수 있겠는가? 그런데 땅을 경리하고자 하면서 집짓는 일까지 하게 되면 시기(농사철)를 잃어서 일을 망칠 수도 있다. 따라서 산업産業을 계획하는데 있어서 이미 완성된 집 등을 사는 것이 좋다. 그렇지만 너무 크지 않은 집이 좋다.

여기서는 공동경영인들이 살 주거지를 마련할 필요를 역설한 것인데, 새로 집을 지으려면 시간이 많이 걸려 농사철을 놓칠 우려가 있으므로 이미 있는 집들을 사는 것이 좋다는 말이다. 다만 큰 집을 살 필요는 없다. 돈이 많이 들고, 또 사치스럽게 살 필요가 없기 때문일 것이다. 이미 있는 집을 사들인다고 한 것을 보면 무인도는 아닌 듯하다.

(4) **종곡**種穀: 〈종곡〉은 얼핏 들으면 곡식을 심는다는 뜻이지만, 사실은 토지의 분배를 뜻한다. 원문을 읽어보자.

> 거처를 옮기는 것은 먹을 것이 넉넉한 것이 근본이다. 먹을 것을 넉넉하게 하는 방법은 농사가 우선이다. 따라서 한번 거처를 옮기면 모든 복종僕從(노비)들에게 즉시 각기 그 업業을 맡겨야 한다. 예를 들어 주인과 복종이 모두 10인이라면 1년 동안 60석

의 곡식이 아니고는 생활을 영위할 수 없다. 그래서 전지의 많고 적은 것을 헤아려 편의할대로 처리해야 한다. 만약 전지가 100무畝가 있다면, 복종에게 30무를 스스로 경작하게 하고, 그 나머지는 전인佃人에게 주어 경작시키는 것이 좋다.

허균은 전주田主와 노비, 그리고 전인佃人을 경영주체로 설정하고 있는데, 여기서 전인佃人이 일반 농민을 가리키는 것인지, 아니면 남의 땅을 빌려 경작하여 수확의 절반을 나누는 병작인幷作人을 가리키는지 확실하지 않다.

허균은 수확을 어떻게 나누는 것인지에 대해서는 언급한 것이 없이, 다만 두 가지 조건을 제시했다. 첫째, 전체 토지의 30%는 전주가 노비에게 주어 경작시키고, 나머지 70%는 전인에게 주어 경작시키자는 것이다. 둘째, 주인과 종이 10인이라고 가정할 경우 1년간 먹을 식량은 60석이 필요하다고 했다. 그러니까 1인이 1년간 먹을 식량을 6석으로 본 것이다. 6석을 365일로 나누면, 하루 식량은 약 1승升(되) 7홉合이 된다. 적당한 양이다.

10인이 1년간 60석을 먹으려면 대략 100무가 필요하다고 했다. 100무는 1결이다. 그러니까 1결에서 1년간 수확하는 곡식이 60석은 된다고 가정한 것이다. 허균시대의 토지생산량이 얼마나 되는지는 토지의 비옥도에 따라서 다르지만 토지가 비옥한 남쪽지방의 경우는 대략 60석(600뒤) 정도는 된다. 그러므로 허균의 계산법은 거의 현실에 맞는다.

다만 허균은 수확의 분배에 대해서는 말하지 않았으므로 전주, 노비, 전인이 60석의 수확을 각각 어떻게 분배할지는 알 수 없다. 그러나 누구나 1인당 1년에 6석을 먹어야 한다고 했으므로 전주, 노비, 전인이 균등하게 나눌 것을 염두에 둔 것이 아닌가 싶다. 그렇다면 전인은 병작인이 아니라 토지 소유주가 될 것이고, 노비도 수확을 모두 주인에게 바치는 것은 아닐 것이다. 주인은 1인당 6석에 해당하는 곡식을 받으면 되는 것이 아니겠는가?

그런데 〈치농治農〉에서 곡식재배보다 더 중요하게 본 것은 오히려 부업에 해당하는 소채蔬菜, 식목植木, 양어養魚, 목양牧養, 양잠養蠶 등이다. 허균은 곡식농사는 기본적인 식량을 해결하는 일이고, 그밖에 부업은 이득을 취할 수 있는 치부致富의 수단으로 보고 있다. 특히 양어養魚나 양계養鷄가 그렇다. 다시 말해 허균의 농업은 농업의 기업 화를 통한 부농富農 창출을 염두에 둔 농업으로 볼 수 있다.

(5) 종소種蔬, (6)수식樹植, (7)잠소蠶繅, (8)목양牧養

농업은 단지 곡식만 심는 것을 말하는 것이 아니다. 채소를 심고, 재목材木과 과수果 樹를 심고, 양잠을 하고 목축을 함께 해야 한다.

기근饑饉이라는 말은, 곡식이 흉년이 되는 것을 기饑라 하고, 채소가 흉년이 되는 것을 근饉이라고 한다. 따라서 기근을 면하려면 채소를 반드시 심어야 한다. 채소는 집 좌우에 밭을 만들되 반드시 둑을 만들어 파종해야 김매고 물주기에 편하다.

나무는 집 근방의 산장山場에 심되, 그 땅에 맞는 나무를 선택하여 심어야 하며, 재목材木과 과수果樹를 함께 심어야 한다. 나무는 재화財貨와 기용器用(그릇)의 자본으로 삼아야 한다. 그러니까 나무의 상품화를 염두에 두고 있다.

양잠을 하려면, 먼저 집 주위에다 뽕나무를 심고, 곡식曲植,[8] 거광籧筐[9] 등의 잠구蠶具 를 미리 준비해 두어야 한다.

가축을 기르는 목양牧養은 춘추시대 범려范蠡가 부호 의돈씨猗頓氏에게 말하기를, "그대가 치부致富를 하려면, 마땅히 다섯 종류의 짐승 암컷을 기르라. 생활을 영위하는 방법이 다섯 가지가 있는데, 그 중에 수축水畜(양어와 목축)이 제일이다"라고 했다. 그러 니 목양을 소홀히 해서는 안 된다. 여기서 목양이란 가축만 말하는 것이 아니고 양어養 魚도 포함되고 있음을 알 수 있다.

---

8   곡식은 잠박(蠶箔)을 떠받치는 기둥을 말한다.
9   거광은 뽕잎을 따는 대나무 바구리를 말한다.

(9) 순시順時, (10) 무근務勤, (11) 습검習儉

농업을 제대로 하려면 반드시 지켜야 할 몸가짐이 있다. 첫째, 순시順時 곧 시기를 잘 따라서 맞추는 일이다. 그래서 곡식 등을 심을 때 반드시 때를 놓쳐서는 안 된다. 옛 사람이 "촌음寸陰을 아끼라"고 한 말이 그것이다.

농업을 하려면, 반드시 무근務勤 곧 부지런해야 한다. 일생의 계책은 부지런한 데 달려 있다. 또 "거름이 많고 부지런한 집이 상농上農"이라는 말도 있다. 밤에는 생각하고, 낮에는 일을 하여 용기있게 앞으로 나아가고, 과감하게 결단하여 때를 놓치지 않으면 반드시 이득이 갑절이나 오르게 될 것이다.

아무리 재화를 모아도 재물을 절제 없이 써버리면 몸만 수고로울 뿐 재용財用은 더욱 부족해진다. 그래서 검소하게 사는 습관이 필요하다. 곧 습검習儉이다. 송나라 구준寇準이 말하기를, "부자로 살 때 절약하지 않으면 가난해진 때 뉘우치게 된다"고 했다.

(12) 택종擇種, 하종법下種法

농업에서는 씨앗을 관리하고 심는 방법이 매우 중요하다. 허균은 《농서農書》를 인용하여 다음과 같은 요지의 방법을 소개했다.

곡식은 모두 아홉가지[10]가 있는데, …… 좋은 씨앗을 골라서 저장해 두었다가 하종下種하기 20일 전에 잘 말려 둔다. 하종할 때 말을 끌고 가서 이삭을 먹인 다음 말이 짓밟고 지나간 씨앗을 뿌리면 병충해가 없어진다. 씨앗이 혹시 습기에 젖어 상하면 설

---

10   구곡(九穀)은 서직(黍稷; 메기장과 찰기장), 출도(秫稻; 차조와 벼), 마(麻; 깨), 대소맥(大小麥; 보리와 밀), 대소두(大小豆; 콩과 팥)을 말한다.

즙雪汁[11]에 담갔다가 말리면 한재旱災를 잘 견딘다. 보리 종자는 도꼬마리씨나 쑥을 잘 부순 것을 섞어 햇볕에 말려 뿌리면 잘 자란다.

허균은 또 《음양서陰陽書》를 인용하여, 다섯가지 나무 중에 가장 잘 자라는 나무를 살펴서 그에 맞는 곡식을 심어야 한다고 말하고, 그 예를 들었다. 벼는 대추나무나 버드나무에서 생겨나고, 보리는 살구나무에서, 밀은 복숭아나무에서, 메기장은 느릅나무에서, 콩은 홰나무에서, 팥은 오얏나무에서 생겨난다고 했다.

또 《농서》를 보면, 곡식을 심는 시기가 곡식에 따라 각기 다르다. 1월에는 마麻(삼)를 심고, 2월에는 조를, 3월에는 지마를, 4월에는 콩을, 5월에는 늦참깨를, 7월에는 무와 배추를, 8월에는 보리를 심어야 한다. 또 5곡은 상순에 심는 것이 가장 좋고, 지세地勢에 따라 곡식을 선택해야 한다.

벼는 세 종류가 많은데, 일찍 익는 것이 선秈이고, 늦게 익는 것이 갱粳이고, 빠르고 늦은 것이 적당한 것이 나稬(찰벼)인데 각기 맛이 다르다. 3월 청명절에 씨앗을 물에 담갔다가 싹이 나면 심는다. 모가 자라면 소만小滿과 망종芒種 무렵에 이앙移秧(모내기)한다. 이앙할 때에는 모 여섯 줄기를 한다.

허균은 중국의 농서인 《제민요술齊民要術》[12]을 인용하여, 참깨, 보리, 조, 콩을 심는 방법을 제시하기도 했는데, 호미로 심고 쟁기질을 하면서 흙을 덮는 방법과 바가지에 구멍을 뚫어서 씨를 뿌리고 쟁기질하는 방법 등을 소개했다.

다음에 채소를 심을 때에는 밭두둑에 심도록 하고, 오이나 참외 같은 채소는 밭고랑에 심고, 거름과 재를 섞어서 주면 병충해에 강하다고 했다.

밭갈이는 춘경春耕과 추경秋耕으로 나뉘는데, 춘경은 늦게 하는 것이 좋고, 추경은

---

11 설즙(雪汁)은 눈이 녹아내리는 물을 말한다.
12 《제민요술(齊民要術)》은 중국 북위의 가사협(賈思勰)이 6세기 전반기에 지은 농서로 가장 오랜된 농서이다. 주로 화북농법을 정리한 것이다. 그 뒤로 원나라 때 지은 관찬농서인 《농상집요(農桑輯要)》가 고려 말에 들어왔다. 이 책은 양잠과 목화재배에 대한 방법이 자세하다.

빨리 하는 것이 좋다. 늦게 해야 땅이 충분히 풀리기 때문이고, 빨리 해야 따뜻한 온기를 땅 속에 집어넣을 수 있기 때문이다.

(13) 벼, 보리, 콩, 채소 등을 키우는 방법

벼를 키울 때에는 곁뿌리를 잘라주고, 재거름이나 콩깨묵, 참깨묵 등을 뿌려주고, 가을이 가까워지면 물을 빼내 논을 말렸다가 다시 물을 대주고, 벼가 다 익은 뒤에 다시 물을 뺀다.

이른 벼를 벤 다음 9월에 보리를 심는데 반드시 재거름을 주어야 한다. 보리는 5월중에 재빨리 수확해야 한다. 시간을 늦추면 수재水災를 당하거나 양잠에 지장이 있기 때문이다. 거둔 보리는 삼복 중에 바짝 말려서 항아리 밑에 볏짚을 깔고 보리를 담은 다음 볏짚재로 덮어두어야 벌레가 생기지 않는다.

콩은 3~4월에 심는데, 콩은 장을 담그고 두부를 만드는데 쓰이고 껍질은 말먹이가 된다.

녹두콩은 4월에 심었다가 6월에 수확하고, 다시 씨를 심어 8월에 또 수확한다. 분말을 만들기도 하고, 녹두나물을 만들 수 있다. 완두콩은 오래 두어도 좀먹지 않고 수확량도 많으며, 콩 껍데기는 팔 수도 있다. 8월경에 참깨와 함께 심어서 함께 거두기도 한다. 팥은 3월에 심어서 6월에 수확한다.

백편두白扁豆라는 콩이 있는데, 청명일에 심고 재로 덮어준다. 시렁을 만들어 덩굴을 끌어올린다. 그 열매는 팔 수가 있는데, 2푼에 밀가루 1승을 섞으면 국수자료로 좋다.

참깨는 3~5월에 심는데, 흰색, 검은색, 황색 등 세 종류가 있다. 그 가운데 흰색이 기름이 많이 난다.

생강은 3월에 비옥한 땅에다 심는데, 누에똥이나 두엄 또는 재거름, 쇠똥 등으로 덮어두고 햇빛이 들지 않도록 거적으로 가리고, 8월에 뿌리를 수확하는데, 움을 깊이 파고 왕겨와 함께 따스한 곳에 묻어서 종자로 삼는다.

토란은 5월경에 싹이 난 종자를 비옥한 땅에 심는데, 물토란과 마른토란의 두 종류가 있다.

무는 다달이 심을 수도 있고, 다달이 먹을 수도 있다. 땅은 비옥해야 하고 흙은 거칠어야 하며, 물은 자주 주어야 한다.

배추와 갓 등은 7~8월경에 씨를 뿌렸다가 9월에 밭두렁에 심는데, 물을 자주 주어야 한다. 상추는 8월에 씨를 뿌리고 싹이 나면 밭두둑에 심는데, 다음해 잎을 따먹는다.

그밖에 참외, 호박, 마늘, 파, 부추, 염교,[13] 가지, 산약山藥, 모시, 면화, 홍화紅花, 전靛(쪽) 등을 키우는 방법도 소개했다.

(14) 양잠養蠶

누에를 치려면 먼저 종자를 잘 골라야 한다. 고치가 작고 단단한 것은 수컷이고, 크고 두꺼운 것은 암컷이다. 바람이 잘 통하는 잠박蠶箔(채반) 위에 두면 나비가 생기는데, 첫날에 나온 것은 쓸 수가 없고, 다음날 나온 것을 종이 위에서 교미시킨 뒤에 수컷은 버리고, 낳은 알을 서늘한 곳에 둔다. 겨울에는 종이에 붙은 알을 물에 넣어 목욕시킨 뒤에 말려 단지 안에 두었다가 꺼낸다.

누에가 나오면 뽕잎을 따다가 잘게 썰어서 그릇 가운데에 종이를 깔고 넣어두면 누에가 냄새를 맡고 내려온다. 누에는 클수록 색이 변하여 검정색, 흰색, 청색, 흰색, 황색 순으로 변하면서 잠을 잔다. 그럴 때마다 뽕잎을 조절한다. 흰빛이 나면 먹을 것을 찾는 때이고, 푸른 빛이 날 때에는 많이 먹여야 하고, 누런 빛이 날 때에는 먹이를 점차 줄여야 한다.

뽕잎은 물에 젖은 것을 먹이면 안 된다. 항상 잠실의 온도와 습도를 알맞게 조절하여

---

13 염교는 쪽파와 부추 비슷한 식물이다.

너무 덥거나 너무 춥게 해서는 안 된다. 누에의 잠은 지역에 따라 다른데, 북쪽 지방에서는 세 잠, 남쪽 지방에서는 네 잠을 잔다.

누에가 잠잘 때는 어둡게 해주고, 잠을 자고 일어나면 밝게 해주고, 누에가 잠잘 때는 따뜻하게 해주고, 잠에서 깨면 밝게 해주고 서늘하게 해 주어야 한다. 누에가 뽕을 먹을 때는 통풍을 시켜준다.

또 누에는 여름에 치는 것과 가을에 치는 것 두 가지가 있는데, 여름에는 서늘하게, 가을 누에는 춥지 않게 해 주어야 한다.

고치 실을 켤 때에는 끓는 물이 들어간 가마솥 위에 시루를 놓고 시루 안에 물을 가득 부운 다음에 고치를 넣고 실을 뽑는다. 시루 한가운데에 막대기를 가로질러 놓으면 두 사람이 실을 뽑을 수 있다. 물론 물레를 준비해야 한다.

(15) 양우養牛

소는 농사에 꼭 필요하다. 소를 키우는 방법은 사람을 키우는 것과 비슷하다. 우선 우리 안을 청결하게 해주어야 하고, 볏짚을 잘게 썰고 거기에 밀기울이나 겨와 콩을 섞어서 구유에 담아 먹인다. 겨울에는 마른 콩잎, 마른 풀, 겨, 밀기울 등을 섞어서 쌀뜨물에 넣어 죽을 끓여 먹인다.

풀이 자랄 때에는 방목하되, 물을 먹인 뒤에 풀을 먹이면 소화가 잘된다. 소를 부려 경작할 때에는 해뜨기 전이 좋고 낮에는 자주 쉬게 하는 것이 좋다. 소의 병을 치료하는 방법도 사람과 비슷하다. 오줌에 피가 섞여 나오는 것은 열병이고, 콧물이 흐르고 헐떡거리는 것도 열병이다. 우역牛疫이 유행할 때에는 다른 소가 있는 곳을 피해야 한다.

소를 상보는 방법은, 눈이 크고 뿔과 가까운 것이 좋다. 경골脛骨(정강이 뼈)이 장대하고 뒷다리가 넓으면 힘이 좋다. 털이 빽빽하고, 뿔은 가늘고, 꼬리가 길면 길하다. 터럭이 희고, 젖꼭지가 붉은 암소가 새끼를 많이 낳는다.

소를 치료하는 약으로는, 우장牛瘴[14]의 경우 안식향安息香(때죽나무)을 외양간 안에 태운다. 소가 기침을 할 때에는 조각皁角[15] 가루를 콧구멍에 불어 넣어주고, 짚신 밑창으로 쇠꼬리 부분의 정골 밑을 두들겨 준다.

소에 종기가 나면 밀짚을 태운 잿물로 씻어준다. 말도 이와 같이 한다.

소의 어깨가 문드러지면, 묵은 솜 3냥을 태우고, 거기에 참기름을 타서 발라주면 3일만에 낳는다.

소의 발굽 사이가 문드러지면, 붉은 광석 가루를 돼지 기름에 섞어서 발굽 사이에 메꾸고 쇠를 불로 달구어서 지진다.

소가 열을 받아 상처가 나면 참깨 잎을 찧어서 즙을 내어 먹이면 당장 낫는다. 소가 기침을 하면 소금 1냥에 된장 1승을 타서 먹인다. 오줌에 피가 섞여 나오면 당귀와 홍화紅花를 가루로 만들어 술에 담가서 한 주발씩 먹인다.

몸에서 벌레가 생기면, 당귀를 잘 찧어 초에 담가서 하룻밤을 먹인다. 꼬리가 타고 풀을 먹지 않을 때에는 대황大黃,[16] 백지白芷,[17] 황련黃連[18]을 각 반냥씩 가루로 만들어 계란 한 개의 흰자위를 술에 타서 섞어 먹이면 당장 효험이 있다.

소가 갑자기 배가 팽만하여 미친 듯이 날뛰면서 사람을 들이받으면, 대황, 황련 각 5전을 계란 한 개의 흰자위와 술 한 주발에 골고루 타서 먹인다. 소가 잡벌레를 먹고 배가 팽창하면 제비똥 1홉을 물에 타서 먹인다.

소의 눈에 하얀 막이 생겨 눈을 가리면, 소금과 죽절竹節(대마디)을 적당히 태운 다음 부드럽게 갈아서 1전錢을 흰 막 위에 찍어 바른다.

---

14 우장(牛瘴)은 더위로 생기는 병을 말한다.
15 조각(皁角)은 쥐엄나무를 말한다.
16 대황(大黃)은 여뀌과 식물이다.
17 백지(白芷)는 구릿대 뿌리를 말한다.
18 황련(黃連)은 깽깽이풀의 뿌리를 말한다.

(16) 양계養鷄

닭의 종자는 뽕잎이 떨어질 무렵에 낳은 것이 가장 좋다. 봄이나 여름에 난 것은 좋지 않으니, 30일 이내에는 둥지에서 나오지 못하게 해야 한다. 모이는 마른 것을 먹여야지 젖은 모이를 먹이면 배꼽에서 농이 생긴다.

닭의 홰는 복숭아나무나 오얏나무를 쓰면 안 된다. 홰를 설치하는 곳은 자오묘유子午卯酉의 방위나 갑병경임甲丙庚壬의 방위에 설치해야 한다. 다시 말해 동서남북의 정극正極이 좋다. 그래야 안온하고 여우나 살쾡이에 잡아먹히지 않는다. 버드나무를 태우면 닭이 죽거나 눈이 먼다.

닭집은 동산 가운데 짓되 그 아래에 삼태기를 놓아 그 위에 올라가 자도록 하고, 풀로 둥지를 만들어 알을 낳게 한다. 닭집 옆에는 수수를 심어 그늘을 만들어주고, 가을에는 그 수수를 먹인다.

큰 동산 둘레에 담장을 쌓고, 중앙에 가로질러 담장을 쌓아 두 블록을 만들고, 담장 밑의 동서남북에 각기 하나씩 닭집을 짓는 것도 좋다. 그리고 동산의 왼편과 오른편에 죽을 쑤어 뿌려서 풀로 덮은 다음 이틀 후에 벌레가 생기면 닭이 먹도록 한다.

닭을 살찌우려면 기름을 밀가루에 섞어서 손가락만한 덩어리로 만들어 날마다 닭에게 10여개씩 먹이거나, 아니면 그것을 토유황土硫黃과 섞어서 곱게 갈아서 모이에 골고루 섞어서 먹이면 수 일만에 살이 찐다.

어미닭은 1년에 두 번씩 병아리를 깔 수 있다. 계란은 먹기도 하지만 팔아서 이득을 얻을 수도 있다. 그러니까 상업적인 양계도 가능하다.

닭이 병들면 참기름을 먹이면 금방 낫는다. 만약 지네의 독에 걸렸을 때는 수유茱萸(산수유 열매)를 갈아서 먹인다. 혹시 전염병에 걸렸을 때는 모두 죽게 되므로 즉시 쪽[藍]을 닭 주둥이에 넣어서 거꾸로 매달아 놓거나 집 위에 옮겨 놓으면 질병을 면할 수 있다.

(17) 양어養魚

양어장을 만들려면 6무의 땅을 파서 못을 만들고, 못 가운데 구연九淵[19]을 만든 다음, 새끼 밴 잉어 석자짜리 20마리와 숫잉어 4마리를 구해 2월에 넣는다. 4월에는 신수神守인 자라 1마리를 넣고, 6월에는 2마리를, 8월에는 3마리를 잡아넣는다. 물고기가 360마리가 되면 교룡蛟龍이 고기를 데리고 날아가 버리는데, 자라가 있으면 날아가지 못한다.

이듬해 2월이 되면 1자 된 잉어가 1만 마리, 2자 된 잉어가 1만 마리, 3자 된 잉어가 4만 마리를 얻게 된다. 다음해에는 각기 10만 마리, 5만 마리, 4만 마리를 얻게 된다. 그 가운데 2자짜리 2천 마리는 남겨두어 종자로 삼고 나머지는 모두 판다. 또 그 다음해에는 고기의 숫자를 헤아릴 수 없게 된다.

양어장은 진흙이 비옥하고 개구리밥이 넉넉한 곳으로 정해야 하며, 반드시 사람이 집을 짓고 근처에 살면서 지켜야 하고, 수달피의 공격을 막아야 한다. 사는 곳과 가까운 호수에 잉어를 키운다면 부를 빨리 이룩할 수 있다. 또 강에 나가 물고기 새끼를 잡아다가 키워 한해에 1자쯤 크면 식용이 될 만하다.

한편, 양羊 우리를 못 언덕 위에 짓고 양을 기르면서 양의 똥을 못 가운데에 넣어주어 초어草魚[20]를 먹이고, 초어가 눈 똥을 연어連魚에게 먹인다. 혹시 물고기가 병에 걸리면, 즉시 독물을 빼내고 새 물을 넣어준다. 파초 잎을 찢어서 새물이 내려오는 곳에 넣어 고기가 마시도록 하거나, 혹은 오줌을 주어도 독이 풀린다.

(18) 총결

허균은 이상과 같은 〈치농治農〉을 총괄하여 결론을 다음과 같이 내렸다.

---

19 구연(九淵)은 매우 깊은 연못을 말한다. 연못의 중앙을 깊게 파서 만든다.
20 초어(草魚)는 풀을 먹는 잉어과 물고기로 덩치가 매우 크다.

양어養魚, 양양養羊, 양저養豬(돼지), 양계養鷄, 양아압養鵝鴨(오리)을 다섯가지 목축이라 하는데, 그 가운데 이득이 가장 큰 것이 양어이다.

치농을 하기 좋은 지리조건은 반드시 산을 등지고 호수를 바라보고 산이 모여들고, 물이 굽어드는 곳을 가려 주택을 짓고, 먼저 전지田地와 산장山場을 마련한 다음, 모든 복종僕從(노비)들을 시켜 즉시 곡식을 심어 가꾸고, 채소를 심고, 뽕나무를 심어 누에를 치고 실을 켜서 의식衣食의 근원을 만든다.

그런 다음에는 큰 못을 파서 물을 가득 담고 못 안에는 9주九洲와 8곡八谷을 두어 마치 강호江湖와 같이 만들고, 거기에 새우, 자라, 소라 등을 잡아넣어 신수神守로 삼아서 물고기가 서로 즐기며, 스스로 강호 가운데 있다고 생각하면서 주야로 쉬지 않고 놀도록 해야 할 것이다. 이 도표를 뒤에 붙여서 이것을 생업으로 삼는 자에게 본보보기가 되도록 했다.

또 연못 10무에 약 100보쯤 구멍을 뚫고, 4면도 모두 이와 같이 한다. 그 안에 9개의 돈대墩臺(망보는 누대)를 만들고, 8개의 돈대에는 8패八卦의 방위를 삼아서 부적符籍을 적은 패牌를 세우고, 중앙의 돈대에는 8각으로 된 누정樓亭을 세우되, 그 날이 어느 별에 해당하는지 그 별이름을 부적에 쓴 다음 패를 세운다.

위 아홉 돈대九宮의 부적 패는 모두 돌에 글자를 새겨 붉은 글씨로 쓰고, 그 꼭대기에는 용왕龍王을 소상塑像으로 만들어 얹어놓고 봄철에 제사를 지내고 또 달마다 제察를 올린다. 이렇게 하면 반드시 응험應驗이 있다.

또 연못을 만들 때는 연월일시年月日時를 가려서 할 것이며, 물고기를 넣을 때에도 오행五行의 길吉한 날을 택하여 방위를 결정하면, 고기가 죽는 일이 없을 것이다.

이제 허균이 쓴 〈치농〉의 핵심을 정리해 보면 다음과 같다.

첫째, 이 농법은 허균이 구상하고 있는 농촌의 이상향理想鄕을 그려본 것이다. 그가 구상한 농업은 곡식생산에 머무는 농업이 아니라, 채소, 과수, 목축, 양어, 양잠 등을 포함한 광의의 농업이다. 곡식농업은 1인당 식량 6석을 확보하는데 목표를 두고, 부富

를 창출하는 농업은 곡식 이외의 다양한 부업에서 찾았다. 그러니까 부업을 통한 경영형 부농富農을 키우는 것이 그의 치농治農의 궁극적 목표이다.

농업의 기술적인 방법은 주로 중국의 농서인 《제민요술齊民要術》 등을 참고하고, 또 자신이 보고 듣고 경험한 바를 반영했는데, 매우 구체적이고 치밀하다. 특히 양어, 목축, 양잠 등에 대한 지식이 매우 풍부하고, 물고기나 가축의 질병치료에 대한 지식이 놀랍도록 자세하다.

둘째, 농업경영 방법이 매우 과학적이면서도, 특히 양어와 관련해서는 역학사상易學思想을 접목시켜 철학적인 이미지를 담은 시설을 첨부한 것이 매우 이채롭다.

셋째, 허균이 제시한 새로운 농업의 입지조건은 자신의 평생 복거지로 정하여 농장까지 마련해 놓은 부안扶安의 우반동을 염두에 둔 것이 아닌가 추측된다. 그가 쓴 〈중수정사암기重修靜思菴記〉[21]를 보면, 부안 우반동의 풍경이 앞서 〈택지〉에서 묘사한 배산임수의 조건을 갖춘 지리와 너무나 닮았기 때문이다.

부안의 우반동이야말로 변산반도를 끼고 있는 천혜의 비옥한 땅으로, 뒷날 반계磻溪 유형원柳馨遠이 이곳으로 내려가서 농사를 시범하고 정전제井田制의 정신을 살린 전제개혁을 제시한 것도 우연한 일이 아닐 것이다. 유형원도 부업으로 각종 채소재배, 목축, 양잠 등을 제시하고 있는데, 아마도 허균의 영향을 크게 받은 듯하다.

다만 그가 한백겸韓百謙의 기전고箕田攷를 인용하면서도 허균을 직접 언급하지 않은 것은 그가 역적으로 죽었기 때문일 것이다.

허균은 〈치농〉에서 실제의 농법만을 제시하지 않고, 〈무근務勤〉, 〈습검習儉〉, 〈순시順時〉 등을 추가로 제시했다. 이는 농업하는 사람들의 생활태도가 부지런할 것과 절약과 검소를 실천할 것과 계절에 따른 일들을 놓치지 말 것을 특별히 강조한 것이다.

부지런함과 검소함을 강조한 것은 토정 이지함李之菡의 모습을 떠올리게 한다.

---

21 《성소부부고》 권6 문부(文部) 3 기(記)

7. 음식문화론: 《도문대작》

1) 〈도문대작〉 저술 목적

음식은 사람의 생존에 필요한 세 가지 기본물자 곧 식의주食衣住 가운데 하나로서 옷이나 집보다도 가장 중요한 물자임은 말할 필요도 없다. 하지만 음식이라고 할 때에는 주로 곡식을 제일로 친다. 곡식이 가장 일차적인 식품이기 때문이다.

그러나 허균은 생존에 필요한 식품을 곡식에만 한정해서 보지 않고, 과일, 채소, 물고기, 짐승고기 등에까지 시야를 넓혀서 바라보고, 그것들을 생산하는 방법들을 모두 농업 속에 포함시켜서 해결하려고 했다. 그래서 쓴 글이 〈치농治農〉이다. 치농에서는 곡식재배 뿐 아니라, 과일재배, 채소재배, 양어, 목축 등을 모두 포괄해서 다루었다.

하지만, 식품은 그저 생산만이 중요한 것이 아니다. 그 맛도 중요하다. 이 맛을 따지는 것은 곧 식품문화라고 할 수 있다. 허균은 개인적으로 미식가이기도 하지만, 건강을 위해서나 인생의 즐거움을 위해서도 맛은 중요한 요소라고 생각했다. 그래서 쓴 글이 바로 〈도문대작屠門大嚼〉이다. 그 말 뜻은 '푸줏간 문앞을 지나면서 크게 씹는 흉내를 낸다'는 것이다.

《성소부부고》 가운데 가장 이색적인 글이 〈도문대작屠門大嚼〉일 것이다. 이 글을 쓴 것은 광해군 3년(1611)에 전라도 함열咸悅에서 귀양살이할 때였다. 허균은 〈도문대작〉의 인문引文에서 이 글을 쓰게 된 이유를 다음과 같이 적었다.

우리집은 가난하긴 했지만 부친이 살아 계실 적에는 사방에서 생산되는 별미를 예물로 바치는 자가 많아서 나는 어릴 때 온갖 진귀한 음식을 고루 먹을 수 있었다. 커서는 잘사는 집에 장가들어 산해진미를 다 맛볼 수 있었다.

임진왜란 때에는 병화를 피해 북방으로 피난 갔다가 강릉 외갓집으로 돌아왔는데 기이한 해산물을 두루두루 맛보았다. 벼슬길에 나선 뒤로는 남북으로 돌아다니면서

…… 우리나라에서 생산되는 음식을 먹어보지 않은 것이 없다.

식욕食欲과 성욕性欲은 사람이 타고난 본성이다. 특히 먹는 것은 생명에 관계되는 것이다. 선현들이 먹는 것을 천하게 여긴 것은 먹는 것만 탐하고 이득을 추구하는 것을 지적한 것이지 어찌 먹지도 말고 말하지도 말라는 것이겠는가? 그렇지 않다면 무엇 때문에 8진미의 등급을 《예경禮經》에 기록했으며, 맹자孟子가 생선과 곰발바닥을 구분해 놓았겠는가?

내가 일찍이 하씨何氏의 《식경食經》과 서공舒公의 《식단食單》을 보았는데, 두 사람 모두 천하의 진미를 빠짐없이 기록하여 그 종류가 만萬을 헤아렸다. …… 우리나라는 외진 곳에 있기는 하나 바다가 둘러싸고 높은 산이 솟아 있어서 물산이 풍부하다. 만일 하씨나 위씨 두 사람의 예를 따라 명칭을 나누어 구별한다면 역시 만 가지를 넘을 것이다. ……

여기서 허균은 음식은 사람의 생명과 관계되는 것이므로 식욕은 인간의 본성이라고 전제하고, 그래서 《예경禮經》이나 《맹자》를 비롯한 여러 현인들이 음식의 등급을 기록해 놓았는데, 1만 가지를 넘는다고 했다. 그러나 그것은 중국의 음식을 말하는 것이다. 우리나라도 산수가 좋기 때문에 중국에 못지않게 만 가지를 넘는 산해진미가 있는데, 허균은 그동안 전국 각지의 수많은 맛있는 음식을 직접 먹어 보았다고 했다.

그러면 허균이 하필 함열에서 귀양살이를 하고 있을 때 우리나라 음식문화를 소개하게 된 직접적인 계기는 무엇인가? 그 점에 대하여 위 서문에서는 다음과 같은 이유를 들었다.

내가 죄를 짓고 바닷가로 귀양 갔을 때 쌀겨마저도 부족하여 밥상에 오르는 것은 상한 생선이나 감자, 들미나리 등이었다. 그것도 끼니마다 먹지 못하여 굶주린 배로 밤을 지새울 때에는 언제나 지난날 산해진미山海珍味도 물리도록 먹어 싫어하던 때를 생각하고 침을 삼키곤 했다.

다시 한번 먹어보고 싶었지만 하늘나라 서왕모西王母의 복숭아처럼 까마득하니, 천도복숭아를 훔쳐먹은 동방삭東方朔이 아닌 바에야 어떻게 훔쳐 먹을 수가 있겠는가?

마침내 [예전에 먹었던 음식을] 종류별로 나열하여 기록해 놓고, 가끔 보면서 한 점의 고기로 여기기로 했다. 쓰기를 마치고 나서 〈도문대작〉이라 했다.

먹는 것에 너무 사치하고, 절약할 줄 모르는 세속의 현달한 사람들에게 부귀영화는 이처럼 무상할 뿐이라는 것을 경계하고자 한다.

옛날에는 산해진미도 맛이 없다고 싫어하던 자신이 지금은 귀양살이하면서 썩은 생선이나 감자, 들미나리도 없어서 제대로 먹지 못하고 있다고 개탄하고 있다. 그래서 음식문화의 중요성을 새삼스레 절감하고, 옛날에 먹었던 음식들을 기록하여 문자 그대로 그림의 떡이라도 먹어보겠다는 절절한 심정을 피력하고 있다.

음식문화가 이토록 중요하지만, 그렇다고 오늘날의 부귀한 사람들처럼 먹는 것에 지나치게 사치하고 절약할 줄 모르는 것은 경계해야 한다고 경고하고 있다. 말하자면 식탐을 지나치게 즐기는 것은 허망하다는 것을 일깨워주고 있다. 배고픔을 이기지 못하여 옛날에 미식가로서 먹었던 산해진미山海珍味들을 회고하면서 쓴 책이다. 그 내용은 허균 자신이 직접 전국 각지를 돌아다니면서 먹어본 진미珍味와 명물名物, 그리고 채소, 과실, 날짐승, 들짐승 등을 상세하게 소개했다. 항목을 나누어서 떡류로부터 시작하여 과실, 날짐승과 들짐승, 해산물, 소채류 등으로 분류하여 기록했는데 그 출산지도 아울러 밝혔다.

2) 〈도문대작〉에 소개된 음식문화

허균은 〈도문대작〉에서 우리나라 음식문화를 1) 〈병이지류餠餌之類〉(떡류), 2) 과실지류果實之類(과실류), 3) 소채지류蔬菜之類(채소류), 4) 비주지류飛走之類(날짐승과 들짐승), 5) 해수족지류海水族之類(생선류), 그리고 6) 기타로 나누어 소개하고 있다. 그 종류와 생산지역을 차례로 소개하면 다음과 같다.

(1) 병이지류[떡류]

* 방풍죽防風粥: 강릉에서 매년 2월에 해뜨기 전에 이슬맞은 방풍을 채취하여 쌀죽에
  넣어 끓인다. 향기가 3일 동안 가시지 않는다.
* 석이병石耳餠: 금강산에서 나는 석이버섯을 귀리와 섞어서 만든 떡이다.
* 백산자白散子: 전주에서 만든 것이 맛이 좋다.
* 다식茶食: 안동에서 만든 것이 맛이 좋다.
* 율다식栗茶食: 밤을 넣고 만든 다식인데, 밀양과 상주에서 만든 것이 가장 맛이
  좋다.
* 차수叉手: 꽈배기처럼 만든 산자로서 여주에서 만든 것이 가장 좋다.
* 이飴: 엿으로, 개성에서 만든 것이 상품이고, 전주가 그 다음이고, 근래에는 서울
  송침교松針橋 부근에서도 잘 만든다.
* 대만두大饅頭: 의주에서 만든 대만두가 가장 좋다.
* 두부豆腐: 장의문밖 사람들이 잘 만든다. 매우 부드럽다.
* 웅지정과熊脂正果: 강원도 회양淮陽에서 만든 것이 가장 좋다
* 둘죽乼粥: 들쭉으로 만든 죽으로, 갑산과 북청에서만 나는데, 맛은 정과正果와 같다.

(2) 과실지류[과실류]

* 천사리天賜梨: 강릉에 사는 진사 김영金瑛의 집에 있는 배나무에서 열린 사발만한
  배이다. 지금은 많이 퍼졌다. 맛이 달고 연하다.
* 금색리金色梨: 황금색 배로서 강원도 정선군에 많다.
* 현리玄梨: 검은 배로서평안도 산고을에 있다. 물이 많고 꿀맛이다.
* 홍리紅梨: 석왕사에서 나는 붉은 배로서 크고 맛이 산뜻하다.
* 대숙리大熟梨: 속칭 부리腐梨라고도 부른다. 산중에 많은데, 곡산谷山 과 이천伊川의

것이 매우 크고 맛도 제일이다.

* 금귤金橘: 제주에서 나는데 맛이 시다.

* 감귤甘橘: 제주에서 나는데 금귤보다 조금 크고 달다.

* 청귤靑橘: 제주에서 나는데 껍질이 푸르고 달다.

* 유감柚柑: 제주에서 나는데 매우 달다.

* 감자柑子: 귤의 일종으로 제주에서 난다.

* 유자柚子: 제주, 전라도, 경상도 남쪽 해변에서 난다.

* 감류柑榴: 석류인데, 영암과 함평에서 나는 것이 가장 좋다.

* 조홍시早紅柹: 조홍시는 온양에서 나는 것이 달고 물기가 많다.

* 각시角柹: 남양에서 나는 것이 가장 좋다.

* 오시烏柹: 오시는 검은색이 나는 홍시로 지리산에 난다.

* 율栗: 상주에서 나는 밤이 크기는 작으나 껍질이 저절로 벗겨진다. 밀양 밤은
  크고 맛이 좋으며, 지리산에서도 주먹만한 큰 밤이 난다.

* 죽실竹實: 대나무 열매. 지리산에서 많이 난다. 감과 밤 가루를 섞어서 만든 것은
  신선들이 먹는 것이다.

* 대조大棗: 대추는 보은에서 나는 것이 가장 좋다.

* 앵도櫻桃: 앵두는 저자도에서 나는 것이 크고 맛있다. 영동지방에서는 흰 앵두가
  나는데 맛은 떨어진다.

* 당행唐杏: 살구는 서교西郊에서 나는 것이 좋다.

* 자도紫桃: 자두는 삼척과 울진에서 많이 나는데, 크고 물기가 많다.

* 황도黃桃: 황도는 춘천과 홍천에서 많이 난다.

* 녹이綠李: 오얏. 서울 서교에서 나는 것이 좋다.

* 반도盤桃: 시흥과 과천에 많이 났는데 지금은 없어졌다.

* 승도僧桃: 전주에서 나는 것이 크고 달다.

* 포도蒲桃: 이 복숭아는 황해도 신천 윤대련 집에 오직 한 그루가 있는데, 그 맛이

중국 것에 뒤지지 않는다.

* 서과西瓜: 수박은 고려 때 홍다구紅茶丘가 처음으로 개성에 심었다. 홍호洪皓가 중국 강남에서 들어온 것보다 먼저다. 충주 것이 상품이고, 원주 것이 그 다음이다.
* 첨과甛瓜: 참외는 의주에서 나는 것이 작으면서도 씨가 작은데 매우 달다.
* 목과木瓜: 모과는 예천에서 나는 것이 가장 좋다. 맛이 배 같다.
* 달복분達覆盆: 갑산에서만 난다. 맛이 앵두와 같고 향기롭다.

(3) 비주지류飛走之類(날짐승과 들짐승)

* 웅장熊掌: 곰발바닥. 산골에는 모두 있다. 요리를 잘 해야 한다. 회양의 요리가 가장 좋다.
* 표태豹胎: 표범의 태. 양양襄陽의 요리가 가장 좋다.
* 녹설鹿舌: 사슴 혀. 회양의 요리가 가장 좋다.
* 녹미鹿尾: 사슴 꼬리. 부안에서 그늘에 말린 것이 가장 좋다. 제주도가 그 다음이다.
* 고치膏雉: 꿩은 황해도 산골에서 나는데, 양덕陽德과 맹산孟山의 것이 가장 좋다.
* 아鵝: 거위는 의주 사람들이 잘 굽는다.
* 토산인 돼지, 노루, 꿩, 닭 등은 너무 흔해서 생략한다.

(4) 해수족지류海水族之類(수산물)

* 수어水魚: 숭어는 서해에 많다. 한강 숭어가 가장 좋다. 나주 숭어는 매우 크고, 평양 숭어는 냉동된 것이 좋다.
* 즉어鯽魚: 붕어는 어느 곳에나 있지만, 강릉 경포대의 붕어가 바닷물이 섞여 흙냄새가 안난다.
* 위어葦魚: 웅어는 준치를 말한다. 한강 웅어가 가장 좋다. 호남에서는 2월에 잡히고, 관서에서는 5월에 잡힌다.
* 백어白魚: 뱅어는 얼음이 언 때 한강에서 잡은 것이 가장 좋다. 임피에서는 1~2월에

잡는데 국수처럼 희고 가늘어 맛이 매우 좋다.

* 황석어黃石魚: 노란 조기. 서해에는 어디에나 난다. 아산의 것이 가장 좋다.

* 오적어烏賊魚: 오징어. 서해에서는 일부 지방에서만 잡히는데, 홍덕과 부안에서 잡히는 것이 좋다.

* 해양海臁: 해파리. 인천과 남양 등지에서 잡힌다. 소의 지라맛과 비슷하다.

* 죽합竹蛤: 맛조개. 경기와 황해도에서 많이 난다.

* 소라小螺: 서해에서 많이 난다. 웅진에서 나는 것이 좋다.

* 청어靑魚: 네 종류가 있다. 북도 것은 크고 배가 희고, 경상도 것은 등이 검고 배가 붉다. 호남 것은 작고, 해주에서는 2월에 잡히는데 맛이 좋다. 지금은 잘 잡히지 않는다.

* 대복어大鰒魚: 큰 전복. 제주도에서 나는 것이 가장 좋다. 중국인들이 매우 귀히 여긴다.

* 화복花鰒: 꽃 전복. 경상북도 해변 사람들은 전복을 꽃처럼 썰어서 상을 장식한다. 만두를 만드는 데도 쓴다.

* 홍합紅蛤: 중국인들이 동해부인東海夫人이라고 부른다. 남해의 것이 가장 크다.

* 해삼海蔘: 이泥라고도 부른다. 중국인들이 좋아한다.

* 은구어銀口魚: 은어. 영남에서 나는 것은 크고, 강원도에서 나는 것은 작다. 해주에 도 있다.

* 여항어餘項魚: 열목어. 산골에는 어디서나 있다. 강릉의 것이 가장 맛이 좋다.

* 금린어錦鱗魚: 금붕어. 산골에는 어디에나 있다. 양근楊根 것이 가장 좋다.

* 눌어訥魚: 누치. 산골에 있다. 평안도 강변의 것이 가장 좋다.

* 궐어鱖魚: 쏘가리. 서울 동서쪽에 많이 난다. 염만어廉鰻魚라고도 한다.

* 하돈河豚: 복어. 한강에서 나는 것이 좋다. 독이 많아 사람이 많이 죽는다. 영동지방 의 것은 독이 없으나 맛이 떨어진다.

* 방어魴魚: 동해에서 많이 나는데 독이 있어 임금에게는 올리지 않는다.

* 연어鰱魚: 동해에서 나는데 알젓이 매우 좋다.

* 송어松魚: 함경도와 강원도에서 많이 나는데, 바다에서 나는 것은 좋지 않다. 알은 연어만 못하다.

* 황어黃魚: 2월에 동해에서 난다. 잉어과 물고기.

* 접어蝶魚: 가자미. 동해에서 많이 난다. 비목比目으로도 부른다.

* 광어廣魚: 동해에서 많이 난다. 가을에 말린 것이 좋다.

* 대구어大口魚: 모든 바다에서 난다. 북쪽에서 나는 것이 크고 누런색이다. 동해에서 나는 것은 붉고 작은데 중국인들이 좋아한다.

* 팔대어八帶魚: 문어. 동해에서 난다. 중국인들이 좋아한다.

* 정어丁魚: 소수어小水魚. 강문江門에서 난다.

* 은어銀魚: 도루묵. 동해에서 난다. 목어木魚라고도 한다. 임금이 처음에는 맛이 좋아 은어라고 불렀다가 뒤에 싫증이 나서 환목어還木魚로 고쳤다.

* 고도어古刀魚: 고등어. 동해에서 나는데, 내장으로 젓을 담근 것이 좋다.

* 미어微魚: 가늘고 짧지만 기름져서 먹을 만하다.

* 제곡齊穀: 자색의 작은 조개. 강릉 경포에 있다. 흉년에 이것을 먹기 때문에 곡식과 같다고 하여 제곡이라 했다.

* 강요주江瑤柱: 살조개. 북청과 홍원에서 많이 난다. 고려 때에는 원나라의 요구에 의하여 바쳤다.

* 자합紫蛤: 동해에서 난다. 크고 살이 희며 맛이 달다.

* 해蟹: 게. 삼척에서 나는 것은 크기가 강아지만 하고, 그 다리가 큰 대나무만하다. 맛이 달고 포를 만들어 먹어도 좋다.

* 동해凍蟹: 안악에서 나는 게가 가장 좋다.

* 석화石花: 굴이다. 함경도 고원高原과 문천文川에서 나는 것이 크지만 맛은 서해에서 나는 작은 것만 못하다.

* 윤화輪花: 동해에서 나는 굴로 석화와 같다. 맛이 달다.

* 대하大蝦: 왕새우로 서해에서 난다. 평안도에서는 새우알로 젓을 담근다.
* 자하紫蝦: 곤쟁이. 서해에서 난다. 옹강瓮康의 것은 짜고, 통인通仁의 것은 달고, 호서의 것은 매우면서 크다. 의주에서 나는 것은 가늘고 달다.
* 도하桃蝦: 부안과 옥구 등지에서 나는 새우로서 색이 복숭아꽃처럼 보이는데 맛이 좋다.
* 그밖에 민어民魚, 석수어石首魚(조기), 소어蘇魚(밴댕이), 낙체絡締(낙지), 진어眞魚(준치) 등은 매우 흔한 생선으로 서해 곳곳에서 나는데 모두 맛이 좋다. 병어甁魚와 변종變宗 등의 고기는 맛이 좋은 것도 있고 좋지 않은 것도 있다.

(5) 소채지류蔬菜之類(채소류)

* 죽순해竹筍醢: 죽순절임. 호남 노령산맥 이하에서 잘 담그는데 맛이 매우 좋다.
* 황화채黃花菜: 원추리[백합꽃]이다. 의주 사람들이 중국인에게 배워 요리하는데 매우 맛있다.
* 전蓴: 순채. 호남에서 나는 것이 가장 좋다.
* 석전石蕈: 영동지방에서 나는 것이 제일 좋다.
* 나복蘿葍: 무. 나주에서 나는 것이 가장 좋다. 맛이 배와 같다.
* 목숙苜蓿: 거요목. 원주에서 나는 것이 줄기가 희고 맛있다.
* 표고蔈古: 버섯. 제주에서 나는 것이 좋다. 오대산과 태백산에도 있다.
* 홍채紅菜: 경기도 해포海浦에서 나는 것이 매우 좋다.
* 황각黃角: 말. 황해도에서 나는 것이 매우 좋다.
* 청각靑角: 해주와 옹진에서 나는 것이 가장 좋다.
* 세모細毛: 참가사리. 황해도에서 나는 것이 가장 좋다.
* 우모牛毛: 우무. 열을 가하면 녹는다.
* 초고椒鼓 초시. 황주에서 만든 것이 가장 좋다.
* 삼포蔘脯: 인삼포. 영평과 철원에서 잘 만든다. 모양이 우포牛脯와 같다.

* 요蓼: 여뀌. 이태원에서 나는 것이 가장 좋다.

* 동과冬瓜: 동아. 호박. 충주에서 나는 것이 가장 좋다.

* 산개저山芥葅: 산개자. 함경도와 회양, 평강 등지에서 나는데 맵고도 산뜻하다.

* 곤포昆布: 다시마. 북해에서 나는 것이 가장 좋고, 미역이 그 다음이다.

* 조곽早藿: 올미역. 삼척에서 1월에 딴 것이 가장 좋다.

* 감태甘苔: 함평, 무안, 나주에서 나는 것이 가장 좋고, 엿처럼 달다.

* 해의海衣: 김. 남해에서 나는데 동해 사람들이 주먹으로 짜서 말린 것이 가장 좋다.

* 우芋: 토란. 호남과 영남 것이 모두 좋다. 낙하洛下에서 나는 것은 알이 작으나 맛이 좋다.

* 강薑: 생강. 전주에서 나는 것이 가장 좋고, 담양, 창평의 것이 그 다음이다.

* 개芥: 겨자. 황해도에서 나는 것이 가장 맵다.

* 총蔥: 파. 삭령에서 나는 것이 매우 좋다. 부추, 작은 마늘, 고수 등도 다 좋다.

* 산蒜: 마늘. 영월에서 나는 것이 가장 좋다. 먹어도 냄새가 안난다.

(6) 기타 별미

* 차茶: 순천順天에서 나는 작설차가 가장 좋고, 변산邊山의 것이 그 다음이다.

* 주酒: 술. 개성부에서 빚는 태상주太常酒가 가장 좋은데, 자주煮酒[다린 술, 약주]는 더욱 좋다. 그 다음은 삭주朔州의 술이다.

* 봉밀蜂蜜: 꿀. 평창에서 나는 석청石清이 가장 좋고, 곡산, 수안의 꿀도 좋다.

* 유油: 기름. 중화부에서 짠 기름은 벌레독에 바르면 제독이 되고, 인주로 사용하면 좋다.

* 약반藥飯: 경주에서는 보름날 까마귀에게 먹이는 풍습이 있다. 중국인들이 좋아한다.

* 서울에서 철따라 먹는 음식:

　봄: 애고艾糕(쑥떡), 송병松餅(송편), 괴엽병槐葉餅, 두견화전[진달래꽃전], 이화전[배꽃전]

　여름: 장미전, 수단水團,[22] 쌍화雙花(서리꽃처럼 생긴 떡), 만두

가을: 경고瓊糕(두텁떡), 국화병[국화떡], 감과 밤을 섞어 만든 찰떡

겨울: 탕병湯餠(더운 물에 떡을 넣어 먹다)

그밖에 자병煮餠(煎餠, 지지는 떡), 증병蒸餠(삶은 떡), 절병節餠(계절떡), 월병月餠(추석에 먹는 떡), 삼병蔘餠(인삼떡), 송고유松膏油(송기떡), 밀병蜜餠(꿀떡), 설병舌餠(백설기) 등은 1년 내내 만들어 먹는다.

꿀떡은 약과藥果, 대계大桂(큰 계피떡), 중박계中朴桂(밀가루떡), 홍산자, 백산자, 빙과氷果(사과), 과과瓜果(오이나 참외 등), 봉접과蜂蝶果, 만두과饅頭果 등으로, 제사나 손님 접대에 사용한다. 사면絲麪(실국수)은 오동吳同이란 사람 잘 만들어 지금까지 전해오고 있다.

8. 은둔사상:《한정록》

1)《한정록》편찬 과정과 범례

허균의 저서 중에《문집》에 들어 있지 않은 저서가 있다.《한정록閑情錄》(17권)[23]이다. 이 책은 두 차례에 걸쳐 편찬되었다. 첫 번째는 42세 되던 광해군 2년(1910) 4월에 병으로 천추사千秋使를 사양한 죄로 파직당하여 약 6개월간 쉬고 있을 때 편찬했는데, 그때 쓴 서문이 다음과 같다.

선비가 세상에 태어나서 어찌 벼슬을 더럽다 하여 버리고 산림에서 오래 살기를 바라겠는가? 다만 그 도道가 세속과 맞지 않고, 그 운명이 때와 어긋난다 하여 고상高尚을 가탁하여 세상을 피한 자이니, 그 뜻은 비장하다. ……

---

22   수단은 보리떡이나 찹쌀떡을 새알처럼 둥글게 만들어 차가운 꿀물이나 오미자국에 넣어서 먹는다.

23   《한정록》에 대해서는 한문학자 신승운교수와 신호철 교수가 각각 쓴 해제(解題)가 참고된다.

여기서 산림에 숨어 사는 은자隱者들이 산림이 좋아서 들어간 것이 아니라 세상과 뜻이 맞지 않아 비장한 마음으로 들어간 반체제 인사로 해석했다. 이 책에 등장하는 산림 인사들은 중국책에서 뽑은 것이다. 예를 들면 유의경劉義慶과 하양준河良俊이 지은 《세설신어世說新語》의 〈서일전棲逸傳〉, 여조겸呂祖謙이 지은 《와유록臥遊錄》, 도목都穆이 지은 《옥호빙玉壺氷》을 읽고 자료를 뽑아 편찬하여 자신을 반성하는 자료로 삼으려고 했다.

허균이 중국의 은사들을 주목하는 이유는 자신도 때와 운명이 맞지 않아 탄식하고 있는 모습이 옛사람과 비슷한 데가 있기 때문이라고 했다. 이때 만든 《한정록》은 은일隱逸, 한적閑適, 퇴휴退休, 청사淸事 등 4문으로 나누었다.

그로부터 8년 뒤에 세상을 떠나던 광해군 10년(1618) 봄에 허균은 이 책을 더 증보하여 편찬했다. 그러면서 증보판에 〈범례凡例〉를 넣었는데, 그 범례의 앞머리에는 서문에 해당하는 글을 넣었다. 그 요지는 이렇다.

광해군 6~7년간에 두 번에 걸쳐 명나라에 가서 집안 돈을 들여 4천여 권의 책을 사왔는데, 그 가운데서 한정閑情에 관계되는 것을 추려서 책을 만들려고 했다. 그런데 형조판서를 맡게 되어 착수를 못하다가 광해군 10년 봄에 비방을 받아 가슴이 떨렸는데 지극한 근심을 깰 방법이 없었다. 그래서 다시 자료를 정리하여 16문門으로 나누어 16권을 만들었는데,[24] 이로써 《한정록》이 거의 완비되고 허균이 돌아가고자 하는 마음이 이 책 속에 더욱 드러났다고 했다.

그러니까 광해군 9년 말에 기준격의 비밀상소로 반역의 누명을 쓰게 되어 광해군

---

24 《한정록》의 20문(門; 卷)은 다음과 같다. (1) 은둔(隱遁), (2) 고일(高逸), (3) 한적(閑適), (4) 퇴휴(退休), (5) 유흥(遊興), (6) 아치(雅致), (7) 숭검(崇儉), (8) 임탄(任誕), (9) 광회(曠懷), (10) 유사(幽事), (11) 명훈(名訓), (12) 정업(靜業), (13) 현상(玄賞), (14) 청공(淸供), (15) 섭생(攝生), (16) 치농(治農), (17) 병화사(瓶花史), (18) 상정(觴政), (19) 서헌(書憲), (20) 서화금탕(書畫金湯)이다.

군 10년 봄에는 가슴이 떨리는 마음을 진정시키기 위해《한정록》을 증보했다는 것이다. 사실, 이 책은 임금이 이해 윤4월에 기준이 올린 상소문을 의금부 추국청에 내려주고 반역사건에 연루된 허균의 심복들을 잡아드려 추국을 진행하기 직전에 편찬된 것이다.

그런데 죽음을 앞둔 긴박한 시기에 허균이 이 책을 쓴 것은 분노의 마음을 가라앉히기 위해 썼다고 하지만, 자신이 죽을 것을 예견하지는 않은 듯하다. 아마도 벼슬에서 파직된 뒤에 부안으로 내려가 은거할 것을 예상하고 썼거나, 아니면 자신이 반역을 도모하지 않았다는 것을 증명하려고 한 것인지도 모른다. 어찌되었든 이 책은 허균의 마지막 유작遺作이 되었다.

《한정록》을 사상사의 측면에서 검토하면, 유가儒家, 불가佛家, 도가道家들이 모두 망라되어 있어서 허균의 3교회통 사상을 잘 보여주고 있다. 특히 도가道家가 가장 많은데 은사隱士들이기 때문에 더욱 그러할 것이다. 우리나라 은사들은 없으며, 각 문마다 인용된 책 이름까지 적어놓았다.

〈범례〉에는 위에 소개한 글 이외에도 18개 항에 걸치는 범례가 실려 있어 각 권에 실린 각문各門의 내용이 요약되어 있다.

총 20권으로 이루어진《한정록》은 크게 네 부분으로 나뉘어진다. 제1권 은둔隱遁에서 제14권의 청공淸供까지는 중국 역대 은둔자들의 행적을 14개 문門으로 나누어 소개한 것인데, 그 가운데 은둔隱遁, 고일高逸, 한적閑適, 퇴휴退休, 명훈名訓 등 5개 부문이 가장 중요하다. 그래서 이 부문은 뒤에 따로 떼어서 자세히 살펴보기로 한다.

위 각 부문에 들어 있는 항목은 대략 총 780여 항項으로 이루어져 있으며, 거기에 등장한 인물은 대략 800여 명에 이른다. 인용된 서적은《하씨어림何氏語林》등 96종이다.

제15권의 섭생攝生은 도교道教 서적인《도서전집道書全集》,《금단정리대전金丹正理大全》,《현관잡기玄關雜記》,《수진신록修眞神錄》,《수진비록修眞祕錄》,《지비록知非錄》등에 실린 장수비결을 소개한 것이다.

제16권〈치농治農〉은《제민요술齊民要術》등 중국의 농서와 허균 자신의 경험을 토대로 저술한 농업서이다. 〈치농〉은 단순히 중국의 농업을 소개하는데 그친 것이 아니라, 허균 자신이 우리나라에서 실현하고자 하는 이상적인 농업상을 제시한 것이므로 따로 떼어서 고찰할 필요가 있다. 앞에서 이미 설명했다.

마지막의 제17~20권은 부록에 해당하는데, 화분에다가 꽃을 심어 가꾸는 방법을 서술한 〈병화사甁花史〉를 비롯하여, 술을 마시는 의식을 소개한 〈상정觴政〉, 서적書籍을 수집하고 관리하고 읽는 방법 등을 소개한 〈서헌書憲〉, 그리고 마지막으로 서화書畵를 비롯한 골동품의 종류, 그것들을 관리하는 방법 등을 소개했다. 이상 부록으로 소개한 것은 모두 중국에 관한 것이다.

2)《한정록》의 은둔隱遁

《한정록》의 첫 번째는 〈은둔隱遁〉이다. 〈범례〉를 보면, 은둔자는 속세를 떠나 자연과 더불어 한가롭게 사는 것을 즐기는 사람들이다. 이들은 벼슬을 끝까지 받지 않은 사람들이다. 은둔문에는 총 83칙에 등장하는 인물이 87명[25]에 이르고 있는데,《고사전高士傳》과《빈사전貧士傳》등 26종의 서적에서 자료를 뽑았다. 그 가운데 유명 인사 몇명만

---

25 은둔자 87명의 명단 가운에 중요한 인물은 다음과 같다. 소부(巢父), 허유(許由), 상용(商容), 노래자(老萊子), 검루선생(黔婁先生), 피구공(披裘公), 영계기(榮啓期), 하궤(荷蕢), 장저(長沮)와 걸익(桀溺), 하조장인(荷篠丈人), 육통(陸通), 사호(四皓), 동방만청(東方曼倩; 東方朔), 정자진(鄭子眞; 鄭樸), 엄군평(嚴君平; 嚴遵), 장원경(蔣元卿; 蔣詡), 정차도(鄭次都), 왕중자(王仲子; 王良), 양백란(梁伯鸞; 梁鴻), 장중위(張仲蔚), 한백휴(韓伯休), 향자편(向子平; 向長), 대효위(臺孝威; 臺佟), 서유자(徐孺子; 徐穉), 곽림종(郭林宗), 원하보(袁夏甫; 袁閎), 신도반(申屠蟠), 관유안(管幼安; 管寧), 방덕공(龐德公), 사마덕조(司馬德操; 司馬徽), 방사원(龐士元; 龐統), 손공화(孫公和; 孫登), 완보병(阮步兵), 하중어(夏仲御; 夏統), 동위련(董威輦), 장천(張薦), 도처정(陶處靜; 陶淡), 유자기(劉子驥), 곽원유(郭元瑜; 郭瑀), 색위조(索偉祖; 索襲), 대중약(戴仲若; 戴顒), 저원거(楮元璩; 楮伯玉), 유영예(劉靈預), 고장유(顧長孺; 顧黙), 종경미(宗敬微; 宗測), 예장왕(豫章王; 豫蕭巍), 어복후(魚復候), 도홍경(陶弘景), 승려 소(紹), 장영서(臧榮緒), 하자유(何子有; 何求), 유언도(劉彦度), 송영애(宋令艾), 왕중엄(王仲淹), 주도치(朱桃稚), 공극(孔極), 사마자비(司馬子微), 전유암(田游巖), 오정절(吳貞節; 吳筠), 장지화(張志和; 張九齡), 육노망(陸魯望; 陸龜蒙), 진도남(陳圖南; 陳搏), 충명일(种明逸; 种放), 위야(魏野), 임통(林通), 곽연경(郭延卿), 소동파(蘇東坡), 어부(漁父), 두생(杜生), 순창산인(順昌山人), 소운경(蘇雲卿), 여휘지(呂徽之), 백옥섬(白玉蟾), 호장유(胡長孺), 초모(焦某), 왕빈(王賓), 노승(老僧), 진덕옹(陳德雍), 왕경미(王敬美) 등이다.

간추려 소개하면 다음과 같다.

* 소부巢父와 허유許由: 요堯 임금 때 사람들. 소부는 나무 위에서 살아 소부라고
일컬어졌다. 요 임금이 허유에게 나라를 맡기려고 하자 허유가 친구 소부를 찾아가서
의논하자, 소부는 "자네는 어찌하여 자네의 형체를 숨기지 않고, 자네의 광채를 감추지
않는가. 내 친구가 아닐세"라고 말했다. 소부는 허유의 가슴을 밀치고 내려와서 맑고
찬 물을 보자 귀를 씻고 눈을 닦고서 말하기를, "내가 탐욕스런 말을 듣고 친구를
저버렸다"고 하면서 평생 친구를 보지 않았다.

허유도 더러운 자리에는 앉지 않고, 더러운 음식은 먹지 않고 숨어 살았는데, 요
임금이 천하를 맡기려고 하자, "그대가 천하를 다스려 이미 천하가 안정되었는데, 내가
그대를 대신한다면 나는 장차 명예를 얻게 될 것이다. 그러나 이름은 진실眞實의 빈객賓
客(들러리)일 뿐이다. 내가 빈객이 되라는 것인가? 나는 천하를 갖고 싶지 않다. 푸줏간
사람이 아무리 주방일을 잘못해도 시축尸祝이 도마를 넘어가서 대신할 수는 없다."고
말했다.

허유가 기산岐山 밑으로 가서 농사를 짓고 있는데, 요 임금이 또 허유를 불러 구주九州
의 장관을 맡으라고 하자, 허유는 이를 거부하고 영수潁水에 가서 귀를 씻었다. 소부가
송아지를 끌고 물을 먹이다가 허유가 귀를 씻는 것을 보고 그 까닭을 물으니, 허유가
말하기를, "요임금이 나에게 구주의 장관을 맡기려고 하여 그 더러운 소리가 싫어서
귀를 씻었네"라고 했다. 그러자 소부는 "자네가 만약 깊은 절벽이나 계곡에서 산다면
길이 막혀서 누가 자네를 알겠는가? 자네는 떠돌아다니면서 명예를 구하고 있네"라고
하면서, 송아지 입이 더러워질까봐 송아지를 끌고 상류로 가서 물을 먹였다. 이 기록은
《고사전高士傳》에서 뽑았다.

* 상용商容: 상용은 어떤 사람인지 모른다. 그가 병이 들었는데, 노자老子가 그를
보고, "아우나 자식들에게 남겨둘 가르침이 없는가?"고 묻자, 상용은 "그대가 훗날

고향을 지나가다가 수레에서 내리면 알게 될 것이다"고 했다. 노자가 "잊지 말라는 뜻이 아닙니까?" 하자, 상용은 "큰 나무 아래를 지나가면 알게 될 것이다"고 했다. 노자가 "노인을 공경하라는 뜻이 아닙니까?" 하자, 상용은 입을 크게 벌리고 "내 혀가 아직 남아 있는가?" 하니 노자가 "예 남아 있습니다" 했다. 상용이 "내 이빨이 남아 있는가?" 하니, 노자가 "없습니다." 상용이 "이제 알겠는가?" 하니, 노자가 "강한 것은 없어지고 약한 것은 남아 있다는 뜻이 아닙니까?" 했다. 상용은 "내가 천하의 일을 모두 말했네"라고 했다. 이 글은 〈존생팔전尊生八牋〉에서 인용했다.

* 노래자老萊子: 노래자는 초楚나라 사람인데 세상이 어지럽자 몽산蒙山 아래에 가서 가난하게 살았다. 어떤 사람이 초나라 임금에게 노래자를 소개하니 임금이 그를 찾아가서 "나라를 지키는 방략을 그대에게 의뢰하고 싶다"고 하니, 노래자가 승낙했다.

그 아내가 산에서 나무를 해 가지고 와서 "그대가 허락했습니까?" 하니 "그렇다"고 대답했다. 그러자 아내가 말했다. "제가 듣기로는, 주육酒肉을 먹는 사람은 남을 채찍으로 때릴 수 있고, 관록官祿을 먹는 사람은 도끼로 사람을 죽일 수 있다고 합니다. 나는 남의 통제를 받고 싶지 않습니다." 하고는 가버렸다.

노래자는 아내를 따라 강남으로 가서 살면서 말하기를, "새털과 짐승털로 옷을 만들 수 있고, 그것들이 남긴 곡식알로 먹고 살 수 있구려"라고 말했다. 공자가 이 말을 듣고 처연하여 얼굴빛을 바꾸었다고 한다. 이 글도 〈고사전〉에서 인용했다.

* 소동파蘇東坡(蘇軾): 소동파가 남쪽으로 가서 고개를 넘어 숲속에 이르렀는데, 두 사람의 도인道人을 만났다. 도인들이 소동파를 보더니 깊숙이 숨어서 나오지 않았다. 소동파가 자기를 압송하는 사신을 보고 "그 가운데 이인異人이 있을 것이다. 찾아갔으면 좋겠다."고 했다. 그래서 몇 칸짜리 띠집으로 들어가니 두 사람의 도인이 매우 떨떠름한 표정으로 "이 사람이 누구냐?"고 물었다. 사신이 "소학사蘇學士"라고 대답하자, 도인이 "그렇다면 소자첨이 아닌가?"고 했다.

사신이 "학사님은 처음에 문장으로 [벼슬을] 얻었다가 끝에는 문장으로 잃었습니다"
하니 도인이 서로 보고서 웃으면서 "문장이 어찌 영예를 얻고 잃음이 있겠습니까?
부귀가 옛부터 성쇠가 있는 것이지요."라고 했다.

소동파가 감동하여, "아, 어느 곳이든 산림 속에 없으리요마는, 여류女流로는 춘몽파
春夢婆가 있고, 방외에는 두 도인이 있구려"라고 말했다. 어찌하여 소동파는 만나는
사람마다 현자가 그리 많은가. 이 글은 《장공외기長公外記》에서 인용했다.

3) 《한정록》의 고일高逸

《한정록》의 두 번째 항목인 고일高逸은 은둔자 가운데 기이한 행적을 가진 사람과
높은 관직을 가졌던 사람으로서 모범을 보인 사람들을 가리킨다. 여기서는 46칙에
40여 명[26]이 소개되고 있는데, 그 가운데 몇 사람을 추려서 간단히 소개하면 다음과
같다. 자료는 《하씨어림何氏語林》,[27] 《소창청기小窗淸記》[28] 등 20여 종에서 뽑았다.

* 노중련魯仲連: 전국시대 사람으로 진秦을 물리치고도 조趙나라의 상을 받지 않고,
요성을 함락시키고도 제齊나라의 벼슬을 받지 않고, 세상을 우습게 보면서 제멋대로
살았다. 그래서 당나라 시인 이태백李太白이 그를 추앙하는 시를 지었다.

---

26 고일로 소개된 40여인의 명단은 다음과 같다. 전국시대 노중련(魯仲連), 한나라 말기의 엄광(嚴光), 동진
    의 서예가 왕희지(王羲之), 이흠(李歆), 완광록(阮光錄; 阮裕), 하표기(何驃騎; 何充), 장목지(張牧之), 강
    승연(康僧淵), 묵지(墨池), 공순지(孔淳之), 강담(江湛), 왕경현(王景玄), 장경원(張敬遠), 빙영통(憑靈通;
    憑亮), 왕무공(王無功; 王績), 무유서(武攸緒), 원덕수(元德秀), 장자동(張子同; 張至和), 이병부(李兵部;
    李約), 백부(白傅; 白樂天), 최당신(崔唐臣), 소자용(蘇子容; 蘇頌), 신군(辛君), 전승군(田承君; 田畫), 소
    양직(蘇養直; 蘇庠), 주희진(朱希眞; 朱敦儒), 예운림(倪雲林; 倪瓚), 고중영(顧仲瑛; 顧德輝), 왕면(王冕),
    왕공(王恭), 왕빈(王賓), 화여덕(華汝德), 손태백산인(孫太白山人; 孫一元), 문형산(文衡山, 文徵明), 왕이
    길(王履吉; 王寵), 웅제화(熊際華), 전선(田宣), 야인(野人), 주진촌(朱陳村), 석만향(石曼鄕; 石延年), 장운
    수(張芸叟; 張舜民) 등이다.
27 《하씨어림》은 명나라 하양준(何良俊)이 지은 책이다.
28 《소창청기》는 명나라 오종선이 지은 책이다.

* 엄광嚴光: 한漢나라 말기 사람으로 만승의 천자에게도 거만하게 대하고, 부춘산에 은거하여 낚시질로 소일했다. 이태백이 시를 지어 그를 칭송했다.

　* 왕희지王羲之: 우군장군을 지낸 동진東晉의 왕희지는 복식법服息法(道家의 養生法)으로 본성을 기르기를 즐기고, 경사京師(수도)에 거주하기를 좋아하지 않아 절강성에서 벼슬할 때 그곳에서 생애를 마치려고 했다. 그때 회계지방의 명사들이 그와 더불어 친숙하게 지냈다.

　* 최당신崔唐臣: 최당신은 두 친구와 함께 공부했는데, 두 친구만 과거에 급제하고 최당신은 떨어졌다. 어느 날 말을 타고 변수汴水 가를 거니는데, 최당신이 조그만 배에 앉아 있는 것을 보았다. 두 친구가 급히 그에게 다가가서 어떻게 지내느냐고 물었더니, 대답하기를,

　　행랑꾸러미에 천백千百의 돈이 있어 그 반으로 이 배를 사서 강호를 왕래하고, 나머지 반으로 잡화를 사서 일용으로 쓰고 있네. 비록 노를 젓는대로 쑥대처럼 떠다니고 있지만, 벼슬을 구하던 때보다 오히려 낫네.

　두 친구가 그를 데리고 가려 했으나 듣지 않으면서 관직과 주소만 물었다. 다음날 관청에 나와 보니 최당신이 명함을 두고 갔으므로 다시 그가 있던 곳을 찾아갔다. 그러나 그 배는 이미 떠나가고 없었다. 두 친구가 돌아와 명함을 보니 그 밑에 시가 있었다.

　　집선전集仙殿의 선객仙客이 생애를 물으니
　　고깃배를 사서 세월을 보낸다네
　　책상엔 황정경黃庭經이 있고 술통엔 술이 있으니

바람 따라 흐르는 곳이 바로 내집이라네

* 왕면王冕: 원나라 시대 사람으로 배를 사서 대강大江(양자강)을 건너 초회楚淮지방으로 가서 유명한 산천을 두루 유람했다. 북으로 당시 원나라 수도였던 연도燕都를 유람하고서는 "10년이 지나지 않아 이곳은 여우와 토끼가 노는 벌판이 되리라"고 예언했다. 구리산에 은거했는데, 콩, 배나무, 매화, 복숭아, 살구, 토란, 해채, 부추 등을 심었다. 또 물을 끌어들여 못을 만들고 물고기를 1천여 마리를 길렀으며 초가 3칸을 짓고는 스스로 매화옥梅花屋이라고 불렀다.

* 문형산文衡山(文徵明): 명나라의 유명 화가로, 부모가 세상을 떠난 뒤에 과거응시를 포기하고 조정에서 벼슬을 주었으나 반년을 넘기지 않고 떠나버렸다. 평생 동안 외간 여자를 가까이 하지 않고, 성시城市에 드나들지도 않았다. 권귀한 사람들이 그의 서화書畫를 바라면 절대로 주지 않고, 소민小民들이 과일과 떡을 가지고 와서 서화를 구하면 흔쾌히 붓을 휘둘러 그려주었다. 92세에 아무런 병 없이 죽었다.

* 주진촌朱陳村: 서주徐州 풍현 동남쪽 100여리에 주진촌이라는 마을이 있는데, 주씨와 진씨만 살아 붙여진 이름이다. 당나라 시인 백낙천白樂天이 주진촌 마을의 풍속이 너무나 아름다워 시를 지었다.

고을이 멀어 관청 일이 적고
사는 곳이 깊숙해 풍속이 순후하네
재물이 있어도 팔지를 않고
장정이 있어도 군대에 가지 않네
집집마다 시골의 일을 지켜
머리가 희도록 밖으로 나가지 않네

살아서는 주진촌 사람이오

죽어서도 주진촌 흙이 되네

밭가운데 노인과 어린이들

서로 쳐다보며 어찌 그리 즐거운가

한 마을에 오직 두 성씨가 살아

대대로 서로 혼인을 한다네

친척은 서로서로 모여 살고

노인과 젊은이 함께 노닌다네

누런 닭과 흰 술로

열흘이 멀다 하고 모여 즐기네

살아서는 멀리 떠나지 않고

신랑과 신부도 이웃에서 고르네

죽어서도 먼곳에 묻지 않아

무덤들이 마을을 에워쌓네

이미 삶과 죽음이 편안하고

몸도 마음도 고통이 없네

그래서 장수하는 사람 많아

현손을 보는 사람도 흔하다네

4) 《한정록》의 한적閑適

　《한정록》의 세 번째 항목은 한적閑適이다. 한적은 《한정록》에서 가장 중요한 항목이라고 허균은 말하고 있다. 한적이란 속세를 떠나 있거나 아니면 속세에서 살더라도 모두 자기 멋대로 유유자적하는 사람들을 말한다. 허균 자신이 가장 닮고 싶고, 하고 싶은 인물과 행적이기에 가장 중요하다고 강조한 듯하다.

이 항목에서는 백낙천白樂天, 이백李白, 도잠陶潛(陶淵明), 왕희지王羲之, 송나라의 사마
광司馬光, 왕안석王安石, 주돈이周敦頤, 소옹邵雍(康節), 그리고 명나라 시대의 방효유方孝
孺(遜志), 진헌장陳獻章(白沙) 등 수십 명이 소개되고 있는데, 43칙으로 나누어 소개했다.

참고한 자료는 명나라 도목都穆(1458~1525)이 지은 《옥호빙玉壺氷》[29]을 비롯하여 《미
공비급眉公秘笈》,[30] 《지비록知非錄》,[31] 《소창청기小窓淸紀》 등 17종의 서적에서 자료를
뽑았다. 그 가운데 주요 인물 몇 사람을 소개하면 다음과 같다.

 * 주돈이周敦頤와 소옹邵雍: 송나라 성리학자 주돈이가 정호程顥, 정이程頤 두 사람에
게 "공자孔子와 안자顔子가 즐거워했던 곳과 즐거워했던 일이 무엇인지를 찾아보라"고
말했다. 정호는 마침내 음풍농월吟風弄月이라고 하면서 돌아왔다. 이것은 주돈이가
화살을 당기기만 하고 쏘지 않은 것과 같다.

소요부邵堯夫(소옹) 선생이야말로 참으로 그 맛을 아는 사람이다. 그의 〈격양시擊壤
詩〉를 보면, "세상에 무사한 즐거움을 가진 사람은 다만 한인閑人뿐이다. 생각컨대
한가한 낙을 나처럼 독차지한 사람은 없으리라"고 했다. 한閑이란 편안함을 추구하는
것을 말하는 것이 아니고, 적適은 제멋대로 한다는 뜻이 아니다. 천성이 맑고 깨끗하여
조그만 티끌도 없으면 우주의 어디를 쳐다보고 간들 나의 즐거운 곳이 아니겠는가?

소옹이 병이 깊어 임종에 이르렀는데 "시험삼아 죽어볼까?" 했다. 이 말은 우수개
소리이지만, 그는 잠시 뒤에 숨을 거두었다. 그는 죽고 사는 것을 마치 아침이 지나면
저녁이 오는 일처럼 가볍게 여겼다. 그는 참으로 천고의 풍류인다운 호걸이었다.

 * 소옹邵雍(康節)[32]: 소옹은 자기 집을 안락와安樂窩라 하고 자호를 안락선생安樂先生이

---

29   앞의 책 참고.
30   《미공비급》은 명나라 학자 진계유(陳繼儒; 1558~1639)가 지은 책이다.
31   《지비록》은 공소걸(孔昭傑)이 지은 책이다.
32   소옹(1011~1077)은 북송의 성리학자로 주기설을 바탕으로 상수역학을 발전시켰다. 《황극경세서(皇極經

라 하고는 매일 아침에 향을 피우고 조용히 앉았다가 신시申時가 되면 3~4잔의 술을 마시되, 얼큰해지면 그만두어 한 번도 만취한 적이 없었다. 흥이 날 적에는 대뜸 시를 지어 읊조렸으며, 봄, 가을에는 가끔 성중에 나가 노닐었고, 밖에 나갈 적에는 조그만 수레를 한 사람이 끌게 하고 마음내키는 대로 즐겼다.

사대부 집에서도 수레소리를 들으면 앞다투어 맞이하고, 어린이와 하인들이 우리 집에 선생이 왔다고 했다. 그는 덕기德器가 빛나서 바라보는 사람마다 그가 어진 사람임을 알았다.

그러나 그는 자신을 드러내거나 남들과 간격을 두지 않아 여럿이 담소하는데, 종일토록 남다른 행동이 없었고, 남들과 만나면 그 착함을 칭찬하고 악을 숨겨주었다. 학문을 묻는 자가 있으면 열심히 대답해 주었고, 신분의 귀천이나 나이의 많고 적음을 따지지 않고 정성으로 대하여 어진 사람도 그를 좋아하고, 어질지 못한 사람도 그 교화에 복종했다. 죽은 뒤에 강절康節이라는 시호가 내려졌다.

* 소동파蘇東坡(蘇軾)[33]: 소동파는 황주黃州와 영외嶺外에 있을 때 매일 일찍 일찍 일어나서 손님을 불러들여 서로 이야기하지 않으면 으레 자신이 객들을 찾아가서 이야기했고, 그와 사귀는 사람들도 말을 가리지 않고 마음대로 농담하여 마음의 간격을 두지 않았다. 또 이야기를 못하는 사람에게는 귀신에 대한 이야기를 억지로 시키다가 혹 이해가 가지 않을 경우에는 그런 거짓말은 그만두라고 하여 듣는 자들이 모두 허리를 잡고 웃어대면서 마음껏 즐긴 뒤에야 헤어지곤 했다.

* 극초郤超,[34] 왕선휘王宣徽, 부필富弼,[35] 동기창董其昌 등: 극초는 뜻이 고상하여 은거하

世書》》를 저술했다. 우리나라 서경덕은 소옹의 상수역학을 받아들여 이를 더욱 발전시켰다.
33 소동파(1037~1101)는 북송의 시인으로 당송8대가의 한 사람이다.
34 극초(336~377)는 진(晋) 나라 사람이다.
35 부필(1004~1083)은 북송의 명 재상이다.

려고 하는 사람이 있으면 백만금과 집을 지어 주었다. 그는 대규戴逵를 위하여 섬계에 멋들어진 집을 지어 주었다.

낙양윤洛陽尹 왕선휘는 소옹邵雍이 낙양의 산천과 풍속을 아름답게 여겨 그곳에 살려고 하자 낙양 고리에 3칸짜리 집을 지어 주었다. 부필은 소옹을 위해 그집 맞은 편에 있는 동산을 사주었는데 수석水石과 화목花木이 아름다웠다.

육수성陸樹聲,[36] 포우명包羽明, 동기창董其昌[37]은 자금을 모아 진계유陳繼儒[38]를 위하여 소곤산 북편에 독서대를 지어 주었는데 경관이 절경이었다. 진계유는 임강선臨江仙이라는 시를 지었다.

* 백낙천白樂天: 당나라 백낙천은 여산廬山[39]의 아름다움을 이렇게 읊었다.

내가 작년 가을에 처음으로 여산에서 놀다가 동서편 숲 사이에 있는 향로봉 아래 이르러 주위를 살펴보니, 구름, 물, 샘, 바위가 너무도 절경이라 그대로 버려둘 수 없었다. 이에 초당草堂 한 채를 지었다. ……

나는 어려서부터 늙을 때까지 102일 동안 머물게 되더라도 흙을 져다가 대臺를 만들고, 돌을 모아 산을 만들고, 물을 막아 못을 만들곤 했다. 그런데 지금 여산이 신령스럽고 절승의 경치가 나를 기다리고 있어 마침내 나의 좋아하는 바를 얻게 되었으니, 내가 앞으로 자유로운 몸이 되면 왼손으로는 처자를 이끌고, 오른 손으로는 거문고와 책을 안은 채 여산으로 가서 만년을 보내어 나의 평생 소원을 이루고야 말겠다. 여산의 맑은 샘과 하얀 돌도 나의 이 말을 알아들었을 것이다.

---

36 육수성(1509~1605)은 명나라 대신이다.
37 동기창(1555~1636)은 명나라 화가이다.
38 진계유(1558~1639)는 명나라 화가이다. 호는 미공(眉公)이다.
39 여산은 중국 강서성(江西省)에 있는 명산이다.

* 사마광司馬光[40]: 송나라 사마광은 다음과 같이 말했다.

정신과 육체가 피로할 적에는 낚싯대를 던져 고기를 낚거나, 옷자락을 잡고 약초를 캐거나, 개천물을 돌려 꽃밭에 물을 대거나, 도끼를 들어 대나무를 쪼개거나, 더위를 식히거나, 높은 곳에 올라 사방을 관망하거나, 이리저리 한가로이 거닐면서 마음내키는 대로 즐기거나 하면 좋다. 그때 밝은 달이 제때에 떠오르고, 맑은 바람이 저절로 불어오면 움직이고 멈추는 데 구애가 없어 나의 귀와 눈, 폐와 장이 모두 나의 자유가 되므로 마냥 고상하고 활발하기만 하여, 이 하늘과 땅 사이에 또다시 어느 낙이 이를 대신할 수 있는 줄을 모르게 된다.

* 손방孫昉과 황정견黃庭堅[41]: 손방의 아호는 사휴거사四休居士였다. 황정견이 그의 호의 뜻을 묻자 손방이 웃으면서 이렇게 대답했다.

거친 음식을 먹어도 배만 부르면 휴休(쉬다, 그만이다)하다. 누더기 옷을 입어도 추위와 더위를 막으면 휴하다. 셋에 편안하고 넷에 만족하면서 지나가면 휴하다. 탐내지 않고 질투하지 않으면서 늙으면 휴하다.

황정견이 말했다. "이것이 곧 안락법安樂法이다. 욕심이 적은 것은 불벌不伐(남을 해치지 않음)의 집이 되고, 만족함을 아는 것은 극락極樂의 나라가 된다."

사휴거사의 집에 3무畝의 동산이 있는데 화목이 무성하고, 손님이 찾아오면 차를 끓이고 술을 내놓고는 인간의 기쁜 일들을 서로 담론하다가 차와 술이 식어버리는 것도 주객이 모두 모르고 있었다.

---

40   사마광(1019~1086)은 북송의 역사학자로 《자치통감(資治通鑑)》을 저술했다.
41   황정견은 아호가 산곡도인(山谷道人)이다. 북송의 시인(詩人)으로 4대가의 한 사람이다.

* 황진黃溍: 황진이 말했다. "나는 노자老子의 법을 배운 사람이다. 아침저녁에 기장 밥 한 그릇과 거여목 국 한 사발이면 쾌적하고도 편안하게 여긴다. 학창의 차림에 《황정경黃庭經》을 들고 소연히 앉아 있으면 티끌도 나에게 접근하지 못한다. 이름이 명리名利의 장중場中에 들지 않고, 마음이 영욕榮辱의 경내에 매이지 아니하여 들어와서 는 연하煙霞와 함께 지내고 나가서는 물고기나 초목들과 함께 노닌다면 이 어찌 청淸과 은隱이 아니겠는가"

5) 《한정록》의 퇴휴退休

퇴휴退休는 경국제세經國濟世의 큰 꿈을 안고 벼슬하다가 마음과 일이 서로 어긋나거 나, 공적功迹과 시대가 맞지 않거나, 만족하고 그칠 줄을 알거나, 일의 기미幾微를 깨닫 거나, 아니면 몸이 쇠약하여 일이 권태롭거나 하여 관직에서 명예롭게 물러난 사람이 다. 이는 자기 허물을 잘 고치는 사람이다.

퇴휴에 해당하는 인물을 55칙으로 나누어 소개했는데,《문기유림問奇類林》,《저기실 楮記室》,[42]《명세설신어明世說新語》[43] 등 24종의 서적에서 자료를 뽑았다. 그 대표적인 인물을 소개하면 다음과 같다.

* 범여范蠡, 장량張良: 범여는 월越 나라를 패제후覇諸侯로 만들고 나서 조각배를 타고 오호五湖로 떠나갔다. 장량張良(子房)은 유방劉邦을 도와 진秦나라와 항우項羽를 무너뜨 리고 한漢을 세우고 나서 적송자赤松子(전설상의 신선)를 따라 표연히 떠나갔다.[44] 장량은 이렇게 말했다. "세치 혀를 놀려 황제의 스승이 되고, 봉읍이 1만호가 되고, 지위가

---

42   《저기실》은 당나라 학자 승적훈(承籍勛)이 지은 책이다.
43   《명세설신어》는 이소문(李紹文)이 지은 책이다.
44   장량이 은퇴하여 산 곳이 바로 관광지로 유명한 장가계(張家界)이다.

열후列侯에 올랐는데, 일개 평민으로서는 최고의 영광이다. 나로서도 더없이 만족한 일이다. 그래서 이제 인간 세상의 일을 버리고 적송자를 따라 노닐고 싶을 뿐이다."

* 소광疏廣: 소광은 벼슬이 태부太傅(태자의 스승)였는데 두 조카에 말했다.

내가 듣건대, 만족할 줄 알면 욕辱을 면할 수 있고, 그칠 줄을 알면 위태롭지 않다고 했다. 내가 벼슬이 이미 2천석에 이르렀으니, 지위와 명예를 이룬 것이다. 이때 떠나지 않으면 후회가 있을까 걱정스럽다.

하고 임금에게 상소하니, 임금이 허락하고 황금 20근을 주었다.

고향으로 돌아온 소광은 황금을 팔아 잔치를 벌여 친구, 친척 빈객을 대접했다. 어떤 사람이 그 황금을 자손의 산업자본으로 삼는 게 어떠냐고 하니, 소광이 말했다.

내가 늙은 몸으로 어찌 자손을 생각하지 않겠는가? 그러나 지금 있는 땅만 가지고도 부지런히 노력한다면 의식衣食이 충분하다. 그런데 땅을 더 사주어 남아도는 재물이 생기면 게으름만 가르치는 것이 된다. 어질면서 재물이 많으면 자신의 뜻을 손상시키고, 어리석으면서 재물이 많으면 자신의 허물을 더하게 된다. 또 부자는 사람들의 원망을 받게 마련이다. 내가 자손들을 교화시키지 못했는데, 허물과 원망을 더 받게 만들고 싶지 않다.

* 도연명陶淵明(陶潛)과 가경흥賈景興: 진晉나라 도연명이 팽택령彭澤令으로 부임한 지 80여 일만에 군에서 감찰관을 파견했다. 감찰관이 도착하자, 아전들이 "정장을 하고 감찰관을 만나야 합니다"고 하니, 도연명이 탄식하면서 "내가 어떻게 5두의 녹봉 때문에 향리의 어린애한테 허리를 굽힐 수가 있는가?" 하고 그날로 벼슬을 버리고 고향으로 돌아갔다.

후위後魏의 가경홍賈景興도 은거하면서 벼슬하지 않았는데, 그는 늘 무릎을 쓰다듬으면서 "내가 너를 버리지 않았다. 그것은 고관高官에게 절하지 않았기 때문이다" 했다. 허리를 굽히지 않아서 무릎이 건강하다는 뜻이다.

* 왕희王晞: 북제北齊의 임금이 왕희를 시랑에 임명하자 받지 않았다. 사람들이 그 이유를 묻자, 이렇게 말했다.

　　나는 젊어서부터 요직에 있는 사람을 많이 보아왔는데, 젊어서 높은 지위에 오른 사람치고 낭패당하지 않는 사람이 드물다. 게다가 내 성품은 치밀하지도 못하고 민첩하지도 못하여 시무를 감당하지 못한다. 또 임금의 사랑을 장구히 보장할 수가 없다.

* 왕안석王安石: 송나라 왕안석이 재상으로 있을 때 점쟁이에게 점을 쳤다. 그러자 점쟁이가 "공명과 부귀가 이러한데 무엇 때문에 점을 치십니까?" 했다. 왕안석은 "지금 극력 물러가기를 청해도 임금이 허락하시지 않는다네. 그래서 곧 떠나게 될 수 있을지를 봐달라는 것이네" 했다. 점쟁이가 이렇게 말했다.

　　상공相公이시어, 임금의 신임이 두터울 때 물러가 쉬는 것이 좋다고 내가 전에 상공을 위해 말하지 않았습니까? 가고 싶으면 가는 것입니다. 이는 전혀 상공에게 달린 것이지 임금에게 달린 것이 아닙니다.

그러자 왕안석은 탄복하면서 물러갈 뜻을 드디어 결정했다. 물러날 시기가 되었는데도 임금이 허락하지 않는다고 핑계대면서 끝내는 장안에서 객사客死하고마는 사람들이여, 왜 이 점쟁이에게 가서 점쳐보지 않는가.

이 기록은 《저기실楮記室》에서 뽑았다.

6) 《한정록》의 〈유흥遊興〉에서 〈청공淸供〉까지

《한정록》의 제4문인 〈퇴휴退休〉 다음에는 유흥遊興, 아치雅致, 숭검崇儉, 임탄任誕, 광회曠懷, 유사幽事, 명훈名訓, 정업靜業, 현상玄賞, 청공淸供, 섭생攝生 등의 분문이 이어지고 있다. 그러나 그 내용은 앞에서 소개한 은둔, 고일, 한적, 퇴휴 등에 나오는 인물이나 행적과 비슷한 점이 많아서 개별적으로 설명하지 않겠다. 다만 그 내용을 간단히 소개하면 다음과 같다.

유흥遊興은 은둔자들이 산수를 유람하면서 즐긴 것을 소개한 것이다.

아치雅致는 은둔자들마다 청소하기, 돌로 양치질하기, 노래 부르기 등 독특한 취미가 있다는 것을 소개한 것이다.

숭검崇儉은 은둔자 가운데 특별히 검소하게 산 사람들을 소개한 것이다.

임탄任誕은 은둔자 중에 이상하고 방종한 행동을 한 사람들을 소개한 것이다. 예를 들면 버드나무 밑에다 물을 끌어들이고 그 밑에서 대장일을 하는 사람, 사람을 시켜 삽을 메고 뒤를 따르게 하는 사람, 술을 마시고 알몸으로 사는 사람, 돈 100냥을 항상 지팡이에 매달고 다니는 사람 등이다.

광회曠懷에서 《옥호빙》은 먼저, 조화옹造化翁(조물주)의 이치는 사람에게 부귀富貴와 공명功名은 아끼지 않고 주지만, 천지의 한閒은 아껴서 주지 않는다. 그렇지만 천지는 무한하게 돌고돌면서 한 순간도 쉬지 않고 변화하고 있기 때문에 부귀와 공명은 오래가지 않는다고 한다. 그러니까 가꾸로 말하면 조물주는 사람에게 부귀와 공명을 아낀다는 뜻이다.

부귀와 공명은 대체로 젊었을 때에는 잘 주지 않고 늘그막에 준다. 그런데 늙어서도 이를 계속 지키려고 큰 집을 짓거나, 첩을 사고팔거나 하는데, 이는 자연의 이치를 거스르는 것이다. 따라서 이런 이치를 따라 부귀와 공명에 집착하지 않는 태도가 광회曠懷이다. 즉 마음이 탁 트인 태도이다. 허균은 광회에 해당하는 인물로 소동파蘇東坡나 백낙천白樂天 같은 사람을 예로 들고 있다.

소동파는 천하의 모든 사람을 가리지 않고 사귀었다. 어진 사람뿐 아니라 어질지 못한 사람, 또 신분의 고하를 가리지 않고 사귀었는데, 그 아우 소철蘇轍이 "사람을 가려서 사귀라"고 충고하자, 소동파는, "내가 아는 천하에는 한 사람도 좋지 않은 사람이 없다"고 말했다.

유사幽事는 은둔해 있으면서도 심심풀이로 다양한 독서나 학문을 하거나, 후학을 가르치거나, 저서를 하거나, 농사, 목축, 원예園藝 등을 하거나, 그림을 그리거나 하면서 끊임없이 재충전을 하는 삶을 말한다.

자료는 《옥호빙玉壺氷》, 《소창청기小窓淸記》, 진계유의 《암서유사巖棲幽事》, 《패해稗海》, 《산가청사山家淸事》 등에서 뽑았다.

정업靜業은 은거하면서 독서와 학업, 저서에 열중한 사람들의 이야기를 모았다. 이들은 설선薛宣, 정이程頤, 주자朱子, 진계유陳繼儒, 사마광司馬光 같은 유학자도 있고, 소동파, 이백, 백낙천 같은 시인도 있다. 이들이 읽는 서적은 경사자집經史子集이 모두 해당되며, 《패관소설稗官小說》이나 《산해경山海經》, 《도덕경道德經》 같은 유학자들이 기피하는 책들도 읽고 있었다고 했다. 이런 책들도 견문을 넓히고, 미음을 다스리는데 도움이 된다고 보았다.

현상玄賞은 서화書畵를 쓰거나 그리기, 거문고 연주, 바둑 등 고상한 예능을 취미로 가진 사람들을 말한다.

청공淸供은 은거하면서 필요한 침석枕席이나 문방구, 음식飮食 등 일용품日用品이 세속과는 매우 다르게 특수하게 만들어 사용한 사람들의 이야기다. 예를 들면 시골이나 산속에서 흔한 소나무 가지를 꺾어서 붓대를 만들거나, 소나무와 잣나무의 가지나 뿌리를 태워서 향을 피우거나, 먹을 표피에 넣어 보호하거나, 또는 특수한 인주를 만들거나 하는 등등의 일이다.

7) 《한정록》의 〈명훈名訓〉

《한정록》 가운데 제11문에 들어 있는 명훈名訓은 좌우명이 될 만한 훌륭한 말들을 모은 것이다. 이들은 대부분 명성 높은 유학자들이다. 이를 소개하면 다음과 같다.

* 회암晦菴(宋, 朱子): 학문을 하려면 반드시 먼저 뜻을 세워야 한다. 뜻이 정해지지 않으면 끝에는 일이 이루어지지 않는다. [近思錄]
* 회암: 학문을 하는 길은 궁리窮理(이치를 연구함)보다 앞서는 것이 없고, 궁리의 요체는 독서讀書보다 앞서는 것이 없다. [朱子全書]
* 정자程子(宋, 程頤): 뜻을 세워 그 근본을 정하고, 거경居敬(마음을 고요하게 가짐)하여 그 뜻을 붙들어야 한다. [근사록]
* 상채上蔡(宋, 謝良佐): 사람은 반드시 먼저 뜻을 세워야 한다. 뜻이 세워지면 근본이 생긴다.
* 명도明道(宋, 程顥): 성인聖人을 배워서 성인에 이르지 못하더라도, 한 가지 착한 일로서 이름을 얻으려고 해서는 안 된다. [근사록]
* 왕양명王陽明(明, 王守仁): 한 푼의 인욕人欲을 줄이면 한 푼의 천리天理를 얻는다. [四字粹言]
* 소강절邵康節(宋, 邵雍): 마음이 하나로 되어 나뉘어지지 않으면 모든 변화에 대응할 수 있다. 이것이 군자君子가 마음을 텅 비게 하여 흔들리지 않는 것이다. [知非錄]
* 염계濂溪(宋, 周敦頤): 적연부동寂然不動 곧 마음이 고요하여 흔들리지 않는 것이 성誠이다. 감응하여 드디어 만물의 이치에 통달하는 것이 신神이다. 움직이되 형상으로 나타나지 않아 유무有無 사에 있는 것이 기미幾微이다. [근사록]
* 백록동학규白鹿洞學規: 백록동학규는 주자가 만든 것이다. 학규學規의 수신修身의 요체는 이렇다. 말은 충신忠信할 것, 행위는 독실篤實하고 공경할 것, 분을 참고 욕망을 억누르며, 착한 일을 하고 잘못을 고칠 것. [지비록]

* 다른 사람이 듣지 못하게 하려거든 말하지 말라. 다른 사람이 알지 못하게 하려거든 행동하지 말라. [公餘日錄]

* 학문공부는 모르는 데서 점점 아는 것이 생기고, 잘 아는 데서 점점 모르는 것이 생긴다. [상동]

* 진晉나라 사람들의 청담淸談과 송나라 사람들의 도학道學은 서로 쓰이지는 않지만, 때로는 서로 도움이 필요하다. 말하자면, 서로 떨어지면 둘 다 상하고, 합해지면 둘이 다 아름답다. 우리들이 행동하는 것은 마땅히 진나라와 송나라 사이에 있어야 한다. 진나라 사람들의 풍류風流를 송나라의 도학으로 묶으면, 인품人品과 재정才情이 세상의 규범에 맞을 것이다.

  예장豫章 장상공張相公이 말하기를, "빈곤해도 검소함을 자랑 말고, 부유해도 청렴을 자랑하지 말라. 세력이 있으면서 벼슬하고 싶지 않다고 말하지 말고, 산림에 있을 때에는 경국제세經國濟世를 책임진다는 말을 하지 말라."고 했다.

* 좋은 복은 상제上帝(하느님)가 아끼므로 경거망동하면 복이 줄어든다. 좋은 명성은 상제가 기피하는 것인데, 비방을 받으면 명성은 더욱 작아진다. [眉公十部集]

* 진희이陳希夷(宋 陳搏)가 말했다. "좋아하는 곳은 오래 연연하지 말고, 뜻을 얻는 곳은 두 번 다시 가지 말라"[四友叢說]

* 산에 사는 것은 좋은 일이지만 너무 연련하면 시장바닥과 같고, 서화書畵를 감상하는 것은 좋은 일이지만, 미련스럽게 탐하면 장사꾼과 같다. 술을 마시는 것은 좋은 일이지만 남의 권유로 마시면 지옥과 같다. 손님을 좋아하는 것은 활달한 것이지만, 속된 무리에게 끌리면 고해苦海와 같다. [弇州四稿]

* 시詩란 성미에 맞으면 되는데 두보杜甫처럼 되려고 괴롭게 하는 것은 우스운 일이다. 음주는 기분을 좋게 하는 것이지만 도연명陶淵明처럼 되려는 지나친 음주는 혐오스럽다. 만약 시 때문에 질투하고 명성을 다툰다면 어찌 성미에 맞는다고 할 것인가? 술 때문에 미치고 욕질한다면 어찌 마음을 기쁘게 하는 것이겠는가?

  [小窓淸記]

* 소탈함은 혜강嵇康(晉人)처럼, 담박하기는 도연명처럼, 호방하기는 소동파처럼, 다정다감하기로는 백낙천처럼, 남의 좋고 나쁨을 말하지 않는 것은 완적阮籍처럼 하라. [동상]

* 양웅揚雄(漢人)처럼 현정玄亭에서 노 젓는 것을 멈추고 문자를 묻게 한 것이나. 도연명처럼 국화 핀 집에 술을 가지고 가서 사람을 부르게 한 것은 모두 번거로운 일들이다. 저 장중울張仲蔚이 쑥덤불 속에서 은거한 것이나, 원안袁安이 세속에 누를 끼치지 않고 누워 있었던 것만 못하다. [동상]

* 평생 내가 아무 탈없이 잘 있기를 바라는 것이 넷이 있다. 청산靑山, 고인故人, 장서藏書, 명훼名卉가 그것이다. 문을 닫고 불서佛書를 읽고, 문을 열고 손님을 접대하고, 문을 나가서 산수를 찾아보는 것이 나의 인생 세 가지 즐거움이다. [동상]

* 항상 병들 때를 생각하면 더러운 마음이 점점 없어지고, 항상 죽는 날을 막으면 도심道心이 자연 생긴다. 풍류 같은 기분 좋은 일은 지나고 나면 슬퍼지고, 맑고 참된 적막함은 오래 지날수록 그 뜻이 커진다. [동상]

* 청산靑山은 문에 있고, 백운白雲은 집에 있고, 명월明月은 창에 있고, 양풍凉風이 자리에 스치면 이 같은 경승景勝은 백옥白玉으로 지은 5성12루五城十二樓이니, 그것을 간택한 것을 문득 깨달았다. [동상]

* 문을 닫고 거절당하는 것은 산새가 사람을 부르지 않는 것만도 못하고, 뜻을 굽혀 동정을 받는 것은 들꽃이 길손에게 거만하게 구는 것만도 못하다. [동상]

* 부처에게 기도하여 죄를 참회할 수 있다면, 형관刑官은 사라질 것이다. 신선을 찾아가서 수명을 연장시킬 수 있다면 상제上帝는 필요 없을 것이다. 달인達人은 모두 내 속에 있으니, 지성至誠이 자연自然보다도 귀하다. [동상]

* 소철蘇轍(宋人)이 말했다. "질병이 많으면 도가道家를 배우는 것이 좋고, 근심걱정이 많으면 불교를 믿는 것이 좋다. [知非錄]

* 수컷을 알고 암컷을 지키는 것은 일생동안 음미하고 활용해도 끝이 없다.

8) 《한정록》의 《섭생攝生》

《한정록》에 제15문은 섭생攝生이다. 섭생은 장수를 위한 건강관리법이라고 할 수 있다. 섭생이론이 가장 발달한 것이 도가道家이다. 따라서 여기서는 도가서적인《도서전서道書全書》를 비롯하여《금단정리대전金丹正理大全》,《현관잡기玄關雜記》,《수진신록修眞神錄》,《수진비록修眞秘錄》,《사우총설四友叢說》등에서 자료를 뽑았다.

섭생을 위한 수련법에서 가장 강조되는 것은 사람의 신체 중에서 외삼보外三寶인 귀, 눈, 입이 사물에 유혹을 받지 않도록 단속하는 것과 내삼보內三寶인 정精, 기氣, 신神이 유혹을 받지 않도록 단속하는 일이다. 또 한 가지 중요한 수련법은 단전호흡법丹田呼吸法이다.

다만, 수련도교에서 또 한 가지 중요하게 여기는 단약丹藥을 먹는 방법은 여기서는 중요하게 여기지 않는다.

허균은 비단《한정록》에서만 섭생에 관한 관심을 보인 것이 아니라, 그밖의 다른 글에서도 섭생에 관한 글을 남겼으므로 이를 합쳐서 살피는 것이 필요하다.

9) 《한정록》의 〈병화사瓶花史〉, 〈상정觴政〉, 〈서헌書憲〉, 〈서화금탕書畫金湯〉

《한정록》의 제18문, 제19문, 제20문에서는 부록에 해당하는 자료를 소개했는데, 병화사瓶花史, 상정觴政, 서헌書憲, 서화금탕書畫金湯 등이 그것이다. 〈병화사〉와 〈상정〉은 원굉도袁宏道의 글을 그대로 옮긴 것이고, 〈서헌〉은 오영야吳寧野의 글을, 그리고 〈서화금탕〉은 진계유陳繼儒의 글을 옮겨놓은 것이다. 허균은, 이것들이 한정閑情에서 은둔자들에게 꼭 필요한 지식이므로 이를 기록한다고 말했다.

먼저, 병화사는 문자 그대로 화분에 꽃을 심어 가꾸는 방법, 꽃의 종류, 꽃의 품질과 특성, 꽃을 가꾸는데 필요한 도구들, 그리고 꽃을 감상하는 방법 등을 자세하게 소개했다. 물론 꽃을 키우는 목적은 이를 판매하기 위함이 아니라, 마음을 다스리기 위함으로 보았다.

두 번째 상정觴政은 술을 마시는 의식儀式과 예법禮法, 술을 마시는 장소, 술을 마시는 시기, 술에 관한 서적, 즉 주경酒經, 술의 품등, 안주, 술잔의 종류, 그리고 주사酒邪에 대한 형벌 등을 차례로 적었다.

세 번째 서헌書憲은 독서하는 법도法度에 대한 글이다. 서적을 함께 읽을 동지들을 잘 모아야 하고, 서적의 종류에 따라 읽는 분위를 달리 만들어야 하고, 서적을 잘 관리해야 하며, 가산이 탕진되더라도 서적을 구입하거나 필사하는 습관을 기르고, 가장 좋아하는 책을 더 잘 간직하고, 서적의 오류와 시비를 바로잡아야 하고, 서적을 통해 외경畏敬과 긍지矜持를 가져야 하고, 때와 장소를 가리지 않을만큼 독서에 미쳐야 하고, 서적의 내용에 따라 희노애락의 감정이 격렬해질 때에는 감정을 조절할 수 있는 서적을 섞어서 읽어야 한다. 그리고 책의 내용을 함부로 과장하여 남에게 잘못 전달해서는 안 된다.

마지막으로 제20문의 서화금탕書畫金湯은 글씨와 그림, 그리고 골동품 등을 감상하는 방법을 소개했다. 서화와 골동에도 좋은 취향을 가진 것이 있음을 소개하고, 반대로 나쁜 취향을 가진 것이 무엇인가를 소개하고 있다. 그밖에 장엄한 것과 기분 나쁘게 하는 것이 무엇인가를 예를 들어 가르쳐준다.

9. 도교와 신선神仙에 대한 생각

1) 도교에 대한 생각

허균은 도교를 믿고, 도교와 관련된 신선神仙들에 관한 글을 여러 편 지었다. 신선들의 이야기는 주로 깊은 산속에 들어가서 좌선坐禪하거나, 선약仙藥을 먹거나, 단전호흡丹田呼吸을 하거나 등 각종 수련修鍊에 의하여 도술道術을 배우면 불로장생不老長生하고,

귀신을 부려 하늘을 날아가고, 둔갑遁甲도 하는 등 초인적인 능력을 갖는다는 이야기들이다. 과학적으로 설명이 되지 않는 매우 허무맹랑한 이야기들이 많다.

그러나 속세를 벗어나 대자연속에서 위에 말한 수련을 하게 되면 건강이 좋아져서 수명이 길어지고, 야성적인 에너지가 생겨 동작이 빨라져서 마치 나는 듯이 행동할 수도 있다. 따라서 부분적으로는 과학적인 근거가 전혀 없는 것도 아니다. 다만 지나치게 그런 능력을 과장하기 때문에 허무맹랑한 이야기들이 나온다.

하지만, 허무맹랑한 이야기들도 권력에서 밀려나 낙백落魄한 사람들에게는 섭생攝生에 도움이 되기도 하고, 정신적인 위안이 되기도 하고, 자신감을 키워주는 수단이 되기도 하며, 때로는 죽음을 두려워하지 않게 만드는 최면제의 기능을 가질 수도 있다. 그래서 권력에서 배척당한 사람은 자연스럽게 도교에 빠지는 경우가 많다.

그러면 허균은 어떤 시각에서 도교에 관한 글을 지었는가? 그는 도교의 수련이 일차적으로는 건강을 증진시키는 섭생攝生에 도움이 된다고 믿었다. 하지만 그 수련이 지극해지면 사람이 죽지 않고 신선이 될 가능성이 전혀 없지도 않을 것으로 보았다. 그러니까 반신반의의 중간적인 태도를 보였다. 그의 글을 읽어보자. 그가 쓴 〈섭생월찬서攝生月纂序〉[45]에 다음과 같은 글이 보인다.

세간에서 선仙을 이야기하는 사람들은 수련修煉과 화후법火候法(丹田呼吸)을 이야기하면서 선뜻, "나는 날아오를 수 있다." "나는 태胎를 이룰 수 있다."[46] "나는 길이 살아 죽지 않을 수 있다"고 한다. 그러나 아득한 수백 년 동안에 그런 자를 본 사람이 거의 없었기 때문에 이 말은 의심하기에 족하다.

---

45 〈섭생월찬서〉는 허균이 90세 된 남궁두를 호남에서 만났다고 했는데, 남궁두는 실제로 5년 뒤인 광해군 12년에 95세로 세상을 떠났다. 그러므로 허균이 그를 만난 것은 광해군 7년(1615) 무렵이다. 그러나 〈남궁선생전〉에서는 부안에 살던 시절인 광해군 즉위년(1608)에 83세 된 남궁두를 만났다고 했다. 허균은 두 번에 걸쳐 남궁두를 만난 것이 된다. 그렇다면 〈섭생월찬서〉는 두 번째로 만난 광해군 7년 이후에 쓴 것으로 볼 수 있다.
46 태(胎)를 이룬다는 말은 죽었다가 다시 태어난다는 뜻이다.

일찍이 남궁두南宮斗(1526~1620)[47]를 호남에서 보았는데, 나이 90인데도 얼굴이 늙지 않아서 그 까닭을 물어보았더니, "계절에 따라 순응하고 음식을 조절하는 것 뿐이다."라고 했다. 연단공부煉丹功夫에 착수하는 것은 쉬운 일이 아니지만, 음식을 먹고 기거할 때 보이섭양保頤攝養하는 것은 일상적인 생활에 가장 가까운 일이기 때문에 효과가 빨리 나타난 것이 아니겠는가? 알 수 없는 일이다.

내 친구 천옹天翁[48]은 단학丹學에 깊어서 노자老子가 남긴 뜻과 마음속으로 일치했다. 그로 하여금 낡은 속구俗臼를 탈피하여 한 뜻으로 진眞을 닦게 한다면 신선이 되어 하늘에 오르고 죽지 않는 것이 무엇이 어렵겠는가? 다만, 상자평向子平(후한 때 선인)에 얽매어 환단還丹(연단)이 점점 늦어졌으니, 아아, 누가 시켜서 그렇게 되었겠는가?

이 편을 지은 것은 도道를 위해서가 아니라 몸을 섭생攝生하기 위해서다. 이로써 몸을 섭생할 수 있다면 정신을 보존하고 혼백을 단련하여 신선이 되어 하늘로 올라가서 영원히 죽지 않게 될 것이다. 처음에는 얕고 가까운 듯해도 나중에는 지극한 도에 이르게 될 것이다. 어찌 그 공功이 크지 않겠는가?

내가 보이섭양保頤攝養을 하고자 하는 것은 그것이 일상생활에 절실함을 좋아해서이다. 깨끗한 책으로 기록하여 상자 속에 보관하고 게으르지 않게 움직일 때나 조용히 있을 때나 반드시 본받고자 한다. 천옹이 말하기를, "여기에 마음을 쏟으면 반드시 하늘로 올라가 죽지 않을 것이다"라고 했다. 내가 머리를 조아리고 공경히 예를 표했다.

이 글을 보면, 허균은 단학丹學을 믿고 있는데, 처음에는 일상생활 속에서 음식을 조절하면서 섭생攝生을 하다보면 건강이 좋아질 수 있다고 믿었다. 그러나 이를 오래 지속하면 드디어 날개가 달린 신선이 되어 하늘로 올라가서 죽지 않을 수도 있을 것으로 믿었다.

---

47 허균은 〈남궁선생전〉을 따로 지어 그의 일생을 마치 한편의 소설처럼 자세히 기록했다.
48 천옹(天翁)은 도인 송천옹(宋天翁)을 말한다. 본래 천옹은 도교에서 하느님을 가리킨다.

허균이 이 글을 쓴 시기는 알 수 없다. 그러나 그가 90세 된 남궁두를 만났다고 했으므로 광해군 7년 이후이다. 그런데 허균은 광해군 즉위년 부안에 있을 때에도 남궁두를 만난 일이 있었는데, 그때는 83세라고 했다. 두 번째 만난 관해군 7년 무렵은 그가 중국에 두 번이나 사신으로 다녀오고 벼슬이 올라가고 있었지만, 신경희 옥사사건 등이 잇달아 일어나는 등 언제 자신이 반역 죄인으로 죽을지도 모른다는 극도의 불안감을 지닌 채 광해군 및 이이첨과 아슬아슬하게 동거하고 있었다. 이런 시기에 신선이 되리라는 꿈마저 없다면 어떻게 살 수 있었겠는가? 그래서 신선에 대한 희망을 더 크게 가졌는지도 모른다.

2) 〈열선찬〉 편찬

허균은 앞에서 소개한 《한정록》에서도 도교道敎와 관련된 중국의 은둔사상가들의 행적을 분류하여 소개한 바 있지만, 여기서 그치지 않고, 도교에서 대표적인 신선으로 불리는 전설적인 30명의 신선들을 뽑아 찬贊을 따로 지었다. 그것이 〈열선찬列仙贊〉이다. 허균은 이 글을 쓰게 된 계기를 서문에서 이렇게 밝혔다.

> 엄주弇州 왕원미王元美(王世貞)이 엮은 《열선전列仙傳》을 내가 헌보獻甫 허갈許渴로부터 그 진본을 보았는데, 그 모사模寫와 침각鋟刻의 솜씨가 극히 세밀하고 기묘하여 정말 세상에 보기 드문 보배였다. 내가 이 책을 보고나서 공인工人에게 시켜 특별히 이채로운 것을 뽑아 흰 비단에 옮겨서 채색으로 그리게 하고 찬사贊辭를 썼다. 때때로 보면서 신선神仙을 그리는 마음을 풀어보려고 한다.

그러니까 명나라 학자 왕세정이 지은 《열선전》에서 특이한 것을 뽑아 비단에 옮겨 그리게 하고, 스스로 찬사를 써서 넣었다는 것이다. 그러면서 신선을 기리는 마음을 달래겠다는 것이다.

원래 중국의 도인들이 만든 신선전은 도인의 모습을 그림으로 판각하고 그들의 행적을 기록한 것인데, 신선들의 행적이 속세인들과는 달리 몇 천 년을 살고, 도술道術을 부려 귀신을 부리고, 하늘을 오르내리고, 하루에 몇 백 리를 가는 등 허무맹랑한 이야기가 많다. 사람이 수련을 하면 수명이 길어지고, 몸이 빨라지고, 무예가 발달하는 것은 사실이지만, 이런 일들을 과장하여 만든 것이 바로 신선에 대한 이야기들이다.

〈열선찬〉에 등장하는 인물은 도교의 시조인 노자老子에서 시작하여 요임금 때 현인 왕예王倪, 석실에서 도를 닦아 1200년을 살고, 황제黃帝에게 치도治道와 치신治身의 요체를 가르쳐 주었다는 광성자廣成子, 곤륜산崑崙山(천산산맥) 꼭대기 천지天池에서 하늘로 올라가 모든 신들을 지배했다는 성모聖母 서왕모西王母, 서왕모의 작은 딸로 기린을 타고 십방十方 옥녀玉女의 명부를 관장했다는 상원부인上元夫人, 주나라 때 천하가 어지러워지자 벼슬을 버리고 도를 닦고 노자에게 《도덕경》을 전해주었다는 윤희尹喜, 주나라 때 여산에 숨어살면서 복기服氣를 수련하여 구름을 타고 하늘을 날았다는 광유匡裕, 유명한 장주莊周(장자), 주나라 때 나무를 조각하여 양을 만들어 팔았다는 갈유葛由, 거문고 전문가로서 잉어를 타고 신선이 되어 하늘로 올라갔다는 금고자琴高子, 하루에 800리를 가고 800세를 살았다는 이팔백李八百, 석뇌石腦와 금단金丹을 먹고, 욕심을 버리기 위해 눈을 감고 20년만에 눈을 떴더니 우리와 번개가 쳤다는 섭정涉正 등이다.

이어서 한漢나라 이후의 신선으로 안기생安期生, 모군茅君, 동방삭東方朔, 황안黃安, 장진인張眞人, 마고麻姑,[49] 황초평黃初平, 호공壺公, 조선온曹仙媼, 도홍경都弘景, 이백李白(이태백), 여순양呂純陽, 유해섬劉海蟾, 장자양張紫陽,[50] 진남陳楠, 무지사武志士, 살수견薩守堅, 여도장呂道章 등의 찬사가 있다.

---

49 마고는 마고할미로도 불린다. 한나라 환제 때 고여산(姑餘山)에서 수도했다는 선녀로서 새 발톱처럼 생긴 긴 손톱으로 사람들의 가려운 곳을 시원하게 풀어주었다고 한다.
50 송나라의 도인(道人)으로 전진교(全眞敎)를 창시했다.

3) 우리나라 신선들

허균은 중국의 신선 뿐 아니라 허균이 직접 만난 우리나라 도인道人들에 대해서도 소개하는 글을 남겼다. 〈장산인전張山人傳〉, 〈남궁선생전南宮先生傳〉, 〈장생전蔣生傳〉 등이 그것이다. 장산인은 도교의 《옥추경玉樞經》을 배워 지리산에서 호랑이 등을 타고 다니다가 왜란 때 74세로 소요산에서 왜병의 칼을 맞고 죽었는데 뒤에 신선이 되었다고 알려진 장한웅張漢雄 이야기이다.

남궁선생전은 전라도 임피현[군산] 사람 남궁두南宮斗(1526~1620)의 일생을 기록한 것이다. 본관이 함열咸悅인 남궁두는 비행을 저지른 첩과 조카 두 사람을 죽이고 지리산과 적상산으로 들어가서 도인道人을 만나 《참동계參同契》, 《음부경陰符經》, 《황정경黃庭經》 등을 배워 도술을 익혔는데, 인내심이 부족하여 신선이 되지 못하여 세속으로 다시 돌아왔다. 허균은 부안에 있을 때 남궁두가 여관으로 찾아와서 만났는데, 83세의 나이였으나, 46~47세로 보였다고 한다. 실제로 그는 95세에 세상을 떠났다.

장생蔣生은 밀양 좌수座首의 아들인데, 세 살 때 어머니가 죽자 아버지가 농장의 종으로 내보냈는데, 15세에 장가들었으나 몇 년 뒤에 아내가 죽자 거지가 되었다. 호남과 호서지역을 떠돌아 다니다가 선조 22년(1589) 무렵에 서울로 올라왔다. 용모가 수려하고 말도 잘하고 노래도 잘 불렀다. 술이 잔뜩 취하면 점쟁이 맹인, 술취한 무당, 게으른 선비, 소박맞은 여인, 걸인, 노파들의 하는 짓을 흉내내어 사람들을 웃겼다. 또 입으로 온갖 새소리와 짐승소리, 피리소리, 비파소리를 내고, 거지들을 데리고 다니면서 남는 식량을 나누어주었다.

어느 날 장생은 악공樂工 이한李漢의 딸이 길거리에서 잘생긴 두 소년을 만나 장난을 치다가 봉미鳳尾[머리 뒤꽂이]를 잃어버렸다. 장생은 그것을 찾아주겠다고 하면서 소녀를 데리고 함께 경복궁 서쪽 담장을 뛰어 넘어 경회루 위로 올라가서 두 소년으로부터 봉미를 빼앗아 소녀에게 주었다. 두 소년은 장생을 따라다니는 걸인으로서 소매치기를 하여 봉미를 훔쳐간 것이다. 장생은 "앞으로 두 아우는 행동거지를 삼가하여 사람들이 우리의 종적을 모르게 하라"고 충고하고 나왔다.

왜란이 일어난 4월 어느 날 밤에 술에 취하여 수표교水標橋 위에서 넘어져 죽었는데, 시체가 벌레가 되어 모두 날아가 버리고 신발만 남아 있었다. 그런데 그의 친구 무인 홍세희洪世熹가 장군 이일李鎰을 따라 조령鳥嶺으로 싸우러 갔는데, 거기서 장생을 만났다. 장생은 "나는 죽지 않았소. 동쪽 나라를 찾아서 떠났다"고 말했다. 그러면서 전쟁을 하면 높은 산으로 올라가라고 말하고 사라졌다. 홍세희는 그가 말한대로 충주 탄금대에서 산으로 올라가서 살아났다.

허균은 〈장생전〉 끝에 가서 이렇게 말했다. "내가 젊은 시절에 협사俠士들과 친하게 지냈고, 장생과도 아주 친하여 그의 잡기놀이를 모두 구경했다"고 하면서 "그가 신神이거나 검선劍仙(칼잘 쓰는 신선)이 아닌지 모르겠다"고 썼다.

허균은 도교에 빠진 도인道人도 아니면서 도인으로 비난을 받다가 죽은 곽재우郭再祐 (1552~1617)를 변명하는 글도 지었다. 그것이 〈벽곡변辟穀辨〉이다. 곽재우는 왜란 때 의병을 일으켜 큰 공을 세웠으나 그 공을 시기하는 사람들과 임금으로부터 미움을 받아 선무공신에도 오르지 못하고, 여러 가지 벼슬을 받기는 했지만 유배를 당하기도 하다가 마침내 고향 현풍玄風으로 돌아가서 곡식을 먹지 않고 솔잎만 먹고 살다가 광해군 9년(1617)에 죽었다.

그러자 사람들은 그가 성리학을 배우지 않고 엉뚱한 이단異端에 빠져 솔잎만 먹다가 죽었다고 비난했다. 그러나 허균은 그가 이단에 빠진 것이 아니라고 변명했다. 그가 《황정경》을 읽으면서 살았는데 곡식을 버리고 솔잎을 먹은 것은 사실이 아니며, "진실로 날개가 달린 신선이 되어 하늘로 올라가기를 믿고 그런 것이 아니라, 자기를 시기하는 사람들의 눈을 피하기 위해 곡식을 피했다"고 말했다는 것이다. 그러면서 곽재우는 마치 한나라를 세운 장량張良이 공功이 너무 커서 받을 상賞이 없기 때문에 받을 것은 죽음밖에 없다는 것을 알고 할 수 없이 살아남기 위해 산속에 들어가서 곡식을 먹지 않는다고 말했다면서 곽재우도 장량과 똑같은 길을 걸어간 것뿐이라고 했다.

곽재우가 비록 곡식을 피한 것은 아니지만 그렇다고 도교의 수련을 하지 않은 것은 아니라고 했다. 《참동계》를 따르는 수련은 정精, 기氣, 신神을 단련하는 것인데, 이런 일은 일상생활에서 쉽게 할 수 있는 일이기에 세인을 놀라게 하지는 않는다고 했다.

이 글은 곽재우가 이미 죽은 시점에서 썼으므로 광해군 9년 이후가 된다. 허균이 죽기 직전의 글이다. 허균이 죽음을 목전에 둔 시점이라는 것을 눈여겨 볼 필요가 있다.

10. 허균과 《홍길동전》

1) 이식이 본 《홍길동전》

허균은 스스로 《홍길동전》을 썼다고 기록한 바 없는데, 택당澤堂 이식李植이 인조 때 쓴 〈산록散錄〉이라는 글에서 다음과 같이 《홍길동전》의 저자를 허균이라고 단언했다.

세상에 전해지는 말을 따르면, 《수호전水滸傳》을 지은 사람의 집안은 3대 동안 귀머 거리가 되어 그 응보를 받았는데, 그 이유는 도적들이 바로 그 책을 높이 떠받들었기 때문이라고 한다. 그런데 허균과 박엽朴燁(1570~1623)[51] 등은 그 책을 너무도 좋아한 나머지 적장賊將의 별명을 하나씩 차지하고서 서로 그 이름을 부르며 장난을 쳤다고 한다. 그런가 하면 허균은 또 《수호전》을 본떠서 《홍길동전洪吉同傳》을 짓기까지 했는 데, 그의 무리인 서양갑徐羊甲과 심우영沈友英 등이 소설 속의 행동을 직접 행동으로 옮 기다가 한 마을이 쑥밭으로 변했고, 허균 자신도 반란을 도모하다가 복주伏誅되기에

51　박엽은 본관이 반남으로 선조 30년(1597)에 문과에 급제하여 광해군 때 평안도관찰사가 되어 국방에 큰 공적을 쌓았으나, 행실이 음탕하고 백성을 수탈하고, 부인이 광해군 세자빈의 인척이라는 이유로 인조반정후 처형되었다. 죽은 뒤에 백성들이 원통하여 시신을 뜯어갔다고 한다.

이르렀으니, 이것은 귀머거리보다도 더 심한 응보를 받은 것이다.

이 글을 보면 《홍길동전》은 허균이 《수호전》을 모방하여 지은 것이고, 허균의 심복인 서양갑徐羊甲과 심우영沈友英 등 서자들이 홍길동을 흉내내어 광해군 5년에 〈칠서지옥〉을 일으켰다가 모두 복주되었다는 것이다. 그리고 허균도 뒤에 반역으로 죽었다고 했다. 여기서 강변칠우들이 홍길동을 흉내내다가 복주되었다는 말은, 《홍길동전》이 칠서지옥 이전에 지어졌다는 말로 들린다.

또 강변병칠우는 바로 이식이 살던 여주의 강변에 살고 있었으니, 그들의 속내를 이식은 속속들이 알고 있었을 것이다. 그뿐 아니라 이식은 허균이 부안에 있을 때 여러 차례 만나 시회詩會를 가지면서 교유했기 때문에 허균의 언행을 잘 알고 있었다. 그래서 그의 말은 진실로 보아야 할 것이다. 실제로 허균이 아니면 《홍길동전》을 쓸 만한 사람을 찾기 어려운 것이 사실이다.

이식의 말을 따라 《홍길동전》이 광해군 5년 이전에 지어졌다면, 공주목사로 있던 시기, 부안으로 낙향했던 시기, 함열로 유배 갔던 시기, 그리고 태인으로 유배 갔던 시기 가운데 어느 시기에 해당할 것이다. 그러나 목사시절에 쓰기는 어려웠을 것이다. 그렇다면 부안, 함열, 태인에 있던 시절일 것이다.

다만, 오늘날 전해지는 한글본 《홍길동전》이 허균이 지은 《홍길동전》과 같은 것은 아니다. 무엇보다 숙종 때 도적인 장길산張吉山이 등장하고 있기 때문이다.

또 허균이 지은 것은 한글본이 아닐 가능성이 크다. 허균은 언문을 쓴 사례가 전혀 없는데, 유독 《홍길동전》만 언문으로 쓰지는 않았을 것이다. 만약 허균이 언문본을 만들었다면 이식이 그 점을 언급했을 것이다. 따라서 현존하는 언문본은 후세에 만들었을 것이고, 장길산 이야기 등을 첨가하여 그 내용을 한층 현실감 있게 꾸몄을 것이다.

2) 실존의 홍길동

택당 이식이 홍길동의 이름을 요즘 알려진 홍길동洪吉童으로 쓰지 않고 연산군 때 실명 도적이었던 홍길동洪吉同으로 쓴 것은 실명 도적을 롤모델로 설정하고 썼다는 것을 암시한다.

허균의 《홍길동전》 한문원본이 아직 발견되지 않은 이상 그 원본과 현존본의 차이점을 명확하게 밝히기는 어렵다. 하지만 기본 구도는 크게 다르지 않을 것으로 보인다. 예컨대 적서간의 갈등, 홍길동의 효성, 홍길동의 박식한 학문과 도술道術, 활빈당活貧黨의 꿈과 이상, 율도국硉島國 정벌과 임금이 되어 덕치를 베푼 일, 72세에 산속으로 들어가서 자취없이 사라져 신선이 되었을 가능성 등이 그렇다.

홍길동의 이런 모습은 허균의 서얼 심복들의 모습이나 허균이 글로 남긴 호민론豪民論, 유재론遺才論 등 이상국가의 모습, 부안扶安 우반동에 건설하고자 한 이상적인 농촌, 그리고 도교 신선사상과 전혀 어긋나지 않는다.

그러면 연산군 때 홍길동은 어떤 도적이었는가? 연산군 6년(1500) 10월에 잡힌 홍길동洪吉同은 충청도를 중심무대로 하여 관서지방까지 넓게 다니면서 활동한 강도인데, 이 때문에 충청도는 10년 간 양전量田(토지측량)을 하지 못할 정도로 어수선했다고 한다.

홍길동은 당상관(정3품)의 첨지중추부사를 자칭하면서 옥정자玉頂子와 홍대紅帶를 갖추고 무기를 들고 버젓이 수령의 관청을 드나들면서 기탄없는 행동을 자행했는데, 지위가 낮은 수령들과 권농勸農, 이정里正, 그리고 유향소의 품관品官들까지 그를 상관으로 대접했다고 한다. 아마도 높은 지위를 빙자하여 재물을 가져간 것으로 보인다.

여기서 주목할 것은, 홍길동이 당상관 행세를 할 정도로 유식했다는 것이다. 무식한 도적이라면 어떻게 수령들이나 아전들을 농락할 수가 있겠는가? 유식한 강도라면 명문 집안에서 학문을 닦은 서자庶子일 가능성이 크다. 홍길동사건이 크게 확대되지 않고 간단하게 끝난 것은 홍길동의 집안이 존경받는 명문이기에 눈감아준 것이 아닐까?

실제로 연산군 때에는 좌참찬과 대제학을 지냈다가 연산군의 미움을 받아 광해군

10년에 귀양 가서 죽은 홍귀달洪貴達(1498~1504)이 있었는데, 그는 선비들로부터 높은 존경을 받고 있었다. 혹시라도 홍길동이 이 집안의 서자였다면 그를 보호하려는 세력도 없지 않았을 것이다.

홍길동사건을 조사한 결과 크게 부각된 인물은 홍길동이 아니라 첨지중추부사僉知中樞府事(정3품 당상관) 벼슬을 가진 무장 엄귀손嚴貴係이었다는 것도 이상한 일이다. 그는 홍길동의 와주窩主(뒷배)였다고 한다. 그는 신분이 미천했으나 여진족 토벌에 군공을 세워 당상관에까지 올랐는데, 행실이 매우 탐욕스럽고 많은 재물을 모았다고 한다. 홍길동이 약탈한 재물을 그에게 맡겨 놓기도 했다. 엄귀손은 엄한 국문을 받은 끝에 옥사했다.

여기서 정작 강도인 홍길동에 관한 기록은 극히 간단하고 그 두목이었던 엄귀손에게만 초점이 맞춰지고 있는 것이 이상하다. 홍길동의 신원이나 구체적인 행각, 그리고 무슨 처벌을 받았는지를 자세히 알 수가 없다.

홍길동 사건은 이렇게 엉성하게 끝났지만, 뒷날 강상綱常을 무너뜨린 죄인을 말할 때는 "홍길동 같은 놈"이라는 말이 유행할 정도로 인구에 회자되었다. 그러나 이런 모습은 지배층의 시각일 것이고, 만약 홍길동이 약탈한 재물을 백성들에게 나누어주었다면 민중의 시각에서는 영웅처럼 비쳐졌을지도 모른다.

중종 때에는 홍길동을 모방한 순석順石이라는 도적이 나타나 경기도 일대를 소란스럽게 만들기도 했다. 명종 때 임꺽정林巨正도 큰 도적이었는데, 백정 출신의 산적山賊이기 때문인지 후세에 홍길동만큼 관심을 끌지는 못했다.

선조 때 조헌趙憲이 임금에게 올린 상소에서도 홍길동이 언급되어 있을 정도다. 특히 홍길동의 죄악이 강도 그 자체보다도 강상綱常(삼강오륜)을 무너뜨렸다는 세평은 의미심장하다. 그가 신분질서를 무너뜨렸다는 뜻이기 때문이다. 이런 표현은 그가 서자庶子라는 것을 강력하게 암시한다.

허균이 《홍길동전》을 쓴 것이 사실이라면, 그것은 우연한 일이 아니다. 서자의 신분 해방을 절망하고, 서자의 힘을 빌려 세상을 바꾸려고 평생을 꿈꾸어 왔던 허균이 오랫

동안 인구에 회자되었던 실존인물을 모델로 하여 〈서출영웅〉을 그려보고 싶은 욕망이 생겼을 것은 자연스러운 추리다.

3) 또다른 《홍길동전》: 황일호黃一皓의 〈노혁전〉

그런데 허균의 《홍길동전》이 나온 뒤로 얼마 되지 않아 또 하나의 《홍길동전》이 나왔다. 허균보다 19세 연하인 지소芝所 황일호(1589~1641)가 인조 4년(1626)에 전라도 판관判官(종5품)으로 일할 때 종사관 임맹견林孟堅으로부터 홍길동에 관한 이야기를 듣고 지은 〈노혁전盧革傳〉이란 글이 발견되었다. 황일호의 문집 《지소집芝所集》[52]에 실린 〈노혁전〉을 보면, 명문 홍씨 집안의 서자 홍길동洪吉同이 이름을 어머니 성씨를 빌어 노혁盧革으로 바꾸고 서울과 지방에서 신출귀몰하는 재주를 부려 도적질을 하다가 뒤에는 개과천선하여 평안도 관찰사를 하고 있던 적실嫡室 형제인 듯한 홍진동洪震同을 찾아가서 그 막하에서 일하다가 강계江界로 가서 평민 여자와 결혼하여 행복하게 살았다는 이야기다.[53]

다른 《홍길동전》과 비교하여 내용은 매우 간단하지만, 주인공이 명문 홍씨 집안의 서자이고 재주가 많고 글을 잘하여 귀인들로부터 사랑을 받았다는 것, 그러면서도 적서차별에 불만을 품고 무뢰배들을 모아 서울 상동문上東門 밖으로 나가서 사방을 다니면서 도적질을 했다. 다만 노모가 살아 있을 때는 멀리 가지 않다가 노모가 죽자 무뢰배 수십 명을 모아 말을 타고 다니면서 도적질했는데 뛰어난 병법을 구사하여 국가에서 체포하지 못했다.

40여 년이 지나자 늙은 홍길동은 부하들에게 물건을 나누어 주면서 집으로 돌아가라

---

52 《지소집》은 일제 말기인 1937년에 간행되었기 때문에 〈노혁전〉의 글이 과연 황일호의 글인지도 다소 의심스럽다.
53 〈노혁전〉에 관한 자료를 찾아 세상에 공표한 이는 연세대 국문과 이윤석 교수로서 2019년 4월에 발표했다.

고 말하고, 자신도 친족인 평안도 관찰사를 찾아가서 자수하고 그 막하에서 일하다가 강계로 가서 평민 여자와 결혼하여 행복하게 일생을 마쳤다는 것이다.

황일호는 〈노혁전〉의 말미에, 잘못을 반성하고 본래의 착함으로 돌아온 홍길동을 〈호걸〉이라고 격찬하고, 그 시대 평민에도 미치지 못하는 못난 자들이 비단옷을 입고 속으로는 임금의 사랑을 받으려고 아첨하면서 녹봉을 도둑질하여 마침내는 좀蟲이 되어 나라와 백성에게 해를 끼치는 자들이야말로 홍길동의 죄인이라고 썼다. 그러면서 "내가 느끼는 바가 있어 〈노혁전〉을 지어 소인들을 경계하는 바이다"라고 끝맺었다.

그러면 황일호는 어떤 사람인가? 그는 아버지가 황척黃惕인데, 황신黃愼(1560~1617)에게 입양되었다. 황신은 성혼成渾과 율곡의 문인으로 선조 때 고관에 올랐다가 광해군 때 폐비를 반대하다가 귀양 가서 광해군 9년에 세상을 떠났다. 당색은 서인西人에 속한다.

한편 황일호는 인조 13년(1635)에 늦깎이로 문과에 급제하여 인조 16년(1638)에 의주부윤義州府尹을 맡았는데, 명나라를 위하여 청을 치려다가 발각되어 청나라 병사에게 암살당했다. 그가 〈노혁전〉을 지은 것은 그가 인조 4년(1626)에 전주판관全州判官(종5품)을 하고 있을 때 종사관 임모林某로부터 홍길동에 관한 이야기를 듣고 〈노혁전〉을 지었다고 한다.

황일호는 허균과는 교유가 없던 인물로서 허균의 《홍길동전》도 보지 못한 듯하다. 그가 전주에 가서 홍길동에 관한 이야기를 처음으로 들은 듯한데, 당시 전라도 일대에는 홍길동 이야기가 널리 퍼져 있었던 듯하다. 사실 허균도 전라도에 왕래하면서 《홍길동전》을 구상했다. 실물 홍길동이 전라도 장성長城으로 알려져 있어서 더욱 홍길동에 대한 전설이 전라도에서 넓게 퍼진 것으로 보인다. 다만 사람마다 홍길동에 대한 내용을 제멋대로 각색했기 때문에 〈노혁전〉의 내용은 재주있고 착한 〈서얼도둑〉이라는 것은 서로 같지만 그 미세한 스토리는 다른 것을 알 수 있다.

또 〈노혁전〉은 한문으로 쓴 것으로 보아 당시에는 아직 언문소설은 나오지 않은 듯하다.

나가면서

허균이 본 허균

나가면서
허균이 본 허균

　　허균은 자기 자신을 어떻게 보았을까? 자신의 어린 시절에 버릇없이 성장한 것을 고백한 글은 앞에서도 소개했지만, 자신의 정체성을 총체적으로 풍자하여 묘사한 시詩가 있다. 〈성옹송惺翁頌〉이 그것이다. 이 글을 쓴 시기는 정확하게 알 수 없으나 자신을 성옹惺翁으로 호칭한 것으로 보아 광해군 시절인 40대 후반에 쓴 글로 보인다. 그 시는 이렇다.

惺翁何人	성옹이 어떤 사람인가?
敢頌其德	감히 그의 덕을 기려보네
其德伊何	그의 덕이 어떠냐 하면
至愚無識	지극히 어리석고 무식하지
無識近陋	무식하다 못해 고루하다네
至愚近庸	어리석다 못해 미련하다네
庸而且陋	미련하고도 비루한 것을
奚詫爲功	어떻게 공功으로 내세울까?

陋則不躁	비루하므로 성급하지 않고
庸則不忿	미련하므로 성내지 않는다네
忿懲躁息	성내지 않고 성급하지 않으니
容若蠢蠢	겉으로는 못나 터져 보이네
擧世之趨	온 세상이 모두 달려가는 길을
翁則不奔	옹만은 달려가지 않고
人以爲苦	사람들이 고생으로 여기는 것을
翁獨欣欣	옹만은 홀로 즐겁게 여기니
心安神精	마음이 편하고 정신은 맑으네
庸陋之取	못나고 비루함을 가졌지만
精聚氣完	정기精氣는 뭉쳐서 단단하네
愚無識故	어리석고 무식하기에
遭刑不怖	형벌을 받아도 무서워하지 않고
遭貶不悲	탄핵 받아도 슬퍼하지 않네
任毁任詈	헐뜯건 꾸짖건 내버려두고
愉愉怡怡	기뻐하고 즐거워만 하네
非自爲頌	스스로 송頌을 짓지 않으면
孰能頌汝	너를 위해 누가 송을 짓겠는가?
惺翁爲誰	성옹이 누구인가?
許筠端甫	허균 단보端甫라네

　이 자찬시의 핵심은 바로 "허균은 바로 허균이다. 나는 바로 나다"라고 선언한 것이다. 사람들이 자신을 어리석고 비루하다고 욕하지만, 정기精氣만은 단단하기 때문에 모든 사람들이 달려가는 길을 가지 않고, 남들이 고생으로 여기는 것을 오히려 즐기고, 형벌이나 좌천이나 비난도 무서워하지 않는다고 했다. 그러니까 주변의 따가운 시선을

아랑곳하지 않고 외곬수로 자신의 길을 걸어왔다고 자부하고 있다. 허균의 일생을 총괄해 보면 그의 자평이 꼭 들어맞는다.

허균의 정체성을 이렇게 이해한다면, 그가 평생 저지른 비행과 고난은 우연히 저질러진 일들이 아니다. 모두가 의도적인 저항의 모습일 뿐이다. 다시 말해 기존의 주자학적 가치기준으로 본다면 자신의 행동이 욕먹고 형벌 받을 일이지만, 그것을 다 알면서도 그 가치를 깨버리겠다는 도전정신으로 일생을 살았다는 뜻이다.

허균이 단순히 부귀를 누리고자 했다면 좀더 몸을 단속하고 반성도 했을 터이지만, 허균은 오히려 자신에게 가해지는 비난과 형벌을 즐기면서 살았다. 그가 자주 친구들에게 벼슬자리를 구하기도 했지만, 출세가 보장된 홍문관이나 언관직은 한번도 탐한 적이 없었고 받은 적도 없었다. 그가 원하는 벼슬은 대부분 지방의 수령직이었다.

수령직은 최소한도의 생계를 보장할 수 있고, 어느 자리보다도 윗사람의 간섭을 덜 받으면서 사람을 만나고 자기 심복을 키울 수 있는 자리였다. 실제로 그는 수령을 하면서 심복을 키웠고, 그 결과 반역세력을 키워갔다. 특히 반체제 성향이 강한 기대승奇大升, 정여립鄭汝立, 정개청鄭介淸 등의 전통이 흐르는 전라도지역이 주요 세력기반이 되었다. 더욱이 미식의 본고장인 전라도는 미식가인 허균의 취향에서 보면 금상첨화錦上添花였을 것이다.

허균의 몸 속에는 아버지 허엽許曄을 통해서 물려받은 비주자학 사상가인 서경덕徐敬德과 화담학파의 피가 흐르고 있었다. 그가 가까이 교유한 인물들의 대부분이 그런 부류에 속한다. 그는 조선중기의 난세에 태어난 뛰어난 천재이면서 가장 반체제적인 혁명사상가인 동시에 실학자였다.

허균
연보

• 1569년(선조 2)

강릉 사촌沙村(지금 강릉시 사천면 사천진리)에 있는 외가에서 출생. 부친은 서경덕 문인으로 관찰사를 지낸 초당草堂 허엽許曄(1517~1580)이고, 모친은 강릉김씨 예조참판 김광철金光轍(1493~1550)의 따님이다. 서울 본가는 건천동乾川洞에 있었는데, 지금 중구 인현동 1가 일대이다.

허엽의 첫째 부인은 한확韓確의 후손인 청주한씨로서 맏아들 악록岳麓 허성許筬(1548~1612)을 출산했으나 곧 세상을 떠났다. 둘째 부인 김씨는 하곡荷谷 허봉許篈(1551~1588), 난설헌蘭雪軒 허초희許楚姬(1563~1589), 교산蛟山 허균許筠(1569~1618)을 출산했다.

8~9세 무렵에 서울 남부학당南部學堂에서 수학했다.

• 1580년(선조 13; 12세)

부친 허엽이 경상도 관찰사를 지내고 상경 도중에 상주尙州 객사에서 향년 64세로 사망.

• 1582년(선조 15; 14세)

서출 시인 손곡蓀谷 이달李達(1539~1612)에게서 시를 배우다.

● 1585년(선조 18; 17세)

안동김씨 도사都事 김대섭金大涉(1549~1594)의 따님[2세연해]을 아내로 맞이하다. 장모는
관찰사 심전沈銓(1520~1589)의 딸이다. 심전의 서자가 심우영沈友英(허균의 처 외삼촌)으로
광해군 5년에 〈칠서지옥七庶之獄〉을 일으킨 강변칠우江邊七友의 한 사람이다.

● 1588년(선조 21; 20세)

율곡을 비판하여 함경도로 귀양갔다가 돌아온 둘째 형 하곡荷谷 허봉許篈(1551~1588)이
향년 38세로 객사하다.

● 1589년(선조 22; 21세)

생원시에 급제하다. 9세 연상인 이이첨李爾瞻이 함께 급제하여 동기생이 되었다.
누님 허초희許楚姬(蘭雪軒; 1563~1589)가 향년 27세로 세상을 떠나다.

● 1592년(선조 25; 24세)

임진왜란으로 모친과 아내를 대동하고 함경도 단천端川으로 피난하던 중 아내가 아들
을 낳았으나 3일만에 세상을 떠나고, 아들도 사망했다. 아내와 아들을 가매장하고
배를 타고 모친을 모시고 9일만에 강릉 외가로 돌아와서 애일당愛日堂에서 기거했다.
〈초도강릉初到江陵〉이라는 시를 지었다.

● 1593년(선조 26; 25세)

강릉에서 조선시대 시사詩史를 정리하여 〈학산초담鶴山樵談〉을 짓다.
10월에 선조가 서울로 환도하여 경운궁慶運宮을 어소로 삼다. 환도하는 모습을 시로
읊은 것이 〈가행남별궁駕幸南別宮〉이다.

• 1594년(선조 27; 26세)

2월에 과거에 응시하여 급제하다. 예문관 검열檢閱(정9품)로 춘추관 기사관記事官을 겸임하다. 중국 사신 접반사의 종사관으로 요동에 갔다가 돌아와 벼슬을 그만두고 강릉으로 돌아가다. 가매장했던 아내를 강릉으로 천장하다.

• 1595년(선조 28; 27세)

강릉 낙가사洛伽寺에 머무르면서, 지난날에 지은 시를 다시 기억하여 시집 〈교산억기시蛟山憶記詩〉를 만들다.

• 1596년(선조 29; 28세)

정구鄭逑가 지은 《강릉지江陵誌》를 보고 수정을 부탁하다.

• 1597년(선조 30; 29세)

정유재란이 일어나다.

4월에 중시重試에 장원급제하고, 김효원金孝元(1542~1590)의 딸과 재혼하다. 왜란의 경험을 적은 〈동정록東征錄〉을 지었으나 전하지 않는다.

7월에 명의 지원을 요청하고, 조선이 왜와 손잡고 명을 공격하려 한다는 병부주사 정응태丁應泰의 무고를 변명하기 위한 변무사辨誣使 수행원으로 명나라에 다녀오다. 그때 지은 시를 모아 《정유조천록丁酉朝天錄》을 짓다.

• 1598년(선조 31년; 30세)

3월에 병조좌랑(정6품)에 임명되다. 평안도 지역을 순행하면서 지은 시를 모아 〈무술서행록戊戌西行錄〉을 짓다.

● 1599년(선조 32; 31세)

5월에 황해도 도사都事(종5품)에 임명. 서울 기생을 데려오고 무뢰배들을 끌어들어 중방中房을 차린 죄로 얼마 뒤에 파직되다. 무뢰배는 시우詩友 이달, 정시망, 홍난상, 윤생 등으로 이들을 불러들여 함께 지낸 것을 말한다. 도사 시절의 경험을 시로 지은 것을 모아 〈좌막록佐幕錄〉을 만들다. 황해도의 유명한 사찰, 해주, 문화현 구월산의 단군사당 등을 노래한 시들이 들어 있다.

● 1600년(선조 33; 32세)

7월에 허균의 재능을 아낀 임금이 춘추관 기주관記注官(정5품)으로 임명하고, 임금의 교지를 작성하는 지제교知製教를 겸하게 하다.

● 1601년(선조 34; 33세)

봄에 호남 향시鄕試 고시관考試官으로 능양綾陽(화순)에 가다.

6월에 전라도 조운판관漕運判官으로 가다.

7월에 부안扶安에 갔을 때 기생 매창梅窓(桂娘)을 사귀다. 조운판관으로 일한 기록을 모아 〈조관기행漕官紀行〉을 만들고, 이때 쓴 시들을 모아 〈남정일록南征日錄〉이라 부르다.

11월에 형조정랑(정5품)에 제수되다.

● 1602년(선조 35; 34세)

2월에 원접사 이정구李廷龜의 종사관從事官으로 따라가다. 이때 지은 시집으로 〈임인서행록壬寅西行錄〉을 짓다. 이 무렵에 평안도 순안順安에서 도인道人으로 《해동전도록海東傳道錄》을 지은 한무외韓無畏(1517~1610)를 만나 연단법鍊丹法을 배우다.

윤2월에 병조정랑兵曹正郎에 임명되다. 묘향산의 서산대사西山大師에게 편지를 보내 대사가 간직하고 있는 부친 허엽과 형들의 시를 돌려달라고 요청하다. 이때 지은 시집이 〈기성고騎省藁〉이다. 2월에서 4월까지의 사건을 시로 기록하여 〈서행기西行記〉를 만들다.

7월에 임금이 인목왕후仁穆王后를 계비로 맞이할 때 허균이 지은 반교문頒教文을 반포하다.
반교문을 지은 공로로 8월에 성균관 사예司藝(정4품)를 거쳐 10월에 사복시정司僕寺正(정3품 당상관)으로 승진하고 지제교知製教를 겸임하다. 이 시절에 쓴 시집이 〈태복고太僕藁〉이다.

• 1603년(선조 36; 35세)
4월에 질녀인 큰형 허성許筬의 딸이 선조 후궁 소생 의창군義昌君 이광李珖에게 시집가
다. 그러나 이전에 허균의 질녀를 며느리로 삼고자 했던 이홍로李弘老가 허균을 비방하
고 다녀 사복시정에서 파직되다. 금강산으로 유람갔다가 강릉으로 가서 거주하면서
시집 〈동정부東征賦〉와 〈풍악기행楓嶽紀行〉, 〈명주잡저溟州雜著〉를 짓다. 금강산에 거
주하는 송운대사松雲大師 유정惟政에게 편지를 보내 가르침에 감사를 표하다.
〈명주잡저〉 가운데 왜란 때 시모와 남편이 산속에서 왜군에게 죽고, 혼자 살아남아
주막에 더부살이하면서 한탄하고 있는 어느 늙은 과부이야기를 시로 지은 〈노객부원奴
客婦怨〉이라는 시가 돋보인다. 그 아들은 궁가의 노비로 들어가서 호강하고 있으나
어미를 찾지 않는다고 한탄했다.

• 1604년(선조 37년; 36세)
7월에 성균관 전적典籍(정6품)으로 임명되다.
8월에 유성룡柳成龍에게 편지를 보내 누님[난설헌] 시집에 대한 서문을 부탁하다.
9월에 황해도 수안군수遂安郡守(종4품)에 임명. 한석봉韓石峯을 불러들여 구양순의 《반
야심경般若心經》을 금자金字로 쓰게 하고, 화원 이정李楨에게 불상, 보살상, 거사상, 도연
명, 이태백, 소동파의 초상을 그리게 하고 허균이 찬사贊辭를 짓고, 한석봉이 금자로
쓰게 했다. 또 관아에서 반승飯僧을 하고 승려들과 활발히 교유했다. 죄인을 다스리다
가 실수로 죽게 만들기도 했다. 서자시우庶子詩友인 이재영李再榮과 이원형李元亨, 그리

고 정상조鄭象祖(鄭士龍의 庶孫) 등을 불러들인 일들로 파직되다. 시집 〈요산록遼山錄〉,
〈중수화학루기重修化鶴樓記〉를 짓다.

● 1605년(선조 38; 37세)

2월에 유성룡柳成龍에게 편지를 보내 가형[허봉]의 시문에 대한 서문을 부탁하다.

2월에 상촌象村 신흠申欽에게 편지를 보내 정승이 된 것을 축하하다.

3월에 한음漢音 이덕형李德馨에 편지를 보내 가형[허봉]의 시문에 대한 발문을 부탁하다.

3월에 오성鰲城 이항복李恒福에게 편지를 보내 망형[허봉]의 시집이 출간되었음을 알려
주다.

7월에 그동안 화원 이정과 함께 세 사람이 3인조가 되어 수많은 시서화詩書畵 작품을
만들던 한석봉이 세상을 떠나자 애통한 편지를 화원 이정에게 보내다.

9월에 서경西坰 유근柳根에게 편지를 보내 망형[허봉]의 시를 〈동인시선東人詩選〉에 넣어
달라고 부탁하다.

11월에 남창南窓 김현성金玄成에 편지를 보내 《세가문헌世家文獻》을 보내주어 고맙다는
뜻을 전하다.

● 1606(선조 39년; 38세)

4월에 학식이 높은 명나라 사신 주지번朱之蕃이 오자 원접사 유근柳根의 종사관으로
주지번과 교유하다. 우리나라 시인 124인의 시를 모아 장황하여 주고, 누님 허난설헌許
蘭雪軒(1563~1589)의 시를 모아 주지번에게 주었는데, 사후 18년 뒤에 중국에서 〈난설헌
집〉으로 출간되어 크게 칭송을 받다. 주지번은 허균에게 보답으로 명나라 왕세정王世貞
의 《세설산보世說刪補》, 《시준詩雋》, 《고척독古尺牘》, 북송 때 야사집 《태평광기太平廣記》,
명나라 도목都目의 《옥호빙玉壺氷》, 송나라 여조겸呂祖謙의 《와유록臥遊錄》 등을 기증하
다. 허균은 뒤에 이 책들을 자료로 이용하여 은둔자 열전인 《한정록閑情錄》을 편찬했다.
이해의 일들을 시로 기록한 것이 〈병오기행丙午紀行〉과 〈병오서행록丙午西行錄〉이다.

• 1607년(선조 40; 39세)

1월에 화원 이정李楨에게 비단을 보내면서 허균이 산속에서 신선처럼 지내는 모습을 그려달라고 당부하는 편지를 보내다. 그러나 이정은 2월에 세상을 떠났다.

2월에 왕실 의상을 제작하는 상의원정尙衣院正(정3품)에 취임.

3월에 삼척부사三陟府使(종3품)에 제수되다. 강릉을 거쳐 삼척으로 가면서 강릉의 옛 정취를 회고하는 〈사구부思舊賦〉를 짓다.

5월에 사헌부의 탄핵을 받고 파직되다. [평소 중옷을 입고, 불경을 외우고, 재를 열어 승려들을 먹인 죄] 삼척부사 시절의 일들을 시로 엮은 것이 〈진주고眞珠藁〉, 〈죽서루부竹西樓賦〉이다.

7월에 친구 이조판서 최천건崔天健에게 부탁하여 왕실 음식 등을 공급하는 내자시정內資寺正(정3품)에 임명되다. 이 시절에 쓴 시 모음이 〈태관고太官藁〉이다.

12월에 다시 이조판서에 부탁하여 공주목사公州牧使(정3품)에 부임하다. 10개월 봉급을 덜어서 연우각燕牛角을 사들여 무고武庫를 채우다.

• 1608년(선조 41; 40세)

1월에 서자시인이자 심복인 이재영李再榮에게 편지를 보내 모친을 모시고 오라고 말하고, 다시 4월에는 이재영의 애첩 소랑小娘도 데리고 공주로 오라고 말하다.

2월에 선조가 승하하고 광해군이 즉위하다. 암행어사가 목사 허균의 죄를 고발하여 언관이 탄핵, 의금부에 투옥된 후 파직되다. 심우영沈友英(서자 출신 심복), 윤계영尹繼榮(윤춘년 손자), 이재영李再榮 등 세 사람을 불러다가 3영三甯을 만들어 막하에 두고 법을 어긴 죄.

7월에 부안현감 심광세沈光世에게 편지를 보내 두어 명의 종자從子를 데리고 가서 살 것이니 호역戶役을 면제해 달라고 부탁하다. 심광세는 심의겸沈義謙의 손자이자 심우영沈友英의 친족이고, 택당澤堂 이식李植의 처남이다. 심광세의 도움으로 부안 우반곡愚磻

谷에 거처를 마련하고 이재영李再榮, 이원형李元亨 등과 함께 지내면서 심광세가 주선하는 시회詩會에 자주 참석하다. 택당 이식도 시회에 참석하다. 우반곡은 뒷날 실학자 반계磻溪 유형원柳馨遠이 은거하던 곳이기도 하다.

부안에 가지고 간 중국 제자백가전서諸子百家全書를 읽으면서 그 소감을 적어 〈독제자각제기후讀諸子各題其後〉를 짓다. 주지번에게 받은 책들을 참고하여 중국 은둔사상가 전기傳記인 《한정록閑情錄》 초고본을 만들다.

12월에 대북파 이이첨李爾瞻이 허균을 회유하기 위해 벼슬을 주자 상경하다. 두 사람은 정치노선이 달랐으나 서로 상대를 이용하기 위해 동상이몽의 협력관계가 시작되다. 이이첨은 허균의 재능을 이용하고, 허균은 이이첨의 권력을 이용했다.

● 1609년(광해군 1년; 41세)

1월에 외교문서를 관장하는 승문원承文院의 판교判校(정3품)로 임명되다.

1월에 부안기생 매창梅窓(1573~1610)에게 편지를 보내 부안현감을 칭송한 윤비尹碑 위에서 노래부른 것을 책망하다. 현감을 사랑한 듯한 오해를 일으켰다. 또 10월에는 매창의 노래를 듣고 〈산자고山慈姑〉라는 시를 읊은 이원형李元亨을 책망하는 편지를 보내다. 사람들은 그 시가 허균이 지은 것으로 오해한다고 말하다.

2월에 중국 사신이 오자 원접사 이상의李尙毅의 종사관으로 따라가다.

4월에 스승 이달李達에게 편지를 보내 지나치게 성당시盛唐詩나 고시古詩만을 좋아하고 허균의 근체시近體詩를 좋아하지 않는 것에 대해 항의하면서 자신은 〈허균의 시를〉 고집하겠다고 말하다.

5월에 홍문관 월과月課에 세 번이나 수석을 차지하다. 가자加資되다.

6월에 첨지중추부사(정3품)의 직함을 받다.

8월에 이이첨에게 편지를 보내 감사를 표하면서 모든 사람이 이이첨에게 돌아갈 것이라고 칭송하다.

9월에 형조참의刑曹參議(정3품)에 제수. 이달에 부안기생 매창梅窓에게 편지를 보내 시골로 돌아가겠다는 약속을 어겨 미안하다고 하면서 그리운 정을 토로하다.

12월에 이수광李睟光이 지은 《홍양시권洪陽詩卷》을 칭송하는 편지를 보내다.

• 1610년(광해군 2; 42세)

2월에 중국에 갈 천추사千秋使로 지명되었으나 역관을 유능한 자로 바꿔달라고 요구하고 병을 핑계로 사절하자 조정을 얕잡아보고 의리가 없다고 하여 4월에 파직되고 의금부에 투옥되다. 투옥 중에 신흠申欽이 도교서적을 보내 위로하고, 이정구李廷龜가 약재를 보내주고, 장유張維가 편지를 보내 안부를 물었다.

9월에 함경감사로 떠나는 한준겸韓浚謙에게 송별시를 보내 격려하고 함경도 방위를 부탁하다. 이조판서 이정구에게 편지를 보내 공조工曹에 취직시켜 달라고 부탁하다.

10월에 신흠申欽에게 편지를 보내 이정구에게 부탁하여 나주목사羅州牧使로 가게 해달라고 요청하다. 파직된 뒤에 시집 〈병한잡술病閑雜術〉을 짓다. 이 책에는 전5자前五子와 후5자後五子의 시를 칭송하는 시를 실었다. 전5자는 권필權韠, 이안눌李安訥, 조위한趙緯韓, 이재영李再榮, 허체許褅를 가리키고, 후5자는 정응운鄭應運(鄭時望), 조찬한趙纘韓, 기윤헌奇允獻, 임숙영任叔英 등을 가리킨다.

10월에 이이첨이 행사과行司果(정6품)의 무반산직을 주고, 고시관考試官으로 임명하자 승려 변헌卞獻, 조카 허보[허성의 아들], 박홍도朴弘道(형의 조카사위)를 부정하게 급제시키다. 이때 권신 박승종朴承宗은 아들 박자흥朴自興을, 이이첨은 사돈과 친구를, 승지 조탁은 아우를 급제시켜 〈자서제질사돈방子壻弟姪査頓榜〉이라는 말이 나왔다. 이들 척신보다는 허균의 죄질이 낮았으나 허균만이 12월에 의금부에 투옥되었다.

이해 10년간 사귀었던 부안기생 매창梅窓이 향년 38세로 세상을 떠나자 그를 애도하는 시 2수를 지어 추모했다.

• 1611년(광해군 3; 43세)

1월에 투옥에서 풀려나와 전라도 함열咸悅로 귀양을 떠나다. 1월 15일에 함열에 도착했다고 기윤헌에게 편지를 보내면서 새우가 부안만 못하고, 게도 벽제만 못하여 굶어 죽을 지경이라고 한탄하다.

1월에 계곡谿谷 장유張維에게 편지를 보내 죄짓고 귀양가는 사람을 위문해 주어 고맙다고 말하다.

함열은 본인이 선택한 지역으로 한백겸韓百謙(1552~1615)의 아들 한흥일韓興一이 현감이었다. 3월에 한흥일에게 편지를 보내 연어알을 보내준 것에 감사를 표하다.

3월에 한흥일에게 편지를 보내 이곳 음식이 너무 거칠어 실망했다면서 맛있는 생선을 보내달라고 부탁하다.

3월에 이재영에게 편지를 보내 함열로 오라고 말했다.

4월부터 조선시대 야사집인 〈식소록識小錄〉, 우리나라 시사詩史인 〈성수시화惺叟詩話〉, 8도의 진미珍味를 소개한 〈도문대작屠門大嚼〉을 썼다. 이태백李太白의 시에 화답하는 〈화백시和白詩〉와 구양수歐陽修의 시에 화답하는 〈화사영시和思穎詩〉를 지었다. 또 그동안 지은 시문을 모아 64권의 《성수부부고惺叟覆瓿稿》(翁四部覆瓿稿)를 편찬했는데 광해군 5년에 중국학자 이정기李廷機의 서문을 받아 완성했다. 〈부부〉라는 말은 〈장독뚜껑〉 곧 〈하찮은 것〉이라는 뜻이다.

11월에 귀양에서 풀려나 시골로 갔는데, 강릉인 듯하다.

• 1612년(광해군 4; 44세)

8월에 큰 형 악록岳麓 허성許筬이 향년 65세로 세상을 떠났다. 허성은 허엽의 첫째 부인 한씨 소생[韓確 후손]으로 허균의 이복형인데, 허균을 자식처럼 돌보아주었다. 12월에 광해군의 생모 공빈김씨恭嬪金氏를 공성왕후恭聖王后로 추존하고 그 면복冕服을 청구하기 위해 명나라에 갈 진주사陳奏使(奏請使)로 허균을 천거했으나, 역관譯官으로 이문학관 이재영을 요청하고, 5천냥의 비용이 적다고 하면서 증액을 요청하자 사헌부의 탄핵을 받고 파직되어 전라도 태인泰仁으로 귀양갔다가 다음해 5월에 서울로 돌아오다.

• 1613년(광해군 5년; 45세)

3월에 〈칠서지옥七庶之獄〉이 일어나다. 강변칠우江邊七友로 알려진 7명의 서자들이 주동이 되어 문경새재에서 은상銀商을 공격하여 수백냥의 은을 탈취하다가 체포되어 공초를 받았는데, 인목대비의 아비 김제남金悌男의 사주를 받아 영창대군을 옹립하는 반역을 도모했다고 자수하다. 그 반역자들 가운데 허균의 심복인 심우영沈友英과 이원형李元亨도 가담했다가 모두 복주伏誅되었다.

5월에 허균은 유배에서 풀려나 태인泰仁에서 상경했는데, 이이첨이 〈칠서지옥〉을 근거로 김제남을 사사하고 영창대군을 강화도로 귀양보냈다가 다음해 사사하고, 유교칠신遺敎七臣도 귀양보냈다. 이를 〈계축옥사癸丑獄事〉라고 부른다. 허균은 심복들이 허균의 관여를 부인하여 무사히 넘어갔다.

12월에 예조참의禮曹參議(정3품)에 제수되었으나 언관들이 부적격자라고 탄핵하여 3일만에 물러났다. 이이첨은 인목대비도 폐위시키기 위해 유생들을 선동하여 대비의 폐위를 요청하는 상소운동을 벌이기 시작했다. 허균은 자신을 보호하기 위해 이 운동에 협조했다.

• 1614년(광해군 6년; 46세)

2월에 호조참의戶曹參議(정3품)에 제수되었다.

10월에 천추사千秋使 박홍구朴弘耉의 부사副使로 명에 다녀왔다. 이재영을 역관으로 대동하고 여비도 원하는대로 해결되었다. 명나라 《대명회전大明會典》에 이성계를 이인임李仁任의 후손으로 잘못 기록된 것은 이미 선조 때 변무사를 보내 바로잡았으나, 아직도 다른 서책에는 잘못된 기록이 많고, 또 조선이 왜와 손잡고 명나라를 침범하려고 했다는 정응태丁應泰의 무고誣告를 고치지 않은 서책이 많다고 하면서 정효鄭曉의 《오학편吾學編》, 왕세정王世貞의 《감산별집弇山別集》, 《경세실용편經世實用篇》, 《속문헌통고續文獻通考》, 오원췌伍袁萃의 《임거만록林居漫錄》 등을 예로 들면서 이를 바로잡겠다고 보고하다.

● 1615년(광해군 7; 47세)

1~2월에 명나라에 있던 허균이 역관譯官을 보내 우리나라 역사를 잘못 기록한 《학해學海》와 《임거만록》, 세종 가정황제嘉靖皇帝의 잠箴과 어필御筆 등을 임금에게 바쳤다.

2월에 승문원 부제조로 임명되다.

5월에 문신정시文臣庭試에서 장원하여 동부승지同副承旨(정3품)로 임명되다.

6월에 서책을 사온 공로로 가선대부嘉善大夫(종2품)로 자급을 올려주다.

윤8월에 동지겸진주사 민형남閔馨男의 부사로 다시 공성왕후 면복을 요청하기 위해 명나라에 가다. 4천여 권의 책을 사가지고 다음해 귀국하다. 가지고 간 1만 수천 냥의 여비를 역관에게 맡기지 않고, 정사, 부사, 서장관이 나누어 가지고 갔는데 허균이 보관했던 여비를 갑자기 도둑맞았다고 보고했다. 그러나 사람들은 허균의 말을 의심했다. 허균은 개인돈으로 4천여 권의 책을 사왔다고 주장했으나 여비로 산 듯하다.

● 1616년(광해군 8; 48세)

1월에 정사 민형남과 부사 허균이 북경에서 치계馳啓를 보내 《대명회전》과 야사에 우리나라에 대하여 잘못된 기록을 고쳐달라고 예부에 부탁했다고 보고하다. 그러나 《대명회전》의 잘못된 기록은 이미 선조때 바로잡았다. 또 야사는 허균의 집에 있던 것을 가지고 가서 사온 것처럼 했다고 사자관寫字官 송효남宋孝男이 주장했다. 마테오리치의 〈천하여지도〉와 《천주실의》를 사가지고 왔다.

4월에 귀국하자 사직서社稷署 제조를 맡다.

5월에 형조판서刑曹判書(정2품)에 취임하다.

8월에 과거시험 고시관으로 참여하여 영의정 기자헌奇自獻의 아들 기준격奇俊格과 기자헌의 아우 기윤헌奇允獻의 아들 기수발奇秀發을 허균과 심복 이재영이 대필하여 급제시킨 죄로 탄핵받다.

9월에 수안군수 신경희申景禧가 능창군綾昌君 이전李�을 추대하려는 모역사건이 일어났는데, 이이첨의 조작으로 알려졌다. 허균은 이때 불법적으로 어느 죄인의 원정元情을 미리 본 죄로 파직되다.

10월에 임금은 허균이 많은 책을 사온 공로를 인정하여 토지 20결과 노비 4구를 하사하다.

● 1617년(광해군 9; 49세)

1월에 남인 진사 윤선도尹善道가 상소하여 이이첨李爾瞻의 죄악상을 폭로하다.

1월에 윤선도의 상소로 궁지에 몰린 이이첨이 허균에게 부탁하여 "경운궁을 그리워한다"는 내용을 담은 글을 지어 심복 김윤황金胤黃을 시켜 인목대비가 있는 경운궁[서궁]에 화살에 묶어 투척했다. 이 사건은 인목대비가 모역하고 있는 것처럼 만들어 이를 빌미로 대비를 폐위시켜 임금에게 잘 보이기 위해 조작한 사건이다.

2월에 신급제 기수발奇秀發이 상소하여 경운궁 흉서는 허균이 지었다고 폭로하다. 임금은 이 사실을 알고도 눈감아주다.

이이첨의 횡포와 독주에 권신 박승종朴承宗(소북)과 유희분柳希奮(소북)이 견제하고 나서자 이이첨이 3월에 박승종, 유희분과 화해하기 위해 장원서의 과수원에 모여 향을 피우고 서로 맹세하다. 이를 삼창동맹三昌同盟으로 부르다. 임금이 이들에게 술을 하사하다. 그러나 대비 폐비문제로 동맹이 깨지다.

10~12월에 이이첨은 백관회의에서 인목대비 폐비를 결의하고, 백관들이 임금에게 요청하는 정청庭請을 통해 합법적으로 대비를 폐위시키는 방법을 택했다. 그러기 위해 유생儒生들을 사주하여 폐비를 요청하는 상소운동을 맹렬히 벌였다. 성균관 유생의 상소는 이이첨이 주관하고, 성균관 밖 유생의 상소는 허균이 주관했다. 그러나 허균의 진심은 이이첨과 달랐다.

백관회의는 세 정승이 소집하게 되어 있었으나 영의정 기자헌奇自獻은 반대하다가 도성 밖으로 쫓겨나고, 좌의정 정인홍鄭仁弘은 나이가 많아 고향 합천으로 내려가고, 우의정 한효순韓孝純도 사직서를 내고 스스로 도성 밖으로 나가 살았다. 이이첨은 한효순의 이름을 도용하여 백관회의를 소집했다.

12월 12일에 의정부 좌참찬左參贊(정2품)에 임명하다.

12월 24일에 기자헌의 아들 예조좌랑 기준격奇俊格이 부친을 도성 밖으로 축출하는데 협력한 허균에 복수하기 위해 비밀 상소를 올려 허균이 선조 때부터 반역음모 계획을 자신에게 직접 토로한 사실을 낱낱이 폭로했다. 자신을 부정으로 급제시켜준 허균을 배신한 것이다.

상소에 의하면, 영창대군이 탄생하기 전에는 선조를 폐위하고 허균의 조카사위인 의창군義昌君 이광李珖을 추대하려고 음모하고, 영창대군 탄생 이후에는 영창대군을 옹립하려는 반역을 계속적으로 추진해 왔으며, 영창대군이 죽은 뒤에는 인목대비를 섭정하게 하고 자신이 권력을 잡으려고 음모했다고 했다.

광해군은 기준격의 상소를 반신반의하여 감추어두었다가 광해군 10년 윤4월에 반역사건이 일어나자 추국청에 내려 주었다.

● 1618년(광해군 10; 50세)

1월에 허균은 기준격 상소가 참소라고 변명하는 상소를 올렸다. 자신은 인목대비를 미워하기 때문에 적이 많고 신분에 위험을 느끼고 살아왔다고 호소했다.

봄에 기준격 상소로 떨리는 가슴을 진정시키기 위해 광해군 2년에 지었던 《한정록閑情錄》을 대폭 증보하여 14개 부문으로 나눈 《한정록》을 만들었다. 허균의 마지막 유작이다.

윤4월에 권신 박승종 등은 허균의 변명을 거짓으로 보고 임금에게 죄를 다스릴 것을 요청했다. 이에 임금이 기준격의 상소를 추국청에 내려주고 조사를 명했다.

반역에 가담한 허균의 심복들의 공초를 보면, 기준격의 상소로 위기에 몰린 허균은 곤경을 벗어나기 위해 실제로 반역을 하기로 결심하고 준비에 들어갔다고 한다. 1월에 허균은 심복들을 모아놓고 결사맹문決死盟文을 작성했다고 한다.

6월에는 허균이 심복들과 구체적인 반역계획을 논의했다. 거사시기는 7-8월로 정하고, 배득길裵得吉이 승군僧軍을 지휘하고, 호남 유생이 무뢰배를 동원하고, 유생 하인준河仁俊과 현응민玄應旻을 시켜 남대문에 격문을 써서 붙이되, 신군神軍이 들고 일어나 인목대비를 폐위시키려는 이이첨과 허균 등을 죽이려고 한다는 내용을 담았다. 그러니까 인목대비파가 반역을 일으킨 것처럼 꾸민 것이다. 또 산에 올라가 반역이 일어났으니 주민들은 모두 피난하라고 소리치고 유구국流球國 군인들이 복수를 하기 위해 섬[백령도]에 와서 숨어 있다는 헛소문도 퍼뜨렸다.

한편 허균은 임금에게는 자신이 군대를 일으켜 먼저 서궁에 가서 대비를 처단하고 반역군을 진압한 뒤에 임금에게 보고하겠다고 말했다. 그러나 사실은 임금과 세자가 난을 피하여 궁을 나오면 임금과 세자를 죽이고 정권을 장악하려고 했다고 심복들이 공초했다.

임금은 허균이 반역을 일으키려고 한 것을 알고 그 심복들을 추국하면서, 누구를 왕으로 세우려 했는지를 알고 싶어서 곧바로 형을 집행하지 않고 시간을 끌었다. 그러자 이이첨 등이 속히 형을 집행할 것을 촉구하여 8월 24일에 서쪽 저자거리에서 허균과 그 심복들을 능지처참하는 최고의 극형을 내렸다. 허균은 형장에 끌려 가면서 "하고 싶은 말이 있다"고 소리쳤으나 끝내 말을 못하고 죽음을 맞이했다.

죄인을 처형하려면 반드시 죄의 내용을 자복받아 결안結案(판결문)을 작성한 뒤에 집행하는 것이 원칙이었으나, 결안도 없이 서둘러 죽인 것이다. 그래서 사람들은 허균의 죽음을 석연치 않게 여기고 이이첨 일파가 허균의 입을 막아 자신들의 죄악을 숨기기 위해 일을 서둘렀다고 의심했다. 이이첨은 허균의 입에서 자신에 관한 말이 나올까 염려하여 허균을 구제해 주겠다고 하면서 허균의 딸을 임금의 후궁으로 삼겠다고 약속하기도 했으나 모두가 거짓말이었다.

허균의 형집행은 이렇게 법을 어겨 지탄을 받았으나, 허균의 반역사실을 의심하는 사람은 그뒤에 아무도 없었다. 이것이 50평생을 풍운아로 살아온 파란만장한 허균의 일생이다.

참고
문헌

조동일, 「허균」, 『한국문학사상사시론』, 지식산업사, 1978.

이이화, 『허균의 생각: 그 개혁과 저항의 이론』, 뿌리깊은 나무, 1980.

김동욱, 『허균연구』, 새문사, 1989.

차용주, 『허균연구』, 경인문화사, 1998.

허경진, 『허균평전』, 돌베개, 2002.

이이화, 『허균의 생각』, 교유서가, 2014.

신정일, 『천재 허균』, 상상출판, 2020.

찾아
보기

가

〈가행남별궁駕幸南別宮〉 96, 292

《감산별집弇山別集》 167, 301

〈감호집鑑湖集〉 90, 98

《강릉지江陵志》 97, 293

강문우姜文祐 25, 35

강변칠우江邊七友 92, 93, 129, 135, 162~164, 176, 281, 292, 301

강원姜源 35

건천동乾川洞 48, 87, 291

견훤甄萱 134, 164, 209~211, 215

《경세실용편經世實用編》 167, 301

경운궁慶運宮 96, 171, 172, 174, 181, 292, 303

계랑 110, 142

계생桂生 142, 144, 224

계축옥사癸丑獄事 64, 131, 139, 164, 166, 177~179, 301

고경명高敬命 72

《고척독古尺牘》 122, 296

〈곡자哭子〉 82

공빈恭嬪 63, 64, 161, 300

공성왕후恭聖王后 63, 161, 167, 300, 302

곽재우郭再祐 279, 280

관론官論 189, 194

《관자》 221

관자管子 137, 199, 219~221

《관자管子》 219, 220

광성자廣成子 277

교산蛟山 11, 87, 94, 291

〈교산억기시蛟山憶記詩〉 88, 90, 94, 96, 98, 293

교하천도론交河遷都論 178

구양수歐陽修 300

구양수歐陽脩 159

구양순歐陽詢 118, 295

〈궁류시宮柳詩〉 155

궁예弓裔 134, 164, 210, 211, 215

권근權近 211, 212

권필權韠 27, 133, 141, 143, 151, 155, 156, 299

근체시近體詩 88, 89, 298

〈금문잡고金門雜稿〉 90, 98

〈금봉화염지가金鳳花染指歌〉 80, 81

〈기견기견記見〉 98, 99

〈기성고騎省藁〉 112, 294

기수발奇秀發 171, 302, 303

〈기유서행기己酉西行紀〉 145

기자정전箕子井田 58

기자헌奇自獻 56, 128, 133, 134, 136, 148, 156, 163, 171, 173, 175, 176, 179, 302~304

〈기전도설箕田圖說〉 58, 59
〈기전도설발箕田圖說跋〉 59
김개金闓 181, 183
김계휘金繼輝 39, 69
김광철金光轍 33, 86, 291
김굉필金宏弼 191, 213
김근공金謹恭 25, 28, 32, 45
김대섭金大涉 92, 292
김백함金百緘 63
김성립金誠立 34, 40, 46, 77, 78, 86
김성일金誠一 52, 53
김세렴金世濂 66
김시습金時習 95, 223
김안국金安國 34, 38, 40, 48
김안로金安老 205, 224
김여부金汝孚 40
김윤황金胤黃 171, 181, 182, 303
김정국金正國 45
김제남金悌男 57, 60, 61, 64, 131, 161, 162, 164,
   177, 178, 301
김종직金宗直 213, 223
김직재金直哉 63, 156, 177
김첨金瞻 77
김현성金玄成 27, 296
김혜손金惠孫 26
김홍도金弘度 39, 40
김홍도金弘道 77
김효원金孝元 44, 45, 69, 70, 101, 293

나

나식羅湜 34, 35, 224
나옹懶翁 108, 118, 119
낙가사洛伽寺 97, 98, 293
《난설헌시집蘭雪軒詩集》 12, 79, 80, 122
남곤南袞 214, 224
남궁두南宮斗 274~276, 278
〈남궁선생전南宮先生傳〉 274, 275, 278

남상곡南庠谷 87
남언경南彦經 27, 28, 49
남이공南以恭 27, 170
〈남정일록南征日錄〉 111, 294
남효온南孝溫 213, 214
〈노객부원老客婦怨〉 114, 295
노래자老萊子 253, 255
노사신盧思愼 214
노수신盧守愼 26, 28, 35~37, 46, 47, 224
〈노혁전盧革傳〉 284, 285
〈능가경楞伽經〉 116

다

단군사檀君祠 106
단학丹學 275
《대명회전大明會典》 167, 168, 301, 302
대북大北 10, 44, 172
덕천막부德川幕府 57
도목都穆 251, 260
도연명陶淵明 118, 119, 265, 270, 271, 295
〈독서강사讀書江舍〉 79, 80
〈독제자각제기후讀諸子各題其後〉 136, 219, 298
동기창董其昌 261, 262
동방삭東方朔 242, 277
〈동정록東征錄〉 101, 293
두보杜甫 88, 100, 124, 147, 270

마

마고麻姑 277
마테오 리치Matteo Ricci 168, 302
매창梅窓(계랑) 110, 111, 130, 139~144, 294, 298,
   299
〈명주잡저溟州雜著〉 114, 295
〈몽유광승산夢遊廣乘山〉 82
〈무술서행록戊戌西行錄〉 104, 293
《묵자墨子》 219, 221
《문중자文仲子》 219, 222

민기閔箕   26, 35
민순閔純   25, 28, 30, 45, 48, 49, 56
민형남閔馨男   167, 168, 302

바
박근원朴謹元   50, 73, 74
박동량朴東亮   60, 165
박동열朴東說   111
박몽준朴夢俊   180
박민헌朴民獻   26, 28, 32, 39, 129
박상朴祥   44, 224
박순朴淳   26, 28, 30, 42~47, 70, 162, 224
박우朴祐   26
박응서朴應犀   162, 163
박자흥朴自興   154, 165, 299
박지화朴枝華   25
박충간朴忠侃   162
박치인朴致仁   162
박홍구朴弘耈   166, 301
박홍도朴弘道   65, 136, 154, 176, 299
《반야심경般若心經》   118, 295
방효유方孝孺   260
배득길裵得吉   180, 183, 304
백광훈白光勳   77, 88, 224
백낙천白樂天   158, 159, 258, 260, 262, 267, 268,
   271
백대붕白大鵬   77
〈백옥루상량문白玉樓上樑文〉   80, 81
범여范蠡   264
법가法家   199, 219, 221, 222
〈법언法言〉   221
변헌卞獻   65, 154, 299
병론兵論   189, 196, 198
〈병오기행丙午紀行〉   122, 296
〈병한잡술病閑雜述〉   147, 148, 150, 299
〈병화사甁花史〉   251, 253, 272
〈보공부회고운步工部懷古韻〉   100

복희역伏羲易   24
〈북리집北里集〉   90, 98

사
사마광司馬光   260, 263, 268
《사한전방詞翰傳芳》   123
《산해경山海經》   268
《삼국지三國志》   136
삼당시인三唐詩人   14, 76, 77, 88, 95, 224
〈삼영三營〉   128
상수역학象數易學   16, 22, 24, 56, 59, 187, 215,
   260, 261
상앙商鞅   137, 199, 219, 221
서경덕徐敬德   16, 22, 24, 25, 30, 32, 34~39, 42~
   49, 56, 67, 68, 70, 86, 129, 162, 183, 186,
   188, 191, 192, 215, 261, 290, 291
서기徐起   26~28, 48, 49
〈서변비로고西邊備虜考〉   198, 215, 216
서산대사西山大師[휴정]   112, 116, 120, 154, 294
서성徐渻   60, 165
서양갑徐羊甲   162, 164, 176, 280, 281
《서일전樓逸傳》   151, 152, 251
서치무徐致武   26
〈서행기西行記〉   111, 294
〈서후잡록序後雜錄〉   133, 135
석함石涵   48, 49
설구인薛求仁   180
〈섬궁뇌창록蟾宮酹唱錄〉   90, 98
섭생攝生   251, 252, 267, 272, 274, 275
《성리대전性理大全》   49
성수惺叟   87
《성수부부고惺叟覆瓿稿》   90, 160, 300
〈성수시화惺叟詩話〉   95, 157, 223, 224, 300
성시산림城市山林   49
성옹惺翁   87, 288, 289
《성학집요聖學輯要》   68
성혼成渾   11, 22, 95, 285

《세설산보世說刪補》 122, 296

세종世宗 17, 23, 24, 31, 32, 123, 167, 192, 201, 302

소부巢父 253, 254

소북小北 34, 44, 113, 170, 172, 303

소식蘇軾 88, 98

소옹邵雍[강절] 24, 43, 260, 262

〈소인론小人論〉 189, 203, 206

《소창청기小窓淸記》 256, 260, 268

《속문헌통고續文獻通考》 167, 168, 301

〈손곡산인전蓀谷山人傳〉 76, 88

《손자孫子》 219, 222

송기수宋麒壽 77

송운대사松雲大師[유정] 116, 295

송익필宋翼弼 95

송효남宋孝男 168, 302

《수호전水滸傳》 136, 280, 281

순자荀子 222

《순자荀子》 219, 221

《시준詩雋》 122, 296

〈식소록識小錄〉 157, 223, 300

신경희申景禧 169, 276, 302

신광업辛光業 181

신광한申光漢 26, 224

신미信眉 123

신익성申翊聖 27, 60

신흠申欽 27, 56, 60, 147, 157, 165, 296, 299

심광세沈光世 130~135, 142, 176, 177, 297, 298

심열沈悅 129

심우영沈友英 93, 118, 128, 129, 131, 162, 163, 176, 179, 280, 281, 292, 297, 301

심의겸沈義謙 44, 45, 69, 101, 130, 131, 297

심전沈銓 93, 129, 162, 163, 292

심충겸沈忠謙 45, 69, 130

심희수沈喜壽 25~27, 56, 66

10학十學 23

아

《악록집岳麓集》 49, 55, 66, 74

안경창安慶昌 68

《안자晏子》 219, 221

안자顏子 220, 260

〈애일당기〉 94

양경우梁慶遇 125, 224

양만고楊萬古 97

양사언楊士彦 95, 97, 224

양웅揚雄 221, 271

양유년梁有年 79, 122

양자楊子 219, 221

어무적魚無迹 141, 142

《어우야담於于野談》 168

엄귀손嚴貴孫 283

여자呂子[여불위] 219, 222

여조겸呂祖謙 122, 152, 251, 296

《역학계몽易學啓蒙》 34

연우각燕牛角 130, 297

〈열선찬列仙贊〉 276, 277

〈염지봉선화가染指鳳仙花歌〉 81

영창대군永昌大君 10, 32~34, 44, 53, 57, 60, 61, 64, 87, 113, 117, 126, 131, 133, 135, 136, 148, 161, 162, 164, 166, 173~177, 179, 182, 206, 301, 304

오원췌伍袁萃 167, 301

오자吳子 219, 222

《오학편吾學編》 167, 301

《옥추경玉樞經》 278

《옥호빙玉壺氷》 122, 151, 152, 251, 260, 267, 268, 296

《옹사부부고翁四部覆瓿稿》 160

《와유록臥遊錄》 122, 151, 152, 251, 296

왕선지王仙芝 208, 209

왕세정王世貞 122, 167, 276, 296, 301

왕안석王安石 260, 266

왕양명王陽明 108, 269

왕희지王羲之 256, 257, 260

〈요산록遼山錄〉 120, 296

우경방禹慶邦 180~182

우반곡愚磻谷 132, 297, 298

우복룡禹伏龍 26, 48, 49

우성전禹性傳 32, 46, 67, 92

유교칠신遺敎七臣 32, 33, 53, 57, 60~62, 64, 87, 148, 161, 165, 173, 206, 301

유근柳根 27, 56, 59, 121, 145, 296

유몽인柳夢寅 16, 27, 56, 168, 188

《유선록儒先錄》 39, 43

〈유선사遊仙詞〉 80

유영경柳永慶 60, 61, 64, 117, 205, 206

유영길柳永吉 27, 206

〈유재론遺才論〉 189, 199, 282

유형원柳馨遠 66, 130, 188, 239, 298

유희경劉希慶 27, 48, 49, 77, 110, 111, 142, 145, 173, 224

유희량柳希亮 63

유희발柳希發 63

유희분柳希奮 56, 63, 155, 169, 170, 172, 303

유희춘柳希春 38, 39, 43, 48, 67

윤계영尹繼榮 128, 129, 176, 297

윤근수尹根壽 56, 66

윤담수尹聃壽 26, 56

윤두수尹斗壽 54

윤선尹銑 140~143

윤선도尹善道 172, 303

윤원형尹元衡 39, 40, 44, 69, 101, 129, 205

윤춘년尹春年 39, 129, 176, 297

윤현尹晛 26, 107

윤효선尹孝先 25, 56

윤휴尹鑴 25, 56, 188

율도국硉島國 12, 282

《음부경陰符經》 278

의인왕후懿仁王后 57, 60, 113

의창군義昌君[이광] 33, 57, 61, 113, 125, 126,

161, 166, 176, 179, 182, 183, 295, 304

이구李球 25, 35

이극돈李克墩 165

이달李達[손곡] 27, 75~77, 88, 104, 127, 148, 155, 224, 291, 298

이량李樑[이양] 39

이발李潑 25, 45

이방헌李邦憲 120

이백李白[태백] 98, 118, 124, 260, 268, 277

이번李蕃 73

이사성李士星 160

이산보李山甫 71

이상신李尙信 56

이상의李尙毅 26, 27, 56, 145, 298

이수광李睟光 16, 27, 56, 66, 78~81, 145, 169, 188, 299

이순신李舜臣 90, 193

이숭효李崇孝 109, 118

이식李植 59, 112, 131, 133~136, 156, 157, 280~ 282, 297, 298

이식李植[택당] 27

이안눌李安訥 27, 146, 147, 148, 151, 299

이안성李安性 134

이여李畬 34, 35

이옥봉李玉峰 224

이옥봉李玉峯 95

이의신李懿信 178

이이李珥 10, 11, 16, 22, 33, 42~45, 50, 70~75, 87, 188, 191~193, 215

이이첨李爾瞻 12, 34, 63, 93, 102, 127, 137~139, 145, 154, 155, 162~166, 169~175, 177, 179~ 182, 276, 292, 298, 299, 301~305

이익李瀷 26, 56, 145, 188

이장곤李長坤 214

이재영李再榮 80, 81, 101, 102, 120, 122, 127~ 129, 133~135, 143, 146, 151, 157, 161, 163, 166, 171, 176, 295, 297~302

이정구李廷龜　27, 56, 111, 145, 147, 157, 294, 299

이중호李仲虎[이소재]　25, 28, 49

이지완李志完　56

이지완李之完　56

이지함李之菡　16, 26, 28, 49, 71, 188, 239

이항복李恒福　26, 154, 155, 178, 296

이호민李好閔　27, 56, 66

이홍로李弘老　57, 113, 116, 295

인목왕후仁穆王后　57, 60, 61, 64, 113, 130, 140, 148, 164, 174, 295

인빈김씨仁嬪金氏　57, 125, 166, 176

인수대비仁粹大妃[한씨]　32, 48, 60

인순왕후仁順王后[심씨]　45

《임거만록林居漫錄》　167, 301, 302

임맹견林孟堅　284

임수정任守正　88

임숙영任叔英　27, 151, 155, 156, 299

임연任兗　88

〈임인서행록壬寅西行錄〉　111, 294

임제林悌　95

임해군臨海君　33, 63, 64, 66, 161, 174

임현林晛　88, 107, 108, 109

자

〈자서제질사돈방자埰弟姪查頓榜〉　154, 299

자화자自華子　219, 222

〈작매부〉　141

장량張良　264, 279

〈장산인전張山人傳〉　278

〈장생전蔣生傳〉　278, 279

장유張維　27, 157, 299, 300

장자莊子　91, 219~222, 277

장재張載[횡거]　24, 43, 191

장한웅張漢雄　278

《전언왕행록前言往行錄》　47

정개청鄭介淸　11, 26~28, 44, 211, 290

정경세鄭經世　27

정구鄭逑　27, 30, 31, 47, 56, 97, 293

정도전鄭道傳　176, 183, 211, 212, 214, 224

정두원鄭斗源　114

〈정론政論〉　189, 192~194

정사암靜思庵　130

정상조鄭象祖　120, 296

정시망鄭時望　104, 294

정여립鄭汝立　11, 37, 44, 110, 134, 148, 175, 177, 211, 290

정온鄭蘊　27

정유일鄭惟一　95

〈정유조천록丁酉朝天錄〉　102, 293

정응운鄭應運　151, 299

정인홍鄭仁弘　165, 166, 173, 174, 303

정창연鄭昌衍　56, 170, 172

정철鄭澈　73, 74, 177

정효鄭曉　167, 301

〈제도帝都〉　102

《제민요술齊民要術》　231, 239, 252

제자백가 평론　219

조경趙絅　27

〈조관기행漕官紀行〉　111, 294

조광조趙光祖　24, 34, 41, 42, 191

조식曺植　22, 41, 45, 101, 137, 166

조위한趙緯韓　131, 151, 224, 299

조찬한趙續韓　131, 151, 299

〈조천기朝天記〉　68

조탁曹倬　56, 154, 299

조헌趙憲　26, 68, 283

〈좌막록佐幕錄〉　105, 294

주돈이周敦頤　43, 191, 260

《주례周禮》　42

주역교정청周易校正廳　55, 56

주자朱子　34, 36, 43, 268, 269

주지번朱之蕃　79, 118, 121, 122, 151, 152, 160, 296, 298

〈죽림칠현竹林七賢〉 162, 163

〈죽지사竹枝詞〉 83

중방中房 104, 294

〈중수정사암기重修靜思菴記〉 239

〈중수화학루기重修化鶴樓記〉 120, 296

《지봉유설芝峯類說》 78, 79, 169

《지소집芝所集》 284

진릉군晉陵君[이태경] 63, 177

〈진주고眞珠藁〉 123, 297

진헌장陳獻章 260

차

차식車軾 26

차천로車天輅 26, 27, 145

《참동계參同契》 278, 280

창빈안씨 70

〈채련곡採蓮曲〉 79

천옹天翁 275

《천주실의天主實義》 168, 169, 302

〈천하여지도天下輿地圖〉[곤여만국전도] 168, 169,
    302

청학산靑鶴山 87, 95, 97

《초당집草堂集》 35, 47

〈초도강릉初到江陵〉 94, 292

최경창崔慶昌 77, 88, 224

최기崔沂 170

최립崔岦 27, 56, 95

최천건崔天健 88, 124, 126, 297

〈치농治農〉 16, 17, 132, 137, 138, 224, 225, 228,
    237~240, 251~253

칠서지옥七庶之獄 34, 129, 139, 162~164, 176,
    178, 281, 292, 301

침류대枕流臺 49, 111

침류대학사枕流臺學士 27, 49, 110, 145, 157, 166

타

〈태관고太官藁〉 125, 297

〈태복고太僕藁〉 113, 295

《태평광기太平廣記》 122, 296

〈태현太玄〉 221

《택당집澤堂集》 133, 134

파

〈파직罷職〉 123

평의지平義智 51, 52

〈폐비폄손절목廢妃貶損節目〉 174

풍신수길豐臣秀吉 51, 52, 54, 58

〈풍악기행楓岳紀行〉 114, 295

풍월향도風月香徒 77, 110

하

《하곡집荷谷集》 75

하양준何良俊 122, 152, 251, 256

하인준 182

하인준河仁俊 180, 304

하인준河仁浚 180

〈학론學論〉 189, 190, 192, 193

학산鶴山 87

《학산초담鶴山樵談》 95, 224, 292

한무외韓無畏 112, 294

한백겸韓百謙 16, 25~28, 32, 33, 55, 56, 58, 59,
    87, 148, 156, 169, 173, 188, 239, 300

한보길韓輔吉 180

한비자韓非子 137, 199, 219, 221, 222

한사무韓士武 32

한여필韓汝弼 59, 60

한유韓愈 88, 98

한응인韓應寅 60, 167

《한정록閑情錄》 17, 90, 122, 132, 137, 148, 151~
    153, 168, 224, 225, 250~253, 256, 259, 264,
    267, 269, 272, 276, 296, 304

한준겸韓浚謙 26~28, 32, 33, 55, 58~60, 87, 110,
    147, 148, 164, 165, 169, 173, 176, 299

한찬남韓纘男 170

한호韓濩[석봉] 95, 109, 118~121
한확韓確 32, 291
한효순韓孝純 16, 25, 28, 32, 33, 55, 58, 87, 169, 173, 188, 303
한효윤韓孝胤 26, 28, 32, 33, 55
한홍일韓興一 26, 156, 157, 300
함열咸悅 65, 102, 153, 156~159, 177, 180, 223, 240, 241, 278, 281, 299, 300
항민恒民 207, 208, 215
《해동악부海東樂府》 131
《해동전도록海東傳道錄》 112, 294
〈해주海州〉 105
허경許絅 31
허공許珙 31
허관許冠 31
허금許錦 31
허기許愭 31
허담許聃 31
허목許穆 188
허백許伯 31
허보 136, 154, 176, 299
허실許實 179
《허엽신도비명》 46
허욱許頊 117
허유許由 253, 254
허적許禰 80, 81
허적許積 47
허창許菖 31, 32
허추許樞 31
허한許澣 31
현응민玄應旻 181, 182, 304
〈호민론豪民論〉 134, 164, 189, 206, 212, 215, 282
홍가신洪可臣 25, 56
홍경신洪慶臣 56, 80, 81
《홍길동전洪吉同傳》 12, 15, 136, 161, 162, 181, 183, 188, 211, 280~285

홍난상洪鸞祥 104, 294
홍서봉洪瑞鳳 27, 154
《홍양시권洪陽詩卷》 145, 299
홍이상洪履祥[홍인상] 48, 49
홍인우洪仁祐 26, 56
화곡서원花谷書院 30, 47
〈화백시和白詩〉 157, 158, 300
〈화사영시和思穎詩〉 157, 159, 300
황건적黃巾賊 208, 209
황소黃巢 208~211
황신黃愼 170, 285
황윤길黃允吉 52
황일호黃一皓 284, 285
《황정경黃庭經》 257, 264, 278, 279
황정욱黃廷彧 72, 167
황정필黃廷弼 180~182
《회남자淮南子》 219, 222
〈후록론厚祿論〉 189, 202

한영우 韓永愚 Han Young-Woo

주요경력

서울대학교 문리과대학 사학과 졸업
서울대학교 석사·박사
서울대학교 한국문화연구소장
미국 하버드대학 초빙교수
한국사연구회 회장
서울대학교 규장각 관장
서울대학교 인문대학장
한림대 특임교수 겸 한국학연구소장
문화재위원회 사적분과위원장
이화여대 석좌교수 겸 이화학술원 원장
현 서울대학교 명예교수

주요저서

정도전 사상연구(1973)
조선전기 사학사연구(1981)
정도전 사상의 연구(개정판, 1983)
조선전기 사회경제 연구(1983)
조선전기 사회사상 연구(1983)
한국의 문화전통(1988)
조선후기 사학사 연구(1989)
우리역사와의 대화(1991)
한국민족주의 역사학(1994)
조선시대 신분사 연구(1997)
미래를 위한 역사의식(1997)
다시찾는 우리역사(1997, 한국어본, 영어본, 일본어본, 러시아어본, 중국어본)
정조의 화성행차, 그 8일(1998)
왕조의 설계자 정도전(1999)
우리 옛지도와 그 아름다움(1999, 공저, 한국어본, 영어본)
명성황후, 제국을 일으키다(2001)
역사학의 역사(2002)
행촌 이암의 생애와 사상(2002, 공저)
창덕궁과 창경궁(2003)
조선왕조 의궤(2005, 한국어본, 일본어본, 중국어본)
역사를 아는 힘(2005)
21세기 한국학 어떻게 할 것인가(2005; 공저)
대한제국은 근대국가인가(2006; 공저)
조선의 집 동궐에 들다(2006)

실학의 선구자 이수광(2007)
다시 실학이란 무엇인가(2007; 공저)
반차도로 따라가는 정조의 화성행차(2007, 한국어본, 영어본, 독일어본)
동궐도(2007)
꿈과 반역의 실학자 유수원(2007)
조선 수성기 제갈량 양성지(2008)
문화정치의 산실 규장각(2008)
한국선비지성사(2010, 한국어본, 영어본)
간추린 한국사(2011)
율곡 이이 평전(2013)
과거, 출세의 사다리(2013)
      1권 태조~선조대   2권 광해군~영조대
      3권 정조~철종대   4권 고종대
미래와 만나는 한국 선비문화(2014)
조선경국전(2014; 역주)
미래를 여는 우리 근현대사(2016)
나라에 사람이 있구나 - 월탄 한효순 이야기(2016)
우계 성혼 평전(2016)
정조평전: 성군의 길(2017) 상·하
세종평전: 대왕의 진실과 비밀(2019)
의궤, 조선왕실문화사(2020)
역주 율곡어록(2021)
서경덕과 화담학파(2022)

주요수상

한국일보사 출판문화상 저작장
치암학술상
세종문화상 학술상(대통령)
한국일보사 출판문화상 저작상
한국간행물윤리위원회 저술상
문화유산상 학술상(대통령)
수당학술상
경암학술상
민세안재홍상 학술상

외국어 번역본

韓國社會の歷史, 2003, 日本 明石書店 『다시찾는 우리역사』 일본판; 吉田光男 역

The Artistry of Early Korean Cartography, 2008, 미국 Tamal Vista Publications 『우리 옛지도와 그 아름다움』 영문
     판; 최병현 역

A Review of Korean History, 2010, 경세원 『다시 찾는 우리역사』 영문판; 함재봉 역

Korean History, 2010, 모스크바대학 한국학연구소 『다시 찾는 우리역사』 러시아판; Pak Mihail 외 역

朝鮮王朝儀軌, 2012, 中國 浙江大學出版社 『조선왕조 의궤』 중국판, 金宰民, 孟春玲 역

朝鮮王朝儀軌, 2014, 日本 明石書店『조선왕조 의궤』일본판, 岩方久彦 역

An Intellectual History of Seonbi in Korea, 2014, 지식산업사『한국선비지성사』영문판; 조윤정 역

Mit einem Bild auf Reisen gehen－Der achttagige Umzug nach Hwasong unter König Chongjo(1776~1800), 2016, 독일 Ostasien Verlag『반차도로 따라가는 정조의 화성행차』독일판, Barbara Wall 역

A Unique Banchado : the Documentary Painting with Commentary of King Jeongjo's Royal Procession to Hwaseong in 1795, 2016, 영국 Renaissance Publishing company『반차도로 따라가는 정조의 화성행차』영문판, 정은선 역

新編 韓國通史, 2021, 동북아역사재단,『신편 한국통사』중국판, 이춘호 역

문화와
역사를
담　다
ㅇ 3 6

허균평전 許筠評傳
천재 혁명사상가, 실학자

초판1쇄 발행　2022년　2월　18일

지은이 한영우
펴낸이 홍종화

편집 · 디자인　오경희 · 조정화 · 오성현 · 신나래
　　　　　　박선주 · 이효진 · 정성희
관리 박정대 · 임재필

펴낸곳 민속원
창업 홍기원
출판등록 제1990-000045호
주소 서울 마포구 토정로25길 41(대흥동 337-25)
전화 02) 804-3320, 805-3320, 806-3320(代)
팩스 02) 802-3346
이메일 minsok1@chollian.net, minsokwon@naver.com
홈페이지 www.minsokwon.com

ISBN　978-89-285-1700-8
S E T　978-89-285-1054-2　04380

ⓒ 한영우, 2022
ⓒ 민속원, 2022, Printed in Seoul, Korea